Johannes Schultz-Tesmar

Reiseführer Pommern

VERLAG GERHARD RAUTENBERG

Die Graphiken auf den Seiten 24, 26 und 199 zeichnete E. Völker, Weiden. Der Kartenausschnitt auf den Seiten 147 stammt aus der Provinzkarte Pommern, und wir veröffentlichen sie mit freundlicher Genehmigung des Instituts für Angewandte Geodäsie. Alle weiteren schwarzweißen Abbildungen stellte das Archiv des Verlages zur Verfügung. Alle Farbaufnahmen im Innenteil und auf dem hinteren Umschlag wurden von Michael Welder, Forchheim, aufgenommen.

Das Foto auf der vorderen Umschlag-Seite zeigt die Stralsunder Altstadt mit der Nikolaikirche. Es wurde von Joachim Kürtz aufgenommen.

CIP-Titelaufnahme der Deutschen Bibliothek

Schultz-Tesmar, Johannes:
Reiseführer Pommern / Johannes Schultz-Tesmar. – 2. Aufl. –
Leer: Rautenberg, 1991
ISBN 3-7921-0381-8

2. überarbeitete Auflage 1991
Redaktion: Alexander Schlegel
Gesamtherstellung: Druckerei G. Rautenberg, 2950 Leer

Printed in West Germany
ISBN 3-7921-0381-8

Inhaltsverzeichnis

Allgemeine Informationen

LAGE UND GRÖSSE

Die preußische Provinz Pommern umfaßte 1939 nach Angliederung des Regierungsbezirks Schneidemühl (Grenzmark Posen-Westpreußen) 38409 km^2 mit 2,39 Millionen Einwohnern. Hauptstadt war Stettin. Pommern erstreckt sich auf 375 km entlang der südlichen Ostseeküste von Darßer Ort an der Grenze zu Mecklenburg im Westen bis zum Flüßchen Piasnitz an der westpreußischen Grenze im Osten.Im Südosten grenzt Pommern an die östliche Mark Brandenburg, im mittleren und östlichen Süden an die Provinz Posen. Durch die Oder wird Pommern in zwei Teile getrennt. Historisch wird das Land in Vorpommern und Hinterpommern gegliedert. Doch gibt es auch die Dreiteilung Vorpommern, Mittelpommern (beiderseits der unteren Oder) und Ostpommern. Während Vorpommern und das westliche Mittelpommern zum Bundesland Mecklenburg-Vorpommern gehört, ist der östliche Teil Mittelpommern mit der Provinzhauptstadt Stettin und ganz Hinterpommern seit 1945 polnisch.

DER NAME POMMERN

Nach gängiger Lesart soll der Name Pommern von dem Volk der Pomoranen (= die am Meer wohnen) abgeleitet sein. Professor Walther Steller und andere Forscher dagegen vertreten die Ansicht, daß die Bezeichnung Pommern (spätlat. Pomerani) von germ. po = von, bei, an mer = Land am Meer abzuleiten ist.

Geographie und Geologie

Pommern erstreckt sich zwischen dem Kap Arkona (Rügen) im Norden und der Warthe im Süden sowie zwischen dem Darßer Ort im Westen und dem Zarnowitzer See im Osten. Nach ihrer Fläche war die Provinz 1945 größer als Albanien, Belgien sowie viele andere selbständige Staaten.

Ganz Pommern wird von einem vorwiegend ebenen Landstreifen (Grundmoräne) an der Küste und dem Baltischen (Pommerschen) Höhenrücken südlich davon durchzogen. Der Baltische Höhenrücken verläuft parallel zur Ostsee. Er ist ein weites Hügelland, das von Eiszeitgletschern zusammengetragen wurde und nur an wenigen Stellen über 200 m hinausgeht. Die Flüsse Trave, Oder und Weichsel zerlegen den Höhenrücken in vier Seenplatten: die Holsteinische Seenplatte, die Mecklenburgische Seenplatte, die Pommersche Seenplatte und die Ostpreußische Seenplatte. Während Pommern westlich der Oder zur Mecklenburgischen Seenplatte gehört, zählt der östlich des Flusses gelegene Landstrich zur Pommerschen Seenplatte. Dieser Raum zwischen Mecklenburg und Westpreußen, Brandenburg und Posen wird in die natürlichen Landschaften Vorpommern, Mittelpommern, Ostpommern und Südostpommern gegliedert.

Vorpommern umfaßt auf dem Festland das Flachland zwischen dem Darßer Ort im Westen und der Ueckermünder Heide im Osten sowie zwischen dem Strelasund und dem Gebiet um Wolgast im Norden und den Flußtälern von Recknitz und Trebel im Süden. Dazu kommen die Insel Rügen und mehrere kleine Eilande. Die flachen vorpommerschen Küsten sind durch Halbinseln und Inseln (Darß-Zingst, Hiddensee, Rügen, Vilm, Greifswalder Oie, Usedom, Wollin u. a.), Bodden, d. h. rundliche, stark zerlappte und seichte Buchten (Saaler, Grabower, Kubitzer, Greifswalder u. a.) und Haffe, d. h. flache Strandseen, die durch Landzungen (Nehrungen) fast ganz vom Meer getrennt sind, reich gegliedert. Nur an der Tollense und im Randower und Warsower Diluvialplateau (Vogelsang, 130 m) hat Vorpommern teil am Mecklenburgischen Landrücken, der zum von der Nordsee zum Baltikum ziehenden Baltischen Höhenrücken gehört. Das Land ist außerordentlich fruchtbar und besitzt besonders für Weizen- und Zuckerrübenanbau geeignete Böden.

Mittelpommern umfaßt das Gebiet zwischen Nipperwiese im Westen und der Drage im Osten. Während das westlich der Oder gelegene Mittelpommern im ehemaligen Kreis Randow Grund- und Stauchmoränen umfaßt, sind es im Kreise Ueckermünde vorwiegend ebene Sandflächen. Der östliche Rand dieses Kernraumes Pommern wird durch die vom Enzigsee nach Süden verlaufende Flanke des ehemaligen Oder-Gletschers der Weichsel-Eiszeit gebildet, die zwischen Arnswalde und Berlichen nach Westen abbiegt.

Zum östlichen Mittelpommern zählen das Bahner Land, der Pyritzer Weizacker und die Grundmoränenlandschaft zwischen Stargard und Naugard. Auch die Buchheide östlich, ein bis zu 150 m hoher Höhenzug, gehört dazu. Die flachwellige, aus Sand und Lehm bestehende Grundmoränenlandschaft ist von Osern (Wallberge) und Drumlins (kelt.-engl. = eiszeitliche Ablagerungen aus Moränenmaterial in Form eines elliptisch geformten, langgestreckten Hügels, in der Fließrichtung des Eises) durchsetzt. Im Norden reicht Mittelpommern bis zur Linie Wothschwiensee-Dievenow und umschließt damit die sandige Gollnower Heide sowie die Grundmoränen im südwestlichen Kreise Cammin. Im Osten gehören das Oderhaff und die Inseln Usedom, Wollin und Ruden zu Mittelpommern.

Ostpommern reicht von der Linie Dievenow-Wothschwiensee im Westen bis zur Grenze der Kreise Lauenburg und Bütow im Osten sowie von der Ostsee im Norden bis zum Südrand des Pommerschen Höhenrückens, der bis zu 260 m hoch ist. Die Region wird in vier Landschaftszonen gegliedert: Die Zone der Strandseen und ausgedehnten Dünen an der Küste mit der Leba-Nehrung, die fruchtbare Ebene der Grundmoränen, die unterbrochen wird von einzelnen End- und Stauchmoränen wie dem Gollen bei Köslin und dem Garder See; die Zone des pommerschen Urstromtales mit ihren beckenartigen Erweiterungen und tiefeingeschnittenen Flußtäler an der Persante, Radüe, Wipper, Stolpe und Lupow und endlich die kuppige Grundmoräne und Endmoräne mit dem Seengebiet der reizvollen Pommerschen Schweiz bei Bad Polzin.

Als **Südostpommern** wird das Gebiet südlich des Pommerschen Höhenrückens bis zum Urstromtal der Netze bezeichnet. Es umschließt die Einzugsgebiete der Drage und der Küddow mit der Döberitz und Pilow und nördlich des Großen Ziethener Sees das Einzugsgebiet der Brahe. Geologisch umfaßt diese Region die Sandablagerungen der Weichsel-Eiszeit und die aus der Zeit davor stammenden Reste von End- und Grundmoränen sowie das Urstromtal der Netze.

KLIMA

Pommern ist klimatisch ein Übergangsgebiet zwischen den milden, aber niederschlagsreichen atlantischem Seeklima im westlichen Mitteleuropa und dem trockeneren, sommers und winters durch größere Temperaturgegensätze gekennzeichneten Kontinentalklimas des Ostens. Von Nord nach Süd macht sich daneben in der küstennahen Zone der Einfluß der Ostsee bemerkbar: da sich die Wassermassen des Meeres im Frühjahr nur langsam erwärmen, wird die Übergangszeit zwischen Winter und Sommer in Pommern verkürzt. Umgekehrt wirkt die Wärmeabgabe des Meeres im Herbst verzögernd auf den Eintritt des

Winters und verlängert so den Herbst. Dadurch herrscht besonders an der Küste Ostpommerns im Herbst ein ausgeprägter Altweibersommer.

Der stärkste Niederschlag (bis 800 mm im Jahr) wird auf der Luvseite (= die dem Wind zugekehrte Seite) des Pommerschen Höhenrückens verzeichnet. Am geringsten ist der Niederschlag in Südostpommern, das im Regenschatten des Höhenzuges liegt. Extrem trocken ist das Gebiet der unteren Oder bis zum Madüsee. Der meiste Regen fällt im größten Teil Pommerns im Juli, an der ostpommerschen Küste im August. Am niederschlagärmsten ist das Frühjahr.

FLORA

Der klimatische Übergangscharakter Pommerns findet seinen Ausdruck auch im Pflanzenwuchs. Mitteleuropäische Florenelemente mischen sich mit jenen der südrussischen Steppe. Einst aus weiten Wäldern bestehend, die dem europäischen Laubmischwaldgebiet zuzuordnen waren, ist die Vegetation des Landes während der langen Besiedlung stark verändert worden.

Anstelle der Wälder sind in den Tälern der größeren Flüsse, Wiesen und Futterkulturen getreten. Die Hügel tragen Weiden und Kulturwiesen.

Trotzdem aber gibt es in weiten Teilen Pommerns ausgedehnte Waldgebiete, die sich seit vorgeschichtlichen Zeiten erhalten haben. Zwischen der Ostsee und der Warthe-Netze-Niederung überwiegen Mischwälder mit Ahorn, Buchen, Eichen, Erlen, Föhren und Linden.

FAUNA

Dank seiner dünnen Besiedlung und seiner ausgedehnten Wälder hat Pommern einen größeren Wildreichtum als die meisten anderen Provinzen außer Ostpreußen.

Neben Luchsen findet man hier Wildkatzen und Biber. Auch das Rehwild sowie Wildschweine und Hasen sind zahlreich vertreten. Die Inseln und Seen sind Tummelplatz einer Unzahl von Vögeln, darunter Wildenten, Fischreiher, Kormoranen und wilden Schwänen. Und in den Flüssen und Seen wimmelt es von Aalen, Brassen, Hechten, Karpfen und anderen Fischen.

NATIONALPARKS UND NATURSCHUTZGEBIETE

Zwischen dem Darßer Ort und dem Zarnowitzer See gibt es zahlreiche

Landschaftsschutz- und Naturschutzgebiete. Zwei davon sind als Nationalparks besonders geschützt. Der erste Nationalpark liegt auf der Insel Wollin (Wolliner Nationalpark), der zweite in Ostpommern bei Leba (Slowinzischer Nationalpark). Letzterer wurde in die Liste der Biosphären-Reservate der UNESCO aufgenommen. Weitere große Naturschutzgebiete sind die Stubbenkammer (Rügen) und die Insel Hiddensee.

GESCHICHTE

Die ersten Menschen kamen in der Altsteinzeit in den Raum zwischen Oder und Weichsel. Sie folgten dabei den zurückweichenden Gletschern nach Norden. Am Rande des Eises erstreckten sich damals riesige Tundren und Steppen, in denen gewaltige Herden von Groß-Säugetieren wie Mammuts, wollhaarige Rhinozerosse, Bisons, Wildpferde und Rentiere lebten.

Dieses Wild, besonders aber die massigen Dickhäuter, stellte eine leichte und sehr lohnende Beute für die dürftig bewaffneten paläolithischen Jäger dar. Diese schufen der Verfolgung solcher Tiere angepaßte Kulturen, die allerdings verfielen, sobald die besonderen Bedingungen, die sie hervorgerufen hatte, verschwanden. Denn die Eiszeiten waren durch drei lange und warme Zwischenzeiten, die sogenannten Interglazialzeiten, voneinander getrennt. In diesen wärmeren Perioden schmolzen die Eisdecken vollständig ab, während jede Eiszeit wiederum durch eine oder mehrere Interstadialzeiten unterbrochen wurde, in denen das Eis sich zwar zurückzog, doch nicht gänzlich verschwand.

Zur Zeit des ersten Vorrückens der letzten Eiszeit, d. h. der Würmzeit I., war Europa offenbar ausschließlich von den noch in Höhlen hausenden Neandertalern (Homo neandertalensis) bevölkert, die vornehmlich von der Jagd auf Mammuts lebten. Während der klimatischen Besserung in der Interstadialzeit erschienen die ersten modernen Menschen vom Homo sapiens-Typus. Sie gehörten der mitteleuropäischen Aurignac-Kultur an, die als unmittelbare Vorläuferin der mediterranen Rasse angesehen wird. Diese Menschen traten mit einer neuen, fertigen Kultur oder zumindest mit einer weit überlegenen Technik der Feuersteinbearbeitung auf.

Mit der Rückkehr der Würm-II-Eiszeit wurden die Wälder wieder zu Steppen und Tundren. In Mitteleuropa taucht in dieser Zeit die Gravettien-Kultur als eine Form der Anpassung an die Eiszeitbedingungen auf. Die

Gravettien jagten vor allem Mammuts, Bisons und Wildpferde auf Steppen, wo im Sommer scharfe Winde das Eis fortbliesen und eine Staubschicht hinterließen, die den jüngeren Löß bildete.

Schließlich ging die lange Eiszeit zu Ende. Die Gletscher zogen sich zurück und Waldbäume drangen in die Steppen und Tundren vor, die nun ein gemäßigtes Klima aufwiesen. Das Mammut war schon ausgestorben und das Rentier folgte der Eisgrenze nach Norden. Beide Jagdtiere wurden ersetzt durch Rot- und Rehwild, Wildochsen und wilde Eber, deren Verfolgung eine kühnere Taktik und neue Waffen erforderten. Das bedeutete auch das Ende der alten Kulturen. Sie wurden von mesolithischen Kulturen abgelöst, die zwar auch auf Jagen, Fischen und Nahrungssammeln gegründet waren, doch von mehr oder weniger gezähmten Hunden unterstützt wurden.

Die zurückweichenden Eisdecken hatten auf der nordeuropäischen Tiefebene rings um die Baltische Senke (die heutige Ostsee) weite Strecken von Sumpfland und Tundren freigelegt, die sich westwärts über Dänemark bis Großbritannien ausdehnten. Denn noch hatten die Wasser des Ozeans das Nordseebecken nicht überschwemmt. Durch dieses riesige Gebiet zogen Gruppen von Rentierjägern, die man nach der bedeutendsten Fundstätte dieser Kultur Hamburgiens nennt.

In der Boral-Phase der Mittelsteinzeit (6000 v. Chr.) war das Klima noch milder geworden (die mittlere Jahrestemperatur lag sogar höher als heute) und dichte Nadelwälder erstreckten sich vom Pazifik im Osten bis zum Atlantik im Westen.

Die einzigen Lücken in dieser unendlichen Wälderkette bildeten kleinere Seen, Teiche, Sümpfe und träge fließende Flüsse sowie in der Baltischen Senke der Ancylos-See. An ihren Rändern jagten, fischten und sammelten die Maglemosiens (benannt nach einem dänischen See).

Zwischen 6000 und 5000 v. Chr. war die Maglemose-Kultur über die ganze Ebene von Südbritannien bis nach Finnland und entlang der heutigen Südküste der Ostsee bis in die baltischen Staaten verbreitet.

Um das Jahr 4000 v. Chr. - in der Jüngeren Steinzeit - trennte eine allgemeine Erhöhung des Meeresspiegels Skandinavien von Dänemark und Norddeutschland und es bildete sich das Litorina-Meer im Gebiet der heutigen (kleineren) Ostsee, so genannt nach den charakteristischen Ablagerungen der Strandschnecke Litrina litorea, das nun das Baltische Becken ausfüllte und Jägern und Fischern neue Möglichkeiten bot. Zur gleichen Zeit zogen von der Donau Bauern und Hirten nach Norden. Sie brachten Getreide und Haustiere mit und vermischten sich mit den an der Ostsee lebenden Menschen.

Die Donau-Kultur (Brandkeramiker) nahm ein ungeheures Gebiet ein, das von Ungarn im Osten bis zur Maas in Holland im Westen und bis zur südlichen Ostseeküste im Norden reichte. Zahlreiche Handelsstraßen durchzogen die Region. Auf ihnen wurden u. a. Bernstein von der Ostsee in den Süden und Schmuckstücke aus der Spondylus-Muschel des Mittelmeeres nach Norden transportiert.

Am Ende des Neolithikums wurde die ganze norddeutsche Tiefebene von der Weichsel bis zum Rhein von kriegerischen Bauerngruppen der Ersten Nordkultur (Ostsee-Megalithiker) beherrscht, die sich mit den Bandkeramikern vermischt hatten.

Diese auch Trichterbecherleute genannten Kulturträger bestatteten ihre Toten in Einzelgräber, die mit trapezförmigen Erdwällen bedeckt waren und im Grundriß einem britischen „long barrow" gleicht. Diese auch als „Hünengräber" bezeichneten Grabstätten ahmten vermutlich Häuser der Lebenden nach.

Nachdem megalithische „Missionare" aus dem Westen nach Mitteleuropa vorgedrungen waren, wurden die alten Grabkammern durch monumentale, vorn mit einem Gang versehene Gräber ersetzt und als Gemeindebeinhäuser benutzt.

Im Spät-Neolithikum (2800-2500 v. Chr.) drangen von Südosten her landhungrige Hirten mit Streitäxten ins östliche Mitteleuropa vor. Diese Schnurkeramiker oder Streitaxtleute waren patriarchalisch organisiert und vermischten sich mit den Megalithikern.

In der Bronzezeit (2000-800 v. Chr.) entstanden aus der Vorbevölkerung und aus dem Norden eingewanderten Völkern die indogermanischen Völker der Balten, Illyrer, Thraker, Veneter und Germanen. Aus dieser Zeit sind in Pommern neben Hügelgräbern zahlreiche Fibeln, Ringe, Instrumente u. a. Dinge gefunden worden. In der jüngeren Bronzezeit und der frühen Eisenzeit (1700-1200 v. Chr.) drang die von den Nord-Illyrern getragene Lausitzer Kultur (Urnenfelderkultur) auch ins südliche Pommern vor.

Einwanderung der Germanen

Um das Jahr 1000 v. Chr. breiteten sich die Ur-Germanen von Westen her über die Oder (lat. Viadus fl.) bis ins Mündungsgebiet der Weichsel aus.

Im 8. Jh. v. Chr. kamen die ostgermanischen Bastarnen, die von Tacitus Peikiner genannt werden, und die Skiren von Skandinavien in das Land zwischen Oder und Weichsel.

Grund für diese und spätere Wanderungen nord- und ostgermanischer Stämme waren klimatische Veränderungen und Überbevölkerung in den ursprünglichen Wohngebieten. Pommern gehörte damals zum Siedlungsgebiet der Skiren oder Sidonen, die zwischen Oder und Weichsel wohnten.

Nach ihrem Abzug in Richtung Südosten kamen um 150 v. Chr. von Westen her westgermanische Sueben (Semnonen) in das Land zwischen Trave und Persante und breiteten sich bald auch in dem Gebiet zwischen Warthemündung und Kujawien aus.

Gleichzeitig tauchten aus Skandinavien bzw. Bornholm die germanischen Burgunden, Wandalen, Rugier und Heruler in Pommern auf. Während sich die Burgunden im Warthe-Netzeland und die Wandalen (später: Vinuler) zwischen Warthe, Schlesien und am Beskidenrand niederließen, siedelten sich die Rugier zwischen dem westpreußischen Elbing und der unteren Oder an und dehnten sich bis zum 2. Jh. bis nach Vorpommern und Rügen aus. Westlich von ihnen, in Mecklenburg und großen Teilen von Vorpommern, ließen sich um 100 v. Chr. die ursprünglich aus Schonen stammenden Heruler nieder, deren Stammesgebiet bald bis nach Ostholstein reichte.

Hunneneinfall und Völkerwanderung

Im 4. Jh. überrannten die asiatischen Hunnen das Reich der Goten, das sich damals zwischen der Ostsee und dem Schwarzem Meer erstreckte. Durch den Einfall kam es im östlichen Europa zu großen Völkerverschiebungen. Doch blieb Pommern davon unberührt. Die Mehrzahl der Germanen blieb in ihren alten Wohnsitzen. Nur einzelne Stämme und Jungmannschaften waren, wie vordem auch üblich, ausgewandert. Auch in der zweiten Hälfte des 6. Jh. lebten zwischen Elbe und Weichsel Sueben, Heruler, Rugier und andere ostgermanische Völkerschaften.

Slawische Einwanderung?

Im 6. Jh. zogen kleine Gruppen der germanisch-skythisch-sarmatisch gemischten Venethi in das Gebiet zwischen Bug und Weichsel. Doch von diesen Splittern verlor sich noch im frühen Mittelalter jede Spur.

Sie werden von den Slawisten als Urahnen der „slawischen Einwanderer" angesehen, die damals das angeblich von Germanen verlassene Ostmitteleuropa besiedelt haben sollten. Weder Griechen noch Römer kannten ein Volk der Slawen. Erst im Jahre 551 taucht in dem Werk des gotischen Historiographen Jordanis („De origine actibusque Getarum") der Begriff „Sclavi" auf, dort jedoch als Bezeichnung für Heiden oder Götzendiener. Aus „Sclavi" entstanden die Bezeichnungen „Sclaveni" und „Sclavania" für alle Nichtchristen bzw. ihre Wohngebiete im europäischen Osten und Südosten.

Die Chronisten Einhard (in der „Annales Alsmanici") im 9. Jh. und Adam von Bremen (in seiner „Gesta Hammaburgensis Ecclesiae Pontificum") im 11. Jh., nennen die Bewohner Ostmitteldeutschland „Sclavi" bzw. „Claveni" (= Heiden) und bezeichnen die zwischen Elbe und Weichsel gelegenen Gebiete als „Germania" bzw. „Sclavania amplissima Germanias provincia" (= ein sehr umfangreiches Heidenland Germaniens). Auch in der Oronius-Völkerbeschreibung des englischen Königs Alfred d. Großen (Anfang des 10. Jh.) wird alles Land zwischen Rhein und Don als Germanien bezeichnet, und in seiner „Chronica Sclavorum" schreibt Helmold von Bosau (1170), daß in Pommern damals die mächtigen Vandali (Wandalen) und zwischen Elbe und Oder die Heruler und Rugier herrschten. Übrigens wurden auch die Sachsen bis zu ihrer Christianisierung vielfach als „Sclavi" bezeichnet.

Später wurden die östlich der Sachsen lebenden germanischen Völkerschaften allgemein Wenden (= Wandalen) genannt, während die Heruler die Namen Obotriten (in Mecklenburg) und Wilzen (von wilti = die Tapferen, in Vorpommern) und die Rugier die Bezeichnung Ranen erhielten. Teile der Heruler wanderten im 3. Jh. n. Chr. zum Schwarzen Meer und ließen sich auf der Krim nieder. Beim Hunneneinfall zogen sie im 4. Jh. mit den Goten bis in das Gebiet nördlich der Theiß. Nach dem byzantinischen Geschichtsschreiber Prokopios (490-555) zogen sie im 6. Jh. in ihre alten Wohngebiete zwischen Elbe und Ostsee zurück und vermischten sich mit den inzwischen zugezogenen Sueben.

Noch im 15. Jh. ist auf Landkarten der Name „Vandalia" für alles Land zwischen Elbe und Weichsel gebräuchlich.

Erst im 18. und 19. Jh. verbreiteten Georg Brandtke, der hussitische Fanatiker Paul Safarik (Schafarik), der deutsch-russische Politikprofessor Ludwig Schlözer und Gottfried Herder die Legende von den „slawischen

Einwanderern" in das Land zwischen Trave und Bug und machten aus den Sclaveni Slaweni (= Slawen).

Der in Göttingen lehrende Schlözer war der erste, der 1769 aus dem Wort Sclavi den Begriff Slawen machte und ein ganzes „slawisches" Völkersystem mit neun Hauptdialekten schuf.

Herders Ideen fanden in den Tschechen Palacky und Hanka ihren Widerklang. Während Palacky aus Herders romantischer Slawen-Schwärmerei den Panslawismus entwickelte, „fand" Hanka 1817 die sogenannte „Königinhofer Handschrift", aus der er die angebliche Existenz einer Urtschechischen Sprache ableitete. Doch später stellte sich heraus, daß Hanka die Handschrift gefälscht hatte.

Bisher haben sich die sogenannten „frühen Slawen" archäologisch nicht beweisen lassen. Die von den Slawisten oft als Beweis für eine uralte slawische Kultur herangezogene Lausitzer Kultur wurde von den indogermanischen Illyrern getragen.

Trotz der Abwanderung von Jungmannschaften und anderen Volksteilen blieben die meisten Angehörigen der ostgermanischen Stämme in ihren ursprünglichen Wohnsitzen in Pommern zurück. Vom 8. bis 12. Jh. kamen außerdem zahlreiche Wikinger aus Skandinavien an die Südküste der Ostsee und gründeten hier mehrere bedeutende Handelsniederlassungen, darunter das berühmte Vineta, das wahrscheinlich auf der Insel Wollin gelegen hat. Als der Frankenkönig Karl Martell im 8. Jh. die Araber vor Tours und Poitiers schlug, half ihm sein Verbündeter Dragowit, König der Wilzen.

Unter den Karolingern kam es im Jahre 789 zum ersten Vorstoß der westgermanischen Franken über die Elbe. Sie führten eine Strafexpedition gegen die Wilzen, die die mit Karl dem Großen verbündeten Obotriten angegriffen hatten. Nach ihrer Niederlage erkannten die Wilzen die fränkische Oberhoheit an. In den folgenden Jahren halfen Wilzen und Obotriten dem Frankenkönig, die aufständischen Sachsen nördlich der Elbe niederzuwerfen.

808 zogen die Wilzen mit den Dänen gegen die Obotriten. 810 überfielen sie das fränkische Kastell auf dem Höhbeck bei Gartow, wurden jedoch zwei Jahre später von den Franken erneut unterworfen. Doch nach dem Tode des Kaisers erhoben sich auch die Wilzen gegen Karls gleichnamigen Nachfolger. Zum Schutz gegen ihre Überfälle hatte Karl zwischen der Kieler Förde und der Elbe bei Lauenburg nach Adam von Bremen den von kleinen Forts geschützten Limes Saxoniae und zwei Marken (Jeetzemark und Tangermark) südlich der Elbe anlegen lassen.

Als um 831/833 das Erzbistum Hamburg gegründet wurde, erhielt Erzbischof Ansgar von Papst Gregor IV. die Vollmacht eines apostolischen Legaten für Skandinavien und das Land der Sclaveni. Doch besaß der Erzbischof nicht die Mittel, diesen Auftrag zu erfüllen. 844 und 846 unterwarf der ostfränkische König Ludwig d. Fromme die Obotriten und andere wendische Stämme an der unteren Elbe. 852 gab er den Oberbefehl über die wendische Grenze an den sächsischen Grafen Liudolf.

Nach dem Tode Ludwigs des Frommen Ende des 9. Jh. revoltierten jedoch die Wenden angesichts von Streitigkeiten unter seinen Nachfolgern und der von Osten her einbrechenden Ungarn erneut. Um 950 beherrschten die Dänen unter ihrem König Harald Blauzahn die Küste Pommerns.

Erste Kontakte zum Deutschen Reich

Im 10. und 11. Jh., als sich deutsche und dänische Interessen im Ostseeraum kreuzten, und deutsche Fürsten, Adelige, Mönche, Kaufleute und Bauern von der Elbe aus langsam nach Osten vordrangen, kam es zu den ersten offiziellen Kontakten zwischen den Pommern und dem deutschen Kaiser. Unter Kaiser Otto d. Großen (936-973) wurde die Nordmark gegen die in der Altmark sitzenden Heveller angelegt, nachdem Ottos Vorgänger Heinrich bereits 929 am rechten Elbufer die Burg Lenzen gegen die Wilzen und 948 die Bistümer Brandenburg und Havelberg errichtet hatte.

Damit erhielt die Mission im Wendenland ihren organisatorischen Rückhalt. Der Bistumssprengel von Havelberg, der dem Erzbistum Mainz unterstellt war, reichte im Norden bis nach Rügen und Usedom. Doch wegen der Ungareinfälle an der Südostgrenze des Reiches kam es vorerst nicht zu einer aktiven Missionierung Pommerns. Die nach der Gründung des Erzbistums Magdeburg im Jahre 968 eintretende Konsolidierung der Verhältnisse im Norden wurde unterbrochen von dem Druck der Wikinger auf die südliche Ostseeküste um das Jahr 1000. Besonders die Insel Wollin und auf ihr die Handelsstadt Julin-Jomsburg (Vineta) standen für längere Zeit im Brennpunkt der Ereignisse. Seit den Tagen Karl Martells kämpften liutizische Truppen auch auf Seiten der Franken. Im Jahre 1009 plünderte eine liutizische Einheit die Abtei St. Quentin bei Metz. Um dieselbe Zeit trat das ebenfalls von einer wikingischen Oberschicht getragene, später Polen genannte Dagonenreich auf den Plan und setzte zur Eroberung Pommers an. Das wiederum veranlaßt nicht nur die deutschen Könige Heinrich II. und Konrad II., sondern auch Knut den Großen von Dänemark und England zum Eingreifen.

Nach seinem Sieg über die Ungarn auf dem Lechfeld bei Augsburg rückte Otto I. zusammen mit Markgraf Gero in Mecklenburg ein und schlug am 16. 10. 955 an der Raxa (Recknitz) die Verbündeten Obotriten und Liutizen. Nach dem Tode Geros (965) erhoben sich die Obotriten jedoch erneut. Der aufrührerische sächsische Graf Wichman verbündete sich mit ihnen und eroberte die Handelsstadt Wollin. Dann zog er 967 gegen den Dagonenherzog Miesko.

Als Kaiser Otto II. (973-983) im Jahre 980 gegen Rom zog, erhoben sich die Obotriten, Liutizen und Heveller abermals und zerstörten die Burgen Havelberg und Brandenburg. 983 äscherten sie Hamburg ein. Erst Otto III. gelang es 991-993, das verlorene Gebiet zurückzuerobern.

Inzwischen hatte der aus dem alten norwegischen Rittergeschlecht der Dagonen stammende Mieszko I. sich zum Herrscher über die „Sclaveni" bzw. Wenden zwischen Posen, Gnesen und Kalisch emporgeschwungen und damit begonnen, die umliegenden Länder zu erobern. Zu den ersten Opfern gehörte um 990 Pommern. Sein Nachfolger Boleslaw Chrobry (der Kühne) setzte die Eroberungspolitik fort. Dem deutschen Kaiser Konrad II. gelang es schließlich, dessen Sohn Mieszko II. zurückzudrängen.

Um die Jahrhundertwende versuchten die Polen erneut, das Land der Pomoranen zu erobern und dort das Christentum einzuführen. Im Jahre 1000 war in Kolberg unter dem deutschen Mönch Reinbern sogar ein Bistum gegründet worden, das dem im gleichen Jahre errichteten Erzbistum Gnesen unterstellt worden war. Doch konnten die Pomoranen sich 1025 nach dem Tode des polnischen Herzogs Boleslaw I. wieder befreien. Ein Jahr später erschien der Pommernherzog Zemuzil als Vasall von Kaiser Heinrich III. auf dem Reichstag in Merseburg.

Nachdem Heinrich der Löwe 1150 das wendische Hauptheiligtum Rethra beim heutigen Feldberg (Mecklenburg) zerstört hatte, wurde das Swantevit-Heiligtum auf dem rügenschen Kap Arkona religiöses Zentrum der westlich der Oder lebenden Wenden.

Anfang des 12. Jh. entstand im westlichen Hinterpommern unter Wartislaw ein Herzogtum des Greifengeschlechts. Mit dem Regierungsantritt des polnischen Herzogs Wladyslaw Hermann begann eine neue, fast 30 Jahre währende Zeit von Eroberungsversuchen der Polen.

1102 wurde Belgard und 1105 Kolberg erobert und geplündert, 1109 fiel auch die wichtige Grenzfestung Nakel, so daß nun den Polen ein Einbruch in die Kraina (das Gebiet um Bromberg-Wirsitz-Flatow) gelang. Um 1116 war das östliche Pommern (westlich der unteren Weichsel) in polnischer Hand. Mit der Eroberung Stettins im Winter 1121/22 war die Unterwerfung abgeschlossen. Boleslaw III. von Polen, der unter deutscher Lehnsoberhoheit stand, nahm auf dem Reichstag zu Merseburg 1126 oder 1135 Pommern als Reichslehen an. Er zwang den Pommernherzog, einen Tribut zu entrichten und zu versprechen, zum Christentum überzutreten.

1124 kam Bischof Otto von Bamberg im polnischen Auftrag nach Pommern. Er war zuvor Kaplan am polnischen Hof gewesen. Auf seiner Missionsreise von Gnesen besuchte er Pyritz, Cammin, Stettin, Wollin, Kolberg und Belgard, taufte viele Pomoranen und gründete elf Kirchen. 1125 kehrte er nach Hause zurück.

Als Boleslaw III. von Polen noch weiter nach Westen ausgriff und dabei weite Teile des Liutizenlandes bis zur Müritz (Mecklenburg) verheerte, trat ihm der sächsische Kaiser und spätere Kaiser Lothar von Supplinburg entgegen und vertrieb die Polen aus dem östlichen Mecklenburg, Vorpommern und der Uckermark.

Das Liutizenland wurde durch diese Kriege derart verwüstet, daß es, wie Chronisten jener Zeit berichten, noch sieben Jahre später als menschenleer geschildert wird. Das Land wurde nun vom Pommernfürsten Wartislaw übernommen. Damit begann Pommern sich über die untere Oder nach Westen auszudehnen. Zusammen mit Wartislaw zerstörte König Lothar das wiedererstandene Swantevit-Heiligtum Rethra erneut.

Nachdem er sich der Unterstützung des deutschen Königs versichert hatte, kam Otto von Bamberg zum zweiten Mal nach Pommern. Von Magdeburg reiste er 1128 über Havelberg nach Demmin, Usedom und Gützkow. Zu Pfingsten 1128 traten die pommerschen Großen in Usedom zu einem Landtag zusammen und ließen sich taufen.

Nachdem der polnische Herzog Boleslaw III. 1139 gestorben war und die vier Söhne Boleslaws Polen aufteilten, vertrieben die Pommern die Polen. 1140 gründete Papst Innozenz II. das Bistum Wollin. Erster Bischof wurde der deutsche Kaplan Adalbert. Das westliche Vorpommern unterstand damals dem 1171 gegründeten Bistum Schwerin. Ursprünglich hatte der Papst geplant, alle östlichen Bistümer einschließlich Gnesen sowie die beiden geplanten Diözesen Stettin und Pommern dem Erzbischof von Magdeburg zu unterstellen. Doch kam es nicht dazu, weil aus der Zeit Ottos des Großen ältere Ansprüche der schon 948 gegründeten, aber im großen Aufstand von 982 untergegangenen Bistümer Havelberg und Brandenburg bestanden. Deshalb wurde das Liutizenland schließlich im Jahre 1140 auf das Bistum Pommern mit Sitz in Wollin und die unter Heinrich dem Löwen wiederhergestellten Diözesen Havelberg und Brandenburg aufgeteilt.

Doch wollte der Erzbischof von Magdeburg diese Neuregelung nicht anerkennen. Er berief sich dabei auf die Bulle Papst Innozenz II. Im Jahre 1147 verbündete er sich mit Herzog Heinrich dem Löwen, Dänemark und Polen und begann den Wendenkreuzzug. Zwar war es unter den in Mecklenburg lebenden Obotriten zu einem Aufstand gegen das Christentum gekommen, aber in Pommern konnte von einem Aufflammen des Heidentums keine Rede sein. Trotzdem wurden Demmin und Stettin von den Kreuzfahrern belagert. Die „Kreuzfahrer" errangen aber nur einen Teilerfolg: der pommersche Fürst Ratibor I. gelobte zwar 1148 auf dem sächsischen Fürstentag in Havelberg, für die beschleunigte Verbreitung des Christentums in seinem Lande zu sorgen, doch konnte Magdeburg seine Ansprüche auf das Bistum Pommern nicht durchsetzen. 1153 gründeten magdeburgische Benediktiner in Stolpe an der Peene, wo 1145 Herzog Wartislaw I. von einem Heiden ermordet worden war, das erste Kloster Pommerns; kurz darauf entstand das Prämonstratenser-Kloster Grobe-Pudagla auf der Insel Usedom. Nach der Schlacht von Verchen (1164), in der ein sächsisches Heer unter Heinrich dem Löwen die beiden seit 1155 in Pommern regierenden Fürsten Bogislaw I. und Kasimir I. schlug, wurden die Pommernherzöge Lehnsleute des Enkels Kaiser Lothars, der seit 1139 Herzog von Sachsen war.

Nachdem die Ranen lange Zeit die dänische Küste unsicher gemacht und 1138 Lübeck eingeäschert hatten, zog der dänische König Waldemar I. zusammen mit Pommern und Sachsen gegen sie zu Felde und eroberte 1168 die Insel Rügen. Nach nur einem Jahr dänischer Besatzung waren die Ranen christianisiert, und die Insel wurde dem dänischen Bistum Roskilde unterstellt.

Mit der Gründung des Zisterzienser-Klosters Kolbatz begann die friedliche Christianisierung des östlich der Oder gelegenen Pommernlandes. 1170 gründeten Prämonstratenser das Kloster Belbuck (bei Treptow/Rega), das bald eines der wohlhabendsten Klöster des östlichen Pommern werden sollte. 1176 wurde der Sitz des Bistums Wollin nach Cammin verlegt.

Die deutsche Besiedlung Pommerns

Nachdem sich das gute Einvernehmen Heinrichs des Löwen mit Kaiser Friedrich I. Barbarossa in Feindschaft gewandelt hatte, weil sich Heinrich weigerte, 1176 am Krieg gegen den Langobardenbund teilzunehmen, wurde der Sachsenherzog 1180 geächtet. Der Kaiser zog nun nach Norden, um den letzten Widerstand der Anhänger Heinrichs zu brechen. In einer feierlichen Zeremonie 1181 auf der Herrenbrücke vor den Toren Lübecks belehnte Kaiser Friedrich I. Barbarossa den pommerschen Fürsten und bisherigen Vasallen Heinrichs des Löwen, Bogislaw I., als Herzog mit Pommern.

Doch nachdem der dänische König Knut I. die Pommern 1184 in einer Seeschlacht im Greifswalder Bodden besiegt hatte, mußte Bogislaw I. ein Jahr darauf den dänischen Herrscher als Lehnherrn anerkennen. Die enge Bindung an das Deutsche Reich blieb aber weiter bestehen. Im Jahre 1187 gab es in Stettin bereits eine deutsche Kirchengemeinde (St. Jakobi). Einer der ersten hier siedelnden deutschen Kaufleute war der Franke Beringer. 1188 unterstellte Papst Clemens III. das Bistum Pommern direkt dem päpstlichen Stuhl.

1193 gründete Fürst Jaromar I. von Rügen das Zisterzienser-Nonnenkloster Bergen. Sechs Jahre darauf entstand das von Zisterziensermönchen aus Dargun gegründete Kloster Hilda (Eldena) beim heutigen Greifswald.

Mit der Niederlage der Dänen in der Schlacht von Bornhöved (1227) war die Vorherrschaft Dänemarks in Pommern endgültig beendet. Nur das Fürstentum Rügen, das neben der Insel Rügen auch das westliche Vorpommern umfaßte, verblieb zunächst weiter unter der Oberherrschaft Kopenhagens. 1231 wurde die Oberlehnshoheit über Pommern von Kaiser Friedrich II. dem Markgrafen von Brandenburg zugesprochen.

Mit dem Zuzug zahlreicher deutscher Ritter, Bauern, Handwerker und Kaufleute aus Schleswig-Holstein, Niedersachsen, Westfalen und Flandern in dem mit 100000 Pomoranen und Liutzen dünn besiedelten Land entstanden in Pommern immer mehr neue Siedlungen. In der relativ kurzen Zeitspanne von knapp 120 Jahren wurden rund 70 Städte und über 1000 Dörfer nach lübischem oder magdeburgischem Recht gegründet. In den folgenden Jahrzehnten und Jahrhunderten vermischten sich die Einwanderer mit den einheimischen Pomoranen zum deutschen Neustamm der Pommern.

Im Jahre 1134 verlieh Wizlaw I. von Rügen Stralsund als ältesten Stadt Pommerns das lübische Stadtrecht. Kurz darauf folgt die damals zu Pommern gehörende Siedlung Prenzlau, die ihr deutsches Stadtrecht durch Herzog Barnim I. erhielt. Im Vertrag von Kremmen (1236) erkannte Wartislaw III. die brandenburgischen Markgrafen als Lehnsherren an und trat das Land Stargard an Brandenburg ab.

Nachdem der Ort Loitz 1242 lübisches Stadtrecht erhalten hatte, verlieh Herzog Barnim I. ein Jahr später Stettin das magdeburgische Stadtrecht, das eine stärkere Mitbestimmung der Bürger an der Regierung der Stadt vorsah. Gleichzeitig wurde Stettin zum Oberhof für alle Städte, die das Stettiner Stadtrecht erhalten hatten.

In den folgenden Jahren wurden zahlreiche weitere Orte mit deutschem Stadtrecht begabt, so 1245 Treptow/Toll (Altentreptow), 1249-1268 Gartz/Oder, Stargard, Greifenhagen, Altdamm, Pölitz, Pyritz, Gollnow (Stettiner Stadtrecht), 1236-1259 Demmin, Greifswald, Kolberg, Barth und Wolgast (lübisches Stadtrecht). Zwischen 1243 und 1268 wurden die Städte Anklam, Pasewalk, Damgarten, Ueckermünde, Tribsee und Massow gegründet.

Im Jahre 1250 belehnten die Markgrafen von Brandenburg die beiden pommerschen Herzöge Barnim I. und Wartislaw III. zur gesamten Hand. Damit wurde der Vertrag von Kremmen in der Erbfrage zugunsten der Herzöge korrigiert. Gleichzeitig mußte Herzog Barnim I. aber die Uckermark an Brandenburg abtreten. Als die Polen erneut versuchten, Pommern zu erobern, gründeten die Brandenburger um 1286 die Stadt Friedeberg in der Neumark als Grenzfeste. Im selben Jahr ist die Gründung des Klosters Buckow durch deutsche Mönche zu verzeichnen, zwei Jahre darauf erhielt die von Herzog Wartislaw III. gegründete Stadt Greifenberg lübisches Stadtrecht. Nach dem Tode des Herzogs (1264) erfolgte die Vereinigung von Pommern-Demmin mit Pommern-Stettin.

Auch in den nächsten Jahren (1264-1277) entstanden in Pommern neue Städte, darunter Köslin, Cammin, Treptow/Rega und Plathe, die alle mit lübischem Stadtrecht begabt wurden. 1271 wurde Rügenwalde erstmals als Stadt erwähnt.

Zwischen 1273 und 1275 kämpften Pommern und Brandenburg miteinander um die Uckermark. Um 1280 erwarben die Brandenburger das Land Schivelbein und stießen damit fast an die Ostsee vor.

Im Zeichen der Hanse

Ende des 13. Jh. schlossen sich mehrere pommersche Städte der „dudeschen Hanse" an. Im Jahre 1278 wird Stettin als Mitglied dieses Bundes bezeugt. Im Rahmen der Hanse nahmen die 14 pommerschen Mitgliedsstädte dank ihrer Lage an der Ostsee bald einen bedeutenden Platz ein, allen voran Stralsund, Greifswald, Anklam, Stettin, Stargard und Kolberg.

Lübeck, Mutter und Haupt der Hanse, stand für viele pommersche Städte Pate: Lübecker Bürger verpflanzten die heimischen Rechtsnormen, Bauformen und Handelsbezeichnungen in die Tochterstädte. Allein 39 Städte erhielten in Pommern lübisches Stadtrecht. Aber auch aus Pommern gingen Impulse in die anderen Gebiete der Hanse aus. So schlug der aus Lassan gebürtige Künstler Bernd Notke mit seinem Wirken in Lübeck, Schweden, Norwegen und im Baltikum eine geistige Brücke zum Norden, Westen und Osten. Schon 1283 ließen sich die ersten Stettiner Kaufleute in der damals dänischen, heute schwedischen Landschaft Schonen nieder und widmeten sich dem Heringshandel. Mit dem verstärkten Zuzug deutscher Ritter, Bürger und Bauern ging auch die Gründung von Städten weiter. Zwischen 1284 und 1288 erhielten Penkun, Arnswalde, Reetz/Neumark, Grimmen und Regenwalde deutsches Stadtrecht; zwischen 1295 und 1299 wurden Labes, Usedom und Belgard mit lübischem Recht begabt; in den Jahren 1300-1309 kamen Schivelbein, Nörenberg, Kallies, Märk.-Friedland, Körlin, Naugard und Deutsch Krone hinzu; 1310-1319 Stolp, Neustettin, Woldenberg, Neuworp, Driesen, Schlawe und Garz/Rügen. 1286 erwarb der Templerorden das Land Draheim.

Nach dem Tode Herzog Barnims II. kam es 1295 zur Teilung Pommerns in die Herzogtümer Pommern-Stettin und Pommern-Wolgast. 1307 erbte Brandenburg nach dem Aussterben der Fürsten von Pommerellen die Länder Stolp, Schlawe und Lauenburg. Zwei Jahre später gingen Pommerellen und das Land Lauenburg an den Deutschen Ritterorden über. 1312 kaufte der Orden das Land Schlochau von den lokalen Grundherren und fünf Jahre darauf verzichtete Brandenburg zugunsten Pommerns auf die Länder Stolp und Schlawe. Nach dem Aussterben der Askanier (1320) gewann Pommern große Teile der Uckermark zurück.

1329 erwarb der Deutsche Ritterorden das Land Bütow. In den nächsten 50 Jahren erfolgte die Gründung der Städte Daber und Tütz (1331), Falkenburg (1333), Polzin, Jacobshagen, Jarmen, Zanow, Fiddichow,

Neuwedell, Schloppe, Richtenberg, Gützkow (1334-1353), Bublitz (1340), Lauenburg (1341), Bütow (1346), Schlochau (1348), Preußisch Friedland (1354), Leba (1357), Flatow (1370), Schneidemühl (1380), Baldenburg (1382) und Bärwalde (1389).

Durch die Pest (1348-1351) kommen 25-30 Prozent aller Bewohner Pommerns ums Leben.

1354 erwarben die pommerschen Herzöge im Vertrag von Oderberg die östliche Uckermark von Brandenburg zurück.

Nach der Heirat Kaiser Karl IV. (1362) mit der Prinzessin Elisabeth von Pommern-Wolgast belehnte der Kaiser die Herzöge von Pommern mit ihren Ländern zur gesamten Hand. Damit wurde das Erbfallrecht der Brandenburger auf Pommern aufgehoben.

Im Jahre 1361 begann König Waldemar IV. (Atterdag) von Dänemark (1340-1375) einen Krieg gegen die mit der Hanse verbundene gotländische Stadt Wisby und zerstörte sie. Da traten die durch die Kölner Konföderation vereinten deutschen Seestädte ihm mit ihren aus den wikingischen Knarren entwickelten Koggen, die den dänischen Schiffen überlegen waren, entgegen und vertrieben den Dänenkönig.

1368 überließ der brandenburgische Markgraf Otto der Faule das von deutschen Bauern besiedelte Kroner Land dem polnischen König. Im Frieden von Stralsund (1370) muß der unterlegene dänische König der Hanse zahlreiche Handelsprivilegien einräumen und ihr außerdem ein Mitspracherecht bei der dänischen Thronfolge einräumen. Damit begann die zwei Jahrhunderte dauernde Herrschaft der deutschen Hanse in Nordeuropa.

Dynastische Zersplitterung

Im Jahre 1385 erwarb der Deutsche Ritterorden das bei Bütow gelegene Land Tuchen.

Mit der Wahl Herzog Erichs von Pommern (1389) zum König von Dänemark, Schweden und Norwegen wurde Pommern in die nordische Politik verwickelt. Das von seiner Tante, der dänischen Königin Margareta, geeinte skandinavische Reich erstreckte sich von Grönland bis Finnland. Doch 1439 scheiterte der König an dem Widerstand der dänischen Stände. Mit seiner Absetzung endete der Versuch eines pommerschen Fürsten, Außenpolitik größeren Stils zu betreiben.

Ende des 13. Jh. hatten sich das Niederdeutsche bzw. Plattdeutsche als Umgangs- und das Lateinische als amtliche Schriftsprache in ganz Pommern durchgesetzt. 1404 starb auf Rügen die letzte wendisch sprechende Frau.

Als die Polen und Litauer 1410 mit ihren islamisch-tatarischen Hilfstruppen den Staat des Deutschen Ritterordens bedrohten, kam Herzog Kasimir von Pommern-Stettin dem Orden mit 600 Reitern zu Hilfe.

Auf dem Konzil von Konstanz (1414-1418) erlangten die Bischöfe von Cammin von Kaiser Sigismund von Luxemburg die Anerkennung als selbständige Reichsfürsten.

Zwischen 1425 und 1478 erlebte Pommern durch zahlreiche Erbteilungen eine dynastische Zersplitterung.

1427 wurde im Frieden von Neustadt-Eberswalde ein Teil der Uckermark mit Angermünde Brandenburg zugesprochen.

1433 verwüsteten polnische und tschechische Hussitenhorden große Teile der seit 1402 dem Deutschen Ritterorden gehörende Neumark und des Schlochauer Landes. 1439 fiel das bisher dem Johanniterorden gehörende Land Tempelburg an Polen (Starostei Draheim).

1455 verkaufte der Deutsche Ritterorden die Neumark an den brandenburgischen Kurfürsten Friedrich II.

Mit der Gründung der Universität Greifswald im Jahre 1456 erhielt Pommern seine erste wissenschaftliche Hochschule, die zweite Norddeutschlands nach Rostock.

Mit dem Aussterben der Stettiner Linie des pommerschen Herzoggeschlechts (1464) begann der sogenannte Stettiner Erbfolgestreit, der bis 1472 dauern sollte.

Im Zweiten Thorner Frieden (1466) riß die polnische Krone Pommerellen an sich, das bis dahin zum Deutschen Ordensstaat gehört hatte. Gleichzeitig erhielt Pommern die Lande Lauenburg und Bütow als Lehen der polnischen Krone (1526 endgültige Belehnung).

Diesem Gewinn stand der endgültige Verlust der Uckermark an Brandenburg gegenüber, der 1472-1479 in den Prenzlauer Verträgen besiegelt wurde.

Mit dem Regierungsantritt Herzog Bogislaw X. im Jahre 1474 wurde der Erbfolgestreit mit Brandenburg beendet. 1487 machte er Stettin zu seiner Residenz. Vier Jahre später vereinte der Herzog ganz Pommern in seiner Hand. 1495 erreichte er vor dem Reichstag in Worms die Aufhebung des von Brandenburg erneut beanspruchten Lehnsverhältnisses und erhielt 1521 den kaiserlichen Lehnsbrief.

Unter Bogislaw X., der zahlreiche Verwaltungsreformen durchführte, erlebte Pommern einen kulturellen und wirtschaftlichen Aufschwung.

Pommern im Zeitalter der Reformation

Das Herzogtum Pommern spielte schon sehr früh eine bedeutende Rolle in der Verbreitung des Protestantismus. 1521 predigte Johann Knipstro die neue Lehre Luthers in Pyritz. Im selben Jahr kamen die ersten protestantischen Wanderprediger auch nach Stettin und im Jahr darauf nach Stralsund. 1523 begann die Reformation in Stolp.

1529 verzichtete der brandenburgische Kurfürst Joachim I. von Hohenzollern im Vertrag von Grimmen endgültig auf die Lehnshoheit über Pommern. Dafür gestanden ihm die pommerschen Herzöge das Recht der Erbnachfolge zu. Nach dem Tode Bogislaw X. (1532) wurde Pommern erneut in die Herzogtümer Pommern-Stettin und Pommern-Wolgast geteilt. Die immer stärker werdende kulturelle Einheit des Ostseeraumes zeigte sich einmal mehr im 16. Jh., als der im pommerschen Wollin geborene Johannes Bugenhagen nicht nur in seiner Heimat

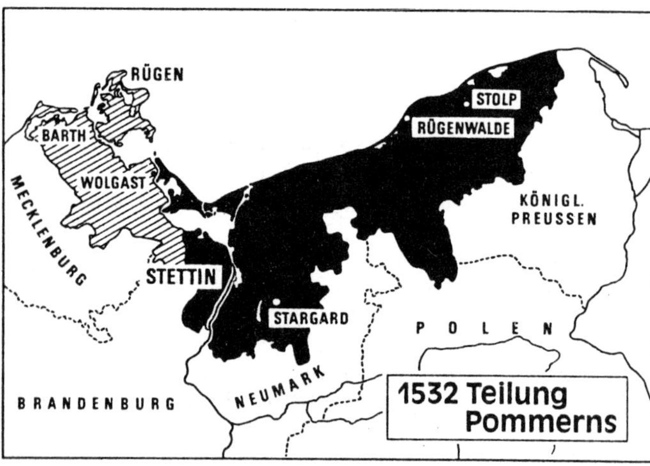

(1534 auf dem Landtag zu Treptow/Rega), sondern auch in Dänemark, Schleswig-Holstein, Hamburg und Braunschweig die Reformation einführte. Seine niederdeutsche Bibelübersetzung, 1535 in Lübeck gedruckt, ist eines der kostbarsten Zeugnisse der niederdeutschen Sprache. Nach der Reformation wurden die 45 pommerschen Klöster und Stifte säkularisiert.

Nach dem Tode des letzten katholischen Bischofs von Cammin, Erasmus v. Manteuffel (1544), wurde Cammin in ein evangelisches Bistum umgewandelt. Erster Bischof wurde Bartholomäus Swen. Im selben Jahr erfolgte in Stettin die Gründung des „Fürstlichen Pädagogiums", dem Vorläufer des berühmten Marienstiftsgymnasiums.

1569 erfolgte eine neue Teilung Pommerns in die Herzogtümer Barth, Rügenwalde und Stettin. In den nächsten Jahren ging der Landadel in verstärktem Maße zur gutsherrlichen Eigenwirtschaft über. Eine Folge davon war, daß die bäuerlichen Hintersassen immer stärker vom Gutsherrn abhängig wurden und z. T. ihre Höfe verloren (sogenanntes „Bauernlehen").

Unter Herzog Philipp II. (1573-1618) blühten in Pommern die Kunst und das Kunsthandwerk. Aus seiner Zeit stammen der berühmte pommersche Kunstschrank und die Lubin'sche Karte (1618). 1577 wurde der 1346 begonnene Bau des Stettiner Herzogsschlosses beendet. Die gleichzeitig fertiggestellte Schloßkirche ist der erste evangelische Kirchenbau Pommerns.

Das Ende der pommerschen Selbständigkeit

Mit dem Regierungsantritt Herzog Bogislaws XIV. im Jahre 1625 wurde Pommern wieder unter einem Herrscher vereint. Das Goldene Zeitalter Pommerns wurde durch den Dreißigjährigen Krieg jäh beendet.

1627 rückten Kaiserliche Truppen unter Wallenstein ins Land ein und belagerten sechs Monate lang Stralsund. Dem Stralsunder Bürgermeister Steinwich gelangte es jedoch, alle Angriffe abzuwehren. Drei Jahre darauf landete Gustav II. Adolf von Schweden in Peenemünde und drängte die katholischen Truppen aus dem Lande. In den blutigen Kämpfen wurden große Teile des Landes verwüstet. Zwischen 50 und 70% seiner Bewohner starben. In dieser Zeit entstand das Lied „Maikäfer flieg ... Pommernland ist abgebrannt".

Als Herzog Bogislaw XIV. 1637 starb, erlosch das Fürstenhaus der Greifen. Nun kam es zu Erbstreitigkeiten zwischen Brandenburg und Schweden. Die schwedische Königin Christine weigerte sich, Pommern dem erbberechtigten Kurfürsten von Brandenburg zu überlassen. Im Frieden von Osnabrück, der 1648 den 30jährigen Krieg beendete, wurden Vorpommern und die Odermündung mit Stettin Schweden, Hinterpommern den Brandenburgern zugesprochen. Im Stettiner Grenzprozeß von 1653 wurde die Teilung Pommerns bestätigt. Sie sollte 167 Jahre andauern.

■ Schwedisch-Pommern ▨ Brandenburg-Pommern

Eine neue Leidenszeit begann für die Pommern 1656, als polnische Truppen im Zuge des bis 1660 dauernden Schwedisch-polnischen Erbfolgekrieges in das Land einfielen. Besonders betroffen waren die Städte Anklam, Gartz, Pasewalk, Stargard, Stettin und Stolp.

Durch den Bromberger Vertrag von 1657 erhielt der Große Kurfürst von Brandenburg nach seinem Wechsel auf die polnische Seite im Schwedisch-polnischen Erbfolgekrieg die Lande Lauenburg und Bütow als erbliches Lehen der polnischen Krone (die beiden Länder waren 1637 an Polen gefallen). Dazu kam als Pfandbesitz das Land Draheim. Im Frieden von Oliva (1660) wurden die Bestimmungen des Bromberger Vertrages bestätigt. Außerdem erkannte Polen die Souveränität Preußens an.

1663 fiel nach dem Aussterben der Grafen von Eberstein die Grafschaft Naugard an Brandenburg. 1668 wurde das Land Draheim als erledigtes Pfand endgültig an Pommern angeschlossen. 1677 belagerte und eroberte der Große Kurfürst das von Schweden besetzte Stettin. Im Frieden von St. Germain (1679), der den sogenannten Zweiten Reunionskrieg (in dem Schweden auf französischer Seite gegen Brandenburg kämpfte) beendete, erwarb der Große Kurfürst einen Landstrich östlich der Oder mit Cammin, Greifenhagen und Bahn.

Pommern unter dem Preußenadler

Die Eingliederung Pommerns in den Staat der Hohenzollern, die als Kurfürsten von Brandenburg und als Herzöge zu den bedeutendsten Reichsfürsten gehörten, war entscheidend für das Werden des preußischen Staates. Zusammen mit Brandenburg und Ostpreußen gehörte Pommern seitdem zu den Kernprovinzen dieses Staates.

Unter brandenburgisch-preußischer Herrschaft erlebte Pommern auch einen wirtschaftlichen Aufschwung. Nach der Verkündung des Edikts von Potsdam (1685) kamen zahlreiche französische Glaubensflüchtlinge (Hugenotten) nach Pommern. Sie ließen sich vor allem in den Städten (Pasewalk, Stargard, Stettin, Stolp), aber auch im Randower Land und in der benachbarten Uckermark nieder, wo sie den Tabakanbau einführten.

Während des Nordischen Krieges (1700—1721) zwischen Schweden, Polen, Rußland und Brandenburg-Preußen erlitt Pommern abermals schwere Zerstörungen und Verluste an Menschen.

Mit der Krönung Kurfürst Friedrich III. von Brandenburg-Preußen in Königsberg im Jahre 1701 zum König, begann auch für Pommern eine neue Epoche. Sein Nachfolger Friedrich Wilhelm I. („Soldatenkönig") schaffte ein Beamtentum und damit eine geordnete Verwaltung und stellte ein stehendes Heer auf. Damit legte er die Grundlagen für die Größe Preußens.

1713 eroberte der preußische König Stettin, gab es jedoch wieder an die Schweden zurück.

Als der „Stumme Reichstag" Polens 1717 in Warschau die Niederreißung aller seit 1632 erbauten evangelischen Kirchen beschloß und die Protestanten im polnischen Machtbereich verfolgt wurden, flohen zahlreiche evangelische Deutsche aus der Grenzmark nach Pommern.

1719 ordnete Friedrich Wilhelm I. die Aufhebung der Leibeigenschaft auf den königlichen Domänen an und verbot das Bauernlehen. Doch hatte er damit nur wenig Erfolg.

Im Frieden von Stockholm (1720) erwarb Preußen von Schweden Alt-Vorpommern bis zur Peene mit Usedom, Wollin und Stettin. Stettin wurde nun der Seehafen Preußens.

1732 richtete man in Stettin die erste preußische Lehrerbildungsanstalt ein.

Einen gewaltigen Aufschwung nahm die pommersche Wirtschaft unter König Friedrich II., dem Großen (1740—1786). In seiner Regierungszeit wurden im Zuge der „Friderizanischen Kolonisation" allein in Pommern 159 Dörfer für 26 500 Siedler aus Schwedisch-Vorpommern, Mecklenburg, Sachsen, Schwaben und der Pfalz gegründet und zahlreiche Sümpfe und Brüche trockengelegt. Außerdem förderte der König den Handel durch die Aufhebung der Oderzölle und die Gründung des Hafens Swinemünde im Jahre 1747. Mit der Errichtung des Königlichen Eisenhüttenwerkes Torgelow im Jahre 1753 begann die Industralisierung Pommerns. Einen Rückschlag erlebte die Aufbauarbeit durch den Siebenjährigen Krieg (1756-1763), in dem Kolberg dreimal durch die Russen belagert wurde. Der Einsatz pommerscher Soldaten auf allen Schlachtfeldern, dank deren Zuverlässigkeit und Tapferkeit sich der Preußenkönig behaupten konnte, fand im Testament Friedrichs d. Gr. Anerkennung.

Durch die Erste Teilung des Königreichs Polen im Jahre 1772 gelangten die alten Ordenslande Pommerellens (Westpreußens) mit Schlochau und dem Netzedistrikt (Flatow, Deutsch-Krone, Schneidemühl) wieder in deutsche Hände.

1794 wurde das Allgemeine Preußische Landrecht eingeführt. Bis 1800 war die Einwohnerzahl Preußisch-Pommerns von 310 000 sechzig Jahre zuvor auf 800 000 Personen gestiegen.

Pommern zwischen Napoléon und dem Ersten Weltkrieg

Die Niederlage Preußens in der Schlacht von Jena und Auerstädt führte 1806 zur Besetzung Pommerns durch die Franzosen. Als einzige pommersche Stadt konnte sich Kolberg unter der Leitung Gneisenaus und Nettelbecks bis zum Frieden von Tilsit (1806) behaupten. Die heldenhafte Verteidigung Kolbergs sollte zum Fanal für die Befreiung vom französischen Joch werden.

Zum Kämpfer für die Freiheit des deutschen Volkes wurde der 1769 auf Rügen geborene Ernst Moritz Arndt. Mit seiner Schrift „Was ist des Deutschen Vaterland?" zeigte er den Weg aus der deutschen Kleinstaaterei. Doch brachte der erste konkrete Schritt dazu, die Einberufung der deutschen Nationalversammlung in die Frankfurter Paulskirche (1848/49), keinen Erfolg. Die Zeit war noch nicht reif. Erst dem Pommern Otto v. Bismarck sollte 1871 die politische Einigung gelingen.

Die napoleonische Zeit und die Befreiungskriege lösten auch in Pommern weitgehende Veränderungen aus. Nachdem Arndt 1803 sein Werk „Versuch einer Geschichte der Leibeigenschaft in Pommern und Rügen" veröffentlicht hatte, wurde die Leibeigenschaft 1806 in Schwedisch-Vorpommern abgeschafft. 1806/1811 sah die Einführung der Stein-Hardenberg´schen Reformen (Bauernbefreiung, neue Städteordnung) in Preußisch-Pommern.

Die Gründung des Herzogstums Warschau durch Napoléon 1807 brachte die Abtrennung der südlichen Grenzmark (bis 1813). In den Befreiungskriegen zwischen 1813 und 1815 zeichneten sich zahlreiche Pommern im Kampf gegen den französischen Diktator aus.

Auf dem Wiener Kongreß von 1815 trat Schweden Neu-Vorpommern und Rügen an Dänemark ab, das es jedoch im Austausch gegen das Herzogtum Lauenburg für $3^1/_2$ Mio. Taler Preußen überließ. Damit war Pommern erstmals seit 1637 wieder geeint. Im Zuge der preußischen Verwaltungsreform wurde Pommern zwischen 1815 und 1818 durch die beiden neumärkischen Kreise Schievelbein und Dramburg vergrößert und in die drei Regierungsbezirke Stettin, Köslin und Stralsund sowie in einen Stadtkreis und 25 Landkreisen gegliedert. Bei der ersten Volkszählung in Preußen wurden in Pommern 1816 rund 683 000 (auf dem Gebiet von 1810: 529 000) Einwohner ermittelt.

Nach der Befreiung setzte eine erneute wirtschaftliche Blütezeit in Pommern ein. 1818 wurde das Fahrwasser nach Stettin vertieft und mit dem Bau der Swinemünder Molen begonnen. 1822 erfolgte die Eröffnung der Straße Berlin-Stettin. 1825 hatte Pommern die größte Segelschiffsflotte Preußens. Im selben Jahr wurde in Stettin die „Dievenow" als erstes pommersches Dampfschiff gebaut und nahm 1826 den regelmäßigen Linienverkehr zwischen der Provinzhauptstadt und Swinemünde auf.

Mit der Eröffnung der Eisenbahnlinie Berlin-Stettin (1843), die 1870 bis Danzig weitergeführt wurde, hielt das Eisenbahnzeitalter auch in Pommern Einzug. 1851 wurde mit dem Bau der Ostbahn von Kreuz nach Bromberg begonnen und die Vulkanwerft in Stettin, die wenig später größte Werft Europas außerhalb Großbritanniens, gegründet. Mittlerweile (1843) war die Einwohnerzahl Pommerns auf 1,106 Mio. Menschen gestiegen.

1862 wurde der aus einem brandenburgisch-pommerschen Geschlecht stammende Otto v. Bismarck preußischer Ministerpräsident und ab 1871 auch Kanzler des wiedererstandenen Deutschen Reiches. 1867 hatte er das pommersche Gut Varzin als Ruhesitz gekauft. Im Zuge der Neuordnung des Königreiches Preußen erhielt Pommern wie die anderen preußischen Provinzen die Selbstverwaltung.

Bis 1875 war die Bevölkerung Pommerns auf 1,462 Mio. Einwohner angewachsen, bis 1900 auf 1,635 Mio.

Ungebremst war auch der wirtschaftliche Aufschwung; 1898 eröffnete Kaiser Wilhelm II. den Stettiner Freihafen und 1914 sah die Einweihung des Großschiffahrtsweges Berlin-Stettin. Zahlreiche Pommern leisteten zum wirtschaftlichen Aufschwung des Deutschen Reiches ihren Beitrag. Neben Heinrich von Stephan, der die deutsche Post reorganisierte und den Weltpostverein gründete, waren Pommern maßgeblich am Bau des Kaiser-Wilhelm-(Nord-Ostsee-)Kanals und am Ausbau des Kleinbahnnetzes in weiten Teilen Norddeutschlands beteiligt. Und schließlich stellte die pommersche Landwirtschaft mit ihren hohen Überschüssen an Getreide, Saatkartoffeln und Fleisch die Ernährung von Millionen Deutschen sicher.

Vom Ersten Weltkrieg bis zum Ende der Weimarer Republik

Im Ersten Weltkrieg 1914-1918 blieb Pommern vom Kampfgeschehen unberührt. Jedoch wurde erstmals die große Bedeutung des Landes für die Ernährung der deutschen Bevölkerung deutlich. 1918 verlegte Generalfeldmarschall v. Hindenburg sein Hauptquartier nach Kolberg. Die Abtrennung des größten Teiles der preußischen Provinzen Posen und Westpreußen, die im „Versailler Vertrag" (1919) von den westlichen Alliierten verfügt wurde, machte Pommern zum Grenzland des Deutschen Reiches. 1922 wurden die beim Reich verbliebenen Reste der Provinzen Posen und Westpreußen (neun Kreise) mit Schneidemühl als Hauptstadt zur Provinz Grenzmark Posen-Westpreußen zusammengefaßt. Einem Gebietsverlust (durch Grenzbegradigungen) von 9,6 km^2 mit 224 Einwohnern stand außerdem ein Zuwachs von 74,2 km^2 mit 2286 Einwohnern von den westpreußischen Kreisen Neustadt, Putzig und Karthaus gegenüber. 1925 zählte Pommern 1,879 Mio. Einwohner.

Schwer betroffen wurde Pommern von der 1927 einsetzenden Weltwirtschaftskrise. Zahlreiche Menschen wurden arbeitslos und die Stettiner Vulkanwerft mußte geschlossen werden.

Bei den letzten freien Reichstagswahlen von 1932 erhielten die polnischen Listen in Pommern nur 532 Stimmen (= 0,04 %). Im selben Jahr wurden die Regierungsbezirke Stettin und Stralsund vereinigt.

Pommern im Dritten Reich

Nach der Machtübernahme durch die Nationalsozialisten 1933 wurde die Selbstverwaltung aufgelöst und Pommern de facto zu einem unmittelbaren Verwaltungsbezirk des Reiches, da die preußischen Zentralbehörden mit denen des Reiches verschmolzen wurden.

1938 wurde die Grenzmark Posen-Westpreußen aufgelöst. Ihre fünf nördlichen Kreise sowie die beiden neumärkischen Kreise Arnswalde und Friedeburg kamen zu Pommern. Aus den neuen Kreisen, sowie der beiden pommerschen Kreise Dramburg und Neustettin wurde der neue Regierungsbezirk Grenzmark Posen-Westpreußen mit der Hauptstadt Schneidemühl geschaffen. Kurz vor Ausbruch des Zweiten Weltkrieges zählte Pommern 2,394 Mio. Einwohner (ohne die neu hinzugekommenen Gebiete 2,044 Mio.). 1939 war ferner die Auflösung des Kreises Randow und die Bildung von Groß-Stettin durch umfangreiche Eingemeindungen. Die so geschaffene Agglomeration hatte 1940 rund 400 000 Einwohner.

Nach Beginn des Zweiten Weltkrieges merkte man in Pommern zunächst nicht viel von den Kriegshandlungen. Doch ab 1943 begannen die Luftangriffe der Alliierten auf Stettin, Peenemünde, Anklam und Swinemünde. Zu den Ostdeutschen, die im Widerstand gegen Hitler standen, gehörten zahlreiche Junker wie Ewald v. Kleist-Schmenzin und Elisabeth v. Thadden-Trieglaff sowie Carl Friedrich Goerdeler.

Als die Rote Armee Anfang 1945 in Ostpreußen einfiel, begann der Strom der vor den Grausamkeiten der Invasoren flüchtenden deutschen Zivilisten durch Pommern nach Westen. Am 28. 1. 1945 erreichten die ersten sowjetischen Truppen bei Schneidemühl pommerschen Boden.

Durch Krieg, Flucht, Verschleppung, Vertreibung und Verfolgungen starben insgesamt 498 000 Pommern aus dem Gebiet östlich der Oder-Neiße-Linie.

Zwischen 1945 und 1948 wurden die meisten der fast zwei Millionen Deutschen aus dem nun polnisch verwalteten Teil Pommerns vertrieben. Mehr als eine Million Pommern ließen sich in West-Deutschland nieder. Die westlich der Oder-Neiße-Linie gelegenen pommerschen Kreise wurden der Sowjetischen Besatzungszone eingegliedert.

Nach dem Zweiten Weltkrieg

Zahlreiche Pommern waren 1945-1948 nach Westdeutschland geflohen. Um eine Stütze in der neuen Heimat zu bieten, wurde 1948 in den drei westlichen Besatzungszonen die Pommersche Landsmannschaft gegründet. Sie hatte zunächst ihren Sitz in Hamburg und siedelte vor einigen Jahren nach Lübeck über, mit dem Pommern seit dem Mittelalter eng verbunden ist. Die Landsmannschaft ist in elf Landesgruppen mit über 400 Orts- und Kreisgruppen gegliedert. Dazu kommen 40 Heimatkreise.

Im westlichen Teil Pommerns setzte bereits 1945 die Sowjetisierung der Gesellschaft ein. Nachdem die Regierung der DDR 1950 im Görlitzer Vertrag die Oder-Neiße-Linie als „endgültige deutsche Ostgrenze" anerkannt hatte, wurde die Evangelische Landeskirche für Vorpommern mit Sitz in Greifswald gegründet. 1952 teilte man Vorpommern im Zuge der Zerschlagung der mitteldeutschen Länder auf die Bezirke Rostock und Neubrandenburg auf.

1954 übernahm das Land Schleswig-Holstein, in dem sich nach 1945 300 000 Pommern niedergelassen hatten, die Patenschaft für Pommern. Nach und nach entstanden 73 Patenschaftsverhältnisse zwischen pommerschen und westdeutschen kommunalen Gebietskörperschaften.

1966 wurde in Kiel die öffentlich-rechtliche „Stiftung Pommern" gegründet. 1975 zerschlugen die Polen im Zuge einer Verwaltungsreform die letzten Reste der alten Gebietseinheiten: Ost-Pommern wurde auf sechs Woiwodschaften aufgeteilt.

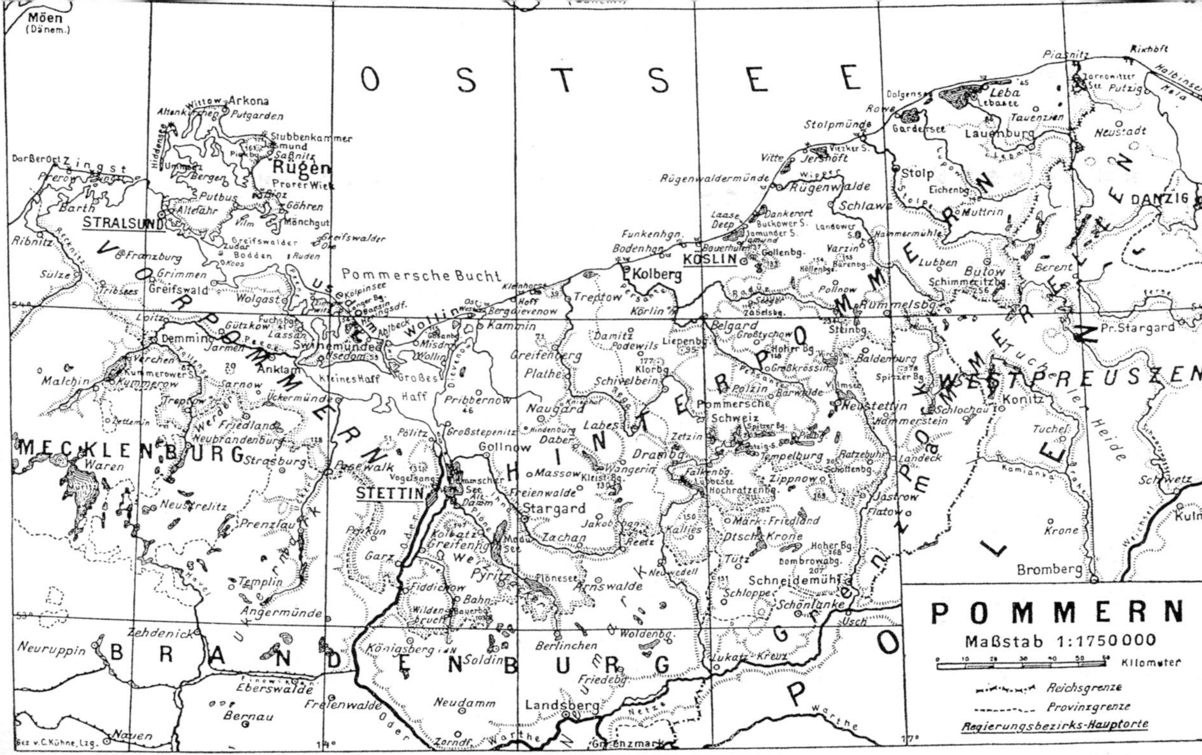
POMMERN
Maßstab 1:1750000
Kilometer
Reichsgrenze
Provinzgrenze
Regierungsbezirks-Hauptorte
OSTSEE
Pommersche Bucht
VORPOMMERN
HINTERPOMMERN
MECKLENBURG
BRANDENBURG
WESTPREUSZEN
STRALSUND
STETTIN
KÖSLIN
DANZIG
Rügen
Kolberg
Stolp
Stargard
Bromberg
Gez. v. C. Kühne, Lzg.

VERWALTUNG

Die Provinz Pommern bedeckte am 1. 1. 1941 eine Fläche von 38 409 km^2 und hatte nach der Zählung vom 17. 5. 1939 2 393 844 Einwohner. Verwaltungsmäßig ist Pommern in die Regierungsbezirke Stettin, Köslin und Grenzmark Posen-Westpreußen gegliedert.

Der Regierungsbezirk Stettin hat eine Größe von 14 182 km^2 und wurde 1939 von 1 237 782 Menschen bewohnt. Unterteilt ist er in die Stadtkreise Greifswald, Stargard i. Pom., Stettin und Stralsund und die Landkreise Anklam, Cammin i. Pom, Demmin, Franzburg-Barth, Greifenhagen, Greifswald, Grimmen, Naugard, Pyritz, Rügen, Saatzig, Ueckermünde und Usedom-Wollin. Am 15. 10. 1939 wurde der Stadtkreis Stettin durch Eingemeindungen zahlreicher Randgemeinden erweitert. Dabei wurde auch der Landkreis Randow aufgelöst und auf den Stadtkreis Stettin sowie die Landkreise Greifenhagen, Naugard und Ueckermünde aufgeteilt.

Der Regierungsbezirk Köslin ist 12 769 km^2 groß und hatte 1939 276 790 Einwohner. Unterteilt ist er in die Stadtkreise Köslin, Kolberg und Stolp sowie die Landkreise Belgard (Persante), Bütow, Greifenberg i. Pom., Köslin, Kolberg-Kärlin, Lauenburg i. Pom., Regenwalde, Rummelsburg i. Pom., Schlawe und Stolp.

Der Regierungsbezirk Grenzmark Posen-West-Preußen (11 457 km^2, 479 272 Einwohner) besteht aus dem Stadtkreis Schneidemühl und den Landkreisen Arnswalde, Deutsch-Krone, Dramburg, Flatow, Friedberg/Nm., Netzekreis, Neustettin und Schlochau. Die Gesamtzahl der Gemeinden in allen drei Regierungsbezirken beträgt 2759. Rund 31 000 km^2 der Provinz Pommern, auf denen 1939 rund 1,9 Millionen Menschen lebten, gehören heute zur Republik Polen. Das 1945 der DDR zugeschlagene westliche Pommern (Vorpommern, westliches Mittelpommern) war auf die Bezirke Rostock, Neubrandenburg und Frankfurt/Oder aufgeteilt und gehört heute zum Bundesland Mecklenburg-Vorpommern. Das seit 1945 von Polen übernommene östliche Pommern wurde in die Woiwodschaften Stettin, Köslin, Stolp und Danzig gegliedert.

FLAGGE UND WAPPEN

Das pommersche Wappen zeigt seit 1929 im silbernen Schild einen roten, goldbewehrten Greif. Zwischen 1881 (als der preußische König der Provinz Pommern ein neues Wappen verlieh) und 1929, als die monarchischen Embleme entfernt wurden, trug der Greif außerdem auf

dem gekrönten Helm eine rot-silberne Decke mit Pfauenstoß. Dazu kamen als Schildhalter rechts ein wilder Mann mit der königlich-preußischen Fahne, links ein geharnischter Ritter mit blausilbernen Federn auf dem Helm, in der Hand eine Fahne mit dem Schildbild.
Der Wappenvogel ist aber viel älter. Die älteste Erwähnung eines Greifen findet man auf einer Urkunde des Jahres 1194, in der die Herzogin Anastasia und ihre Söhne Bogislaw II. und Kasimir II. der Marienkirche in Kolberg das Dorf Buggentin schenkten. Das älteste erhaltene Siegel mit dem Greifen ist auf einer Urkunde für das Kloster Trebnitz (Schlesien) vom 29. September 1214 abgebildet (als Wachsabdruck erhalten). Seit 1255 ist das Greifensiegel auf allen pommerschen Wappen zu sehen. Im Grimnitzer Rezeß von 1529 wurde das große pommersche Herzogswappen festgelegt, das als letzter Herzog Bogislaw XIV. führte. Es zeigt die Embleme der Herzogtümer Stettin, Pommern und Wolgast, des Fürstentums Rügen, der Grafschaft Gützkow, des Landes Bernstein sowie von Wenden, Barth und Usedom (zugleich Land Schlawe).

WIRTSCHAFT

Pommern gehörte vor 1945 neben Mecklenburg zu den bedeutendsten Überschußgebieten Deutschlands. Pommern war das Land der Bauern und Fischer, Ostpommern auch der großen Güter. Pommerns Fischer brachten im Frieden etwa ein Drittel aller in der Ostsee gefangenen Fische ein. Die Häfen der Provinz sind wichtig für den Handel und Verkehr Deutschlands mit Skandinavien, Finnland und Rußland. Stettin war bis 1945 der Ostseehafen Berlins. Pommern wurde vor dem Kriege in die folgenden Wirtschafträume gegliedert. Vorpommern (vorpommersches Ackerbaugebiet), Mittelpommern (Oderhaffgebiet, Stettiner Industrieraum, Randow-Pyritzer Ackerbaugebiet), Ostpommern (Küstenzone, Talsandzone, Höhenrückengebiet) und Südostpommern (nördliche Grenzmark und Netzebruch). Eine besondere Bedeutung kam dem Unteroderraum mit Stettin zu. Dieser pommersche Zentralraum, der durch die unnatürliche Grenze zerschnitten wird, verband Ostpommern und Vorpommern miteinander. Die Oder war bis 1945 niemals eine Trennungslinie.
Die berufliche Gliederung der pommerschen Bevölkerung war in erster Linie durch die Landwirtschaft bestimmt. Mehr als die Hälfte aller Erwerbstätigen arbeiteten in der Land- und Forstwirtschaft oder in der Fischerei. 23% aller Arbeitnehmer waren in Industrie und Handwerk beschäftigt und nur 14% in Handel und Verkehr. Doch nahm die Zahl

der Industriebetriebe und demzufolge die in ihnen arbeitenden in den letzten Jahrzehnten vor dem Zweiten Weltkrieg stark zu. Waren in Stettin 1882 erst 31000 Menschen in Industrie und Handwerk tätig, wuchs ihre Zahl bis 1925 auf 105000 an. Im gleichen Zeitraum stieg auch die Zahl der Einwohner in Stettin von 91000 auf 254000.

Land- und Forstwirtschaft, Viehzucht und Fischerei

Die Landschaft Pommerns war vor 1945 durch die Mischung von mittel- und großbäuerlichen Betrieben und Großgrundbesitz charakterisiert. Regional bestanden allerdings beträchtliche Unterschiede, die durch die geschichtliche Entwicklung (Erhaltung des Bauernstandes in den ehemaligen Stadt-, Amts- und Kapiteldörfern) bedingt war.

In einigen Gebieten hatten die Großbetriebe das Übergewicht. Das war vor allem in Vorpommern der Fall, das nach dem Dreißigjährigen Krieg unter schwedischer Herrschaft eine Sonderentwicklung durchgemacht hatte, aber auch in einigen mittel- und ostpommerschen Kreisen wie im Regenwalder und Stolper Gebiet war der Großgrundbesitz sehr stark vertreten.

Da die Großbetriebe hauptsächlich Getreide, Kartoffeln und Zuckerrüben produzierten, während sich die bäuerlichen Betriebe stärker mit der Viehwirtschaft beschäftigten, ergänzten sich beide.

Von der landwirtschaftlich genutzten Fläche gehörten in Vorpommern 72% Betriebe von mehr als 100 ha. Dabei handelte es sich teilweise um Gutspächter der Universität Greifswald, die seit der Säkularisierung über einen beträchtlichen Grundbesitz verfügte. In Mittel- und Ostpommern entfiel etwa die Hälfte der landwirtschaftlichen Nutzfläche auf Großbetriebe. Kleinere Betriebe (5-20 ha) waren am stärksten in den Kreisen Bütow, Schlawe und Usedom-Wollin vertreten.

Der Fischfang spielte entlang der gesamten pommerschen Ostseeküste eine große Rolle. Mehr als 5000 Fischereifahrzeuge waren vor dem Kriege in Pommerschen Häfen registriert. Im Frühjahr wurden an den Küsten Rügens und Ostpommerns vor allem Lachse gefangen. Schwerpunkte des Dorschfangs waren die küstennahen Gewässer vor dem Darß und der Zingst, in der Pommerschen Bucht sowie am Millionengrund und an der Stolpebank. Bedeutender aber war der Fang von Plattfischen wie Flundern, Schollen und Steinbutt. Hauptstützpunkte der Zeesenfischerei waren Saßnitz, Stralsund, Peenemünde, Swinemünde, Kolberg, Rügenwaldermünde und Stolpmünde.

Neben den Küstengewässern wurden aber auch die fischreichen Bodden, Haffe, Strand- und Binnenseen befischt. Hier fing man vor allem Aale, Maränen und Zander.

Der Gesamtertrag der pommerschen Fischerei belief sich jährlich auf etwa 23 Mio. kg und repräsentierte einen Wert von etwa 8 Mio. Mark. Fisch aus Pommern wurde in erster Linie nach Berlin, Frankfurt/Main, Süddeutschland und Schlesien verkauft.

Bodenschätze und Energie

Außer Kalk, Kreide und Salz gibt es in Pommern keine nennenswerten Vorkommen von Bodenschätzen. In jüngster Zeit sucht man allerdings vor der pommerschen Küste nach Erdöl.

Gewerbe und Industrie

Neben den traditionellen Handwerksbetrieben gab es bis 1945 seit den Tagen Friedrich des Großen in zahlreichen Orten Südostpommerns, darunter in Bublitz, Dramburg, Falkenberg, Ratzebuhr und Rummelsburg Tuchfabriken.

Am bedeutendsten war naturgemäß die Nahrungsmittelindustrie. Neben der Verarbeitung von Milch und Getreide ist vor allem die Kartoffel zu nennen. Rund 8% der jährlichen Kartoffelernte wurde in Brennereien und 4% in Stärkefabriken verarbeitet. Die kartoffelverarbeitenden Brennereien waren fast ausschließlich auf das Gebiet östlich der Oder beschränkt und waren größtenteils Nebenbetriebe des Großgrundbesitzes. Das gleiche gilt für die ebenfalls zahlreichen Kartoffelflockenanlagen. Die Stärkefabriken konzentrierten sich dagegen auf das mittelpommersche Kartoffelanbaugebiet um Altdamm, Janikow, Labes und Naugard sowie um Loitz und Stolp.

In der Verarbeitung von Zuckerrüben stand Vorpommern an erster Stelle. Die größten Zuckerfabriken befanden sich in Anklam, Barth, Demmin, Jarmen und Stralsund sowie in Stettin und in den mittelpommerschen Orten Friedrichsthal, Greifenberg, Klützow und Scheune.

Bedeutend war auch die Holz- und Möbelindustrie Pommerns. Schwerpunkte der Möbelherstellung waren Anklam, Gollnow und Stolp. In den Küstenorten nahm ferner die Fischkonservenindustrie einen wichtigen Platz ein.

Zu einem der größten industriellen Schwerpunkte Norddeutschlands hatte sich Stettin entwickelt. Dank der ausgezeichneten Verkehrsanbindung der Stadt (Oder, Großschiffahrtsweg Berlin-Stettin, Ostsee) hatten sich hier zahlreiche Groß- und Mittelbetriebe angesiedelt. Neben Werften, Hochöfen, Auto- und Flugzeugbau waren dies chemische, Zement-, Kunstdünger-, Papier-, Keramik-, Konfektions- und Kunstseidenfabriken.

Standortgebunden waren Kalksandsteinfabriken, Kreidebrüche und Ziegeleien.

Tourismus

Einen beachtlichen Platz im Wirtschaftsleben Pommerns nahm vor dem Kriege mit einem jährlichen Gesamtumsatz von 100 Mio. Mark die „weiße Industrie" ein. Am beliebtesten war die Küste mit ihren breiten, steinfreien Stränden, Steilküsten, Dünen und Wäldern. Die meisten der 10 Millionen Feriengäste (1939) kamen aus Berlin, Sachsen und Schlesien. Das Seebad Bansin auf der Insel Usedom gehörte zu den elegantesten Bädern des Deutschen Reiches. In den Monaten Juli und August traf sich hier „tout Berlin". Nach der Besucherzahl stand im Sommer 1938 Kolberg mit 566 000 Übernachtungen an der Spitze. Es war nach Norderney das meistbesuchte aller deutscher Seebäder. Ihm folgten unter den pommerschen Badeorten Ahlbeck (552 000 Besucher), Swinemünde (435 000), Misdroy (413 000), Heringsdorf (312 000), Bansin, Binz, Göhren und Dievenow.

Aber auch mit mehreren Heilbädern konnte Pommern aufwarten. Neben den Solquellen von Kolberg sind hier besonders die Jodsalze von Cammin und die Moorbäder von Bad Polzin, dem „Wiesbaden Norddeutschlands", zu nennen. Bad Polzin verzeichnete 1938/39 mehr als 187 000 Übernachtungen. Insgesamt wurden in den 65 pommerschen Fremdenverkehrsorten im Jahre 1939 rund 8,4 Mio. Übernachtungen (864 000 Gäste) registriert. Dazu kamen die zahlreichen Tagesgäste, die mit dem Auto, der Bahn oder dem Schiff von Greifswald oder Stralsund nach den rügenschen Bädern und nach Hiddensee, von Stettin, Köslin, Stolp oder Lauenburg in die nahe gelegenen Badeorte fuhren.

Verkehr und Transport

Der pommersche Raum bildete mit der nördlichen Uckermark und dem nördlichen Teil des brandenburgischen Kreises Soldin verkehrsmäßig eine Einheit. Dieser Verkehrsraum war bis 1945 ausgesprochen symmetrisch zu beiden Seiten des Stettiner Zentralraumes aufgebaut, der sich etwa von Pasewalk bis zu einer durch die Städte Cammin-Schivelbein-Tempelburg-Deutsch Krone-Arnswalde umrissenen Linie erstreckte. Nördlich lag der Verkehrsraum des Oderhaffs mit den Inseln Usedom und Wollin und dem Stettiner Vorhafen Swinemünde.

Im Westen und Osten der Provinz sind die Verkehrsströme im Güterverkehr einmal auf den Hafen Stralsund, zum anderen auf Stolpmünde ausgerichtet. Zwischen ihnen und dem Stettiner Raum liegen Übergangsgebiete, die sich im Westen an die Wasserstraße der Peene von Demmin bis Anklam, im Osten an die Eisenbahnlinie Neustettin-Belgard-Kolberg anlehnen.

Dagegen sind die grenzmärkischen Kreise von Flatow bis Friedeberg/ Nm. einschließlich der südlichen Teile der Kreise Schlochau, Neustettin, Deutsch-Krone und Arnswalde an die Bahnlinie Berlin-Schneidemühl-Dirschau und auf die Wasserstraße der Netze ausgerichtet, die vor dem Kriege zum märkischen Verkehrsraum gehörten.

Straßen: 1939 gab es in Pommern 2439 km Reichsstraßen, 4467 km Landstraßen erster Ordnung und 4318 km Landstraßen zweiter Ordnung, zusammen also 11 224 km. Die wichtigsten sind die Reichsstraße 2 (Berlin-Stettin-Gollnow-Naugard-Köslin-Schlawe-Stolp-Lauenburg-Danzig); die Reichsstraße 1 (Berlin-Küstrin-Landsberg-Woldenberg-Deutsch Krone-Schlochau-Konitz-Dirschau-Marienburg-Elbing-Königsberg-Eydtkau); die Reichsstraße 96 (Berlin-Neustrelitz-Greifswald-Stralsund-Saßnitz); die Reichsstraße 105 (Lübeck-Rostock-Stralsund); die Straße 104 (Pasewalk-Stettin-Stargard-Deutsch Krone-Schneidemühl); die Straße 111 (Gollnow-Swinemünde) und die Straße 110 (Swinemünde-Anklam-Neubrandenburg). Wichtige Straßen waren ferner die Verbindungen Deutsch Krone-Bad Polzin-Belgard-Kolberg und Stolpmünde-Stolp-Neustettin-Schneidemühl. Die Trasse der Autobahn Berlin-Stettin-Danzig war 1939 teilweise festgelegt. 25 km (bis Augustwalde) bestanden bei Kriegsbeginn.

Eisenbahn: Die wichtigsten Bahnlinien, die nach bzw. durch Pommern führen, sind die Strecken Lübeck-Rostock-Stralsund-Saßnitz; Berlin-Neubrandenburg-Stralsund; Berlin-Stettin; Stettin-Swinemünde; Stettin-Stargard-Köslin-Stolp-Lauenburg-Danzig; Stettin-Stargard-Posen; Kolberg-Neustettin-Schneidemühl-Posen; Berlin-Küstrin (z. Zt. unterbrochen)-Landsberg-Schneidemühl-Bromberg-Danzig sowie Stettin-Küstrin-Grünberg-Breslau. Die erste pommersche Eisenbahnlinie verband 1843 Stettin mit Berlin. 1939 gab es in Pommern 4790 km Eisenbahnen, davon 986 km Hauptbahnen, 2029 km Nebenbahnen, 82 km Privatbahnen und 1693 km Kleinbahnen.

Flugverkehr: Die wichtigsten Flughäfen Pommerns sind Stettin, Köslin, Stolp, Barth und Heringsdorf.

Schiff: Die größten Seehäfen Pommerns sind Stettin, Swinemünde und Stralsund. Daneben haben die Häfen Kolberg, Saßnitz, Greifswald, Wolgast, Stolpmünde, Rügenwalde und Leba regionale Bedeutung. Die bedeutendste Binnenwasserstraße war bis 1945 der Großschiffahrtsweg Berlin-Stettin. Daneben verkehrten Lastkähne auf Warthe, Netze, Peene, Uecker, Ihna, Rega, Persante, Wipper, Leba und Küddow. 1938 wurden auf den Wasserstraßen Pommerns (ohne Warthe und Netze) 6,7 Millionen t, davon 4,2 Mio. im Wirtschaftsraum Stettin, befördert. Dazu kamen 465 000 t auf Warthe und Netze in Pommern und Brandenburg.

Swinemünde ist durch Autofähren mit Lübeck-Travemünde verbunden, Saßnitz durch Auto- und Eisenbahnfähren mit dem schwedischen Trelleborg. 1986 wurde eine neue Eisenbahnfähr-Verbindung zwischen Neu-Muckran (Rügen) und Memel eröffnet. Sie dient allerdings z. Zt. nur dem Gütertransport.

Handel

Größter Handelsplatz Pommerns war vor dem Kriege Stettin. Über die Oder wurde aus Oberschlesien vor allem Kohle nach Stettin gebracht, aus Berlin Exportgüter und aus Skandinavien Eisenerz und andere Rohstoffe.

KULTURELLE GRUNDLAGEN

Die Provinz Pommern hatte bis 1945 ein lebhaftes, jahrhundertealtes Kulturleben. Zahlreiche berühmte Persönlichkeiten aus Literatur, Malerei, Musik, Wissenschaft und Technik stammen aus diesem Lande. Dem Besucher aber fallen besonders die roten Backsteinbauten - Kirchen, Rathäuser, Stadttore und Patrizierhäuser - sowie die oft prachtvoll ausgestatteten Herrenhäuser auf.

Sprache

Pommern gehört zum niederdeutschen (plattdeutschen) Sprachgebiet, das bis 1945 von Westfalen bis ins Baltikum reichte. Während das Vorpommersch-Rügensche eng mit dem Mecklenburgischen verwandt ist, stellt das Hinterpommersche eine eigenständige Mundart dar. In den Kreisen Stettin, Ueckermünde, Greifenhagen, Randow und Pyritz dagegen wird eine dem Märkischen verwandter Dialekt gesprochen („Märkischer Teil"). Ein Übergangsgebiet zwischen Vorpommersch und Hinterpommersch stellt die Mundart auf den Inseln Usedom und Wollin dar. Abweichungen vom Hinterpommerschen bilden die Mundarten um Bublitz und Schlochau sowie in der Grenzmark („Schulzendorfsche Mundart"). In den Kreisen Lauenburg und Bütow wurde und wird außerdem Kaschubisch gesprochen. Besonders der Reichtum des Niederdeutschen, das durch seine große Prägekraft und anheimelnde Wärme beeindruckt, kommt besonders in den Werken von Fritz Reuter und Klaus Groth zum Ausdruck. Aber auch die zahlreichen Redensarten und Volksweisheiten zeigen den Bildreichtum der Sprache. So heißt es in Vorpommern: „Ut Ticktacken kümmt Burvjacken" (= aus Scherz wird Ernst) oder „Hei kümmt dorachter as Thomssachter dei Haomels" (= Endlich fällt der Groschen).

Literatur

Das älteste Literaturdenkmal Pommerns ist der um das Jahr 1300 entstandene Minnegesang des rügenschen Fürsten Wizlaw III. (1266-1325), der uns in der „Jenaer Liederhandschrift" erhalten ist.

Im Jahre 1518 verfaßte der aus Wollin gebürtige Reformator Johannes Bugenhagen (1485-1558) die „Pomerania", die erste Geschichte des Landes. 1588 wurde in der herzoglichen Druckerei zu Barth die erste plattdeutsche („Barther") Bibel gedruckt. Um das Jahr 1542 veröffentlichte der Stralsunder Thomas Kantzow (1505-1542) das Geschichtswerk „Vom alten Pommernland".

Als Dichter lateinischer Dramen wurde der Falkenberger, später als Professor in Straßburg wirkende Caspar Brülow (1585-1627) im 17. Jh. bekannt. Durch seine „Sechs Bücher vom alten Pommern" errang der aus Köslin gebürtige Rektor der Univ. Greifswald, Johannes Micraelius (1597-1658), Berühmtheit.

Zu den schönsten Karten ihrer Zeit gehört die 1618 von dem Rostocker Mathematikprofessor Eilhardus Lubinius im Auftrage der pommerschen Herzöge geschaffene „Große Lubin'sche Karte von Pommern" (12 Blätter).

Im 17. Jh. verfaßte der Kolberger Cosmus v. Simmer (1581-1650) seine „Weltchronik". Als „Pommersche Sappho" wurde die von dem Schlesier

Martin Opitz beeinflußte Greifswalder Dichterin Sibylla Schwarz (1621-1638), die schon als Neunjährige Oden und Gedichte verfaßte. Als schwedischer Reichshistoriograph schrieb Philipp Bogislaw v. Chemnitz (1605-1678) sein sechsbändiges Werk „Der königlich schwedische in Deutschland geführte Krieg".

Ende des 18. und Anfang des 19. Jh. hielt die Romantik in Pommern Einzug. Ihr größter pommerscher Vertreter ist der in Zeblin geborene Dichteroffizier Ewald v. Kleist (1715-1759). Das Vorbild für den Major Tellheim in Lessings Lustspiel „Minna von Barnhelm" (1763) schrieb in seinem kurzen, in der Schlacht von Kunersdorf beendeten Leben, Epen, Gedichte, Idyllen, Oden wie „Cissides und Paches" (1759) und „Der Frühling" (1749). Als „Deutscher Horaz" ging der Kolberger Dichter Karl Wilhelm Ramler (1725-1798) mit seinen Gedichten ein. Er gilt als „Meister des deutschen Stils". Von kulturhistorischer Bedeutung ist das fünfbändige Werk „Sophiens Reise von Memel nach Sachsen", das der Romancier Johann Timotheus Hermes (1738-1821) schrieb und von dem Danziger Daniel Chodowiecki illustrieren ließ. 1779/84 veröffentlichte Ludwig Wilhelm Brüggemann die erste ausführliche Topographie Pommerns.

Während des Befreiungskrieges gegen Napoléon machte sich der aus Rügen stammende Patriot und Dichter und Helfer des Freiherrn v. Stein, Ernst Moritz Arndt (1769-1860), mit seinen Freiheitsliedern sowie historischen und politischen Abhandlungen einen Namen. Sein bedeutendstes Werk: „Geist der Zeit" (1806-1809).

Einen großen Erfolg errang der Usedomer Pfarrer Wilhelm Meinhold (1797-1851) mit seinem während des Dreißigjährigen Krieges spielenden Romans „Bernsteinhexe".

Aus Mecklenburg stammte der zwischen Klassik und Romantik stehende Dichter Gotthard Ludwig Kosegarten (1758-1818), der jedoch früh nach Rügen übersiedelte. Er half außerdem Goethe während eines Jenaaufenthalts bei der Redaktion des „West-Östlichen Diwans" und veröffentlichte ein Wörterbuch der niederdeutschen Sprache. Verfasser einer umfassenden Geschichte der deutschen Nationalliteratur ist der Rügenwalder August Koberstein (1797-1870). Realistische Romane schrieb Edmund Hoefer (1819-1882). Der aus Treptow a. d. Rega stammende Historiker Gustav Droysen (1808-1884) hinterließ ein umfangreiches Lebenswerk vom klassischen Altertum bis zur Gegenwart.

Zum „Jungen Deutschland" zählten die Schriftsteller Arnold Ruge (1803-1880), R. E. Prutz (1816-1872), der Herausgeber der „Hallischen Jahrbücher", der Bismarck-Vertraute Lothar Bucher sowie Franz Theodor Kugler (1808-1858), der Lehrer Jakob Burckhardts und Verfasser der ersten deutschen Kunstmonographie und der „Pommerschen Kunstgeschichte" (1840). Mit seinem Werk „Besonnte Vergangenheit" schrieb der Stettiner Arzt und Schriftsteller Carl Ludwig Schleich (1859-1922) den ersten „Bestseller". Zu den bedeutendsten Heimatdichtern Pommerns des 19. Jh. werden gezählt: Hermann Ploetz (1870-1945), der aus Mecklenburg stammende Ludwig Giesebrecht (1792-1873); der Lyriker Karl Lappe (1773-1843), dessen Lied „Im Abendrot" von Franz Schubert vertont wurde; Heinrich Kruse (1815-1902) mit seinen Historiendramen; der Lyriker Hans Hoffmann (1848-1909); Konrad Zitelmann (1814-1889) und Katharina Zitelmann (1844-1926) mit ihren Romanen und Reisebeschreibungen sowie Clara v. Sydow (1854-1928) mit ihrem Roman „Einsamkeit". Zahlreiche Auflagen erlebte der Roman „Zwei Menschen" von Richard Voß (1851-1918). Alwine Wuthenow (1820-1908); Konrad Telmann (1854-1897) und der plattdeutsche Dichter Heinrich Bandlow (1855-1933) mit dem „Naturdoktor Stremel" sind weitere pommersche Poeten.

Zu Beginn des 20. Jh. ragten die Dichter Hans Fallada (Pseudonym für Rudolf Ditzen, 1893-1947) mit „Kleiner Mann was nun" (1934) und „Wer einmal aus dem Blechnapf frißt" und Alfred Döblin (1878-1957) mit dem Roman „Berlin-Alexanderplatz" hervor. Als Lyriker wurde Hans Benzmann (1869-1926) bekannt. Zu den bedeutendsten modernen pommerschen Dichtern gehören Uwe Johnson (geb. 1934 in Cammin) „Mutmaßungen über Jakob"; Wolfgang Koeppen (geb. 1906) „Der Tod in Rom" und Hans Werner Richter (geb. 1908 in Bansin) „Die Geschlagenen". Übrigens stammte auch der Vater von Kurt Tucholsky aus Pommern (Greifswald). Der Historiker Hans Delbrück (1848-1929) gab die „Preußischen Jahrbücher" heraus und führte einen wissenschaftlichen Kampf gegen die im Vertrag von Versailles festgeschriebene Kriegsschuldlüge.

Im 20. Jh. machten sich als Heimatdichter einen Namen: Hans Brausewetter; Rita v. Gaudecker (1879-1968), „Lieder der Küste"; der Stolper Siegfried Gliewe (1902-1982); Klaus Granzow (1927-1986) mit „Tagebuch eines Hitlerjungen"; Ulrich Sander (geb. 1892 in Anklam); Kurt Schulz und Ehm Welk (Pseudonym für Thomas Trimm, (1884 - 1966) mit „Die Heiden von Kummerow".

Als plattdeutscher Dichter unserer Tage wurde Bernhard Trittelvitz (1879-1969) bekannt. Schließlich sei auch noch der Kriminalist und Verfasser von Kinderbüchern, Hans Kroliczak (geb. 1936 in Stegers), erwähnt.

Musik

Zahlreiche Pommern haben sich auf dem Sektor der Musik hervorgetan. Als „letzter Minnesänger" gilt der rügensche Fürst Wizlaw III. (1266-1325). Der aus Stettin stammende Musiker Stephan Tesmar wirkte von 1582-1588 in Graz/Steiermark. Durch seine Volksliedersammlung wurde der Stettiner Musikwissenschaftler Andreas Kretzschmer (1775-1839) bekannt.

Im 19. und 20. Jh. ragen die Komponisten Karl Loewe und Leon Jessel hervor. Der aus Sachsen gebürtige Karl Loewe (1796-1869) wirkte jahrzehntelang als Organist an der Stettiner Jakobikirche. Er gilt als größter deutscher Balladenkomponist. Insgesamt schrieb er 400 Balladen, zwei Opern, drei Klavierkonzerte, Lieder und Chorgesänge sowie 18 Oratorien, von denen „Die Zerstörung Jerusalems" und „Hiob" am bedeutendsten sind. Bekannt ist auch seine Vertonung von Fontanes Ballade „Archibald Douglas".

Als Komponist der Operette „Schwarzwaldmädel" wurde Leon Jessel (1871-1942) berühmt, der von der Gestapo ermordet wurde.

Durch seine Oratorien errang sich der Kösliner Loewe-Nachfolger C. A. Lorenz (1837-1932) einen Namen. Als Jazzexperte tat sich der 1941 in Stettin geborene Knut Kiesewetter hervor.

Weitere bekannte pommersche Komponisten des 20. Jh. sind Philipp Gretscher, Ulrich Hildebrandt, Robert Wiemann, Wolfgang Jacobi (geb. 1894 in Bergen/Rügen) und Friedrich Kleist, der u. a. in Kassel als Kirchenmusikdirektor wirkte. In die Fußstapfen Karl Loewes trat der Kolberger Martin Plüddemann (1854-1897). Der Stolper Prof. Dr. Eberhard Preußner (1899-1964) war u. a. Präsident der Akademie Mozarteum in Salzburg.

Zu den noch heute meistgespielten Märschen in aller Welt gitl der Militärmarsch „Alte Kameraden", den der Altdammer Karl Teike (1864 bis 1922) neben zahlreichen anderen bekannten Märschen komponierte.

Einen einmaligen Erfolg errang das von der aus Barth stammenden Dichterin Martha Müller-Grählert (1876-1939) stammende Lied „Wo de Ostseewellen trecken an den Strand", das in zahlreichen Versionen in vielen Teilen der Erde gesungen wird. Die „Nationalhymne" Pommerns ist das Pommernlied von Adolf Pompe (1831-1899) aus dem Jahre 1850. An eine traurige Zeit erinnert das aus dem Dreißigjährigen Krieg stammende Lied „Pommernland ist abgebrannt".

Unter den aus Pommern gebürtigen Dirigenten ragt Generalmusikdirektor, Komponist und Pianist Erich Böhlke (geb. 1895 in Stettin) hervor.

Theater und Tanz

Vor dem Zusammenbruch von 1945 gab es in Pommern neben der Oper und dem Stadttheater in Stettin Bühnen u. a. in Greifswald, Köslin, Stargard, Stolp, Stralsund und Schneidemühl. Dazu kamen in den Badeorten zahlreiche Sommertheater.

Pommern hat eine Zahl bedeutender Schauspieler hervorgebracht, von denen der Stettiner Heinrich George (eigentlich Georg H. Schulz, 1893 bis 1946) am besten wurde. Zu seinen berühmtesten Rollen gehörten Götz von Berlichingen, Macbeth, Geßler, Othello, Falstaff, König Lear und der „Postmeister".

Der ebenfalls aus der pommerschen Landeshauptstadt stammende Dichter und Schauspieler Johann Christian Brandes (1735-1799) war u. a. Theaterdirektor in Hamburg. Er hinterließ acht Bände mit Theaterstücken. Der Schauspieler und Dichter Christian Friedrich Scherenberg (1798-1881) wurde bekannt durch seine „Schlachten-Balladen". Zu den modernen Schauspielern aus Pommern gehören der Stralsunder Henry Vahl (1897-1977), der als „Fernseh-Opa" und Schustergeselle im Hamburger Ohnsorg-Theater populär war und der aus dem Kreis Köslin stammende Paul Dahlke (geb. 1904), bekannt u. a. durch seine Leistungen in „Des Teufels General", „Felix Krull" und „Das fliegende Klassenzimmer". Als „Hamlet" wurde der Stralsunder Hans Mahnke weithin bekannt. Als größte deutsche Tragödin unserer Zeit gilt Maria Wimmer, die in Stettin ihre Bühnenlaufbahn begann.

Unter den jüngeren Schauspielern haben sich Claus Biederstaedt und Klausjürgen Wussow einen Namen gemacht. Auch die Kabarettisten Ethel Reschke und Iska Geri stammen aus Pommern.

Der Stettiner Literaturhistoriker Robert Prutz (1816-1892) schrieb 1847 eine Geschichte des deutschen Theaters und war u. a. Dramaturg in Hamburg, Berlin und Dresden.

Der in Greifenhagen gebürtige Schauspieler Peter van Eyck (eigentlich Götz von Eich, gest. 1969) wurde durch seine schauspielerische Leistung in den Filmen „Lohn der Angst", „Das Mädchen Rosemarie" und „Ivar Kreuger" bekannt. Auch Heinrich Georges Sohn Götz und die Stettiner Beamtentochter Hilde Weißner wurden berühmte Filmschauspieler.

Wenig bekannt ist, daß der Schöpfer der „Mainzelmännchen" des Zweiten Deutschen Fernsehens, Wolf Gerlach, 1928 in Stolp geboren wurde.

Bildungs- und Schulwesen

Die ersten pommerschen Bildungseinrichtungen waren ab dem 12. Jh. die Klöster Eldena und Kolbatz.

1543 wurde in Stettin das bald weithin bekannte Fürstliche Pädagogium, das spätere Marienstiftgymnasium, gegründet. Weitere berühmte Schulen waren u. a. das Gröningsche Gymnasium von 1631 in Stargard und das Fürstin-Hedwig-Gymnasium in Neustettin. Auch Treptow a. d. Rega besaß eine bedeutende Lateinschule.

Mit der Eröffnung der Universität Greifswald im Jahre 1456 erhielt Pommern nach Rostock die älteste Universität Norddeutschlands und die eine der ältesten des deutschen Sprachraums ist.

Medien

Die erste Zeitung Pommerns kam 1616 heraus. Eine der ältesten Zeitschriften war das „Alte und Neue Pommernland" (1721). Während des Befreiungskrieges gegen Napoleon gab der Pommer Hayn die „Feldzeitung" heraus. 1932 erschienen in Pommern 113 Tages- und Wochenzeitungen, 1934 waren es nur noch 68. Die wichtigsten waren: der „Stettiner General-Anzeiger", die Pommersche Zeitung, die Grenz-Zeitung und die Zeitung für Ostpommern Stolp, das Demminer Tageblatt, die Lauenburger Zeitung und die Neustettiner Kreiszeitung.

Vor dem Kriege gab es in Pommern mehrere Rundfunksender, von denen der Reichssender Stettin der bedeutendste war.

Religion

Die Bevölkerung Pommerns war zu 90% protestantisch. Größere katholische Sprengel gab es nur in Lauenburg-Bütow und in Südpommern sowie in Stettin. In Stettin, Stargard, Pyritz, Greifenberg, Plathe und Greifenhagen existierten auch kleinere jüdische Gemeinden. Vor der

Machtergreifung durch die Nationalsozialisten lebten in Pommern etwa 8000 Juden. 1942 wurden die meisten von ihnen in Auschwitz vergast.

Der pommersche Protestantismus hat eine Reihe bedeutender Theologen hervorgebracht. Neben dem Wolliner Reformator und Lutherfreund Johannes Bugenhagen sind vor allem der religiöse Erwecker Hugo v. Kleist-Retzow, die Pietisten Johann Zierold und Reinold v. Thadden-Trieglaff, Gründer und Präsident des Deutschen Evangelischen Kirchentages zu nennen. Anfang des 19. Jh. war Friedrich Schleiermacher als Hofprediger in Stolp tätig.

POMMERN IN ÜBERSEE

Obwohl große Teile Pommerns sehr fruchtbar sind, so konnte das Land bei seinem Geburtenreichtum oft nicht alle Mäuler ernähren. So kam es immer wieder zu freiwilligen Auswanderungen größerer und kleinerer Volksteile. Schon die ersten germanischen Bewohner des Landes (Skiren, Burgunder, Heruler, Rugier, Wandalen u. a.), deren Vorfahren z. T. selbst aus dem übervölkerten Skandinavien nach Pommern abgewandert waren, ließen Jungmannschaften in andere Teile Europas ziehen, wo sie neuen Siedlungsraum eroberten.

Im 19. Jh. wanderten viele Pommern (darunter vor allem Altlutheraner, die sich gegen die Union der protestantischen Kirchen in Preußen widersetzten), u. a. in die USA (besonders Wisconsin), Brasilien und Australien aus. In ihrer neuen Heimat ließen sie sich vielfach in geschlossenen Siedlungen nieder und errichteten dort Häuser im typisch pommerschen Stil. In Missouri gibt es einen Ort Stolpe, in Wisconsin ein Kolberg. In Milwaukee (Wisconsin) findet man in einem Freilichtmuseum zahlreiche Fachwerkhäuser pommerscher Einwanderer. Das größte geschlossene Siedlungsgebiet von Pommern gibt es in den brasilianischen Staaten Rio Grande do Sul, Santa Catarina und Paraná.

Auf der südaustralischen Känguruh-Insel erinnert ein Maulbeerbaum aus Pommern an den pommerschen Siedler Friedrich W. Kleemann, den dieser 1837 am Grabe seiner Frau gepflanzt hat.

Pommern haben aber auch in anderen Weltteilen Spuren hinterlassen. So war ein Pommer einer der ersten weißen Siedler auf den Salomon-Inseln im Südpazifik und die zum Bismarck-Archipel Papua Neu Guineas gehörende 36 650 km große Insel New Britain trug von 1885-1919 den Namen Neuvorpommern. An der Südküste der Insel findet man noch die Stettin Bay und bei Rabaul den Namen Varzin. Und auch bei Fischafen auf der Insel Neuguinea gibt es noch heute Namen wie Cap Arcona, Königsstuhl und Stubbenkammer. Sogar auf der in der Subantarktis liegenden, zu Australien gehörenden Heard Island gibt es den Namen Cap Arcona (er stammt von einem deutschen Expeditionsteilnehmer des Jahres 1902).

Anreise

ALLGEMEINE INFORMATIONEN

Zwischen dem westlichen Mitteleuropa und Pommern gibt es gute Verkehrsverbindungen. Neben einer Schiffsverbindung von Lübeck-Travemünde (Autofähre) nach Swinemünde stehen dem Reisenden mehrere Züge über Hamburg und Berlin zur Verfügung. Eine Anzahl von Veranstaltern bietet auch Pauschalreisen (Bahn- und Busreisen) an. Am unabhängigsten ist man natürlich mit dem eigenen Wagen. In den Sommermonaten und besonders während der Ferien gibt es allerdings für Individualreisende Schwierigkeiten mit der Unterkunft, da u. U. nicht genügend Hotelbetten bzw. Campingplätze zur Verfügung stehen.

Hinweis: Im nachfolgenden Verkehrsteil werden die in Deutschland liegenden Teile Pommerns als Westpommern, die zu Polen gehörenden Gebiete Mittel- und Ostpommern als Ostpommern bezeichnet.

ANREISE MIT DEM AUTO

Autofahrer können mit einem Einreisevisum der Republik Polen über jeden zugelassenen Grenzübergang einreisen. Es besteht Haftpflichtzwang. Wichtig ist ferner ein beleuchtetes großes Nationalkennzeichen und für Polen ein internationaler Führerschein mit Lichtbild und eine internationale Zulassung. Tryptik und Carnet de Passage werden nicht verlangt.

GRENZÜBERGÄNGE UND TRANSITSTRASSEN

... von Deutschland, Österreich und der Schweiz

Auf folgenden Reiserouten gelangt man von West-Europa am schnellsten nach Pommern:

1. Lübeck-Wismar-Rostock-Ribnitz/Damgarten.
2. Lübeck-Gadebusch-Schwerin-Güstrow-Malchin-Neubrandenburg-Pasewalk-Stettin.
3. Hamburg-Gudow-Wittenberg-Parchim-Plau-Waren, Neustrelitz-Prenzlau-Stettin.
4. Berlin-Gransee-Fürstenberg-Neustrelitz-Neubrandenburg-Greifswald-Stralsund-Saßnitz.

5. Hannover-Magdeburg-Berlin-Fürstenwalde-Frankfurt/Oder-Stettin/Ostpommern.
6. Hamburg-Uelzen-Salzwedel-Berlin-Küstrin-Landsberg-Ostpommern.
7. Hamburg-Lauenburg-Berlin-Bernau-Eberswalde-Schwedt-Gartz-Stettin.
8. Berlin-Pomellen-Stettin.
9. Berlin-Templin-Brenzlau-Pasewalk.
10. Göttingen-Duderstadt-Eisleben-Halle/Saale-Berlin-Stettin.
11. Frankfurt/Main-Kassel/Bad Hersfeld-Herleshausen-Eisenach-Erfurt-Weimar-Berlin-Stettin/Stralsund.
12. Fulda/Würzburg-Mellrichstadt-Eulenhausen-Meiningen-Gotha-Berlin-Stettin/Stralsund.
13. Coburg-Rottenbach-Eisfeld-Ilmenau-Erfurt-Berlin-Stettin/Stralsund.
14. München-Nürnberg-Hof-Hirschberg-Dresden-Berlin-Stettin/Stralsund.
15. München-Pilsen-Prag-Hirschberg-Grünberg-Stettin.
16. Wien-Brünn-Glatz-Breslau-Grünberg/Posen-Stettin/Kolberg.

Alternativen zum Auto

MIT DER BAHN

Nach Westpommern: Die wichtigsten Strecken von West-Deutschland nach Vorpommern sind aus Norddeutschland die Routen Hamburg/ Lübeck-Stralsund/Saßnitz bzw. Hannover/Berlin-Stralsund, von Süddeutschland über Berlin. Schweizer und Österreicher benutzen am besten die Züge auf den Strecken via Süddeutschland/Berlin oder Prag-Dresden-Berlin.

Nach Ostpommern: Von Norddeutschland gelangt man via Schwerin-Güstrow-Pasewalk nach Stettin-Scheune (umsteigen) und nach Stettin. Von Berlin-Lichtenberg verkehrt täglich ein Zug nach Stettin mit Anschluß nach Danzig. Kommt man von Norddeutschland, so bietet sich auch Reppen (Neumark) als Umsteigebahnhof an. Aus Österreich gelangt man am schnellsten auf der Strecke Prag-Breslau nach Pommern.

Hinweis: Bei der Deutschen Bundesbahn erhält man Faltblätter mit Fahrplänen und Preisen.

MIT DEM BUS

Der Europabus EB 168 verkehrt von Köln über Helmstedt/Marienborn-Frankfurt/Oder nach Posen und Warschau. Auskunft: Deutsche Touring GmbH, Am Römerhof 17, Postfach 900 244, 6000 Frankfurt/Main, Tel. 0 69/7 90 30. Auch die polnische Pekaes unterhält eine regelmäßige Busverbindung auf dieser Strecke. Auskunft: bei Polorbis in Hamburg oder Köln.

MIT DEM FLUGZEUG

Lufthansa und LOT fliegen von Frankfurt/Main, Hamburg, Köln, Wien oder Zürich nach Warschau, von wo man nach Pommern (Stettin, Köslin, Stolp) weiterfliegen kann.

MITFAHRERZENTRALEN

Sicherer und leichter als das Trampen ist das Reisen mit Hilfe einer Mitfahrerzentrale, Auskunft erteilt u. a. die Mitfahrerzentrale Hamburg, Amsinckstr. 4, Tel. 0 40/23 17 71. Bei Interconnections, Belfortstr. 55,

7800 Freiburg i. Br., Tel. 07 61/3 07 33, kann man ein Mitfahrerzentralen-Verzeichnis anfordern.

PAUSCHALREISEN

Mehrere Veranstalter bieten Pauschalreisen sowohl nach Vor- als auch nach Hinterpommern an. Am besten: Rautenberg-Reisen, Blinke 8, Postfach 19 09, 2950 Leer (Ostfriesland), Tel.: 04 91/41 43.

MITSEGELN

Segeltörns auf der Ostsee bietet die Agentur für Mitsegler, Dagmar Kohlmann, Peißenbergstr. 2, Tel. 0 89/6 92 01 11, an.

Reisen in Pommern

MIT DEM AUTO UNTERWEGS

Pommern besitzt ein ausgedehntes Straßennetz. Die Straßen entsprechen zwar nicht immer westlichen Standard, doch kann man auf ihnen gewöhnlich sicher fahren. Der Verkehr ist wesentlich geringer als im Westen Europas. Vorsicht sollte man auf Nebenstraßen und in kleineren Ortschaften in Ostpommern walten lassen, da hier häufig Menschen und Tiere unvermittelt die Straße überqueren. Nachts ist es östlich der Oder besonders gefährlich, weil viele Fahrzeuge nur ungenügend oder gar kein Licht haben und Bauern schon frühmorgens unterwegs sind.

Verkehrsvorschriften im Gebiet der ehemaligen DDR

Höchstgeschwindigkeiten: außerhalb geschlossener Ortschaften für Pkw 90 km/h, auf Autobahnen 100 km/h, innerhalb von Ortschaften (außer auf Schnellstraßen) 50 km/h.

Sonstige Verkehrsregeln: Straßenbahnen haben immer Vorfahrt, Kreisverkehr nicht. Linksabbieger müssen bei grünem Signal die Kreuzung oder Einmündung verlassen. Absolutes Alkoholverbot für Autofahrer.

Notruf: Polizei: 110, Unfallrettung: 115, Straßenhilfsdienst: Anschriften bei Tankstellen und Raststätten. Ein Abschlepp- und Bergungsdienst sowie ein mobiler Hilfsbereitschaftsdienst ist von 0-24 Uhr eingerichtet. ADAC-Mitglieder, die den Euro- oder Inlandschutzbrief besitzen, erhalten Kostenersatz für Bergen und Abschleppen in die Bundesrepublik Deutschland.

WERKSTÄTTEN

Reparaturen können bei bestimmten Werkstätten tgl. von 6-22 Uhr durchgeführt werden. Auskunft bei Tankstellen, über Autobahnfernsprecher oder die Polizei.

VERKEHRSVORSCHRIFTEN IN DER REPUBLIK POLEN

Höchstgeschwindigkeiten: außerhalb geschlossener Ortschaften für Pkw auf Autobahnen und Schnellstraßen 110 km/h, auf sonstigen Straßen 90 km/h, Pkw mit Anhänger 70 km/h, in Ortschaften jeweils 60 km/h. Die **polnischen Verkehrsregeln** und **-zeichen** entsprechen den internationalen Vorschriften. In größeren Städten besteht Hupverbot. Überholen ist im Bereich von Kreuzungen verboten. Kreisverkehr hat Vorfahrt, ebenso die von Haltestellen abfahrenden öffentlichen Verkehrsmittel in geschlossenen Ortschaften. Halten ist innerhalb von 100 m vor und nach Bahnübergängen verboten. Vorsicht: Bahnübergänge sind gefährliche Hindernisse, deshalb nur ganz langsam passieren! Vorsicht auch vor plötzlich auftauchenden Schlaglöchern. Promillegrenze: 0,25. Autofahrer müssen Sicherheitsgurte anlegen, Motorradfahrer müssen Schutzhelme tragen. Radarkontrollen (Messung auch von vorne) gibt es an vielen Straßen. Strenge Miliz (Polizei)! Ortsschilder in weißer Farbe bezeichnen den Anfang einer geschlossenen Ortschaft, dieselbe, rot durchstrichen, ihr Ende.

Automobilclub: Bei Autopannen kann man Hilfe vom Polnischen Motorverband (BTM PZMot) anfordern, wenn man Mitglied eines heimischen Automobilclubs ist. PZM-Büros gibt es in allen größeren Städten.

Notruf: Polizei: 997, Unfall: 999, Straßenhilfsdienst (die Rufnummern erhält man in den PZM-Büros).

Werkstätten (pracownia): In den größeren und mittleren Städten gibt es neben staatlichen auch private Reparaturwerkstätten. Man sollte bei einer Reparatur dabei sein, damit keine Autoteile „abhanden" kommen können.

Tankstellen (stacja benzynowa): Die meisten Zapfsäulen (CPN) sind täglich zwischen 6 und 22 Uhr geöffnet. Da die einzelnen Zapfstellen oft weit auseinander stehen (30-50 km), ist es empfehlenswert, immer voll zu tanken. Ausländer erhalten bei Orbis (in Pommern) bzw. bei Polorbis in Köln oder Hamburg Benzingutscheine. Bei Rücktausch nicht benutzter Scheine werden 10% des Rücktauschwertes als Bearbeitungsgebühr abgezogen.

ALTERNATIVEN ZUM AUTO

Mit der Bahn . . . in Westpommern

Vorpommern wird durch die Hauptlinien Damgarten-Stralsund (mit Abzweig nach Barth und Prerow), Stralsund-Saßnitz, Stralsund-Demmin-Altentreptow und Stralsund-Greifswald-Anklam-Pasewalk erschlossen. Außerdem gibt es u. a. eine Linie nach Wolgast-Ahlbeck und eine Verbindung Stralsund-Franzburg-Tribsee.

. . . in Ostpommern

Bei Polorbis (Köln oder Hamburg) oder bei allen Orbis-Wechselkassen gegen westliche Währung kann man einen Polrail-Paß für 8, 15, 21 Tage oder 1 Monat kaufen. Es gibt in Polen drei Arten von Zügen: Osobowy (Personenzüge) - halten an allen Stationen, pospieszny (Schnellzüge) - halten nur in größeren Städten und ekspresony (Expreßzüge), die nur in Großstädten halten. Für Expreßzüge und Züge, die ins Ausland fahren, benötigt man eine Platzkarte (miej scówka). In einigen Zügen gibt es Schlaf- bzw. Liegewagen sowie WARS-Speisewagen. Alle Züge (außer S-Bahnen) verfügen über 1. und 2. Klasse.

Fahr- und Platzkarten kann man bis 60 Tage vor Antritt der Reise bei Polres auf den größeren Bahnhöfen oder bei Orbis kaufen.

MIT DEM BUS

. . . in Westpommern

Zwischen den größeren Orten gibt es ein gut ausgebautes Busnetz. Dagegen sind die Verbindungen auf dem flachen Land weniger gut und zahlreich.

. . . in Ostpommern

Die staatliche Autobusgesellschaft PKS unterhält ein dichtes Busnetz. Fast jeden Ort Pommerns kann man mit Bussen erreichen. Es gibt Normal- und Expreßbusse. Busfahrkahrten sind 7 Tage vor Reiseantritt an den PKS-Schaltern, Fahrkartenautomaten oder bei Orbis erhältlich. Es gibt auch kombinierte Bahn-Bus-Tickets. Bei vielen Fahrten ist es empfehlenswert eine touristische Fahrkarte zu lösen, die zu einer unbegrenzten Anzahl von Busfahrten im Normalverkehr berechtigt und zwei oder drei Wochen gültig ist. Bushaltestellen heißen auf Polnisch dworzec PKS.

MIT DEM FLUGZEUG

. . . in Westpommern

Angeflogen werden im Sommer Barth und Heringsdorf.

. . . in Ostpommern

Die polnische Fluggesellschaft LOT verbindet Warschau mit den Städten Köslin, Stettin und Stolp.

MIT DEM SCHIFF

. . . in Westpommern

Die „Weiße Flotte" verbindet Stralsund mit zahlreichen Küstenorten und mit Rügen.

. . . in Ostpommern

Schiffsausflüge kann man u. a. von Stettin, Swinemünde, Kolberg und Stolpmünde unternehmen. Es gibt auch eine Küstenlinie Swinemünde-Hinterpommern-Danzig.

MIT DEM FAHRRAD

Wer einen geruhsamen Urlaub verbringen möchte, dem sei trotz der langen Anfahrt die Mitnahme eines Fahrrades empfohlen. Ein Klapprad kann man beispielsweise gut in einem Wohnmobil unterbringen. Unbedingt notwendig ist die Mitnahme von Ersatzteilen und Flickzeug, da diese im heutigen Pommern sowohl westlich als auch östlich der Oder Mangelware sind. Vorsicht in Polen vor Diebstählen.

TRAMPEN

In Polen ist die Anschaffung eines Anhalterausweises empfehlenswert. Er enthält Kupons für insgesamt 2000 km Fahrt. Erhältlich ist der Ausweis in 300 Stellen in der ganzen Republik (bei it-Zentren, Orbis, PTTK). Das Mindestalter für Anhalter beträgt 17 Jahre. Die Anhalteraktion dauert von Mai bis Ende September. Wichtig: nicht den Daumen zeigen, sondern winken!

Routen durch Pommern

VORPOMMERN (MIT WESTLICHEM MITTELPOMMERN)

Das zumeist flachwellige, fruchtbare Land der großen Rittergüter, stolzen Hansestädten, hohen gotischen Backsteinkirchen und kleinen Ackerbürgerstädtchen ist landschaftlich und historisch eine der interessantesten Regionen Nordostdeutschlands. Während das Binnenland geprägt ist von ausgedehnten, gelben Weizenfeldern, grünen Wiesen, geheimnisvollen Eichen- und Buchenwäldern, blauen Seen und unheimlichen Mooren sowie zahlreichen kleinen Flüssen, über denen sich ein weiter Himmel wölbt, ist die von feinsandigen Stränden, Dünen und Steilabhängen begrenzte Ostseeküste durch zahlreiche Buchten, Bodden und Inseln stark gegliedert. Im Norden liegen die Insel Rügen mit ihren gewaltigen, schneeweißen Kreidefelsen und das Künstler-Eldorado Hiddensee, die seit langem mit Vorpommern verbunden sind.

Die Region erstreckt sich vom Kap Arkona, der Nordspitze Rügens, bis zur Rechnitz und Peene im Süden und von Ahrenshoop im Westen bis Wolgast und Altentreptow im Osten.

Schon früh kam es zu Kontakten zwischen Vorpommern und dem Fränkischen Reich, der Keimzelle des Deutschen Reiches. So half der Wilzenfürst Dragowit am 17. Oktober 732 dem fränkischen Hausmeier Karl Martell bei Poitiers mit einem Truppenkontingent, die Araber zu schlagen und so Europa von der Bedrohung durch den Islam zu befreien.

Unter Karl dem Großen (742-814) kam es zu gemeinsamen Aktionen von Franken und Wenden aus Mecklenburg, Vorpommern und Rügen gegen die Sachsen. Für ihre Waffenhilfe dankte der Frankenkönig, indem er ihnen Nordalbingien überließ.

Zwischen dem 8. und 11. Jh. besuchten zahlreiche dänische und schwedische Wikinger die vorpommersche Küste als Kaufleute und Räuber. Nach mehreren vergeblichen Versuchen unter den Sachsenkönigen, das Wilzenland zu erobern, gelang es Heinrich dem Löwen nach der Schlacht von Verchen (1167), die Wilzen zu befrieden. Bald ließen sich in Vorpommern die ersten sächsischen, westfälischen und mitteldeutschen Ritter, Mönche und Bauern nieder. Viele Wilzen waren bereits 1125 von Bischof Otto von Bamberg getauft worden.

Mittlerweile hatten sich die Herzöge von Pommern von ihrer Basis Mittelpommern bis weit nach Vorpommern ausgedehnt. 1181 kam Pommern unter deutsche Oberhoheit. Nur der Norden Vorpommerns mit der Insel Rügen bildete ein von Dänemark abhängiges Fürstentum. Bis zum 13. Jh. entstanden in Vorpommern mehr als 20 Städte mit lübischem und magdeburgischem Recht, darunter Stralsund, Greifswald, Demmin und Grimmen. Die meisten schlossen sich im 14. Jh. der unter der Führung Lübecks stehenden Hanse an. Als dieser Städtebund durch den Frieden von Stralsund (1370) zur unumschränkten Herrscherin der Ostsee aufstieg, profitierten davon auch die vorpommerschen Städte. Gewaltige Backsteinkirchen und Tore, prächtige Rathäuser und reichgeschmückte Patrizierhäuser künden noch heute vom Wohlstand der Hansezeit.

Als im 15. Jh. durch innere Unruhen, die Stärkung der nordischen Staaten durch die Kalmarer Union (1397) und die Verlagerung des Fernhandels auf den Atlantik der Niedergang der Hanse begann, gehörten auch die pommerschen Städte zu den Leidtragenden. Im 16. Jh. erlebte Vorpommern durch die Einführung der Reformation und besonders die Gründung der Universität Greifswald im Jahre 1456 eine kulturelle Blüte.

Schwer betroffen wurde die Region durch den Dreißigjährigen Krieg und das Aussterben des Greifengeschlechts im Jahre 1637. Zwischen 1627 (Kapitulation von Franzburg) und 1630, als Gustav II. Adolf von Schweden bei Peenemünde landete, wurde Vorpommern von den Truppen Wallensteins ausgeplündert.

Nach dem Westfälischen Frieden (1648) kam Vorpommern mit Rügen an Schweden, während Mittel- und Ostpommern an Brandenburg-Preußen fielen.

Durch die Festsetzung in diesem von See leicht zugänglichen, nach dem Lande zu offenen Landstrich errang Schweden die Vorherrschaft auf der Ostsee. Von dieser Position aus konnte es Dänemark in die Zange nehmen und die Polen in Schach halten. Diese ideale Lage Vorpommern hatte schon Wallenstein, der ebenfalls die Herrschaft über das Dominium Maris Baltis angestrebt hatte, ausnutzen wollen.

Im Westfälischen Frieden (1648) wurde Vorpommern Schweden zugesprochen. 1720 kaufte König Friedrich Wilhelm I. von Preußen diesen für zwei Millionen Taler das später Alt-Vorpommern genannte Land bis zur Peene ab. Neu- bzw. Schwedisch-Vorpommern wurde erst 1815 mit Pommern vereinigt.

Bis 1952 waren Vorpommern und das westliche Mittelpommern verwaltungsmäßig in die Kreise Franzburg-Barth, Rügen, Stralsund, Grimmen, Greifswald (Stadt und Land), Demmin, Anklam und Ueckermünde eingeteilt. Dann löste die DDR die Länder auf und gründete Bezirke mit neuen Grenzen.

Heute gehört nach der Vereinigung beider deutscher Staaten Vorpommern zum Bundesland Mecklenburg-Vorpommern.

---

1. Durch das westliche Vorpommern nach Stralsund

Die uralte Ost-West-Handelsstraße von Lübeck nach Kiew (R 105 bzw. F 105) bringt uns von der mecklenburgischen Stadt Ribnitz über die Recknitz, ein von Wiesen, Sümpfen und Mooren eingerahmtes ehemaliges Urstromtal, in die kleine pommersche Handelsstadt Damgarten.

DAMGARTEN

Das im alten Lande der Kissiner an der Mündung der Recknitz in den Saaler Bodden gelegene Städtchen gehörte im 13. Jh. zum Fürstentum Rügen und erhielt 1258 durch Fürst Jaromar II. von Rügen lübisches Stadtrecht. 1950 wurde der Ort mit der mecklenburgischen Nachbarstadt Ribnitz zusammengeschlossen und ist seitdem Kreisstadt mit rund 1800 Einwohnern (1939: Damgarten 2000, Ribnitz 8000). Sehenswert ist die spätgotische Pfarrkirche aus dem 15. Jh.

18 km südöstlich von Damgarten liegt unweit der Recknitz das Rittergut **Semlow**. Das klassizistische Schloß wurde Anfang des 19. Jh. durch Carl v. Behre-Negendonk erbaut. Sein Sohn Ulrich, Oberpräsident von Pommern, ließ das turmgekrönte Gewächshaus errichten. Die Herren von Behre stammten aus der Gegend von Lüneburg und siedelten sich im 13. Jh. auch in Mecklenburg und Pommern an. Vor dem Dreißigjährigen Kriege erwarben sie in Pommern zahlreiche Güter,

darunter Behrenwalde, Hugelsdorf und zu Anfang des 15. Jh. Semlow. Carl August v. Behre-Negendonk (die Namenserweiterung kam durch eine Erbschaft zustande) war kaiserlicher Kammerherr. Seine Nachkommen wurden in den Grafenstand erhoben.

Nach Damgarten zurückgekehrt, fahren wir durch das grüne Ackerbau- und Wiesenland von Neuvorpommern auf der R 105 (F 105) in nordöstlicher Richtung bis zum Dorf **Löbnitz** (20 km) und biegen dann in die nach Norden führende R 195 ein. Nach 5 km haben wir das alte Städtchen Barth erreicht.

BARTH

Der am Barther Bodden gelegene freundliche Ort mit breiten, sauberen Straßen zählt 11 900 Einwohner (1939: 9000) und ist Sitz einer Fischkonserven- und einer Landmaschinenfabrik sowie mehrerer Werften. Einst wurde das Barther Bier bis nach Marseille und Nowgorod exportiert. Im Sommer fahren von dem kleinen Hafen die Ausflugsdampfer zum Darß.

Im 12. Jh. lag an der Stelle der heutigen Stadt ein kleines, zum Fürstentum Rügen gehörendes Fischerdorf. Am 17. 4. 1255 begabte Jaromar II. von Rügen den Ort mit lübischem Stadtrecht und übergab dem Rat alles Land in den Grenzen des Flusses Barthe, der sich westlich der Stadt in den Barther Bodden ergießt. 1316 machte Wizlaff III: von Rügen Barth zu seiner Residenz und einem bedeutenden Seehandelsplatz. Nach dem Tode des Fürsten kamen Rügen und Barth an das Herzogtum Pommern-Wolgast. Von 1570–1603 residiert in Barth Herzog Bogislaw XII., bevor er die Regierung des Herzogtums in Stettin übernahm. In Barth gebar ihm seine Gemahlin Clara von Braunschweig und Lüneburg elf Kinder. 1582 gründete der Herzog in Barth die „Barth'sche Förstliche Druckerei", in welcher wenig später die niederdeutsche „Barther Bibel" gedruckt wurde.

1606 verlor Barth seinen Status als Residenzstadt. Während des Dreißigjährigen Krieges wurde die Stadt schwer zerstört. Zwischen 1648 und 1815 gehörte sie zu Schweden. In dieser Zeit entwickelte sich Barth zu einem bedeutenden Hafen- und Werftplatz. 1815 wurde die Stadt zusammen mit ganz Neu-Pommern preußisch. Mitte des 19. Jh. siedelten sich hier zahlreiche Industriebetriebe (Gießereien, Konserven-, Lederwaren-, Maschinen- und Zuckerfabriken) an. 1926 wurde Barth Kreisstadt. Aus Barth stammt der Astronom und Feinmechaniker

Friedrich Adolph Nobert (1806–1881), der den Sekundenzeiger der Uhr erfand.

Größte Sehenswürdigkeit ist die im gotischen Backsteinstil errichtete wuchtige efeuumrankte **Marienkirche,** eine dreischiffige Hallenkirche. Das Gotteshaus wurde zu Anfang des 14. Jh. errichtet. Beachtenswert sind neben dem frühgotischen Chor (13. Jh.) die spätgotischen Fresken am Gewölbe und Bildern von Pfannschmidt und das mit vielen Relieffiguren belebte spätgotische Taufbecken. Ein kunstvolles Epitaph erinnert an die hier beigesetzte Herzogin Clara von Braunschweig und Lüneburg. In der Bibliothek des Gotteshauses ist eine 1588 in Barth gedruckte Plattdeutsche Bibel zu sehen. Vom 87 m hohen Kirchturm bietet sich ein weiter Blick über den Bodden und die Halbinsel. Auf dem Kirchhof liegt der Maler Douzette begraben. Sehenswert sind ferner die spätgotische **St.-Jürgen-Kapelle** (15. Jh.), von der allerdings nur noch der Chor erhalten ist, und das langgestreckte ehemalige barocke adelige **Fräuleinstift** (1720 von dem schwedischen König Friedrich errichtet und mit Einkünften der Domänen ausgestattet) in der von hübschen Giebelhäusern gesäumten Klosterstraße. Nach einem Kupferstich, dem einzigen erhaltenen Bild des alten Schlosses, war dieses von einem hohen Turm mit gewölbter Haube und Laterne gekrönt. Zu beiden Seiten des hohen Satteldaches gab es zwei frontale Giebel im Renaissancestil. Das spätgotische **Dammtor** (15. Jh.), ein 35 m hoher Bau mit 4 m breiter Durchfahrt, ist neben dem **Fangelturm** (16. Jh.) ein Rest der ehemaligen Festungsanlage. In dem 12 m hohen und 2 m dicken Fangelturm wurde ein Schüler-Observatorium eingerichtet. In der Badstüberstraße hat sich ferner ein **Fachwerk-Speicher** aus dem 18. Jh. gehalten. Beachtenswert ist schließlich auch der **Springbrunnen** mit dem Stadtwappen (drei bronzene Fische) auf dem Marktplatz. Spaziergänge führen durch den **Stadtpark**, entlang dem Barther Bodden und vorbei am Katharinensee, zu den 4 km entfernten Vogelsänden.

AUSFLÜGE

Auf einer Rundfahrt kann man von Barth die nördlich und nordwestlich gelegenen Halbinseln Zingst und Darß besuchen. Dazu verlassen wir Barth auf der nach Westen führenden Landstraße und biegen nach 2 km in Richtung Norden ab. In **Pruchten** (5 km), einem erstmals 1278 erwähnten Fischer- und Urlaubsdorf (500 Einwohner) am Barther Strom, gibt es ein hübsch gelegenes Strandbad. Über Bresewitz fahren wir zum

Barther Bodden, den wir auf einer 1909 errichteten Drehbrücke überfahren.

Nun befinden wir uns auf der Halbinsel **Zingst,** die früher ganz von Ostsee, Prerowstrom, Barther Bodden und dem Grabow umspült war. Seit 1874, als eine große Sturmflut den Prerowstrom zuschüttete, ist die Zingst mit dem Darß (zusammen 77 km^2) verbunden. Die Bodden haben jetzt nur noch im Osten in der Viehredeel-Rinne Verbindung zum Strelasund, wodurch die alten Hafenstädte der Festlandküste (Ribnitz, Damgarten, Barth) an Bedeutung verloren. Die Inselspitze, der „Bock", wächst langsam in Richtung Hiddensee. Der Name Zingst ist vom wendischen „sen" (Grasland, Wiese) abgeleitet. 1290 wird die Insel erstmals erwähnt. Zwischen 1292 und 1534 gehörte ein Teil des Eilands dem Zisterzienserkloster Hiddensee, ein anderer Teil von 1290-1839 der Stadt Barth. Zwischen 1648 und 1815 war der Zingst schwedisch. 1823 wurden die Dörfer Pahlen und Hanshagen zur Gemeinde Zingst vereinigt. Im 17. und 18. Jh. gab es auf der Insel mehrere Werften. Außerdem waren hier zahlreiche Segelschiffe beheimatet. 1861 wurde Zingst Ostseebad und 1959 wurden die Dörfer Müggenburg, Pramort und Sundische Wiese zu Zingst eingemeindet.

Unser erstes Ziel ist das inmitten einer idyllischen Wiesen-, Wald- und Heidelandschaft gelegene Dorf **Zingst** (31 000 Einwohner, 1939: 1700), das heute verwaltungsmäßig zum Kreis Ribnitz-Damgarten gehört. In Zingst wurde die Schriftstellerin Martha Müller-Grählert (1876–1939) geboren. In Tohoku-Sapparo (Japan), wo ihr Mann an der Landwirtschaftschule unterrichtete, schrieb sie das Gedicht „Mine Heimat"

„Wo die Ostseewellen trecken an den Strand,

Wo de gäle Ginster bleucht in'n Dünensand,

Wo de Möven schriegen grell in't Stormgebrus:

Dor is mine Heimat, dor bün ick to Hus!"

das 1907 in den „Meggendorfer Blättern" veröffentlicht wurde, 1910 in Zürich von dem Thüringer Dirigenten Krannig, der es von einem Flensburger Glaser erhalten hatte, vertont und uraufgeführt und wurde bald in mehreren Versionen (u. a. „Nordseewellen" und sogar in ladinischer Sprache im südtiroler Fassa-Tal als Berglied, in den USA, Australien und in Südamerika) zur „Nationalhymne" der norddeutschen Küstenbewohner. Aus Japan zurückgekehrt, lebte die Dichterin ab 1914 in ihrem Haus „Sünnenkringel" in Zingst. Auf dem hiesigen Friedhof steht auch ihr Grabstein. Auf dem Kreuz stehen die Worte: „Hier ist mine Heimat – hier bün ick to Hus".

Zwischen Zingst und dem Ortsteil Pramort im äußersten Osten der Halbinsel erstreckt sich ein 16 km langer steinfreier Strand, von einem kräftigen Wellenschlag umspült, während sich binnenwärts der Forst Straminke und die Sundischen Wiesen mit ihren Schafherden erstrecken. In dem Kur- und Seebad gibt es ein der Universität Leipzig angeschlossenes Observatorium für Meeres- und Wetterkunde. Sehenswert sind das in einem alten Schifferhaus eingerichtete Zingster Heimathaus, die 1862 von einem Schüler Schinkels erbaute turmlose Kirche und der alte Friedhof mit dem „Glockenstuhl", einem Seemannsgrab mit Anker und Kette des Rahschoners „Minna". Ein Spaziergang führt zum 4 km südwestlich gelegenen Freesenbruch. Im Barther Bodden liegt die Insel Groß-Kirr.

Von Zingst geht es nun zum einige Kilometer westlich gelegenen **Darß**, der „Perle der vorpommerschen Küste". Die Halbinsel ist durch die schmale Nehrung des mecklenburgischen Fischlandes mit dem Festland verbunden. Die im Frühjahr und Herbst oft sturmumtoste, stark gegliederte Halbinsel bildet mit einer Fläche von 5000 ha geschütztem urwaldartigen Mischwald eines der größten Naturschutzgebiete Vorpommerns. Der Darß ist ein Vogelparadies. Neben Fischreihern und Störchen kann man u. a. auf der Halbinsel Kraniche, Seeadler, Falken, den Roten Milan, Bussarde, Eulen und zahlreiche Brachvögel, Schnepfen und Bekassinen sehen. Aber auch Kiebitze, Wasserrallen, Teichrohrsänger, Wildenten und – seltener – die Sumpfrohreule findet man hier. Im Mittelalter war der Darß sehr wildreich: Büffel, Hirsche und Eber waren neben verwilderten Pferden besonders zahlreich. Vor dem Kriege hatte man in dem von Göring bejagten Waldgebiet hier Elche und Wisente ausgesetzt, von denen jedoch keine die Kriegsereignisse überlebt haben.

Die Angler kommen aber noch heute auf ihre Kosten, denn der Fischreichtum ist nach wie vor groß.

Die Vegetation ist überaus artenreich. Hier wachsen auf Wiesen und in Wäldern Iris, Margariten, Hahnenfuß, Königsfarn, Ilex, Nelken, Knabenkraut, Adlerfarn, Waldefeu, wilder Hopfen, Rauschbeere, der seltene Sonnentau, Glockenheide und viele andere Pflanzen und in den Dünen sieht man Stranddisteln und Strandhafer. Die Wälder sind voll von schmackhaften Beeren, darunter Heidel- und Preißelbeeren.

Die landschaftlich schönsten Plätze auf dem Darß sind der Darßer Ort im Norden (vom Leuchtturm reicht der Blick bis zur dänischen Insel Möen) und der Esper Ort mit seinen Buchen an der Westküste. Einst war der Darß mit seinen zahlreichen Schlupfwinkeln ein Versteck für Seeräuber. Klaus Störtebeker und seine Vitalienbrüder lauerten hier den Hansekoggen auf.

Größter Ort ist das von hübschen Gärten und grünen Wiesen umgebene Ostseebad **Prerow** (wendisch = Durchbruch, d. h. des Prerow-Stromes in die Ostsee), das zwischen Wald und Dünen liegt. Ein 5 km langer und 25 m breiter feinsandiger Badestrand mit kräftigem Wellenschlag macht das alte Fischerdorf mit seinen strohgedeckten Häusern zu einem der beliebtesten Badeorte der deutschen Ostseeküste. Besonders schön ist der idyllisch gelegene 4 km lange Weststrand.

Prerow war bis 1872 ein wohlhabendes Fischer- und Seefahrerdorf. Dann versandete der Prerow-Strom durch eine Sturmflut und die Bewohner des Ortes mußten sich nach einem neuen Broterwerb umsehen. Die im 19. Jh. aufkommende Mode, im Sommer an der See Urlaub zu machen, kam den Prerowern zur Hilfe. 1880 kamen die ersten Feriengäste in das Dorf.

Neben der Dorfkirche von 1728 mit Segelschiffmodellen sind der Friedhof mit seinem vielfach mit Segelschiff-Reliefs geschmückten Gräbern und das Darßer Heimatmuseum im Deichhaus sehenswert.

Auf Spaziergängen kann man auf den Deichen oder durch den teilweise dichten Wald zur 3 km östlichen **Hertesburg**, einen frühgeschichtlichen Burgwall am Prerow-Strom, und zum Badeort **Wieck** (4 km), der 900 Einwohner zählt und am Bodstedter Bodden liegt, wandern. In der Nähe von Wieck stehen mehrere alte Holländermühlen. Vom Leuchtturm auf dem **Darßer Ort** im Nordwesten der Halbinsel kann man über die Dünen und die wildreiche Maase bis zur Bernsteininsel blicken.

Einen weiteren Ausflug lohnt das 1300 Einwohner zählende Dorf **Born** (8 km südlich). Der kleine Bade- und Luftkurort in windgeschützter Lage am Saaler Bodden besitzt eine Seemannskirche von 1935, ein Niederdeutsches Hallenhaus von 1772, eine Freilichtbühne und einen Kulturpark. Dort, wo heute die Oberförsterei (1770) steht, befand sich einst ein Jagdschloß der Herzöge von Pommern. Im Südwesten des Darß und an der Grenze zum mecklenburgischen Frischland liegt das reizvolle **Ahrenshoop** (900 Einwohner). Der lagemäßig an die Kurische

Nehrung in Ostpreußen erinnernde Ort entstand Mitte des 18. Jh. und hat seit 1880 eine bedeutende Künstlerkolonie.

Zu den bekanntesten Malern, die hier lebten, gehörten Carl Malchin (1838–1923), Karl Rettich (1841–1904), Paul Müller-Kaempff (1861–1941), Anna Gerresheim (1852–1921), Elisabeth van Eicken (1862–1940), Fritz Koch-Gotha (1877–1956), Hedwig Woermann (1879–1960) und Thuro Batzer (1882–1967). Im „Kunstkaten" werden Bilder ausgestellt. Beachtenswert ist auch die hölzerne Kapelle von 1951 auf dem Friedhof. Im Naturschutzgebiet Ahrenshooper Holz im Norden stehen schöne Stechpalmen. Vom Schifferberg bietet sich eine weite Aussicht über den Saaler Bodden bis zur Rostocker Heide und dem Darßer Ort.

Auch westlich und südlich von Barth liegen interessante Ortschaften. Im 7 km entfernten Fischer- und Feriendorf **Bodstedt** (400 Einwohner) am gleichnamigen Bodden steht eine sehenswerte spätgotische Kirche aus dem 14. Jh. Ein schönes Strandbad lädt zum Schwimmen ein. 2 km südlich des Ortes liegt am Redensee, einer Bucht des Bodstedter Boddens, der 1278 erstmals erwähnte kleine Erholungsort **Fuhlendorf**, der von herrlichen Wäldern umgeben ist. Auch hier gibt es ein Strandbad. In **Kenz** (südlich) steht eine Wallfahrtskirche, in der Herzog Barnim VI. bestattet wurde. Im Tal der Barthe, das eine natürliche Schutzwehr gegen Westen bildet, lagen früher mehrere Burgen. Erhalten ist nur die von **Divitz** südlich von Barth. Das heutige Bauwerk im Mischstil der Renaissance und des Barock stammt aus dem 16.–18. Jh. und ist von einem breiten Wall umgeben. Die früheren Wälle wurde eingeebnet. Bis zum 14. Jh. gehörte Divitz den Herren gleichen Namens, die um 1370 ausstarben. Ihnen folgten die Moltkes, ab 1374 die v. Vitzen und 1480 Hans v. Krackewitz. Als Bogislav v. Krackevitz 1625 ohne Erben starb, fiel die Burg an den Herzog von Pommern zurück. 1626 gelangte der herzogliche Kanzler Phillip v. Horn in den Besitz. Dessen Enkel verkaufte ihn 1706 an den Grafen Johannes Lilienstedt. Seine Tochter Hedwig Maria Friderike die Divitz 1734 erbte, war mit dem Freiherrn Karl Detlev v. Krassow verheiratet. Ihr Enkel Graf Friedrich Heinrich v. Krassow machte 1842 aus Divitz, Frauendorf, Martenshagen und Wobbelkow einen Fideikommiß. Zuletzt war Graf Siegfried v. d. Groeben Besitzer von Divitz.

Zwei Straßen führen von Barth nach dem 25 km östlich gelegenen Stralsund. Die erste verläuft südlich der Grabow, einer großen

KURZINFORMATIONEN

VERKEHR: Bahn- und Busverkehr auf der Strecke Rostock-Stralsund. Von Barth fahren Busse zu allen Ausflugsorten.

TOUREN: Schiffsausflüge von Barth, Kutschfahrten von Prerow durch den Darß.

INFORMATION: **Fremdenverkehrsbüros: Damgarten**: Rat der Stadt, Karl-Marx-Platz, Tel. 27 66; **Barth**: Rat der Stadt, Teergang 2, Tel. 5 71; **Prerow**: Kurverwaltung, Gemeindeplatz 1, Tel. 2 26; **Zingst**: Kurverwaltung, Trandstr., Tel. 2 31.

UNTERKUNFT: **Hotels: Damgarten**: Hotel zum Bodden, Karl-Marx-Str. 54, Tel. 23; Hotel Stadt Hamburg, Karl-Marx-Str. 50, Tel. 24 12; Gasthaus zur Klause, August-Bebel-Str. 11, Tel. 24 63; Barth: Hotel Stadt Barth, Ernst-Thälmann-Str. 60, Tel. 22 50; Hotel Seeblick, Hafenstr. 9, Tel. 28 60.

JUGENDHERBERGE: Barth: Karl-Krull, Am Donnerberg.

CAMPING: In Barth, Damgarten, auf dem Darß (Born, Prerow, Wieck), der Zingst, in Bodstedt und Pruchten.

RESTAURANTS: **Damgarten**: Hotel zum Bodden; Gasthaus zur Klause; **Barth**: Hotel Stadt Barth, Hotel Seeblick.

SPORT: **Barth**: Angeln, Schwimmen, Tennis; **Prerow**: Angeln, Schwimmen; **Zingst**: Angeln, Radfahren (Fahrradverleih), Schwimmen, Tennis.

VERANSTALTUNGEN: **Barth**: Theater (Freilichtbühne); **Zingst**: Konzerte, Theatergastspiele.

Ostseebucht, über Kordshagen dorthin, die zweite (R 105 bzw. F 205) parallel dazu weiter südlich. Benutzt man die zweite Straße, so passiert man das Dorf **Pantelitz**, einem alten Besitz der Familie v. Tesmar (die in Vorpommern und dem benachbarten Mecklenburg im 12. und 13. Jh. mehrere Güter besaß). Im Ortsteil **Pütte** steht eine schöne frühgotische Kirche aus dem 13. Jh. (1866 restauriert). Auf dem Friedhof ruht Charlotte Rasp (1787-1855), die Lieblingsschwester des Dichters Ernst Moritz Arndt.

STRALSUND

Die malerische alte Hansestadt, Fernhandelsplatz und Regierungshauptstadt und bedeutendster Seehafen in Neupommern mit 72 000 Einwohnern (1939: 49 000) liegt am 0,8 bis 3 km breiten und 18 m tiefen Strelasund, einer Meerenge zwischen dem Festland und der Insel Rügen. Die von mehreren Seen umgebene Stadt ist ein nordisches Venedig und nur durch drei Dämme (Knieper-, Tribseer und Franken-Damm) mit dem Festland und durch den 2,5 km langen Rügendamm (seit 1936) auch mit der Insel Rügen verbunden und erinnert von fern an eine rote Wasserburg im silbernen Stralsund. Ihr mittelalterlicher Stadtkern zählt zu den besterhaltenen seiner Art in Deutschland. Die zahlreichen Backsteinbauten und Giebelhäuser, im Stil der Backsteingotik, der heute bedeutenden Hafen- und Industriestadt (Werften, Bauindustrie) erinnern an Lübeck und Rostock, mit denen Stralsund seit Jahrhunderten eng verbunden ist. Sie stammen zum Teil aus jener Blütezeit im 14. und 15. Jh., als die Stadt Mitglied des mächtigen Hansebundes war.

Von besonderer Bedeutung ist Stralsund als Durchgangspunkt für den Bäderverkehr nach Rügen und Hiddensee sowie die Bahnlinie von Skandinavien nach Berlin und Mitteleuropa. Vor dem Kriege war Stralsund der größte pommersche Getreideumschlagplatz nach Stettin.

Geschichte

Schon in der germanischen Sage von Helgi und Hunding wird der Strelasund (als Örvasund = Sund der Pfeile) erwähnt. Hier zog der Lemonier-König Helgi seine Flotte zum Kampf gegen den in Mecklenburg herrschenden Langobardenkönig Hunding zusammen.

Bis zum 13. Jh. war Stralsund ein unbedeutendes Fischernest und Fährdorf nach Rügen, zu dem es damals politisch gehörte. 1130 trafen sich vor dem Ort Herzog Wartislaw von Pommern und König Niels von

Dänemark. Der Herzog wollte den König um Hilfe gegen die Polen bitten, die sein Land bedrängten. Doch Niels hatte seinen Sohn Magnus mit der polnischen Prinzessin Rikissa verlobt und lehnte ab. Er versuchte sogar, den Pommernherzog festzunehmen. Doch wurde er daran durch das Eingreifen des Schleswigschen Herzogs Knut Lawards gehindert. Nach dem Tode von Niels und Magnus wurde Erich Emun, Knuts Sohn, König von Dänemark. Ab 1209 ließen sich an dieser verkehrsgünstigen Stelle im Schnittpunkt alter Handelsstraßen deutsche Siedler aus Niedersachsen und Niederfranken nieder. Im Jahre 1234 erhielt die aufstrebende Siedlung von Fürst Wizlaw I. von Rügen, zu dessen Territorium sie damals gehörte, lübisches Stadtrecht. Während eines Krieges mit Dänemark zerstörte die lübische Flotte Stralsund, das damals dem dänischen Vasallen, Fürst Wizlaw von Rügen, unterstand. Erst 1256 wurde der Konflikt durch die Vermittlung Wismars beigelegt. 1293 schloß sich Stralsund im Rostocker Landfriedensbündnis der Hanse an und war bald neben Lübeck die wichtigste Stadt der Hanse Theutonicorum an der Ostsee. Zahlreiche Hansetage (Bundesversammlungen) fanden in Stralsund statt. Einer der führenden Köpfe des Städtebundes war der Stralsunder Bürgermeister Bertram Wulflam (1364–1391).

Seit dem Ende des 13. Jh. besaß Stralsund – wie andere Hansestädte – in der damals dänischen Provinz Schonen (heute schwedisch) eine Niederlassung für den Heringshandel. Auch nach England, Flandern, Frankreich und ins Baltikum fuhren Stralsunder Schiffe.

1316 versuchten die Dänen vergeblich, die stark befestigte Stadt zu erobern. Auch ein zweiter Versuch der Dänen unter König Waldemar IV. Atterdag (1340–1375), die Stadt seinem Reich einzuverleiben, blieb erfolglos. Nach neunjährigem Ringen mit den Hansestädten wurde der Dänenkönig besiegt und mußte im Frieden zu Stralsund (24. Mai 1370) die Vorherrschaft der Hanse in der Ostsee anerkennen. Im 14. Jh. mußten sich die Stralsunder Koggen häufig mit Seeräubern, den Vitalienbrüdern (von frz. Vitailleur oder Likendeeler, niederd. = Gleichteiler), herumschlagen. Die Stralsunder, deren Heringsfahrten nach Schonen gefährdet waren, griffen hart durch. In einem Jahr ließen sie über 100 Seeräuber köpfen.

Bis zum Ende des 15. Jh. blieb die Hanse die stärkste Macht im Ostseeraum. Dann begann der Niedergang des Städtebundes, von dem auch Stralsund betroffen wurde. Nach der Niederlage der Hansevormacht Lübeck unter dem aus Perleberg stammenden, radikalen Bürgermeister

Wullenwever gegen Dänen und Schweden in der Grafenfehde (1534–1536) errangen die Niederländer das Übergewicht im Ostseehandel. Dazu kam die Verlagerung der Handelsschwerpunkte zur Nordsee und zum Atlantik.

Früh wandte sich Stralsund der Reformation zu. Als Lübeck im nordischen Siebenjährigen Kriege 1563-1570 mit Waffengewalt versuchte, seine wirtschaftliche Vormachtstellung in Schweden zu behaupten, weigerten sich die pommerschen und mecklenburgischen Städte des „wendischen Quartierts" der Hanse, Lübeck zu unterstützen, weil sie ihren lukrativen Handel mit Schweden nicht gefährden wollten. Zum Dank erhielt Stralsund ein schwedisches Handelsprivileg. Im Dreißigjährigen Krieg war die Stadt seit 1628 mit dem schwedischen König Gustav II. Adolf verbündet und trotzte so erfolgreich der zweimonatigen Belagerung vom 13. Mai bis 24. Juli durch den kaiserlichen Feldherrn Wallenstein, der sich u. a. zum Herzog des benachbarten Mecklenburg gemacht hatte. Ziel Wallenstein war es, auch König von Dänemark zu werden. Dazu brauchte er aber Häfen und eine Flotte an der südlichen Ostseeküste. Durch seinen Mitarbeiter Arnim forderte der „General der ganzen Kaiserlichen Schiffsarmada zu Meer, wie auch des ozeanischen und baltischen Meeres" von der Stadt Stralsund 130 000 Taler. Außerdem sollte der Rat eine kaiserliche Besatzung aufnehmen. Bürgermeister Steinwich lehnte jedoch ab. Wallenstein, dessen Truppen inzwischen die vorgelagerte Insel Dänholm besetzt hatten, schwor, Stralsund einzunehmen, „und wenn es mit Ketten an den Himmel geschmiedet wäre". Aber nach dem Verlust von 12 000 Mann mußte der kaiserliche Feldherr die Belagerung schließlich erfolglos abbrechen.

Nach dem Westfälischen Frieden fiel die Stadt 1648 mit dem Umland als „Schwedisch-Vorpommern" an Schweden und wurde in dessen Kriege mit Brandenburg-Preußen, Dänemark und Sachsen (1678, 1711–1715) verwickelt und dabei teilweise zerstört. 1713 siedelte die schwedische Regierung Vorpommern von Stettin nach Stralsund über. 1715 wurde Stralsund von dem Großen Kurfürsten und den Dänen erobert.

Während des Napoleonischen Krieges wurde Stralsund zwischen 1807 und 1812 fünfmal von den Franzosen und den mit ihnen verbündeten Dänen, Holländern und Oldenburgern belagert. Am 31. Mai 1809 wurde die von Schill's preußischen Freischaren verteidigte Festungsstadt von

Dänen und Holländern erstürmt. Ein Stein auf dem Fußweg der Fährstraße (vor dem Hause Nr. 21) mit der Inschrift „Schill, gest. d. 31. Mai 1809", bezeichnet die Stelle, wo der preußische Offizier Ferdinand v. Schill fiel. 11 seiner Offiziere wurden am 16. 9. 1809 in Wesel erschossen, 543 Husaren auf französische Galeeren gebracht.

1815 gelangte Stralsund an Preußen. Von diesem Zeitpunkt an erlebte die alte Hansestadt bis zum Ende des Zweiten Weltkriegs, als sie schwer zerstört wurde, eine lange Blütezeit.

Mit der vorgelagerten befestigten Insel Dänholm wurde Stralsund die erste preußische Flottenstation. 1830 liefen 347 Schiffe den Stralsunder Hafen an, 1863 wurde Stralsund an die Bahnlinie Anklam-Berlin angeschlossen. 1878 an die Linie Demmin-Berlin, 1889 nach Rostock und 1891 nach Saßnitz.

Anfang 1903 war Stralsund der Heimathafen für 70 Segelschiffe und vier Dampfer. Im Jahr zuvor waren dort 369 Hochsegler und 128 seegehende Dampfer eingelaufen. 1938 erreichte der Warenverkehr über See 248 000 t. Exportiert wurden hauptsächlich Getreide, importiert Kohlen und Steine.

1945 besetzte die Rote Armee Stralsund und gliederte es der sowjetischen Besatzungszone ein. Seit 1950 gehört Stralsund als Kreisstadt zum Bezirk Rostock. In den letzten Jahren wurde der hiesigen Schiffbauindustrie, wie auch die von Rostock, Warnemünde, Wismar und Wolgast die Aufgabe zudiktiert, Handels- und Fischereischiffe für die Sowjetunion zu bauen.

Stralsund ist die Heimat zahlreicher berühmter Personen, darunter des schwedischen Hofarchitekten Nicodemus Tessin d. Ä. (1615–1681), der in Schweden großartige Bauten wie das Lustschloß Drottningholm, auch als „schwedisches Versailles" berühmt, den Dom von Kalmar und zahlreiche weitere bedeutende Bauwerke schuf. Sein in Nyköping geborener Sohn Nicodemus d. J. (1654–1728) führte den Hochbarock in Schweden ein. Sein bedeutendstes Werk ist das Stockholmer Schloß, und er wurde zum Grafen erhoben. Stralsund ist ferner Geburtsort des Pfarrers und Historikers Thomas Kantzow (1505–1542), des Verfassers der ersten deutschen Chronik von Pommern, und des Apothekers Carl Wilhelm Scheele (1749–1786), der als Apotheker in Köping (Schweden) den Sauerstoff sowie die Blausäure, das Chlor, das Glyzerin und die Apfel-, Harn-, Milch-, Wein- und Zitronensäure entdeckt hat.

Ebenfalls aus Stralsund stammten der weltberühmte Naturforscher Dr. Karl Hermann Burmeister (1807–1892), der sich um die wissenschaftliche Erforschung der La-Plata-Länder verdient gemacht hat und das bedeutende Naturwissenschaftliche Museum (Museo de Cjencias Naturales B. Rivadavia) in Buenos Aires gründete. In dem Museum ruhen die Gebeine Burmeisters, dem 1900 hinter dem Gebäude ein Denkmal gesetzt wurde.

STADTBESICHTIGUNG

Erster Rundgang

Wir beginnen unseren Stadtrundgang am altertümlichen Alten Markt, der in seiner saalartigen Geschlossenheit mit den schönsten Marktplätzen Deutschlands wetteifert, an dessen Südseite sich das 1278 im gotischen Backsteinstil errichtete stattliche **Rathaus** erhebt. Ursprünglich diente dieses wohl schönste Rathaus Norddeutschlands mit seiner prächtigen sechsgiebeligen Schauwand an der Nordseite, die 1370 nach dem Sieg der Hanse über die Dänen gebaut wurde, nach dem Vorbild des Lübecker Rathauses aus dem 14. Jh. (im 18. Jh. verändert und 1882 wieder im ursprünglichen Ziegelrohbau hergestellt) den deutschen Kaufleuten als Warenhaus. Das schwedische Wappen am barocken Portalgiebel der Westseite weist auf jene Periode hin, als Stralsund zu dem skandinavischen Königreich gehörte. Hinter der Hauptfassade erstreckten sich an einem schmalen Hof entlang, der als Gasse benutzt wird (Büste Gustav Adolfs von Schweden) zwei Flügel, welche den ältesten Teil des Rathauses bilden (1278). Der Kopfbau am Markt wurde in der ersten Hälfte des 15. Jh. errichtet. Das Motiv der freistehenden, nur zur Verkleidung dienenden Schmuckwand ist aus Lübeck übernommen, aber selbständig und sehr reizvoll variiert. Die Südfront wurde nach dem Brand von 1690 umgebaut. Aus dem 13. Jh. sind noch die Kellergewölbe erhalten. Nach dem Stadtbrand von 1680 erhielt das Rathaus im Innenhof von hölzernen Säulen getragene zweigeschossige Barockgalerien. Beachtenswert ist auch die Renaissancetreppe von 1579. Im Obergeschoß befindet sich der nach dem schwedischen Generalgouverneur A. V. Löwen benannte Löwensche- oder Rathaus-Saal (1969 restauriert) mit lebensgroßen Bildern schwedischer und preußischer Könige und dem Kolossalgemälde „Luther auf dem Reichstag zu Worms" (von Emil Jakobs). Der Saal des bürgerschaftlichen Kollegiums ist mit Brustbildern der Stralsunder Bürgermeister (seit der Reformation) geschmückt.

Östlich grenzt an das Rathaus die 1276 erstmals urkundlich erwähnte dreischiffige **Nikolai-Kirche**. Der frühgotische Backsteinbau ist das älteste Gotteshaus der Stadt und besitzt ein reichgegliedertes Westportal. Die Ratskirche wurde nach dem spätromanischen Grundplan der dreischiffigen Basilika erbaut, die aus der griechischen basilika stoa (königliche Halle) des alten Athen hervorgegangen ist. Mitte des 14. Jh. wurde das Langhaus verbreitert und der über einem burgartigen Unterbau errichtete, 1366 eingestürzte Turm von zwei neuen Türmen abgelöst. 1667 erhielt der 103 m hohe Südturm nach einem Brand eine markante barocke Haube. Im Inneren sind beachtenswert: der spätgotische geschnitzte Hochaltar (Ende 15. Jh., 1909 restauriert) mit schönem Standbild der Maria mit Kind und drei Flügelaltäre aus dem 15. und 16. Jh. (darunter den Altar der Riemer-Innung von 1451), die Wandmalereien in den beiden Kapellen der Südseite (14. Jh.), eine Kanzel aus Marmor und Sandstein (1611), eine frühgotische hl. Anna selbdritt (Ende 13. Jh.) in der Vorhalle, nach Magdeburger Vorbild, ein 5 m hohes spätgotisches Kruzifix (Ende 14. Jh.), schöne niederländische Kron- und Wandleuchter aus Messing, Chorgestühl der Rigafahrer (14. Jh., unten am Eingang des Krämerstuhls von 1541 am ersten Pfeiler rechts vom Haupteingang steht die Inschrift: „dat ken Kramer in de blief da buten oder ick schla em up de schnuten"), ein barocker Altaraufsatz (1708) sowie Epitaphien aus dem 16.–18. Jh. Im südlichen Chorumgang befindet sich die gravierte Messinggrabplatte des Bürgermeisters Albert Hövener (gest. 1357) eines niederländischen Künstlers sowie messingene Kron- und Wandleuchter.

In der südöstlichen Badenstraße haben mehrere Patrizierhäuser aus dem 13.–18. Jh. das Inferno des Zweiten Weltkrieges überstanden (Nr. 1, 17, 39, 40, 42, 44, 45). Der Giebel des Hauses Nr. 1, dem ältesten Wohnhaus Stralsunds, stammt vermutlich aus dem 13. Jh. Etwas weiter stehen die beiden Barockhäuser Nr. 17 (um 1730) und Nr. 39 (ehemaliges Landständehaus, 18. Jh.). Im 15. Jh. wurde das gotische Staffelgiebelhaus Nr. 40 errichtet (1967 restauriert). Dahinter folgt ein Renaissancebau (Nr. 42) aus der Zeit um 1600. Auch das Haus Nr. 44 entstand in der Renaissance (Mitte 17. Jh.), während das Haus der Bärenapotheke (Nr. 45) 1630 im Stil des Frühbarock erbaut worden ist.

Von der Nikolai-Kirche gehen wir nun entlang der Ostseite des Alten Marktes zur Semlower Straße, wo ebenfalls mehrere schöne Giebelhäuser stehen, und dann vorbei am ehemaligen Sitz der preußischen Kommandatur mit dem davor stehenden **Bronzestandbild** des

Bürgermeisters Lambert Stein, der Stralsund erfolgreich gegen Wallenstein verteidigte (1904, von Jakobi), zum **Wulflam'schen Haus** (Nr. 5). Das spätgotische Gebäude mit einem der schönsten Backsteingiebel Norddeutschlands wurde im 14. Jh. von Bürgermeister Bertram Wulflam erbaut und gehört zu den ältesten Patrizierhäusern der Stadt. An der Fährstraße, die vom Alten Markt nach Osten abzweigt, steht ein hübsches Barockhaus (Nr. 29) aus dem 17.–18. Jh. Beim nördlich davon gelegenen alten **Theater** biegen wir in die Kulpstraße ein. Nach 150 m stoßen wir auf die Schillstraße, an deren Nordseite sich das ehemalige **Johannis-Kloster** erhebt. Das 1254 von den Franziskanern gegründete Bauwerk wurde 1525 im Zuge der Säkularisierung aufgelöst und diente dann als Altersheim. Heute ist hier die berühmte Bibliothek des ehemaligen schwedischen Generalgouverneurs Graf Axel v. Löwen untergebracht. Von der 1624 abgebrannten frühgotischen Klosterkirche wurde der Chor neu aufgebaut. Im 17. Jh. entstand ein neuer Kreuzgang. Ein Bombenangriff zerstörte das Gotteshaus 1944 abermals. Nur das im 18. Jh. barock umgestaltete Kloster mit den Kreuzgängen blieb zum größten Teil erhalten. Hier entdeckte man 1964 beachtenswerte Wandmalereien aus dem 14. und 15. Jh. 1970 zog das Stadtarchiv in das Kloster ein. Sehenswert sind der von Pfründnerhäuschen umgebene große Hof und der Räucherboden. Schön ist auch der **Rosengarten**.

Etwa 100 m westlich des Klosters erhebt sich an der Knieperstraße das urkundlich erstmals 1293 erwähnte **Kniepertor**, benannt nach der Patrizierfamilie Knieper. Es dient heute als Jugendherberge. Vor dem Tor standen früher ein **Bronzestandbild Schill's** von v. Glümer (1909) und südwestlich davon ein 16 m hohes neogotisches Kriegerdenkmal von Wichards (1886).

Auf dem **St.-Jürgen-Friedhof**, 15 Min. vor dem Kniepertor, ruht Ferdinand v. Schill. Ein 1862 errichteter Grabstein mit Medaillonbildnis in Bronze, rechts am östlichen Haupteingang, bezeichnet das Grab des Freiheitskämpfers gegen die mit Napoléon verbündeten Dänen und Holländer.

Westlich des Tores gelangt man über den Knieperdamm zwischen dem Strelasund und dem Kniepertor durch Grünanlagen in die **Kniepervorstadt** mit dem Seebad Sibirien und der Brunnenaue. Südlich liegen am Ufer des Knieperteiches die gut erhaltenen Reste der mittelalterlichen **Stadtmauer** mit den für die Wächter und Verteidiger bestimmten hausartigen Ausgucken, den sogenannten Wiekhäusern.

Zweiter Rundgang

Auf der Ossenregerstraße gelangt man vom Alten Markt in südliche Richtung zur Heilige-Geist-Straße, in die wir nach Westen einbiegen. Am Ende der Straße erhebt sich in einem idyllischen Winkel das **Küstertor**. Der Ziegelbau stammt ursprünglich aus dem 13. Jh. und wurde 1466 umgebaut. Der Name des Tores erinnert an die Küster (= Schlächter), die im Mittelalter in der Nähe ein Schlachthaus betrieben. Vor dem Tor steht die 1680 errichtete **Wasserkunst**. Bis 1894 wurde von hier aus durch ein 6000 m langes Holzröhrensystem Wasser in die Stadt geleitet. In der **Mühlenstraße Nr. 1** steht eines der ältesten Patrizierhäuser Stralsunds mit einem Giebel aus dem 13. Jh..

Von hier gehen wir zurück zur Heilige-Geist-Straße auf dieser in östlicher Richtung bis zur Kreuzung mit der **Mönchstraße**. Geht man auf letzterer 50 m nach Süden, so stößt man auf das Haus Nr. 46, das um 1800 im klassizistischen Stil errichtet wurde. Nach weiteren 50 m haben wir das **Katharinen-Kloster** erreicht, mit der im 13.-14. Jh. errichteten Hallenkirche. Das 1251 von Dominikanern gegründete Kloster gehört zu den bedeutendsten Abteien Norddeutschlands. Es wurde im 15. Jh. umgebaut und diente nach 1525 als Waisenhaus, Zeughaus und Gymnasium. Seit 1924 befindet sich in dem Gebäude das Kulturhistorische Museum (Stralsunder Heimatmuseum für Neuvorpommern und Rügen), das von dem Rügener Rudolf Baier gegründet wurde und zu den besten Museen Norddeutschlands gehört. Und in der frühgotischen Klosterkirche seit 1951 auch das Museum für Meereskunde und Fischerei. In 13 Becken tummeln sich Delphine aus dem Atlantik, Mondfische, Diadem- und Griffelseeigel aus dem Roten Meer wetteifern neben Katzenhaien, Rochen und vielen anderen Meerestieren um die Gunst der jährlich mehr als 750 000 Besucher. Besonders beachtlich ist das Skelett eines 16 m langen Finnwals. Auch der hölzerne Kutter „Adolf Reichwein" vermittelt einen Hauch von Meer und Seefahrt. Prunkstück des Kulturhistorischen Museums ist der wikingische Goldschmuck von Hiddensee. Er stammt aus der Zeit um das Jahr 1000 und wurde nach den großen Sturmfluten von 1872 und 1874 am Strand des Hiddenseer Fischerdorfes gefunden. Außerdem sind in dem Museum alte Möbel, Gemälde, Haushaltsgegenstände und Kleidung von Bauern und Fischern (besonders vom rügenschen Mönchgut) sowie Fayencen und Spielkarten aus den ehemaligen Stralsunder Manufakturen zu sehen.

An der Langen Straße steht die ehemalige **Synagoge**. Südwestlich davon liegt der Neue Markt (z. Zt. Leninplatz), an dessen Südseite sich die zu den mächtigsten Werken der norddeutschen Backsteinarchitektur gehörende gotische **Marien-Kirche**, eine der drei Stralsunder Pfarrkirchen, erhebt. Die dreischiffige gotische Pfeilerbasilika, volkstümlich „Dicke Marie" genannt, stammt aus dem 13.–15. Jh. und wurde von der Gewandschneidergilde errichtet, nachdem 1382 der gerade vollendete Bau eingestürzt war.

Vom 104 m hohen Turm (330 Stufen) mit seinen schönen Blenden und von einer Laterne gekrönten Barockhaube von 1708 hat man einen weiten Rundblick über die Stadt und Teile der Insel Rügen. Früher wie heute diente und dient er den Seeleuten als Orientierungshilfe, um den Stralsunder Hafen anzusteuern. Denn diese Stadt, das spürt man auf Schritt und Tritt, ist dem Meer zugewandt, hier glaubt man noch etwas vom Geist Klaus Störtebekers und seiner Vitalienbrüder zu spüren, vor denen der Ausguck auf dem Turm im Mittelalter warnte. Zwischen 1807 und 1810 war das 100 m lange und 32 m hohe Hauptschiff des Gotteshauses Kaserne und Magazin. Das Lang- und Querhaus mit Chorumgang und zwischen den Strebepfeilern liegen Kapellenreihen, die nach dem Vorbild der Lübecker Marienkirche gebaut wurden.

Sehenswert sind drei Schnitzfiguren aus dem 15. Jh. und die Orgel von Friedrich Stellwagen (1659). Neben der Marien-Kirche steht die **Apollonien-Kapelle**, ein Ziegelbau im Stil der Spätgotik. Sie wurde zur Sühne für den 1407 an drei Priestern vollzogenen Feuertod vor der Stadt erbaut.

Südlich des Gotteshauses erstreckt sich am Frankenteich der **Frankenwall**, Teil der ehemaligen Stadtbefestigung. Von hier gehen wir in nördlicher Richtung durch die Frankenstraße, in der die **Stralsunder Schiffer-Companie**, ein Gegenstück zur Lübecker Schiffergesellschaft und älteste Deutschlands, ihren Sitz hat. Sie feierte 1988 ihren 500. Geburtstag. Einmal monatlich treffen sich in dem mittelalterlichen Gildehaus mit seinen alten Schiffsmodellen und Urkunden die eingeschriebenen Schifferbrüder (Nr. 28 ist ein gotisches Giebelhaus und stammt aus der Zeit um 1300). Von hier geht es zur Jakobinerturmstraße, an der die dreischiffige **Jakobikirche** steht. Die ursprüngliche Hallenkirche wurde im 14. Jh. in eine gotische Backsteinbasilika umgewandelt. Nach den starken Zerstörungen im Jahre 1944 durch alliierte Bomben wurde die Kirche mit ihrem 68 m hohen Turm (15. Jh.) und ihrer reich verzierten Westfassade wiederaufgebaut. Beachtenswert sind zwei geschnitzte Flügelaltäre (16. Jh.), der Hochaltar mit einem Gemälde von J. H. Tischbein (1767–1786), einer Kanzel von Hans Lucht (1635) sowie Grabmäler aus dem 14. Jh. (älteste Grabplatte von 1333). In der Sakristei kann man die schöne Wandtäfelung bewundern. Besuchenswert ist auch der Gustav-Adolf-Saal im Turm mit einer Amos-Statue und zwei Kronleuchtern aus dem 17. Jh..

In der Nähe des Gotteshauses steht in der Jakobiturmstraße ein **Renaissancehaus** aus dem 17. Jh. mit beachtlichem Sandstein-Portal. Durch die Papenstraße gehen wir dann in östlicher Richtung zur Wasserstraße, an der das **Heilig-Geist-Spital** steht. Das vom Rat der Stadt gegründete mittelalterliche Krankenhaus wird schon 1256 urkundlich erwähnt und besitzt im Innenhof eine 1643 renovierte hölzerne Galerie. Aus dem Jahre 1641 stammt das danebenstehende Elendenhaus. Die spätgotische Heilig-Geist-Kirche (15. Jh.) ist eine dreischiffige Hallenkirche aus Backsteinen.

Weitere Spaziergänge führen in den westlich des Zentrums gelegenen **Stadtwald**, der ein Landschaftsschutzgebiet ist. Vom 31 m hohen Barhöft bei **Zarrenzin** (20 km nordwestlich von Stralsund am Gellershorn) hat man einen herrlichen Blick auf die Halbinsel Bock (Zingst) und die Insel Hiddensee.

KURZINFORMATIONEN

VERKEHR: Ortsverkehr: Busse verbinden das Stadtzentrum mit den Vororten.

ÜBERLANDVERKEHR: Bahn: Stralsund liegt an den Eisenbahnlinien Lübeck-Rostock-Saßnitz und Saßnitz-Berlin. Außerdem bestehen Verbindungen nach Stettin (über Pasewalk) und anderen pommerschen Städten.

Bus: Von Stralsund kann man die meisten Orte der näheren und weiteren Umgebung mit Bussen erreichen, u. a. Rostock, Greifswald, Saßnitz, Demmin.

Schiff: Die „Weiße Flotte" verbindet Stralsund im Sommer mit Hiddensee (Vitte, Kloster, Neuendorf), Zingst mit Neuendorf, Stahlbode mit Lauterbach, Wiek mit Vitte und Lietzow mit Kloster (Vorbestellung im Sommer unbedingt anzuraten) und fährt auch „Rund um Rügen". Auch ein Tragflächenboot gibt es. Auskunft: Weiße Flotte, Fährstr. 16, Tel. 69 20.

Touren: Schiffsausflüge nach Rügen und in die umliegenden Gewässer.

INFORMATION: Fremdenverkehrsbüro: Reisebüro Alter Markt 10, Tel. 53 36.

UNTERKUNFT: Hotels: Hotel Baltic, Am Frankendamm 17, Tel. 53 83; Hotel Am Bahnhof, Tribseer Damm 4, Tel. 26 59; Hotel Zur Post, Tribseer Str. 21, Tel. 20 55; Hotel Nordland, Platz der Solidarität 2, Tel. 26 52; Fremdenheim Cyrus, Platz der Solidarität 6.

Jugendherbergen: Am Kütertor 1 und Devon, Strandstr. 19.

Privatunterkünfte: Zimmernachweis (Reisebüro), Alter Markt 11, Tel. 21 94.

Camping: Altefähr, Am Strelasund; Stalbrode.

RESTAURANTS: In den Hotels Baltic, Am Bahnhof und Nordland.

SPORT: Schwimmen, Wassersport, Tennis.

UNTERHALTUNG: Freilichtbühne, Theater.

VERANSTALTUNGEN: Sommer: Segeln um den Ostseepokal, Wallensteins-Tag.

2. Durch Rügen

Das Stralsund vorgelagerte Rügen ist mit 926,4 km² die größte Insel Deutschlands. Die Nord-Süd-Ausdehnung beträgt 51 km, die Breite von Ost nach West 41 km. Durch zahlreiche Buchten, darunter die beiden tief in das Land einschneidenden Jasmunder Bodden, den Rügenschen Bodden, der Prorer Wiek, der Tromper Wiek, den Wieker Bodden, der Udarser Wiek und der Kubitzer Bodden, beträgt die Küstenlänge mehr als 570 km. Kein Ort ist mehr als 6 km vom Wasser entfernt. Das Inselzentrum ist von mehreren Halbinseln umgeben, von denen Wittow, Jasmund, Mönchgut und Zudar die größten sind. Die alten Rügener sprechen noch heute von den Halbinseln, als ob es lauter selbständige Länder sind. Jede Halbinsel hat ihre eigene Mundart.
Rund um Rügen liegen mehr als zwanzig Inseln, darunter als größte Hiddensee und Ummanz im Westen und Vilm im Südosten.
Zwischen der Halbinsel Mönchgut und der Insel Usedom liegen die kleinen Inseln Greifswalder Oie und der Ruden.
Die schönste Insel Deutschlands bietet dem Besucher ein in unserem Land einmaliges Bild: von den leuchtendendweißen Kreidefelsen und zerklüfteten Steilufern über die feinsandigen Strände im Süden und Westen bis hin zu den Buchen- und Kiefernwäldern, die gesäumt sind von flachen Bodden und Wieken. Und nicht zu vergessen die alten Burgwälle, die gotischen Backsteinkirchen und die stolzen Rittersitze.
Rügen besteht aus zwei Landschaftsteilen: Niederrügen im Süden und Westen und Hochrügen im Norden und Osten. Wilhelm von Humboldt, Ernst Moritz Arndt, Adelbert von Chamisso, Theodor Fontane, Gerhart Hauptmann, August Strindberg und andere haben Rügen literarische Denkmäler gesetzt; Caspar David Friedrich, Philipp Hacker, Adolph v. Menzel, Philipp Otto Runge u. a. sie gemalt; Johannes Brahms hat in der Stubnitz 1876 seine erste Sinfonie in c-Moll vollendet.
Seit 1936 ist Rügen durch den von Stralsund nach Altefähr über den Strelasund führenden 2 ½ km langen Rügendamm verbunden.
Die Insel besteht aus einem von Moränen überlagerten Kreidekern. In der Kreidezeit war Rügen vom Meer bedeckt. Vor 80 Mio. Jahren entstanden durch Ablagerung von Meerestieren, Muscheln, und kalkhaltigen Gebilden die charakteristischen Kreidefelsen. Während

Bild rechts: Der Königstuhl in der Stubbenkammer

der letzten Eiszeit wurden mächtige Findlinge und andere Gesteine aus Skandinavien abgelagert. Durch Sturmfluten bildeten sich die Bodden (flache Strandseen) und Halbinseln.

Die schönsten Landschaften der Insel liegen an der Ostküste, wo die prächtigen Buchenwälder, die zum Teil steil abfallenden Kreidefelsen – hier ist die einzige Stelle der gesamten deutschen Küste, wo fester Fels unmittelbar ins Meer vorspringt.

Rügen ist reich an vorgeschichtlichen Fundplätzen (Trichterbecherkultur) und wurde schon in der Altsteinzeit (ab 9000 v. Chr.) besiedelt, wie eine steinerne Sichel und bearbeitete Rehgeweihstangen zeigen, die man im Garzer Moor fand. Aus der Mittelsteinzeit stammen Funde von Hornharpunen aus dem Nonnensee bei Bergen und dem Moor von Venz. In der Jungsteinzeit (um 3000 v. Chr.) war Rügen bereits dicht besiedelt. Die ersten Menschen kamen aus Skandinavien und von der Donau, denn seit 3000 v. Chr. sind zahlreiche Hünengräber und Grabfunde erhalten. Die bedeutendsten Fundstellen sind: Altensien, Forst Mönchgut, Landow (Prunkgefäß der La-Tène-Zeit, 1. Jh. v. Chr.), Varbelvitz (germanisches Urnengrab, 1. Jh. und Hiddensee (berühmter wikingischer Goldfund aus dem 10. Jh.).

Die zahlreichen Werkzeugfunde der mittelsteinzeitlichen Lietzow-Kultur (mehr als 20 000) zeigen, daß der Feuersteinreichtum Rügens ein bedeutender Wirtschaftsfaktor für die sonst nur auf die Erträge der Jagd und der Fischerei angewiesenen Menschen jener Zeit war. Rügen war damals ein wichtiger Rohstofflieferant für Mitteleuropa.

Dauerhaftere Zeugen ihrer Kultur hinterließen uns die Ackerbauern und Viehzüchter der Jungsteinzeit in den Großsteingräbern, von denen um 1800 auf Rügen noch 230 vorhanden waren. Heute sind noch 20 besuchenswert, darunter die Nobbin, Dwasiden, Nadelitz und in der Baaber Heide. Daneben gibt es aus diesem Zeitraum aber auch gut geschliffene Werkzeuge und reichverzierte Keramikgefäße.

Wesentlich häufiger sind die bronzezeitlichen Hügelgräber (um 1835 noch 1640, heute 160), darunter Lycham bei Ralswick, Dobberworth bei Sagard, Himmel (ein Grabhügel mit zwei Eichen) bei Silmenitz, Speckbusch neben der Göhrener Kirche, Semkors in Lauterbach und der Dewkenberg bei Gustov.

In der jüngeren Bronzezeit strahlte die illyrische Lausitzer Kultur bis nach Rügen aus. Sie wurde in der Eisenzeit abgelöst von der germanischen Jastorf-Kultur. In der römischen Kaiserzeit, die von der

Zeitenwende bis 375 n. Chr. reichte, wurde Rügen stark von Wandalen und Burgundern beeinflußt.

Von 200-500 n. Chr. lebten ostgermanische Rugier (Rugen) auf der Insel. Sie waren ursprünglich aus dem norwegischen Rogaland am Beknfjord, dem heutigen Ryffolke, an die Südseite der Ostsee gekommen und hatten sich mit den hier ansässigen Lemoniern vermischt.

Im 4. Jh. wanderten Teile der Rugier südwärts, kamen unter die Herrschaft der Hunnen und ließen sich dann in Niederösterreich („Rugiland") nieder. Um 488 wurde ihr Reich von dem skirischen oder rügischen König Odoaker, der 476 von den germanischen Söldnern in Italien zum König ausgerufen worden war und den letzten Weströmischen Kaiser Romulus Augustulus absetzte, zerstört. Ein Teil der Rugier schloß sich nach Odoakers Niederlage (490) gegen Theoderich den Ostgoten an.

Aus den zurückgebliebenen Rugiern (altn. Roggenesser) und anderen Zuwanderern entstanden die wendischen Ranen, die sich mit den Wilzen und anderen Stämmen auf dem vorgelagerten Festland zum Bund der Liutizen zusammengeschlossen hatten, und mit Dänen, Obotriten, Pommern und Deutschen um ihre Unabhängigkeit stritten. Zahlreiche Funde wie der jetzt verschollene Runenstein von Drewoldke und das Boot von Ralswiek zeugen von Besuchen der Wikinger auf der Insel im 8. und 9. Jh.

1147 zog ein deutsch-dänisches Kreuzfahrerheer gegen die Obotriten, Liutizen und Ranen. Damals brachte der Abt Wibald von Corvey eine (wohl gefälschte) Urkunde zum Vorschein, nach der Kaiser Lothar die ganze Insel seinem Kloster übertragen hatte. Danach soll es sich bei dem ranischen Hauptstadt Svantewit um den Corveyer Heiligen St. Veit (Vitus), einen der 14 Nothelfer, gehandelt haben. Den Ranen gelang es jedoch, die Flotte der Dänen zu vernichten. Im Winter 1123/24 eroberte und plünderte ein Obotritenheer unter dem Fürsten Heinrich die Insel. Als die Ranen Geld und Geiseln anboten, zogen die Invasoren wieder ab. Doch schon im Jahr darauf versuchten die Obotriten, im Bunde mit dem Sachsenherzog und deutschen König Lothar von Supplinburg, die Insel zu besetzen. Diesmal rettete Tauwetter die Ranen. Um sich gegen diese und Überfälle der Dänen zu schützen, bauten die Ranen Fliehburgen, so in Bergen, Garz und Arkona.

Im 11. und 12. Jh. waren die Ranen gefürchtete Seeräuber, die auf der Ostsee Angst und Schrecken verbreiteten. 1138 brannten sie sogar die

Stadt Lübeck nieder (noch heute erinnert der Rangenberg an die damals hier begrabenen rügenschen Kriegstoten).

1168 zog der dänische König Waldemar I., dessen Land besonders unter den Raubzügen der Ruganer zu leiden hatte, mit 200 Schiffen gegen Rügen und unterwarf das Inselreich. Die festen Plätze und Tempel, darunter das ob seines Orakels berühmte Svantewit-Heiligtum auf dem Kap Arkona und Garz wurden geschleift und zerstört. König Jaromar I. und sein Bruder Tetslaff legten den Lehneid ab und ließ sich taufen. Zu Rügen gehörten damals auch große Teile des Vorpommerschen Festlandes zwischen Recknitz, Trebel und Ryck.

Die ersten Berichte über Rügen stammen von dem römischen Historiker Cornelius Tacitus (55–116), der in seinem Werk „De origine et situ Germanorum" den Nerthustempel (bei Saßnitz) erwähnt. Dann hören wir erst wieder in der Edda (Helgi-Sage) von der Insel. Im 11. und 12. Jh. berichten Thietman von Merseburg (970–1029), Adam von Bremen (gest. um 1076), Helmold von Bosau (1129–1177) in seiner „Chronicon Sclavorim et Venedorum" und der Däne Saxo Grammaticus (1150–1220) in der „Gesta Danorum" von Rügen. Schon damals aber kamen sächsische Kaufleute nach Rügen, um dort Fisch zu kaufen.

Die Fürsten Jaromar I. (gest. 1218) und Wizlaw II. (gest. 1325) holten deutsche Siedler ins Land, die es kultivierten. Bis 1275 gehörte auch das hinterpommersche Land Schlawe mit Rügenwalde zu ihrem Territorium. 1303 starb Wizlaw II. in Norwegen, als er seine Tochter, die Gemahlin des Königs Hakon VI., besucht hatte. Nach dem Aussterben des einheimischen Fürstenhauses kam Rügen 1325 an das Herzogtum Pommern-Wolgast. Als der neue Herrscher Wartislaw IV. von Wolgast-Rügen 1326 starb, kam es zum Rügenschen Erbfolgekrieg zwischen seinen Nachfolgern und Mecklenburg, der erst mit dem Frieden von Brudersdorf (27. 6. 1328) endete. 1530 erschien der „Wendisch-Rügianische Landgebrauch" von Matthäus von Normann, dem rüngenschen Landvogt, die erste ausführliche Beschreibung der Insel. Daraus erfährt man, daß es auf Rügen damals Weinstöcke und Hopfenfelder gab. 1608 erschien die Lubinsche Karte von Rügen, die erste genaue Landkarte der Insel. 1648 fiel die Insel an Schweden, wurde 1678 vom Großen Kurfürsten von Brandenburg erobert, jedoch wieder an die Schweden zurückgegeben. 1715 besetzten Preußen und Dänen abermals die Insel, aber in den Friedensschlüssen von Stockholm übergaben sie das Eiland erneut den Schweden. Erst 1815 wurde die

Insel preußisch. 1945 wurde Rügen Mecklenburg zugeschlagen. Ab 1954 gehörte sie zum Bezirk Rostock.

Im Nordwesten der Insel liegt der große Fährhafen Saßnitz, von dem aus Auto- und Eisenbahnfähren nach Trelleborg (Schweden) verkehren. Seit 1986 gibt es eine weitere Eisenbahnfährverbindung von Muckran bei Saßnitz nach Memel.

AUF DER R 96 VON STRALSUND NACH SASSNITZ

Kurz hinter der Stadtmitte von Stralsund beginnt der 2450 m lange Rügendamm, der uns in wenigen Minuten über die ehemalige Insel **Dänholm** nach Altefähr bringt. Wenn gerade ein Schiff den Strelasund passiert, so muß man allerdings vor der Klappbrücke über den Ziegelgraben warten. Die Brücke kann in zwei Minuten gehoben oder gesenkt werden. Dann geht es über Dänholm und auf zehn Brückenbogen über den Sund (schöner Blick auf Stralsund).

Das 4 km nordöstlich von Stralsund gelegene Kirchdorf **Altefähr** (1400 Einwohner) ist heute praktisch ein Vorort Stralsunds und mit der Stadt durch Busse und Fähren verbunden. Die meisten Bewohner des 1240 erstmals urkundlich erwähnten Fährortes arbeiten in der alten Hansestadt. Zwischen dem 15. und 17. Jh. war Altefähr in Stralsund eingemeindet. Sehenswert ist die spätgotische Dorfkirche vom Ende des 15. Jh.

Von Altefähr fahren wir auf der R 96 parallel zur Eisenbahnlinie Stralsund-Saßnitz ins 10 km nordöstlich gelegene **Rambin** (1500 Einwohner). Beachtenswert ist die aus dem 13.–14. Jh. stammende Dorfkirche mit spätgotischem Chor.

Sagenumwoben sind die „neun Berge”, bronzezeitliche Hügelgräber bei Rambin. Ernst Moritz Arndt weiß über ihre Entstehung in seinen „Märchen und Jugenderinnerungen” folgendes zu berichten: „Vor langer Zeit lebte auf Rügen ein gewaltiger Riese (ich glaube er hieß Balderich), den verdroß es, daß das Land eine Insel war und daß er immer durch das Meer waten mußte, wenn er nach Pommern auf das feste Land wollte. Er ließ sich also eine ungeheure Schürze machen, band sie um seine Hüften und füllte sie mit Erde, denn er wollte sich einen Erddamm auffüllen von der Insel bis zur Feste. Als er mit seiner Fracht bis über Rodenkirchen gekommen war, riß ein Loch in die Schürze und aus der Erde, die herausfiel, wurden die neun Berge. Er stopfte das Loch zu und ging weiter, als er bis Gustow gekommen war, riß wieder ein Loch in die Schürze, und es fielen kleine Berge heraus. Mit der noch übrigen

Erde ging er ans Meer und goß sie hinein. Da ward der Prosnitzer Haken und die niedliche Halbinsel Drigge entstanden. Aber es blieb noch ein schmaler Zwischenraum zwischen Rügen und Pommern, und der Riese ärgerte sich so sehr darüber, daß er plötzlich von einem Schlagfuß hinstürzte und starb. In den neun Bergen von Rambin wohnen nun die Zwerge und die kleinen Unterirdischen und tanzen des Nachts in den Büschen und Feldern herum und führen ihre Reigen und ihre Musiken auf im mitternächtlichen Mondschein, besonders in der schönen und lustigen Sommerzeit und im Lenze, wo alles in Blüte steht, denn nichts lieben die kleinen Menschen mehr als die Blumen und die Blumenzeit. Sie haben viele schöne Knaben und Mädchen bei sich, diese aber lassen sie nicht heraus, sondern behalten sie unter der Erde in den Bergen, denn sie haben die meisten gestohlen oder durch einen glücklichen Zufall erwischt und fürchten, daß sie ihnen wieder weglaufen möchten."

In **Samtens** (1500 Einwohner) einige Kilometer weiter steht eine schöne Dorfkirche mit Grabdenkmälern aus dem 17. Jh. Das nordwestlich von Samtens gelegene Rittergut **Plüggentin** befand sich im 13. Jh. im Besitz der Familie v. Grundis. 1505 belehnte der Herzog von Pommern Lüdeke v. Massow mit Plüggentin. Doch dieser verkaufte es noch im selben Jahr an das Kloster Eldena, welches das Gut 1717 an den mecklenburgischen Hofmarschall v. Vieregge verpfändete. Über die Familie v. Wolffradt (1730-1780) gelangte Plüggentin an den Landrat Julius Carl Adam v. Wolffradt. In seiner Familie blieb das Gut bis 1901. Nach dem Tode des letzten Erben, Friedrich Carl von der Lancken, kam der Besitz durch Verkauf zunächst an den Freiherrn Friedrich Ernst v. Langen und 1910 an die Familie Sprickerhoff, der es bis 1945 gehörte.

Von Samtens fahren wir nun in die 12 km entfernte rügensche Kreishauptstadt Bergen, die fast im Zentrum der Insel liegt.

BERGEN

Das auf einer Anhöhe gelegene Wirtschafts- und Verwaltungszentrum ist mit 13 200 Einwohnern (1939: 5500) der größte Ort Rügens und seit Jahrhunderten seine Hauptstadt. An Industrie haben sich hier Textil-, Fisch- und Fleischfabriken angesiedelt. Außerdem ist Bergen Sitz einer Fachschule für Landwirtschaft. Größte Söhne der Stadt sind der Chirurg Theodor Billroth, der die erste erfolgreiche Magenkrebsoperation durchführte, und der Schriftsteller Arnold Ruge. Billroth (1829-1894) war einer der bedeutendsten Ärzte seiner Zeit. Der als Professor in Zürich und Wien wirkende Chirurg und Freund von Brahms schrieb Standardwerke über die Antisepsis und entwickelte das „Billroth-Batist". Ein Bronzerelief an der St.-Jakobi-Kirche erinnert daran. Der Schriftsteller Arnold Ruge (1803–1880) war Mitglied der linken Gruppierung „Junges Deutschland" und Begründer der Halleschen Jahrbücher für deutsche Wissenschaft und Kunst. Im Alter ist er zum Verehrer Bismarcks geworden.

Ebenfalls aus Bergen stammte der Historiker Hans Delbrück (1848-1929). Von 1883–1919 gab er die „Preußischen Jahrbücher" heraus. Nach dem ersten Weltkrieg kämpfte er wissenschaftlich gegen die im „Vertrag" von Versailles verankerte Kriegsschuldlüge. Sein Bruder Max (1850–1919) war Landwirtschaftschemiker und beschäftigte sich mit der Gewerbegesetzgebung. Als Bürgermeister von Thorn (Westpreußen) leistete der Bergener Jakob Heinrich Zernecke ab 1638 Hervorragendes.

Auf dem 91 m hohen Rugard bei Bergen befand sich bereits im 9. Jh. eine Burg. 1193 ließ Fürst Jaromar I. von Rügen, der dänischer Lehnsträger war, in Bergen die Marien-Kirche, eines der frühesten Backsteinbauwerke Norddeutschlands, errichten. Das Gotteshaus wurde im 12./13. Jh. Stiftskirche des von Jaromar I. gegründeten Zisterzienser-Klosters. Der Fürst wollte ursprünglich eine Pfalz errichten, mußte diesen Plan jedoch auf Druck des Bischofs Absalon von Roskilde aufgeben und stattdessen ein dänisches Nonnenkloster errichten. Seit dem 12. Jh. war Bergen ein befestigter Handelsplatz. Im Jahre 1208 entstand die Stadt Gora. Der Name Bergen taucht erstmals 1314 neben dem Fischerdorf Gadmund auf. 1539 wurde das Kloster in ein adeliges Damenstift umgewandelt und erst 1945 aufgelöst. In den Jahren 1605–1611 errichtete Herzog Julius II. von Pommern-Wolgast (1584–1625) in Bergen ein Jagdschloß, das auf der großen Pommernkarte von Eilhard Lubin

verzeichnet ist. 1613 erklärte der Herzog den damals zum Dorf herabgesunkenen Ort zur Stadt und zum Verwaltungszentrum der Insel. In der Ortsmitte erhebt sich die ehemalige Klosterkirche aus dem 13. Jh., jetzt **Pfarrkirche St. Marien**, das älteste erhaltene Gebäude Rügens, dessen hoher Turm weithin zu sehen ist. Der ursprünglich spätromanische, von dänischen Architekten errichtete Bau wurde nach dem Brand von 1445 spätgotisch wieder aufgebaut und 1900–1903 umgebaut. Beachtenswert sind die wiederhergestellten romanischen Fresken im Querschiff mit Darstellung des Paradieses, der Hölle und anderen Motiven aus der Bibel, die Rokoko-Kanzel des Stralsunder Bildhauers Jacob Freese (1742), der Altaraufsatz von 1730 und die links von der Eingangshalle eingemauerte Grabplatte der Prinzessin Elisabeth von Pommern (1461–1473), bis zu ihrem Tode Äbtissin des Nonnenklosters bei Bergen, ein kostbarer romanischer Kelch (um 1200) und die Fünte (Taufe) aus gotländischem Kalkstein. Auch der Stein, im Fundament der Kirche links vom Haupteingang, der mit der Spitze des Stralsunder Marienturmes in gleicher Höhe liegen soll, ist wahrscheinlich der Grabstein einer Nonne, wenn nicht ein wendisches Götterbild mit später eingemeißeltem Kreuz. Die Glasmalerei der Kirche stammt von Pfannschmidt, das elfenbeinerne Kruzifix von einem italienischen Meister. Das neben der Kirche stehende **Stift für adelige Damen** diente ursprünglich als Zisterzienser-Kloster. In der nahen Billrothstraße (Nr. 17) liegt das Geburtshaus des Chirurgen Theodor Billroth (Bronzetafel und Reliefbildnis).
Von Bergen bieten sich zahlreiche Ausflüge an. Einer der schönsten führt vorbei am **Franzosenfriedhof** (Begräbnisplatz der zwischen 1812 und 1814 im Lazarett von Bergen verstorbenen deutschen, französischen und italienischen Soldaten der napoleonischen Armee) mit einer 1858 errichteten und von einem Kreuz gekrönten Sandsteinsäule. Sie trägt die Inschrift: „Hier ruhen Freund und Feind einträchtig im Tode vereint." Wenige Schritte weiter mündet ein Hohlweg, aus welchem kurz hinter einem Fahrweg ein Fußweg zu einem Stein führt, auf dem man die Spur eines Fußes und eines Peitschenschlages wahrnimmt. Die Sage erzählt, daß eine Jungfrau, die von einem Ritter verfolgt wurde, von dem Stein ins Tal hinabsprang, um sich zu retten. Sie kam unversehrt unten an, und der enttäuschte Ritter schlug vor Wut mit der Peitsche auf den Stein, in welchem die Fußspur des Mädchens und die Spur des Peitschenschlages im selben Augenblick eingeprägt erschienen.

Bild rechts: Der Ernst-Moritz-Arndt-Turm auf dem Rugard

30 Minuten nordöstlich liegt der **Rugard** (91 m): Bis 1316 befand sich hier die befestigte Burg der Fürsten von Rügen, von der sich Reste des Burgwalles erhalten haben. Heute steht an dieser Stelle ein 26 m hoher Aussichtsturm, der zwischen 1869 und 1877 errichtet wurde und dem Dichter Ernst Moritz Arndt gewidmet ist. Daneben liegt eine Freilichtbühne. Vom Turm hat man einen großartien Ausblick über große Teile der Insel und die Jasmunder Bodden. Schon der 20jährige Wilhelm Humboldt war von dieser Aussicht begeistert.

Weitere Spaziergänge lohnen sich auf dem Höhenzug **Raddas** (von wendisch „rad" = roden) und zum 2 km nordwestlich gelegenen **Nonnensee**, der einst dem Kloster in Bergen gehörte. Der Sage nach soll früher an seiner Stelle ein Nonnenkloster gestanden haben, das an einem Pfingstsonntag mit all seinen Bewohnerinnen versunken sei. An seiner Stelle sei der See entstanden, aus dessen Tiefe man alljährlich am Pfingstsonntag Glockengeläut und klagende Stimmen hören könne. Die Sage erzählt ferner, daß das Seewasser von den vielen Tränen der ertrunkenen Nonnen salzig wurde. Beim nordöstlich von Bergen gelegenen Stedar liegt im Kleinen Jasmunder Bodden die ehemalige Insel **Pulitz**, auf der bis vor 30 Jahren eine in Deutschland fast einzigartige Graureiherkolonie bestand. Dann wurde der Vogel hier ausgerottet, weil er den Boddenfischern ins Gehege kam. Heute brüten in dem Rohr- und Schilfgürtel, der Pulitz und die benachbarte kleine Insel Alt-Rügen umgibt, Höckerschwäne und Große Rohrdommeln. Auf dem mit dichten Buchen- und Eichenwald bedeckten Eiland findet man außerdem Orchideen (Rotes Waldvöglein), blaue Leberblümchen und Schlüsselblumen. Das Eiland gehörte bis 1945 dem Grafen Douglas, der aus einer berühmten alten schottischen Familie stammte. Vor einigen Jahren entdeckte man auf der Insel ein wendisches Familiengrab.

Von Bergen setzen wir unsere Fahrt in nördlicher Richtung nach dem 7 km entfernten Dorf **Ralswiek** (700 Einwohner) fort. Das malerisch am Großen Jasmunder Bodden gelegene Ralswiek, das schon im 9. Jh. ein bedeutender Handelsplatz war, war nach der Eroberung Rügens durch die Dänen (1168) mit anderen Gütern dem dänischen Bistum Roskilde zugewiesen worden und Sitz eines dänischen Landpropstes. 1480 ging die Verwaltung auf weltliche Vögte über. Die ersten waren Hennig v. Normann und sein Sohn Heinrich. 1500 folgte Martin v. Barnekow-Teschenhagen.

Kurzinformationen

Bahn und Busverbindungen von Bergen nach Stralsund, Saßnitz. Busse verkehren von Bergen in alle Teile der Insel.

FREMDENVERKEHRSBÜROS: Reisebüro und Rat der Stadt, beide Karl-Marx-Platz

HOTEL: Gaststätte Mecklenburger Hof, Bahnhofstr. 67, Tel 2 63

RESTAURANT: Mecklenburger Hof

SPORT: Rodeln (am Rugard)

UNTERHALTUNG: Konzerte, Theater (Freilichtbühne)

Nach der Reformation übertrugen der König von Dänemark, der das Bistum Roskilde eingezogen hatte, und der Herzog von Pommern als Defacto-Landesherr die bisherigen kirchlichen Güter der Barnekows zum erblichen Leben. Die Barnekows erhielten außerdem hohe Positionen im Königreich Dänemark und wohnten zumeist auf ihren dänischen Besitzungen. 1637 wurde der König von Schweden Landesherr von Rügen. 1656 zog König Karl C. von Schweden die dänischen Lehen ein und übergab sie dem schwedischen Feldmarschall Graf Carl Gustav Wrangel. Nach seinem Tode wurde der schwedische General Graf Otto Wilhelm Königsmarck mit den Barnekow'schen Gütern belehnt, bevor sie 1679 an Kjell Christoph v. Barnekow kamen. Unter dessen Nachfolgern teilte sich die Familie in eine schwedische und eine rügensche Linie. Zwischen 1735 und 1806 lebte auf Ralswiek Christoph Adolf Friedrich v. Barnekow. 1806 erbte Rutger Christoph v. Barnekow den Besitz. 1838 übernahm es seine Tochter Auguste, die mit einem Barnekow auf Teschvitz bei Gingst verheiratet war. 1891 verkauften deren Nachkommen Ralswiek zusammen mit den Gütern Gnies mit Hagen, Jarnitz, Sabitz, Augustenhof und Teschvitz an Graf Hugo-Sholto Douglas. Der aus einer schottischen Familie stammende Douglas war 1888 in den preußischen Grafenstand erhoben worden. Der Graf erwarb außerdem die Güter Strüssendorf, Studar, Prissvitz und Buschvitz sowie die Insel Pulitz. Bis zur Enteignung im Jahre 1946 wohnte die Familie Douglas auf Ralswiek. Heute leben hier Neusiedler.

Der erste Probsteihof in Ralswiek stammt aus dem 14. Jh. Er besaß eine gotische Eingangstür mit Spitzbogen und einen schön gegliederten Giebel. Das Gebäude hatte zahlreiche Böden, auf denen der sogenannte „Bischofsroggen" gespeichert wurde, den alle rügenschen Bauern abliefern mußten. 1610 errichtete Christian Barnekow aus den Steinen der abgerissenen Kapelle Streu ein Herrenhaus. Unter Graf Hugo-Sholto Douglas entstand auf einer Anhöhe über dem Gutshof ein Schloß im Renaissancestil mit zwei runden Ecktürmen. Von hier hat man eine herrliche Aussicht auf den Großen Jasmunder Bodden und die Schaabe. Sehr schön ist auch der weitläufige Elte-Park mit seinen seltenen Bäumen. Vor dem Kriege waren ferner die Ralswieker Festspiele mit dem Schauspiel „Klaus Störtebeker" bekannt. Nur 2 km westlich von Ralswiek liegt das bemerkenswerte Steinzeitgrab von **Lycham**.

Interessant sind die Ausgrabungen (1965–1967) einer Siedlung mit großem Gräberfeld aus dem 10. Jh. mit 1000 Jahre altem Rest eines Wikingerbootes. In der Nähe liegt das Rittergut **Kartzitz.** Dieses alte Stammgut der Familie v. Usedom gehörte dieser zwischen 1249 und 1890. Carl Bogislaw v. Usedom (1711–1791) baute das heutige Herrenhaus und legte den hübschen Park an. Guido v. Usedom (seit 1862 Graf), der den Besitz zusammen mit den Gütern Udars mit Lehnsten und Seehof sowie Moisselbritz verwaltete, war Mitte des 19. Jh. preußischer Gesandter beim Vatikan und später am italienischen Hof. Nach Meinungsverschiedenheiten mit Bismarck wurde er 1872 verabschiedet und leitete bis 1879 die Königlichen Museen in Berlin als Generaldirektor. Als er 1884 in San Remo starb, übernahm seine Tochter Gräfin Hildegard, die aus Guidos zweiter Ehe mit der Tochter des britischen Generalgouverneurs in Bombay, Generalleutnant Sir Malcolm, hervorgegangen war, den Besitz. Die in Rom geborene lebenslustige Gräfin lebte zumeist am Hofe König Ludwigs II. von Bayern in München. Bis 1898 mußte sie Kartzitz und die anderen Güter auf Rügen alle verkaufen. 1924 starb die zum Katholizismus übergetretene Gräfin in einem katholischen Stift in Wien.

Kartzitz kam 1890 an den Fabrikanten Leitner und wechselte bis 1932 noch mehrmals den Besitzer, bis es von dem Hamburger Ernst v. Schinkel gekauft wurde. Schinkel beging im Mai 1945 mit seiner Familie Selbstmord.

Einen weiteren Ausflug lohnt das südlich von Kartzitz in den **Woorker Bergen** gelegene bronzezeitliche Gräberfeld, 14 mit Eichen, Buchen und Weißdorn bestandene Hügel von 6–8 m Höhe.

Hinter Ralswiek geht unser Weg dann über einen 1868 errichteten Damm zwischen dem Großen und dem Kleinen Jasmunder Bodden nach dem anmutigen Fischerdorf **Lietzow** (600 Einwohner), das bereits auf der Halbinsel Jasmund liegt. Der durch den ausgedehnten und bewaldeten Schloßberg geschützte Ort entstand vor über 600 Jahren als Fähranleger. Doch schon in der Jungsteinzeit lebten hier Menschen (Lietzower Kultur). Westlich von Lietzow erstreckt sich der große Douglas'sche Forst, im Norden die Semper Heide und der Semper Wald. An den Abhängen leben die sogenannten pontischen Pflanzengesellschaften mit Schwalbenwurz, Schillergras, Blutrotem Storchschnabel und Hainwachtelweizen.

Die Halbinsel **Jasmund,** die Krone Rügens, mit steilen, weißen Kreidefelsen und ausgedehnten Buchenwäldern, ist mit dem Kerngebiet Rügens durch die Schmale Heide im Südosten und den 1867 errichteten Damm im Süden verbunden.

Auf der Weiterfahrt nach Norden passieren wir den **Dobberworth** (Dubberworth, wend. = guter Berg), das mit 15 m Höhe größte Hünengrab Rügens. Das Grab mißt 50 m im Umkreis und gewährt von seiner Höhe aus einen weiten Blick über die Halbinsel Jasmund. Nach Süden hin sieht man den Wostewitzer See, den Kleinen Jasmunder Bodden und ganz in der Ferne den Rügenschen Bodden bei Lauterbach.

Von Dobberworth ist es nicht weit nach **Sagard**, einem freundlichen Marktflecken mit 2900 Einwohner (1939: 1800), der schon 1750 als erster Ort Rügens Bad wurde. Doch nicht um in der Ostsee, sondern in einer von Middel- und Schlonerbäk gespeisten Mineralquelle mit eisen- und kohlensäurehaltigem Wasser kamen Besucher „zur Wiederherstellung ihrer Gesundheit". Da es in Sagard keine Unterkunftsmöglichkeiten gab, hörte der Fremdenbesuch bald wieder auf. Erst 1794 baute Pastor Heinrich Christoph v. Willich die „Brunnen-, Bade- und Vergnügungsanstalt" mit Badehaus und grüne Brunnenaue. Doch als die Franzosen Rügen Anfang des 19. Jh. besetzten, wurden die Badeanlagen zerstört. Die ursprünglich spätromanische Kirche des Ortes (13. Jh.) wurde im 15. und 16. Jh. spätgotisch verändert.

Unweit von Sagard erstreckt sich das **Naturschutzgebiet Jasmund** mit seinen urwüchsigen Buchenwäldern, Quellmooren und murmelnden Bächen. Hier wachsen zahlreiche Orchideen wie der seltene Frauenschuh sowie Rippenfarne, Kuhschellen, Riesenschachtelhalme, die Große Segge, Zahnwurz und Waldgerste. Im nahen **Quoltitz** liegt in einer Baumgruppe ein vorgeschichtlicher „Opferstein" mit Näpfchen und Rinne. Von Sagard sind es 6 km bis Saßnitz, dem „Tor zum Norden".

SASSNITZ

Die mit 14 000 Einwohnern (1939: 5000) größte Stadt der Insel Rügen ist ein bedeutender Fähr- und Fischereihafen. 113 m lange Eisenbahn- und Autofähren, die 8 D-Zug-Wagen befördern können, verbinden Saßnitz mit dem schwedischen Trelleborg und (seit 1986) mit Memel (Klaipeda). Daneben gibt es in Saßnitz einen modernen Fischereihafen (vor dem Kriege der größte Pommerns) und einen Marinehafen sowie Kreide-, Zement-, Elektro- und Fischverarbeitungsbetriebe und eine Forellenzucht. Außerdem ist Saßnitz einer der größten Seebadeorte an der deutschen Ostseeküste und das erste Kreidebad der Welt.

Die terrassenförmig am Steilhang der Ostsee angelegte Stadt wird im Norden von den bewaldeten Kreidefelsen der Stubbenkammer begrenzt. Südlich dehnt sich entlang der weiten Bucht des Prorer Wiek die Schmale Heide bis zum Badeort Binz aus.

Die heutige Stadt entstand erst 1906 durch den Zusammenschluß des Fischerdorfes Saßnitz mit dem Bauerndorf Krampas. Doch schon vor 150 Jahren war der Ort als Urlaubsziel beliebt. Um 1780 gehörte Saßnitz zu den mondänsten Badeorten Rügens und wurde vor allem von Kaufleuten, Fabrikanten und hohen Staatsbeamten aus ganz Deutschland, aber auch von reichen Ausländern aus Europa, Amerika und Afrika besucht. Zu den prominenten Gästen gehörten Brahms, Fontane und Schleiermacher. 1891 wurde die Bahnlinie Bergen-Saßnitz fertiggestellt. 1895 baute man den Hafen aus. Außerdem verband eine regelmäßige Dampferlinie Saßnitz mit Stralsund und Greifswald. 1897 nahm man die Eisenbahnfähre Saßnitz-Trelleborg in Betrieb. Der Güterumschlag erreichte 1938 rund 474 000 Tonnen. Im März 1945 wurden der Hafen und die Stadt durch Bomben schwer zerstört. 1957 erhielt Saßnitz das Stadtrecht.

Am 2. 10. 1986 wurde eine Eisenbahnfährverbindung zwischen dem Vorort Neu-Mukran und Memel eingerichtet.

Jede Fähre kann drei Güterzüge transportieren. Derzeit sollen wöchentlich sechs Schiffe zwischen Memel und Mukran verkehren. Die ersten Opfer des neuen Fährhafens sind schon zu beklagen: sowohl der schöne Strand als auch die einst nistenden Störche verschwanden.

Sehenswert sind neben dem lebhaften **Fischereihafen** das aus Muschelkalk erbaute **Seemannsdenkmal** von 1966 und der **Leuchtturm** am Ende der 1450 m langen Ostmole. Von der Utkiek genannten Plattform bietet sich besonders bei Sonnenuntergang eine prächtige Aussicht. Vor der Uferpromenade liegt der 41 cbm große **Findling** „Neu-Helgoland". Zu dem Granitblock führte eine Holzbrücke. Besuchenswert ist auch der kleine **Tiergarten** am Schwanenteich.

AUSFLÜGE

Die Umgebung von Saßnitz gehört zu den schönsten Landschaften Norddeutschlands. Nördlich der Stadt erstreckt sich die **Stubnitz** (wend. = Waldung mit Bienenkellern), ein herrlicher Buchenwald von 30 km^2 Ausdehnung. Mehrere gut ausgeschilderte Spazierwege führen durch die Wälder. Der erste Ausflug geht von der Kirche in östlicher Richtung zum **Fahrnberg** (75 m), einer mit Buchenwald bedeckten Anhöhe. Von hier gelangt man vorbei an der **Luisenhöhe** (schöner Ausblick) zum **Schloßberg** oder Schloßwall, einem der bedeutendsten Befestigungswerke auf Rügen, von dem man einen hübschen Blick ins bewaldete Tal hat. Einst soll der Platz an der südöstlichen Seite durch einen See und dessen Ausfluß mit dem Meer verbunden gewesen sein.

Ein zweiter Spaziergang führt von Saßnitz zur **Schwedenschanze**, einem mit Bänken versehenen, 55 m hohen Aussichtspunkt. Die Aussicht umfaßt Dwasieden, Bergen, Binz mit dem Jagdschloß Granitz, Sellin, Göhren und den Leuchtturm auf der Greifswalder Oie. Auch vom **Johannisblick** am Fahrweg zur Stubbenkammer und vom **Lenzberg** bietet sich eine schöne Rundsicht. Vom Lenzberg kann man bei klarem Wetter die Türme von Stralsund erkennen.

Ein hübscher Waldweg führt zum **Krampasser Berg** (130 m, herrliche Aussicht) und von hier zu den Hühnengräbern von **Promoisel**. 4 km weiter nördlich erhebt sich der bewaldete **Piekberg**, die mit 161 m höchste Erhebung Rügens.

Die wohl schönste Strecke auf der Insel ist der 9 km lange Uferwaldweg zur ehemaligen Domäne **Stubbenkammer** (wend. = Stufenfels). Die Kreidevorkommen, die in der Eiszeit durch Gletscher hochgepreßt wurden, sind von großer Bedeutung für die Herstellung der Schlämmkreide, die für Wasserfarben, als Kreidegrund in der Ölmalerei, zum Polieren von Metallen und für Zahnpasta gebraucht wird. Der besonders im Oktober durch seine farbenprächtigen Bäume zu empfehlende Weg führt durch zahlreiche tiefe Schluchten der ins Meer strömenden Bäche und Buchen-, Fichten- und Lärchen-Wälder mit zwei Meter hohen Riesenschachtelhalmen, uralten Eiben, Waldschwingel, Zahnwurz, Waldgerste und Elsbeeren sowie die herrlichen Orchideen, darunter der Frauenschuh und das Rote Waldvögelein, über denen Seeadler, Wanderfalken und Mehlschwalben kreisen. Von den Höhen dieser im voreiszeitlichen Mesozoikum (Kreidezeitalter) aus Milliarden Panzern von winzigen Seetieren entstandenen weißen Kreidefelsen bieten sich herrliche Aussichten auf das Meer.

Unsere Wanderung beginnt am Ende der Strandpromenade. An der romantischen Piratenschlucht und dem mächtigen Kreidefelsen Hengst vorbei geht es zu dem bizarren und steilen Kreideriff der an die Dolomiten erinnernden **Großen Wissower Klinken** (3 km südlich), von wo man von der Wilhelmssicht (genannt nach Kaiser WilhelmI.) die schönste Aussicht über die Ufervorsprünge hat. Hinter der Waldhalle, einer ehemaligen Gaststätte, gelangt man zur Ernst-Moritz-Arndt-Sicht. 30 Min. von der Waldhalle steigt der Weg zum **Kieler Bach** hinab, von wo Stufen zum Strand führen. Ein schöner Blick bietet sich auch von der **Auguste-Viktoria-Sicht** an der Vereinigung des Brisnitzer und des Kieler Baches. Dann gehen wir entlang dem Kolliker Ort (vor der Küste gefährliches Riff des Jasmund-Steins; kleiner Leuchtturm), zur Kreidewand der Kleinen Stubbenkammer. Von der nahen Viktoria-Sicht erblickt man den Königsstuhl. Bald sind wir an der **Groß-Stubbenkammer** mit der hoch über dem Meer vorspringenden Ecke, die Königsstuhl genannt wird.

Der Name der höchstgelegenen und zugleich schönsten Felspartie auf Rügen soll entweder mit wend. Stufenstein zusammenängen oder von wend. stubno-Bienenkeller, abgeleitet sein. Der **Königsstuhl**, der Sage nach so genannt, weil Karl XIII. von Schweden von hier aus 1715 ein Seegefecht zwischen Dänen und Schweden beobachtet haben soll, ist ein 122 m hoher, schroff aus dem Meer aufsteigender und sehr zerklüfteter Kreidefels. Die Aussicht auf das grünblaue Meer, die schneeweißen Felsen und der grüne Laubwald gehört zu den schönsten Eindrücken einer Pommernreise. Im Nordwesten kann man bei klarer Sicht Kap

Arkona erblicken. Besonders eindrucksvoll ist der Blick vom Königsstuhl bei hellem Mondschein. Der Greifswalder Caspar David Friedrich hat in seinem Gemälde „Kreidefelsen auf Rügen" das Märchenhafte dieses Stückes Natur besonders eindrucksvoll dargestellt. In der Zeit des romantisch veranlagten preußischen Königs Friedrich Wilhelm IV. baute man Mitte des 19. Jh. unter Buchen ein typisches Schweizerhaus mit flachem Dach.

Ein Fußweg führt vom Gipfel entlang dem Strand und durch die Teufelsschlucht nach Saßnitz zurück. Dicht am Strand liegt inmitten gewaltiger erratischer Blöcke und abgestorbener Bäume der große Waschstein. In der Höhle des **Waschsteins**, in der man Versteinerungen von Kronenigeln, Belemniten und anderen vorzeitlichen Tieren finden kann, soll der Seeräuber Klaus Störtebeker einen Unterschlupf gehabt haben, wo er die geraubten Schätze verbarg. Kurz vor seiner Gefangennahme und Hinrichtung in Hamburg sperrte er eine aus Riga entführte Braut in die Höhle. Die unglückliche Jungfrau starb in der Höhle und ihr Geist hat noch jetzt bei den Schätzen, die er bewacht, keine Ruhe. Um Mitternacht soll das Mädchen aus der Höhle zum großen Waschstein gehen, wo es sich bemüht, ein Tuch in der See zu waschen. Wer dem Geist auf dem Wege entgegentritt und „Gott helf dir" sagt, dessen Glück ist, so die Sage, gemacht, denn die Jungfrau wird ihm die Schätze schenken und selbst zur ewigen Ruhe eingehen. Im „Störtebekerlied" und in dem Gedicht „Jungfrau von Stubbenkammer" von Adelbert v. Chamisso wird der Jungfrau gedacht.

Ein weiterer Wanderweg bringt uns von Saßnitz vorbei an der gewaltigen Herthabuche zum idyllisch-schaurigen **Herthasee**, einem 170 m langen, 140 m breiten und 15 m tiefen schwarzen See. Die schwarze Färbung erhält das von Erlen und Buchen umgebene Gewässer durch den moorigen Grund.

Der See liegt am Fuß der **Herthaburg**, eines etwa 120 m langen Walles, von dessen höchsten Punkt (136 m) man eine sehr schöne Aussicht über den See und die bewaldete Tiefe hat. Der Sage nach, die allerdings erst im 16. und 17. Jh. in Rügen auftauchte, soll hier einst ein germanischer Tempel gestanden haben, in dem der Göttin Hertha (eigentlich Nerthus, altn. Jörd) geopfert worden sei. Das Rauschen der Herthabuche soll den Willen der Göttin kundgetan haben. Der römische Geschichtsschreiber Tacitus berichtete im Jahre 98 n. Chr. über den Hertha-Kult folgendes: „Insgeheim verehren sie eine Nerthus, das heißt eine Erdmutter, die sie als den Menschendingen Anwohnende, zu den Völkern Fahrende denken. Auf dem Meeres-Eilande liegt ein keuscher Hag, darin steht ein geweihtes Fuhrwerk, mit Geweb überdacht, daran Hand zu legen nur einem Priester gestattet ist. Er ahnt, wann die Göttin dem Wagen innewohnt, und geleitet die von Färsen gezogene in tiefer Andacht zu den Menschen. Dann gibt es Festtage – und es sind Freudenorte, die von der Göttin des Besuchens und Verweilens gewürdigt werden. Keine Kriege beginnen jetzt, keine Waffen führen die Männer – versperrt ist alles Eisen. Ruhe und Frieden, sonst den Menschen unheimlich, herrschen nun so lange, bis der gleiche Priester die Göttin als des Menschen Zuspruchs gesättigt, dem Tempel zurückgibt".

Noch jetzt – so erzählen sich die Bewohner Rügens – sei es nicht ganz geheuer am Herthasee, denn in mondhellen Nächten sehe man oft eine wunderschöne, schlanke Frau aus dem Wald kommen und zum See gehen, um darin mit ihren zahlreichen Dienerinnen zu baden. In wallende Schleier gehüllt, kehren sie bald wieder in den Wald zurück. Für den Wanderer aber sei es sehr gefährlich, sie zu sehen. Denn es ziehe ihn mit unwiderstehlicher Gewalt zum mit Wasserrosen bedeckten See, und wer das Wasser berühre, sei verloren: es verschlinge ihn, und keine Spur mehr sei von dem Unglücklichen zu finden. Gerhart Hauptmann hat der Göttin in seinem Werk „Die Schwarze Frau der Stubbenkammer" ein bleibendes Denkmal gesetzt, und Theodor Fontane läßt seine Effi Briest sich hier entsetzt abwenden. Man sollte den See bei Mondschein besuchen, wenn die Wasserrosen auf dem silberfarbenen See zwischen Nebelschwaden zu schwimmen scheinen. In seinem Gedicht „Dämmerung am Herthasee" hat der Lyriker Heinrich Vierordt die Stimmung sehr schön beschrieben. Der erste Wissenschaftler, der das Nerthus-Heiligtum an dieser Stelle lokalisierte, war der Danziger Altertumsforscher und Geograph Philipp Cluver (1580–1622): Er berichtet darüber in seiner „Germania antiqua", die 1616 in Leiden (Holland) erschien.

Unweit des Herthasees sieht man einen sogenannten **Opferstein**, auf dem der Göttin Menschenopfer dargebracht worden sein sollen. In den ausgehöhlten kleinen Stein dicht daneben sei, so die Sage, das Blut der Opfer geflossen. Einige Schritte entfernt ist ein anderer Stein zu sehen, in dem sich die Abdrücke eines großen und eines kleinen Fußes befinden. Die Sage erklärt ihre Herkunft folgendermaßen: Als die Göttin Hertha auf der Insel verehrt wurde, hatte eine der Priesterinnen, die sich durch

Jugend und Schönheit auszeichnete, ein Verhältnis mit einem Ritter. Als der Oberpriester davon erfuhr, befragte er alle Priesterinnen. Doch alle leugneten. Da ließ der Oberpriester das Gottesurteil entscheiden.

Er führte die Mädchen an den Stein und ließ sie nacheinander mit bloßen Füßen darüber schreiten. Als die Schuldige den Stein betrat, blieb zum Entsetzen aller die Spur ihres eigenen und eines Kinderfußes darauf zurück. Daraufhin stürzte der Oberpriester sie ins Meer. Die mitfühlende Göttin aber ließ sie in die Arme ihres Geliebten gleiten, der auf dem Meer mit einem Schiff wartete.

Kurzinformationen Sassnitz

BAHN: Saßnitz liegt an der Fernverbindung Berlin-Stralsund-Trelleborg (Schweden) und ist außerdem über Stralsund mit Hamburg und Lübeck sowie über Pasewalk mit der pommerschen Landeshauptstadt Stettin verbunden.

BUS: Verbindungen nach Stralsund und zahlreichen Orten auf Rügen.

Touren: BUS- UND SCHIFFSAUSFLÜGE IM SOMMER.

FREMDENVERKEHRSBÜRO: Reisebüro, Karl-Marx-Str. 10, Tel. 23 42.

HOTELS: Mitropa-Rügenhotel, Seestr. 1, Tel. 31 41.

JUGENDHERBERGEN: Stubbenkammerstraße

CAMPING: in Lietzow, Am Ortsrand; Nipmerow.

RESTAURANTS: Mitropa-Rügenhotel, Koggen-Restaurant (Mukran)

SPORT: Angeln, Schwimmen.

UNTERHALTUNG: Konzerte, Freilichtbühne.

Einen weiteren Ausflug lohnen die 8 km südwestlich von Saßnitz am Ufer des „steinernen Meers" gelegenen **Feuersteinfelder** in der Schmalen Heide. Sie bestehen aus 14 fossilen hellen Steinwällen von 24 m Breite und sind mit bis zu 7 m hohem dunkelgrünen Wacholder, Wildrosen, Schlehdorn, Blaubeeren, Borstgräsern, Bergakorn, dem seltenen schmalen Streifenfarn, Glockenheide, Moosglöckchen und Schmalen Nordischen Streifenfarn bedeckt. Die vor über 800 Jahren durch Sturmfluten entstandenen Feuersteinwälle sind in Europa einmalig. Rügen wird immer wieder von verheerenden Sturmfluten heimgesucht. Der erste Bericht über eine dieser Naturkatastrophen stammt aus dem Jahre 1044. Bis zu 30 m ist der jährliche Landverlust Rügens durch Sturmfluten und schmelzende Eispanzer, die manchmal die ganze Insel umspannen. Im nahen Kranichbruch findet man Sonnentau, Rasenbinse, Glanzwurz und Geflecktes Knabenkraut. Die Feuersteinfelder darf man übrigens nur mit einem Führer betreten. Eine ½ St. Fußweg südwestlich von Saßnitz steht in einem ausgedehnten Park das 1875 nach Plänen des Architekten Hitzig erbaute Hansemann'sche Schloß **Dwasieden**, von wo man einen schönen Blick auf das Meer hat.

Ebenfalls südlich von Saßnitz stehen bei **Neu-Mukran** die 8-10 m hohen Hülsenbüsche, eine Gruppe von seltenen Stechpalmen (Ilex aquifolium).

DURCH DAS SÜDLICHE RÜGEN ZUR HALBINSEL MÖNCHGUT

Auf dieser Fahrt lernen wir den Süden der Insel Rügen kennen. Nach Überquerung des Rügendammes biegen wir bei Altefähr von der R 96 in die Straße nach Poseritz (rechts) ein. Kurz hinter dem Ort zweigt eine Nebenstraße zum südlich gelegenen Dorf **Zudar** ab. Nahebei liegt das Rittergut Losentitz. Östlich von Zudar erstreckt sich am Greifswalder Bodden der Zudar, eine kleine Halbinsel, die neben Wittow den besten Weizenboden auf ganz Rügen besitzt.

Einige Kilometer nördlich von Zudar liegt das Dorf **Groß Schoritz** (350 Einwohner), Geburtsort des Dichters Ernst-Moritz Arndt (1769–1860), dessen barockes Geburtshaus aus der Mitte des 18. Jh. stammt. Sein Vater Ludwig Nikolaus Arndt war ein freigelassener Leibeigener und zur Zeit der Geburt des Dichters Verwalter der Schoritzer Rittergüter. Ernst-Moritz Arndts Großvater war Schäfer in Putbus und sein Großvater schwedischer Unteroffizier, der in eine rügensche Bauernfamilie eingeheiratet hatte, gewesen. Der Dichter, Historiker, Politiker und Professor in Greifswald und Bonn wirkte mit Flugschriften und Liedern („Der Gott, der Eisen wachsen ließ") für die Erhebung des deutschen Volkes gegen den französischen Diktator Napoléon und trat für die deutsche Einheit ein („das ganze Deutschland soll es sein"). Seine Hauptwerke sind „Geist der Zeit" und „Meine Wanderungen und Wandlungen mit dem Reichsfreiherrn vom Stein".

14 km nördlich von Groß Schoritz erreichen wir bei **Garz** (2500 Einwohner) wieder die Hauptstraße. Garz (von wend. Gardec = Burg) ist die älteste Stadt Rügens und war im Mittelalter ein bedeutender Handelsplatz. Am Garzer See, südlich der Stadt, der früher mit dem Meer verbunden war, lag einst der Burgwall. Charenza (Karenz) mit der Burg der rügenschen Fürsten und drei Tempeln, in denen der Kriegsgott Rugevit (Rugiwit Gilbog) oder Karewit, der Wettergott Porevit und der Donnergott Poretus (Porenut) verehrt wurden. Jede Statue dieser Götter wurde mit vielen Köpfen dargestellt. Rugevits Bildnis soll so gewaltig gewesen sein, daß die Schwalben, ohne es zu entstellen, in seinem Gesicht Nester bauen konnten. Die kolossale Statue des Rugevit hatte sieben Gesichter in einem Kopf und auf einem Hals vereint, trug an seinem Wehrgehänge sieben Schwerter, und ein achtes entblößt in der einen Hand. Die Statue war von roten Tüchern umgeben. Nur Schwalben durften an der Statue Nester bauen. In Rhetra am Tollense-See fand man ein Bildnis dieses Gottes mit sechs Köpfen (vier männlichen und zwei weiblichen) und mit einem Löwenkopf vor der Brust.

Der Wettergott Porevit wurde auch als Gott des Raubes verehrt. Bei dem Donnergott Poretus soll es sich um einen Halbgott und früheren König gehandelt haben. Man stellte ihn mit fünf Gesichtern dar, wovon vier auf einem Halse standen, das fünfte aber auf der Brust saß. Die Tempelwände waren von Purpur, das Dach wie die meisten germanischen Tempel aus Schindeln. Im Jahre 1168, nach der Eroberung von Arkona, ergab sich die Feste den Dänen, die alle Götterstatuen zerstörten. An Stelle der Tempel wurde eine christliche Kapelle errichtet, die unter dem Namen „St. Marien-Kirche auf dem Walle" häufig erwähnt wird. Jetzt ist von dieser wie auch von der Kapelle „St. Spiritus am Jordan" (eclesia minor) keine Spur mehr zu finden. Das Heldengedicht „Arkonia" von Furchau beschreibt Stadt und Tempel im elften Gesang. Am 31. 10. 1234 wurde in der Kanzlei des Fürsten Wizlaw I. in Garz die

Pergamenturkunde ausgestellt, durch die Stralsund mit lübischem Stadtrecht begabt wurde. 1319 wird die Nova civitas (= neue Stadt) Garz erwähnt. Ein Kanal verband damals den Garzer Vorort Puddemin mit dem Greifswalder Bodden. 1327 wurde Garz von den Stralsundern belagert. In den folgenden Jahrhunderten teilte die Stadt das Schicksal der anderen rügenschen Orte. 1724 und 1765 zerstörten Brände große Teile der Stadt. Weit über die Grenzen Deutschlands bekannt wurde Garz 1930 durch das von Professor Gerhardt Katsch gegründete erste deutsche Diabetikerheim, in dem das von Banting und Best 1921 entdeckte Insulin angewandt wurde.

Auf der Krone des Burgwalles steht ein uralter Birnbaum, unter dem im frühen Mittelalter noch heidnische Kulte gepflegt worden sind.

Beachtenswert sind in Garz das 1929 gegründete Ernst-Moritz-Arndt-Heimatmuseum, die spätgotische Pfarrkirche aus dem 14.–15. Jh. (ein Backsteinbau mit romanischem Taufstein aus dem 13. Jh. und einer Kanzel von 1707) und das in der Zudarstraße stehende Witwenpfarrhaus. In dem Fachwerkbau erhielt E. M. Arndt seinen ersten Unterricht. Die Garzer Herthaquelle ist die einzige Mineralquelle Rügens.

Östlich der Stadt erhebt sich die **Wilhelmshöhe**, die man auf einer schattigen Allee erreicht und von der sich eine herrliche Fernsicht bietet. Im nördlichen **Karnitz** steht ein beachtliches Schloß. In **Dumgenewitz** südlich von Karnitz wurde der Pädagoge Hermann Lietz (1868–1919) geboren. Er gründete nach englischem Vorbild die ersten deutschen Landschulheime (Freie Schulgemeinde). In diesen Heimen erzogen er und seine Mitarbeiter junge Menschen fernab von der Großstadt nach modernen freiheitlichen Richtlinien. Bei **Krakvitz** landeten am 13. 9. 1678 die Brandenburger.

Kurzinformationen

CAMPING: am Greifswalder Bodden bei Grabow (Zudar).

Von Garz fahren wir über Kasnevitz in den hübsch gelegenen Luftkurort und Seebadeort Putbus.

PUTBUS

Die ehemalige fürstliche Residenzstadt mit heute 5600 Einwohnern (1939: 3000) liegt 2 km von der Küste des Greifswalder Boddens inmitten von Wäldern und Hügeln. Neben Nahrungsmittelfabriken gibt es in Putbus die erste Diabetiker-Sonderschule der Welt (seit 1963), ein Lehrerfortbildungsinstitut und ein Theater. Mit seinem Roman „Im Wirbel der Berufung" hat Gerhart Hauptmann dem alten Putbus ein bleibendes Denkmal gesetzt.

Geschichte

Der Ort Putbus wurde von dem rügenschen Fürsten Stoislaw (gest. 1140) gegründet. Seit dem 17. Mai 1249 gehört die Herrschaft Putbus, die eine Fläche von 330 km^2 bedeckt, der Familie Putbus (Putbuske), die von den alten rügenschen Fürsten abstammen. 1483 teilte sich die Familie, die sich erst Freiherren von Putbus oder auch Herren zu Putbus nannten, in eine dänische und eine rügensche Linie. Während Pridbor zu Putbus, Oberhauptmann von Rügen und dänischer Reichsrat, die Familiengüter in Dänemark übernahm, wurde sein Bruder Woldemar, Landvogt von Rügen, Herr der rügenschen Herrschaft Putbus.

Als die rügensche Linie 1702 mit Ernst Ludwig II. ausstarb, fiel die Herrschaft an den dänischen Freiherrn Malte zu Putbus, der 1720 in den deutschen Reichsgrafenstand erhoben wurde. Graf Malte Friedrich erhielt 1787 das erbliche Landmarschallamt in Rügen und im Lande Barth. Graf Wilhelm Malte zu Putbus erhielt 1807 den Titel eines schwedischen Fürsten, 1810 entstand das Dorf Putbus, 1840 wurden die Besitzungen der Familie zur preußischen Grafschaft erklärt. Zwischen 1816 und 1850 wetteiferte Putbus als Badeort mit dem mecklenburgischen Bad Doberan und Heiligendamm um die Gunst der deutschen Aristokratie. Zu den „Allerhöchsten Herrschaften", die damals Putbus frequentierten, gehörten Könige, Reichsgrafen, hohe Militärs und Rittergutsbesitzer. 1816 wurden 400 Badegäste gezählt. Mit Fürst Malte starb die männliche Linie der Familie 1854 aus. Nach dem Tode der Fürstin Louise, geb. Freiin v. Lauterbach, übernahm der Sohn der Tochter Clothilde, die mit Graf Hermann v. Wylich und Lottun verheiratet war, den Besitz. Dieser Graf Wilhelm aus Lissa (Schlesien) nahm den Titel eines Fürsten und Herrn zu Putbus an. 1907 erbte seine Tochter Maria, die mit Franz v. Veltheim-Harke vermählt war, den Besitz. Der Titel ging auf ihren

Gemahl über. Letzter Besitzer war Malte v. Veltheim, der am 10. 2. 1945 im Konzentrationslager Sachsenhausen bei Oranienburg starb.

Jetziger Erbe des nach dem Kriege von den sowjetzonalen Machthabern enteigneten Besitzes ist Fürst Franz zu Putbus. 1960 erhielt Putbus das Stadtrecht.

Aus Putbus stammte der Literaturhistoriker und Pädagoge Alfred Biese (1856–1930), dessen „Deutsche Literaturgeschichte" bis 1930 insgesamt 24 Auflagen erlebte. Auch der Indogermanist Professor Berthold Delbrück (1842–1922), der sich besonders der Erforschung des Sanskrit widmete und in Jena einen Lehrstuhl innehatte, kam aus Putbus.

Stadtbesichtigung

Vom Bahnhof kommt man zunächst zum **Circus**, einem von ansehnlichen Gebäuden umgebenen kreisrunden Platz, auf dem die Straßen sternförmig zusammenlaufen. In der Platzmitte erinnert ein 1845 errichteter 19 m hoher Obelisk an die Gründung des Ortes durch Malte I., Fürsten zu Putbus, 1810 mit Sockelrelief von Johann Friedrich Drake. Am Zirkus steht ferner das 1836 eröffnete **Königliche Pädagogium** (heute als Adolf-Diesterweg-Institut) Lehrerbildungsanstalt, das eine große Bibliothek besitzt. Südlich schließt sich der 75 ha große **Schloßpark**, der mit seinen seltenen Bäumen und kleinem Tierpark (Rot- und Damwild) zu den schönsten Parkanlagen Deutschlands gehört, an. Er wurde 1725–1730 in französischen Barockstil angelegt und 1810–1825 nach Plänen Joseph Lennes und Wilhelm v. Humboldts teilweise zu einem englischen Landschaftspark umgestaltet. Unter den 60 Baumarten befinden sich der Japanische Kirschbaum, der kalifornische Mammutbaum, die kanadische Helmlocktanne, Douglasfichten, der Mandschurische Korkbaum, Scheinzypressen, Gingkobäume, Roteichen, Eiben, Feldulmen, Platanen, Tulpenbäume, Trompetenbäume und Kaukasusfichten.

Bis 1962 erhob sich am Ende der am Zirkus beginnenden ehemaligen Kastanienallee mit der Front zum See das fürstliche Schloß. Nachdem es ab 1945 langsam verwahrloste, wurde es 1962 abgerissen.

Das Schloß stand an der Stelle einer Burg aus der Zeit um 1300. Im Jahre 1371 wird hier erstmals ein Steinhaus erwähnt. In der Mitte des 16. Jh. wurde dieses gotische Bauwerk mit seinen mächtigen Kellern und starken Außenwänden durch einen rechtwinklig angelegten Flügel mit Ecktürmen im Renaissancestil erweitert. Ein achteckiger Graben umgab die Anlage. Kurz nach 1600 entstand ein weiterer Flügel. 1725 wurde das Schloß völlig erneuert. Unter Fürst Wilhelm Malte entstand zwischen 1827 und 1833 unter der Leitung des Architekten Steinmeyers, eines Jugendfreundes Schinkels, abermals ein Neubau im Stil des norddeutschen Klassizismus mit einem Portikus von acht ionischen Säulen an der Vorderseite. 1865–1872 wurde das Gebäude nach einem Brand teilweise verändert.

Im Innern des repräsentativen Schlosses, das einst Schauplatz großartiger Empfänge war, befanden sich Gemälde von Rubens, van Dyck, Tintoretto, Velasquez und anderen bedeutenden Malern. Auch Skulpturen von Rauch und Thorwaldsen gab es. Nach 1945 verkam das Schloß und es wurde als Düngemittellager benutzt. 1949 begann man mit dem Abbruch.

Erhalten geblieben sind nur der klassizistische **Marstall** mit Reitbahn von 1824, die auf einem Hügel stehende **Orangerie** (Mitte des 19. Jh. umgebaut), heute Ausstellungsgebäude des Verbandes Bildender Künstler Deutschlands, das 1830 errichtete **Affen- und Fasanenhaus,** das neogotische **Mausoleum** der Fürstenfamilie aus der Mitte des 19. Jh. (nach einer Zeichnung der Kaiserin Friedrich), das **Gartenhaus** von 1829 (heute Parkcafé), das **Gärtnerhaus** (1810) sowie das marmorne **Denkmal** des Fürsten Malte I. von 1859.

Die 1967 renovierte spätklassizistische, basilikaartige **Schloßkirche** wurde 1892 in dem 1846 gebauten Kursalon eingerichtet. Sehenswert ist auch das am Nordrand des Parks in der Alleestraße stehende klassizistische **Theater**, das einen aus vier dorischen Säulen, über zwei Geschosse reichenden Portikus und über dem Eingang einen Stuckfries besitzt, der Apoll und vier Musen zeigt. Das Bauwerk entstand 1819 bis 1821 und wurde 1835 ausgebaut und 1952-1960 restauriert. Das zweigeschossige Bauwerk wurde häufig von Gerhart Hauptmann besucht.

AUSFLÜGE

Eine kurze Fahrt bringt uns durch eine alte Lindenallee mit 15 zwischen 24 und 28 m hohen Sommerlinden, vorbei am Gartenhaus (rechts), wo vom 6. 10.–1. 12. 1866 Otto v. Bismarck wohnte und die Verfassung für den Norddeutschen Bund schrieb, zum unweit gelegenen **Lauterbach**, mit seinem geschützten kleinen Hafen und Endstation der Bergener Eisenbahn. In diesem ältesten Badeort Rügens am Rande der Goor, einem buchenbestandenen Bergrücken, steht der elegante klassizistische

Säulenbau des 1817 von Schinkel errichteten Friedrich-Wilhelm-Bades, benannt zu Ehren König Friedrich Wilhelms III. von Preußen. Rings um den Ort dehnt sich ein prächtiger Buchenwald aus.

Vor der Küste liegt (im Greifswalder Bodden) die Insel **Vilm**, die 1304 durch eine Sturmflut entstand und früher ein beliebtes Ziel für Maler (Carl Gustav Carus, Albert Hertel u. a.) war. Heute darf man das zu einem Naturschutzgebiet erklärte Eiland mit seinen Seeadlerhorsten nicht betreten. Die aus dem Großen und Kleinen Vilm bestehende Insel ist 1000 Morgen groß ($2^1/_2$ km lang und 1 km breit) und weist eine ungemein üppige Vegetation auf. Besonders der nördliche Teil besitzt einen Urwald mit uralten Eschen-, Birken-, Stileichen-, Perlgras- und Buchenhochwald, viel Unterholz und riesige Farne. Vom hohen Ufer aus hat man prachtvolle Ausblicke auf die bewaldete Granitz, die See mit den Inseln Ruden und Greifswalder Oie und nach Mönchgut. Unterhalb der Steilküste gibt es Brandungshöhlen und gewaltige Gesteinsbrocken, während man an anderen Stellen Dünen mit Stranddisteln findet.

KURZINFORMATIONEN

VERKEHR: Bahn- und Busverbindungen nach Bergen und anderen Orten.

FREMDENVERKEHRSBÜROS: Kurverwaltung, Markt, Tel. 2 71; Reisebüro, August-Bebel-Str. 1, Tel. 4 60.

HOTELS: Hotel Am Markt, Am Markt, Tel. 2 14.

CAMPING: An der Stresower Bucht bei Gr. Stresow und am Stadtrand von Putbus (Park).

RESTAURANTS: **Putbus:** Hotel am Meer, Parkcafé.

SPORT: Angeln, Radfahren (Fahrradverleih), Schwimmen, Segeln.

UNTERHALTUNG: Theater (ganzjährig), Konzerte, Kurkonzerte im Rosengarten.

Von Putbus setzen wir unsere Reise in östlicher Richtung fort. Im Stadtteil **Vilmnitz** steht eine schöne frühgotische Backsteinkirche aus der zweiten Hälfte des 13. Jh. mit Sandstein-Epitaph der Grafen und Fürsten zu Putbus aus dem 16.–17. Jh., einen Altaraufsatz aus Sandstein von 1603 und eine holzgeschnitzte Kanzel aus dem frühen 18. Jh. Bei dem von Hügeln und Wäldern umgebenen Stadtteil **Nadelitz** gibt es mehrere Hünengräber und einzelne Steingruppen. Diese Siegessteine genannten Anlagen sollten der Sage nach an eine große Schlacht in vorgeschichtlicher Zeit erinnern. Beim nahen **Groß Stresow** schlugen die verbündeten Preußen und Dänen am 15. 11. 1715 unter dem Fürsten Leopold v. Dessau („Alter Dessauer") den schwedischen König Karl XII.. Ein weithin sichtbares Denkmal, das von Friedrich Wilhelm IV. von Preußen später an dieser Stelle errichtet wurde, erinnert daran.

Von dem weiter östlichen **Lanken** bringt uns ein Abstecher zum Putbus'schen Jagdschloß **Granitz**, einem quadratischen Festungsbau im florentinischen Rundbogenstil mit 47 m hohem Rundturm, einem Innenhof und vier wehrhaften runden Ecktürmen auf dem 106 m hohen Plateau des Tempelberges. Das Schloß wurde 1836–1846 für Fürst Malte von dem Berliner Architekten Gottfried Steinmeyer entworfen und auf Empfehlung des preußischen Kronprinzen Friedrich Wilhelm (IV.) jedoch von Schinkel verändert und im Stil norditalienischer Renaissancekastelle mit einem 32 m hohen Mittelturm versehen. Eine mit zwei Wolfshunden, Kopien der antiken Molosserhunde in Florenz, geschmückten Freitreppe führt zu der mit Schnitzwerk versehenen Pforte. Im reich ausgestatteten Marmorsaal mit seinen vier großen Gemälden von Eibel und Kolberg (die die Geschichte Rügens darstellen), Gemälden und Skulpturen von Rauch, Thorwaldsen, Salvator Rosa und Lukas Thiek sowie einer prächtigen Geweih- und Waffensammlung werden heute Ausstellungen und Konzerte veranstaltet. Von der Plattform, die man auf einer 154 stufigen Wendeltreppe erreicht, des Mittelturmes hat man eine großartige Aussicht über die Insel und bis nach Greifswald und Stralsund. Rings um das Schloß dehnen sich auf einer Fläche von 40 km^2 große Buchen-, Fichten- und Traubeneichenwälder aus. Der Granitzer Buchenwald ist der schönste in Deutschland. Sein Boden ist bedeckt von seltenen Blumen wie Frauenschuh und Knabenkraut. Im Frühling überzieht ein dichter Anemonenteppich den Waldboden. Dieser hoch gelegene Bergwald der wildreichen Granitz gehört zum 5000 Morgen großen Jagdgebiet der Grafenschaft Putbus. Inmitten des bis Binz im Norden und Sellin im Osten reichenden Waldes liegt der 3 ha große und 10 m tiefe Schwarze See. Unweit davon befindet sich in der Dolge das Grab eines 1806 verstorbenen finnischen Soldaten, der im schwedischen Heer gedient hatte, und am Granitzort ein alter Ringwall.

Nördlich von Lanken liegt an der Prorer Wiek und der Schmalen Heide das bekannte Seebad Binz.

BINZ

Das 6300 Einwohner (1939: 2500) zählende größte Ostseebad Rügens ist von ausgedehnten Buchen-, Eichen- und Nadelwäldern umgeben und besitzt einen breiten steinfreien Strand, der in eine anmutige Bucht gebettet ist. Dank seiner geschützten Lage hat Binz ein mildes Klima. Der Ort wird 1318 urkundlich erstmals erwähnt und gehörte früher zur Herrschaft Putbus. Seit Beginn der 70er Jahre des 19. Jh. wird Binz von Badegästen aufgesucht. 1908 entstand das repräsentative Kurhaus, das eine Million Mark kostete. Es war von der „Aktiengesellschaft Ostseebad

KURZINFORMATIONEN

VERKEHR:

Bahn- und Busverbindungen nach Bergen, Göhren, Putbus und Saßnitz.

Fremdenverkehrsbüro: Kurverwaltung, Heinrich-Heine-Str. 7, Telefon 2 91.

UNTERKUNFT:

Hotels: Zentralhotel, Hauptstr. 13, Tel. 3 46.

Jugendherbergen: Binz: Strandpromenade 35, **Granitz:** Touristenstation Walter Husemann.

Camping: Binz: Am Strand.

RESTAURANTS: Zentralhotel

SPORT: Angeln, Bogenschießen, Minigolf, Rodeln, Tennis, Wassersport.

UNTERHALTUNG: Konzerte, Theater.

Binz" der Bankiers Friedländer und Gebrüder Sommerfeld errichtet worden. Vor dem Zweiten Weltkrieg hatte es als elegantes Bad Weltruf (die zahlreichen Ausländer besaßen eigene Clubs) und war gleichzeitig als Kinderbad berühmt. Auch heute zählt Binz neben Saßnitz zu den beliebtesten Seebäder auf Rügen, auch wenn die Zeit der glanzvollen Feste und Sportveranstaltungen vorbei ist. Spaziergänge führen die $2^1/_2$ km lange Strandpromenade entlang auf die 600 m lange Landungsbrücke (Prinz-Heinrich-Brücke). Ein weiterer hübscher Spaziergang bringt uns zu dem südwestlich gelegenen **Schmachter See**, einem 2 km langen, $1^3/_4$ km breiten, 3 m tiefen Gewässer. Im 14. Jh. war der See mit der Ostsee verbunden. Am Südostufer erhebt sich der 31 m hohe Fahrnberg. Eine Landstraße verbindet Binz über die Schmale Heide mit dem 11 km nördlich gelegenen Fährhafen Saßnitz.

Nach Lancken zurückgekehrt, besuchen wir das einige Kilometer östlich gelegene Ostseebad Sellin.

BAD SELLIN

Dieser seit langem zu den beliebtesten klimatischen See- und Waldkurorten Deutschlands zählende Ort mit 2400 Einwohnern (1939: 1500) liegt am romantischen Hochufer der bewaldeten Granitz zwischen der Ostsee im Norden und dem Selliner See (628 Morgen) und dem Mönchguter Forst im Süden. Dichte Buchen- und Kiefernwälder schützen Sellin, das auch als Gartenbauort bekannt ist, vor rauhen Nordwinden.

Urkundlich wird Sellin (von wend. Zelen = grünes Land) erstmals 1318 genannt. Lange gehörte das Bauern- und Fischerdorf zur Herrschaft Putbus. Ende des 19. Jh. entwickelte es sich zum Fremdenverkehrsort. 1906 baute man einen 600 m langen Seesteg, der jedoch immer wieder durch Eisgang und Sturmfluten (zuletzt 1941) zerstört wurde. Hauptattraktion Sellins ist der 1 km lange und 30 m breite feinsandige Hauptstrand, den man über eine Treppe (99 Stufen) oder einen Lift (seit 1960) erreicht. Von der Seebrücke sind die Stubbenkammer und die Greifswalder Oie zu sehen. Südlich davon erstreckt sich der 1 km lange und 50 m breite Fischer- oder Südstrand.

AUSFLÜGE

Schöne Spaziergänge führen zum Selliner See (8 km südlich) und zur Waldhalle (Gaststätte) am 3 km nordwestlich gelegenen Hochufer des Granitzer Ortes.

KURZINFORMATIONEN

VERKEHR:

Bahn- und Busverbindungen nach Bergen, Göhren und Putbus.

Fremdenverkehrsbüros: Kurverwaltung, Warmbadstr. 4, Tel. 2 93; Reisebüro, Wilhelm-Pieck-Str. 25, Tel. 3 85.

UNTERKUNFT:

Hotels: Gaststätte Bräustübel, Wilhelm-Pieck-Str. 23, Tel. 3 86.

Camping: in Seedorf (südlich).

RESTAURANTS:

Gaststätte Bräustübel; Waldhalle am Granitzer Ort (3 km).

SPORT:

Rodeln, Schießen, Schwimmen, Skilauf, Tennis, Wassersport.

UNTERHALTUNG:

Freilichtbühne, Konzerte.

ZUR HALBINSEL MÖNCHGUT

Von Sellin wenden wir uns in südliche Richtung und fahren durch den Badeort Baaba (1000 Einwohner) und einen herrlichen Mischwald und feinsandigen Strand nach dem 3 km entfernten Seebad Göhren, das bereits auf der Halbinsel **Mönchgut** liegt.

Die Landzunge zwischen dem Prorer Wiek und dem Rügenschen Bodden, die bis zum Ende des 13. Jh. Reddevitz genannt wurde, ist 11 km lang und bis zu 5 km breit und bildet die südöstliche Spitze der Insel Rügen. Die Grenze zwischen der durch viele Einschnitte zerrissenen Halbinsel und dem Kerngebiet von Rügen bildet ein mit Buschwerk überwachsener Graben, der dicht hinter Sellin die Straße kreuzt. Dieser Graben stammt aus dem 13. Jh. und hieß damals Landwehr, später aber der Mönchsgraben. 1295 verkaufte die Familie Putbus die Landzunge an das Zisterzienser-Kloster Eldena, 1360 erwarben die Mönche auch das Land Zicker (schon in der isländischen Edda als Tikar-ey genannt) im

Süden hinzu. Die neuen Besitzer nannten das Gebiet „dat Mönke Gaudt", „Mönniken Guedt" oder „Mönnicke-Gaudt" und siedelten deutsche Bauern an. Durch die lange Isolierung vom übrigen Rügen haben sich auf der Halbinsel, auf welcher der Roman „Die Sturmflut" von Spielhagen spielt, alte Bräuche, Tänze, ein eigener Dialekt und Trachten erhalten. Die Männer tragen kurze schwarze Jacken mit Hornknöpfen und rockartige gestreifte Westen sowie kurze weiße Leinenhosen, während die Frauen neben einer „Paddenbull" genannten spitzen Mütze mit Schleife ein dunkles Mieder, einen dunklen Rock, eine weiße oder gestreifte Schürze, ein über der Brust zusammengehaltenes farbiges Kamisol und bunte Strümpfe tragen. Will ein Mädchen heiraten, so hängt sie eine blaue Schürze aus dem Fenster, die sie fallen läßt, wenn ihr Liebster vorbeikommt.

GÖHREN

Das zu den bekanntesten deutschen Ostseebädern gehörende Göhren (1800 Einwohner, 1939: 1300) liegt auf der $1^1/_2$ km breiten Göhr'schen Höwt, einer weit in die Ostsee hinausragenden erhöhten Landzunge, die auf drei Seiten vom Meer umspült wird und im Norden steil abfällt. Wild schiebt sich das schmale Höwt vor, unten von den Granitblöcken umsäumt, die einst das Gletschereis hierher getragen haben, oben mit Bäumen und Büschen bewachsen. In seinem Schutz dehnt sich der Südstrand. Der Ort ist von einer buchtenreichen Moränenlandschaft mit Äckern, Wiesen und Kiefernwaldungen umgeben. Das urkundlich 1276 erstmals erwähnte Göhren (wend. Gora = Berg) kam mit Mönchgut an das Kloster Eldena. 1847 kauften sich die Bauern und Fischer von ihrer Grundherrschaft frei. Um 1878 kamen die ersten Badegäste. 1894 ließ sich in Göhren der Stuttgarter Schriftsteller Cäsar Flaischlen (1864 bis 1920) nieder und schrieb sein „Mönchguter Skizzenbuch"; 1901 baute sich hier der Rostocker Max Dreyer (1862–1946) sein „Drachenhaus". Zu den Sehenswürdigkeiten gehören das Mönchguter Heimatmuseum mit seiner volkskundlichen Sammlung in einem ehemaligen Bauernhaus aus dem 19. Jh. und die Kübbungsdielen-Scheune aus dem 17. Jh..

AUSFLÜGE

Rund 2 km östlich des Ortes erhebt sich das weithin sichtbare **Nordpeerd** (60 m), der östlichste Punkt der Insel Rügen und höchste Erhebung der Göhren'schen Höft. Vom **Speekbusch**, einer Anhöhe südwestlich des

Ortszentrums, bietet sich ein schöner Rundblick auf ganz Mönchgut. Am Strand entlang kommt man zum $2^1/_2$ km südlich von Göhren gelegenen **Lobber Ort**, ebenfalls ein lohnender Aussichtspunkt. Auf der nach Süden führenden Fahrstraße von Göhren gelangt man nach 2 km zum Ferienort **Middelhagen** (300 Einwohner), dem einstigen Hauptort des Mönchguts, wo eine bemerkenswerte spätgotische Backsteinkirche aus der Zeit um 1500 steht. Sehr schön ist der Flügelaltar mit Darstellungen aus dem Leben der hl. Katharina, der 1913 von Professor Kutschmann erneuert wurde.

Der langgestreckte Ferienort **Alt Reddevitz** (250 Einwohner) zwischen dem Having im Norden und dem Hagen'schen Wiek im Süden (4 km westlich) endet an der Reddevitzer Höft, einer von einer alten Schanze (Hünengrab) gekrönten Landspitze, die weit in den Greifswalder Bodden hineinreicht. In der Nähe gibt es vorgeschichtliche Siedlungsreste und einen „Opferstein". 1 km nordöstlich des Ortsteils Mariendorf lohnt das sogenannte „Herzogsgrab" einen Besuch, das rund 6000 Jahre alt ist.

Im äußersten Süden des Mönchgut liegt der auf drei Seiten vom Meer umgebene, vor kalten Nordwestwinden geschützte Badeort **Thiessow** (550 Einwohner). Das alte Fischerdorf (wend. bedeutet Thiessow Eichenort) wird urkundlich erst im Jahre 1360 erwähnt. Seit 1830 befindet sich hier eine Lotsenstation. Die Lotsen führen Schiffe durch die Untiefen des Greifswalder Boddens nach Stralsund. Ende des 19. Jh. entwickelte sich Thiessow dank seines 500 m langen Weststrandes und des 5 km langen Oststrandes zu einem beliebten Badeort.

Ein 4 km langer Spazierweg führt rund um das Thiessower Höft und den Thiessower Haken zur bewaldeten und durch Deiche geschützten Westküste. Vom 38 m hohen **Südpeerd**, das steil ins Meer abfällt, hat man einen schönen Ausblick.

5 km nordwestlich von Thiessow liegt zwischen dem Zicker See und der Hagen'schen Wiek am Nordfluß des 66 m hohen Bakenberges (Aussicht) das Fischernest **Gager**. Im Ortsteil **Groß Zicker**, der bereits 1184 erwähnt wird, steht eine spätgotische Kirche (14. Jh.) mit einer schönen Kanzel von 1653 und Glasfenstern von 1600. Beachtenswert ist ferner das Pfarrwitwenhaus (18.–19. Jh.) in Gagern, ein typisches niederdeutsches Hallenhaus.

Rund 7 km südöstlich der Halbinsel Mönchgut liegt die **Greifswalder Oie** (oie = Insel), ein 62 ha großes, $1^1/_2$ km langes, etwa 600 m breites und 17 m hohes „Klein-Helgoland", mit einem 1853–1855 erbauten

Leuchtturm an der Nordostküste und einem Fischereihafen von 1873 bis 1877. Im kleinen Wald im Osten, dem „Busch", stehen Weißbuchen, Ulmen, Linden, Eschen, Eichen und bis zu 8 m hohe Weißdornbäume (crataegus monogyna Jacq.) mit einem Durchmesser von 40 m sowie Steineichen, die hier ihren östlichsten Standort haben. Nordwestlich und südöstlich vom „Busch" wachsen große Mengen wilden Knoblauchs. Das ursprünglich Swante Wostrowe (Heilige Insel) Eiland, auf dem damals nur eine Kapelle stand, wurde 1291 von der Stadt Greifswald erworben.

1932 führte der Ingenieur Winkler auf der Greifswalder Oie Raketenversuche durch. Im Zweiten Weltkrieg wurde eine Raketenversuchsstation gebaut, die 1945 zerstört wurde.

KURZINFORMATIONEN

VERKEHR: Göhren und Thiessow sind mit Bergen, Sellin und Saßnitz durch Busse verbunden. Göhren außerdem durch eine Bahnlinie.

FREMDENVERKEHRSBÜROS: Göhren: Kurverwaltung, Tel. 2 01 oder 2 02;

Thiessow: Kurverwaltung, Tel. 17.

UNTERKUNFT:

Camping: Göhren, Thiessow, Gager, Lobbe, Reddevitz, Baabe.

SPORT:

Göhren: Angeln, Schießen, Schwimmen, Tennis, Volleyball, Skilaufen, Rodeln; **Thiessow:** Angeln, Rudern, Schwimmen, Segeln.

UNTERHALTUNG:

Göhren: Kurkonzerte; **Thiessow:** Heimatabende, Kurkonzerte.

VERANSTALTUNGEN:

Göhren: Strand-, Sport- und Fischereifeste; **Thiessow:** Sportfest.

RUNDFAHRT DURCH DEN WESTEN RÜGENS

Diese Rundfahrt beginnt in Saßnitz. Zwei Straßen kreuzen die Halbinsel. Jasmund in Ost-West-Richtung: die Hauptstraße führt von Saßnitz über Sagard nach Glowe, eine Nebenstraße verläuft in einem Bogen durch den nördlichen Teil der Halbinsel nach Glowe. Nachfolgend wird die zweite Route beschrieben.

Wir verlassen Saßnitz auf der R 96 (F 96) und biegen dann nach etwa 2 km in die nach Norden abzweigende Straße ein. Über **Hagen** gelangen wir ins 8 km entfernte Fischerdorf **Lohme** (1200 Einwohner), einen Luftkurort an der 70 m hohen nordrügenschen Steilküste.

Vor dem Ort erstreckt sich ein Strand aus großen Steinen und Geröll, wodurch das Anlegen der Boote in diesem einzigen Nothafen im Norden der Insel schwierig ist. Zahlreiche Schiffe strandeten an dieser unwirtlichen Küste, weshalb eine Rettungsstation errichtet wurde. Östlich des 1648 erstmals erwähnten Ortes stehen die Masten der Küstenfunkstation Radio Rügen. Vom 111 m hohen Bakenberg im nahen **Bisdamitz** (3 km westlich) hat man eine herrliche Fernsicht. Bisdamitz ist der Geburtsort der Pächtertochter Franziska Tiburtius (1843–1927), einer der ersten deutschen Ärztinnen. In Berlin richtete sie die erste Frauenklinik in einer Hofwohnung ein. Jede Ratsuchende hatte „zur Deckung der Unkosten" 10 Pfennige zu bezahlen. Hinter **Ruschvitz** erreichen wir die Hauptstraße Saßnitz-Altenkirchen.

Südlich von Ruschvitz erhebt sich das dreistöckige Renaissanceschloß **Spycker** (16.–17. Jh.). Es wurde von dem schwedischen Feldmarschall Carl Gustav v. Wrangel erbaut und steht am Spycker See, der mit dem Großen Jasmunder Bodden verbunden ist. Das Gut gehörte im 14. Jh. der Stralsunder Patrizierfamilie v. Kulpen und gelangte durch die Heirat der Erbin Ursula v. Kulpen mit Hermann v. Jasmund um 1400 an die Familie v. Jasmund. Als diese 1649 ebenfalls ausstarb, belehnte König Karl IX. von Schweden den im Dreißigjährigen Krieg berühmten Feldmarschall Carl Gustav Graf v. Wrangel und v. Salmis (1613–1676) damit. Der in Skokloster (Schweden) geborene Feldherr erhielt im Dreißigjährigen Krieg 1646 als Nachfolger Torstensons den Oberbefehl über die schwedischen Truppen in Deutschland. Zusammen mit dem Franzosen Turenne erfocht er den Sieg bei Zusmarshausen (17. 5. 1648) über die Bayern. Durch diesen Sieg und die Einnahme der Prager Kleinseite durch die Schweden kam es schließlich zum Westfälischen

Frieden (24. 10. 1648). Der General baute das kastellartige mehrstöckige Haus Spycker weiter aus und ließ an den Ecken vier schlanke Ecktürme errichten. Das spitzbogige Portal an der Westfront springt in einem turmartigen Vorbau vor. Nach dem Tode des Feldmarschalls (1676) wurde dessen Tochter Hedwig Eleonore Erbin. Sie war mit Ernst Ludwig v. Putbus auf Putbus verheiratet. Als sie 1687 starb, ging Spycker an ihre jüngere Schwester Juliane Margarete über,die mit dem schwedischen Grafen Nils Brahe verehelicht war. 1817 verkaufte Graf Magnus Friedrich Brahe die Herrschaft Spycker an den Fürsten Malte v. Putbus. Das Schloß wurde bis 1945 von den Putbus bewohnt. Im Innern des Schlosses, das dem Gewerkschaftsbund FDGB als Ferienheim dient, gibt es sehenswerte Stuckdecken im Hochrelief.

Der Sage nach soll ein unterirdischer Gang von hier zum Quoltitzer Opferstein, den bedeutendsten auf Rügen, führen, in dessen Umgebung zahlreiche Hünengräber liegen. An das Schloß Spycker knüpft sich die merkwürdige Sage von der nächtlichen Enthauptung Wrangels durch den stralsundischen Scharfrichter (Mittelpunkt des Romans „Der Strandvogt von Jasmund" von Galen). In **Bobbin**, östlich von Spycker, lohnt die auf einer Anhöhe über den Wiesen und Mooren des Jasmunder Boddens stehende spätgotische Feldsteinkirche aus dem 15. Jh. mit ihrem Altar (17. Jh.) und den Grabplatten der Familie v. Jasmund einen Besuch.

Nach Ruschvitz zurückgekehrt, wenden wir uns nun auf der Hauptstraße in östlicher Richtung nach Glowe.

GLOWE

Der flächenmäßig größte Badeort im nördlichen Rügen (1500 Einwohner) erstreckt sich am südöstlichen Rande der die Tromper Wiek vom Großen Jasmunder Bodden trennende schmale und 8 km lange Nehrung der Schaabe. Er zeichnet sich durch einen sehr schönen flachen Sandstrand aus. Glowe (wend. Glovy = Kopf) wird erstmals 1314 als Fischerdorf erwähnt. Im 14. Jh. kam es zur Herrschaft Spycker. Ende des 19. Jh. entwickelte sich Glowe dann zum Badeort. Ein hübscher Aussichtspunkt ist im Norden der Vorsprung Königshörn, der trotz seiner geringen Höhe (9 m) einen umfassenden Blick über die Küste und den Großen Jasmunder Bodden auf Ralswiek, die Bantzelwitzer Berge, den Rugard, Bergen und das Jagdschloß Granitz gewährt. Von der Anhöhe Hohenhagen im Süden hat man über große Weideflächen hinweg den

Jasmunder Bodden mit Schloß Ralswiek, die Banzelvitzer Berge sowie Schloß Spycker vor Augen.

1937-1940 plante die deutsche Marine, zwischen der Tromper Wiek und dem Jasmunder Bodden einen Kanal zu graben und einen Marinehafen zu bauen. Der Plan kam dann aus unbekannten Gründen nicht zur Ausführung.

KURZINFORMATIONEN

Verkehr: Busverbindungen von Glowe nach Saßnitz, Sagard und Altenkirchen. Anlegestelle der „Flotte".

INFORMATION:

Fremdenverkehrsbüro: Rat der Gemeinde, Tel. 5 21.

UNTERKUNFT:

Jugendherberge: Ernst-Moritz-Arndt-Herberge.

Camping: Glowe, am Strand.

SPORT:

Angeln, Radfahren (Fahrradverleih), Schwimmen.

AUF DER HALBINSEL WITTOW

Von Glowe geht es nun über den 9 km langen und 100 m breiten Dünenzug der sandigen, mit Kiefern und Heide bedeckten Schaabe nach **Breege** (1100 Einwohner), einen ruhigen, windgeschützten Badeort zwischen dem Breeger Bodden und einem Kiefernwald auf der Halbinsel **Wittow**. Die fruchtbare Halbinsel bildet fast eine eigene Insel und ist eines der besten Weizenanbaugebiete Rügens. Im Mittelalter war der 1314 erstmals erwähnte Ort Breege ein bekannter Segelschiffhafen. Im 19. Jh. entwickelte sich Breege zum Fischerei- und Fremdenverkehrsort. Seit 1895 ist es offiziell Badeort. Im hinter Gärten versteckten Ortsteil **Juliusruh** an der Tromper Wiek, einer Ostseebucht, steht inmitten eines 10 ha großen, teils englischen, teils französischen Parks aus dem 18. Jh. (seit 1895 Kurpark) zwischen mächtigen Bäumen ein Landhaus von 1796, das einst der rügenschen Adelsfamilie v. d. Lancken als Sommersitz diente.

Ausflüge führen von Breege zum langen Hünengrab „Räsenbarg", das von Findlingen eingefaßt ist und 3 1/2 km nördlich von **Nobbin** liegt, und zum Forsthaus **Gelm** auf der Schaabe (4 km südlich).

Unser nächstes Ziel ist der kleine Ort **Altenkirchen** (1900 Einwohner), 2 1/2 km nördlich von Breege, der älteste Marktflecken Rügens mit einer um 1200 erbauten spätromanischen Basilika (spätgotisch umgebaut), die zu den ältesten Kirchen Vorpommerns gehört. Im Innern steht ein Taufstein mit Gesichtsmasken (um 1250), einem spätgotischen Triumphkreuz (14. Jh.), Taufengel (18. Jh.) und einer eingemauerten granitenen Relieffigur aus dem 12. Jh., die einen Mann mit Trinkhorn zeigt und den wendischen Gott Svantewit darstellen soll. Auf dem Friedhof liegt der Pfarrer und Dichter Ludwig Gotthard Kosegarten (1758–1818) begraben. Er war 1792–1808 Pfarrer von Altenkirchen und korrespondierte von hier mit Goethe, Schiller, Herder und anderen. In seinem Pfarrhaus besuchten ihn Wilhelm Humboldt, Friedrich Schleiermacher und zahlreiche weitere berühmte Persönlichkeiten. Rund 8 km nördlich von Altenkirchen liegt das Dorf **Putgarten** (wend. Pedgarde = unterhalb der Burg), das 500 Einwohner zählt. Im Ortsteil **Vitt**, einem reizvollen Fischer- und Lietendorf, fanden im 13. und 14. Jh. weithin bekannte Heringsmärkte statt. Vor der Kirche von Vitt hielt der Pfarrer Ludwig Kosegarten (1758–1818) seine berühmten Predigten. Ursprünglich sollten die Uferpredigten, die noch heute abgehalten werden, die Fischer in Bereitschaft halten, wenn der Heringsschwarm in der Ostsee auftauchte. Kosegarten, der schon seit seiner Studentenzeit von Rügen begeistert war, schrieb hier das Epos „Jucunde", in dem auch seine Uferpredigten beschrieben werden, die „Inselfahrt" (nach Hiddensee) und das Gedicht „Arkona", das Friedrich Schiller 1797 im Musenalmanach abdruckte. Gottfried Keller verarbeitete die von Kosegarten gesammelten Legenden zu seinen „Sieben Legenden". In der Nähe der malerischen Liete (= Schlucht) steht eine kleine Rundkirche.

Zu den Höhepunkten eines Rügenbesuches gehört das **Kap Arkona** (43 m), das 2 km nordöstlich von Putgarten liegt. Das gewaltige Kreideplateau bildet den nördlichsten Punkt der Insel. Die äußerste Spitze des unbewaldeten Vorgebirges wird gegen die Landseite von einem 8-12 m hohen Erdwall eingefaßt, dem sogenannten Burgring. Er ist der Rest der ostgermanischen Jaromarsburg, einer Burg, deren Mitte der Tempel mit der 8 m hohen Eichenholz-Statue des Gottes Svantewit stand. Das Bildnis des am meisten verehrten wendischen Gottes war fast zwei

Meter breit und fest im Boden durch Findlinge verkeilt. Der dänische Chronist Saxo Grammaticus, der Rügen im 12. Jh. besuchte, schildert die Burg so: „Die Feste Arkona liegt auf dem erhabenen Gipfel eines Vorgebirges und wird im Osten, Süden und Norden durch natürliche, nicht von Menschenhand hergestellte Schutzmittel gedeckt, da die jähen Felswände das Aussehen von Mauern zeigen. Ihre Höhe ist so groß, daß auch ein mit der Schleudermaschine abgeschossener Pfeil den oberen Rand nicht erreichen könnte. Auf denselben Seiten wird die Feste durch das herumfließende Meer eingeschlossen. Im Westen aber wird sie durch einen 50 Ellen hohen Wall umgeben, dessen untere Hälfte aus Erde bestand, während die obere Holzwerk mit eingefügten Erdschollen enthielt. Die Nordseite des Walles bewässert ein sprudelnder Quell, zu dem die Bergleute mit Hilfe eines befestigten Ganges gelangen konnten."

1136 kam König Erich Emun von Dänemark mit 1100 Schiffen nach Rügen und besetzte die Burg, zog jedoch bald wieder ab. 1168 fiel die Burg, die außerdem von einer mächtigen Steinmauer und einer hohen hölzernen Wand umgeben war, am 15. Juni dem Heer des Dänenkönigs Waldemar I., Bischof Absalom von Roskile und den Pommernfürsten Bogislaw und Kasimir in die Hände. Die Invasoren hatten unbemerkt von den Verteidigern den Palisadenzaun angezündet und so eine Bresche in die Befestigungsanlagen geschlagen. 1921 entdeckte man das Fundament des quadratischen Tempels. Diese Form trifft man sonst nur bei den keltischen Heiligtümern in Frankreich, am Rhein und an der Donau an. Nach der Überlieferung war das Heiligtum von einem hohen Purpur-Dach bedeckt, mit reichen Schnitzereien und bunten Malereien geschmückt. Das Innere des von breiten Eichenpfeilern umgebenen und vier teppichumspannten Balken getragenen Tempels bestand aus zwei Abteilungen: dem Allerheiligsten, wo die Götterstatue stand, und der Vorhalle. Ein Nebenraum diente dem heiligen weißen Pferd als Wohnung, in einem weiteren Raum befand sich die Schatzkammer. Das Allerheiligste durfte nur von den Priestern betreten werden. Nur der Oberpriester durfte das dem Gott geweihte schneeweiße Pferd berühren. Die Svantewit-Statue hatte vier Köpfe (mit rundgeschorenem Haar und kurzem Bart). Bekleidet war Svantewit mit einem bis über die Knie herabreichenden Rock von Tuch oder Filz mit weiten Ärmeln. Ein Gürtel hielt den Rock zusammen. Die Beine waren nackt, an den Füßen trug er plumpe Bastschuhe. An seiner Seite hing ein mächtiges silbernes Schwert und in der linken, auf die Hüfte gestützten Hand trug er einen großen Bogen. Seine Rechte hielt ein Füllrohr aus Edelmetall, das jährlich mit Wein gefüllt wurde und als Segenshorn die Fruchtbarkeit symbolisierte, auf ebensovielen Hälsen. Sie blickten in alle Himmelsrichtungen.

Unweit des Bildnisses hingen Sattel und Zaumzeug des Gottes sowie ihm geweihte Geschenke. Neben dem Oberpriester und sechs Unterpriestern wurde die Tempelburg Arkona von 300 Reitern geschützt. Wie sehr die Gottheit, die auch in Rhetra verehrt wurde, auch außerhalb von Rügen in Ansehen stand, geht daraus hervor, daß die Böhmen zur Zeit der Königin Libussa dem Gott ein Geschenk nach Rügen schickten und um eine Kopie seines Bildnisses baten. Dieser Wunsch wurde erfüllt, und bald stand das Bildnis in einem ihm zu Ehren errichteten Tempel in Prag. Svantewit war zugleich ein guter und ein böser Gott.

Das Hauptfest zu Ehren des Gottes bildete das Erntedankfest, zu dem die Gläubigen aus dem ganzen Wendenland zusammenströmten. An diesem Tage weissagte der Oberpriester dem um den Tempel versammelten Volk aus dem gefüllten Horn des Gottes. War der Met vom vorigen Jahr noch unvermindert im Horn, so bedeutete das ein gesegnetes Jahr, fehlte dagegen etwas von dem Honigwein, so bedeutete es Not und Teuerung.

Der Tempel war sehr reich, denn jeder, der hierher kam, mußte ein Geldstück und ein Drittel der im Kampfe erbeuteten Wertgegenstände opfern (aus dem Tempelplatz wurden später zwölf christliche Kirchen auf Rügen erbaut). Stand eine kriegerische Auseinandersetzung bevor, so wurden über den Boden dieses pommerschen Delphi neun Speere gelegt und das weiße Pferd hinübergeführt. Schritt es nun mit dem rechten Fuß zuerst vor, so bedeutete das einen glücklichen Kriegsausgang, schritt es aber mit dem linken Fuß zuerst oder berührte es die Speere, so wurde das als Unglück gedeutet. Eine einheimische Sage will wissen, daß von Zeit zu Zeit das Bild der unzerstörten Burg aus dem Meer aufsteigt. In den steil in das Meer hineintauchenden lehmig-kreidigen Wänden nisten unzählige Seevögel, die das Kap in Schwärmen umfliegen.

Zwei Leuchttürme krönen das Vorgebirge: der wuchtige viereckige Alte Leuchtturm (19,3 m) wurde 1827 nach Plänen von Schinkel, der Neue Leuchtturm (26 m) 1902 errichtet. Von letzterem hat man einen herrlichen Weitblick über die anrollenden Wogen der Ostsee bis zu den hellen Kreidefelsen auf der 23 Seemeilen entfernten dänischen Insel Möen. Einen wundervollen Anblick bietet der Sonnenaufgang auf dem

Kap. Wenn die Sonne sich aus dem Meer erhebt, erleuchtet sie zuerst nur das Kap und den Horizont, während das Land noch in Dunkelheit liegt. Erst nach einigen Minuten wird auch Rügen mit seiner Küste hell.

Vom Kap Arkona kehren wir über Putgarten nach Altenkirchen zurück und biegen dort in die Straße nach dem am Westufer des Wieker Boddens gelegenen Seebad **Dranske** (3400 Einwohner) ein. Südlich des alten Fischerdorfes erstreckt sich die 7 km lange und schmale Halbinsel **Bug**, die mit Heide und Kiefernwald bedeckt ist. Zur Zeit ist der Bug ein militärisches Sperrgebiet.

Von Dranske fahren wir wieder ein Stück zurück in Richtung Altenkirchen, um kurz vor dem Ort nach Süden abzubiegen. Das unweit am Wieker Bodden gelegene größte Kirchdorf Rügens, **Wiek** (2000 Einwohner), gehört mit seinen schilfgedeckten Häusern zu den schönsten

KURZINFORMATIONEN

VERKEHR:

Gute Busverbindungen zwischen allen beschriebenen Orten und nach Sagard und Saßnitz.

Fremdenverkehrsbüro: Breege: Rat der Gemeinde, Tel. 3 11.

UNTERKUNFT:

Hotels: Breege: Gaststätte Dünenhaus, Tel. Altenkirchen 2 45; **Dranske:** Gaststätte Pavillon, Tel. Altenkirchen 81 12.

Camping: Dranske: bei Nonnevitz; Altenkirchen.

RESTAURANTS:

Breege: Dünenhaus; **Dranske:** Gaststätte Pavillon.

SPORT:

Breege: Angeln, Radfahren (Fahrradverleih), Schwimmen, in allen anderen Orten Wassersport.

VERANSTALTUNGEN:

Wiek: Fischerfest im Sommer.

Haufendörfern der Insel. Ursprünglich hieß der Ort Medow (= Honigdorf) und wurde erst im 13. Jh. von niedersächsischen Siedlern in Wiek (= Dorf an der Bucht) umbenannt. Bis ins 19. Jh. war Wiek ein bedeutender Hafenplatz. Die heutigen Bewohner leben vom Fischfang und bauen daneben Segeljachten. Sehenswert ist die spätgotische Kirche aus dem 15. Jh. mit ihrem schönen Westgiebel und einem Holzschnitzwerk von $1^1/_2$ m Höhe, das den Ritter St. Georg hoch zu Roß darstellt und aus dem Ende des 15. Jh. stammt.

Vom 28 m hohen Badenkberg nordwestlich des Dorfes, der sich inmitten schöner Laub- und Nadelwälder erhebt, hat man eine großartige Aussicht auf die Insel Hiddensee und bei klarem Wetter bis zu den Kreidefelsen der dänischen Insel Möen im Norden. Am Fuße des Berges liegt ein guter Badestrand.

Über Parcheam gelangen wir von Wiek zur Autofähre **Fährhof** (Wittower Fähre), die uns über den Breetzer Bodden auf die Halbinsel Schaprode bringt. Im 4 km südlich gelegenen **Trent** (1500 Einwohner) lohnt die spätgotische Kirche (14.–15. Jh.) mit ihrem Interieur aus der Mitte des 18. Jh. einen Besuch. Am westlichen Ortsrand liegt das aus dem Anfang des 14. Jh. stammendet Gut **Zubzow**. Es gehörte ursprünglich einem Bürgermeister von Stralsund und ging dann an die Herren v. Platen, eine der ältesten Adelsfamilien Rügens, über. Der erste Träger dieses Namens auf der Insel stammte aus Niedersachsen und war um 1181 einem Ruf des rügenschen Fürsten Jaromar I., der sein Land von Kaiser Friedrich I. erhalten hatte, gefolgt. Im 13. Jh. gehörte den v. Platen fast die ganze Halbinsel Schaprode und bis 1343 auch der größte Teil der Insel Hiddensee. Claus Plate kaufte 1405 Zabzow, veräußerte es aber bereits 25 Jahre später an das adelige Jungfrauenkloster in Bergen. Von diesem ging es 1536 in den Besitz der Herzöge von Pommern über. 1612 tauschte Landrat Wilhelm v. Platen das Gut Güsterode gegen Zubzow ein. 1871 wurde Zubzow an die Familie Erhard verkauft. 1910 entstand das heutige Schloß. Nach der Enteignung wurde das Gut nach 1945 in die Höfe Neuholstein und Neuschleswig aufgeteilt. Berühmt wurde der auf Gut Dornhof bei Schaprode geborene Balzer Bogislaus Graf von Platen (1766–1829), der als Diplomat 1814 die Vereinigung Schwedens mit Norwegen unter einer Krone erreichte und 1810–1832 den die Nordsee mit der Ostsee verbindenden Göta-Kanal baute, was angesichts des felsigen Untergrunds und des Höhenunterschieds eine hervorragende technische Leistung war.

Ein Verwandter, Paul Julius Bernhard v. Platen (1732–1805), wurde 1797 Generalgouverneur von Schwedisch-Pommern.

5 km weiter westlich liegt am gleichnamigen Bodden der 1000 Einwohner zählende Ort **Schaprode** mit einer sehenswerten spätgotischen Dorfkirche aus dem 13.–15. Jh. (Kanzel von 1723 und spätbarockenen Triumphkreuz um 1500). 4 km nördlich von Schaprode kann man am **Stolper Haken** die Reste einer Schwedenschanze aus dem Nordischen Krieg (1700–1721) sehen.

KURZINFORMATIONEN

UNTERKUNFT:

Camping: Schaprode: am Bodden.

Eine Personenfähre bringt uns über den Schaproder Bodden zur autofreien Sandinsel Hiddensee, der reizvollsten Insel Deutschlands. Bei Vereisung des Gewässers gelangt man mit Pferdeschlitten auf das Eiland.

HIDDENSEE

Die schmale, 17 km lange und durchschnittlich nur 1 km breite und wie ein Fisch aussehende Düneninsel mit steiler Abbruchküste schützt die flache Westküste Rügens wie ein Bollwerk gegen die Wogen der Ostsee. Das stark durch Buchten gegliederte Hiddensee besteht aus zwei merklich verschiedenartigen Teilen: der Nordteil, „Dornbusch" genannt, ist ein romantisches Bergland mit einem 3 km langen Wäldchen mit Kiefern, Birken und Ginster, hohe Stranddornbüschen, Flieder und Heckenrosen und Anhöhen bis zu 75 m, von denen man eine ausgezeichnete Aussicht genießen kann. Seit langem ist der Dornbusch, dessen Klippen im Norden und Westen steil ins Meer abfallen, ein Naturschutzgebiet. Der südliche Teil der Insel, Gellen (wend. = Hirsch) genannt, ist dagegen ein niedriges Schlemmland mit Wiesen, Dünen, Heide und Kiefernwald im Westen. Diese Landschaft ist ein Vogelparadies und steht wegen der zahlreichen Brutplätze und seltenen Pflanzen wie der Stranddistel ebenfalls unter Naturschutz.

Die Insel wird urkundlich erstmals im Jahre 1159 von den Dänen als Insula Hythini, d. h. die Insel des Lemonierkönigs Hedin, erwähnt. Zwischen 1168 und 1325 gehörte sie zum Reich der unter dänischer

Oberhoheit stehenden rügenschen Fürsten. Fürst Wizlaw II. von Rügen schenkte die Insel 1296 dem Zisterzienserorden, der hier ein Kloster errichtete.

Die Bewohner des „söten Länneken" (süßen Ländchens), wie es von ihnen genannt wird, ernähren sich vom Fischfang und vom Tourismus. Außerdem sammeln sie Bernstein, der durch Stürme an die Nordküste gespült wird. Im 18. Jh. holte der Stralsunder Joachim Ulrich Giese von Hiddensee Tonerde für seine Fayence-Fabrik.

Seit Jahrzehnten ist Hiddensee bei Künstlern beliebt, die es „Capri des Nordens" oder „pommersches Ithaka" nennen. Schon Goethe („Maximen und Reflexionen") vermerkt das Hiddenseer Kosewort „Liebes gewaschenes Seelchen" (plattdt. = min lewet wittet Seelken). Gerhart Hauptmann (1862–1946), der auf Hiddensee ein Haus besaß und auch auf der Insel begraben wurde, hat hier sein Werk „Die versunkene Glocke" vollendet und sein Drama „Iphigenie in Delphi". Auf Hiddensee spielen sein Drama „Gabriel Schillings Flucht" und die Märchenkomödie „Schluck und Jau".

Die Insel ist auch Schauplatz des Romans „Einsamkeit" von der aus Altenkirchen auf Rügen stammenden Clara v. Sydow. Wilhelm Schmidtbonn hat dem Eiland sein „Sommerbuch von Hiddensee" gewidmet.

Das Seebad und alte Fischer- und Gutsdorf **Kloster** liegt am Fuß des Dornbusch zwischen Sanddorn-Gebüschen und Salzwiesen, wo Schwedische Maulbeeren, Elsbeeren, Purpur-Knabenkraut, Sandlieschgras, Froschkraut und Queller wachsen. Es ist der landschaftlich schönste Ort der Insel. Kloster hat sich seit den 20er Jahren dank seines ausgezeichneten Strandes zum Badeort und Künstlerzentrum entwickelt. Seit 1924 bildet er mit Grieben eine selbständige Gemeinde. Dank der vorherrschenden Westwinde ist die Brandung an dem sauberen und steinfreien Strand kräftig. Von der bewaldeten Anhöhe am Bollwerk, vom Schwedenhagen und den Hügeln oberhalb der „Hiddenseer Riviera" an der Westseite des Bergwaldes bieten sich wundervolle Ausblicke. An der West- und Nordseite erstreckt sich eine wilde Steilküste mit hohen Sanddünen. Von dem Zisterzienserkloster, das 1296 von Fürst Wizlaw II. als Filiale des Mönchklosters Neuenkamp gegründet und im Dreißigjährigen Krieg zerstört wurde, sind nur noch geringe Reste der Klostermauer und eines Torbogens sowie die spätgotische St.-Nikolaus-Kirche (um 1400, 1781 umgebaut) mit hübschem Interieur erhalten. In dem Gotteshaus befindet sich eine schöne Grabplatte des Abtes Johannes Runeberg (gest. 1475) mit den Symbolen der Evangelisten. Besuchenswert sind ferner das Heimatmuseum und die Gerhart-Hauptmann-Gedächtnisstätte im Haus Seedorn. Der Dichter, der 1885 erstmals nach Hiddensee gekommen war, hatte das Haus 1930 gekauft. Sein Grab liegt unweit davon.

Von Kloster ist es nicht weit zum ehemaligen Fischerdörfchen **Grieben**, einem malerisch inmitten von Gärten liegenden Ort. Von hier kann man Spaziergänge zur Nordspitze der Insel (1 Std.) unternehmen. Ein schöner Spaziergang führt entlang der bis zu 70 m hohen Steilküste und über Geröllfelder zum Leuchtturm (23 m, Aussicht) und zum Bakenberg (72 m). Die Fernsicht ist beeindruckend: Nicht nur die Insel Rügen mit dem Rugard, dem Jagdschloß Granitz und dem Leuchtturm von Arkona kann man sehen, sondern auch die Türme von Stralsund und bei klarem Wetter die 53 km entfernte dänische Kreideinsel Möen sind zu erkennen.

Von hier gehen wir weiter am Strand entlang zum 62 m hohen Swantiberg (3 km nördlich). Besonders eindrucksvoll ist die schluchtenreiche Steilküste bei Enddorn, 1 km östlich des Swantiberges. 6 km östlich von Kloster liegt das **Bessin**, das aus den Halbinseln Altbessin und Neubessin gebildet wird und aus Strandwällen besteht. In dem Naturschutzgebiet brüten Sandregenpfeifer und Zwergseeschwalben. Bewachsen ist das Bessin mit Holunder, Sanddorn, Brombeeren und Wildrosen. Zwischen Meer und Boddel liegt an einem ausgezeichneten Badestrand **Vitte** (350 Einwohner), der Hauptort der Insel.

Der beliebte Badeort macht mit seinen weißen, nach der Sturmflut von 1872 fast durchweg neu erbauten Fischerhäusern einen malerischen Eindruck (besonders bei Sonnenuntergang vom Binnenwasser aus). In den 30er Jahren hielten sich in Vitte oft Gerhart Hauptmann und seine Freunde, darunter Thomas Mann, auf. Im Binnenwasser, östlich vom mittleren Teil Hiddensees, liegt die kleine **Fährinsel**, ein Vogelschutzgebiet. Die Insel liegt auf der Route der Zugvögel. Häufigste Vogelarten sind Enten und Mittelsänger. Im Süden Hiddensees liegen die beiden zusammenhängenden und eine Gemeinde bildenden sogenannten Süderdörfer **Plogshagen** und **Neuendorf**. Sie erstrecken sich auf einer Landenge inmitten ausgedehnter Wiesen zwischen der Ostsee und dem Schaproder Bodden. Neuendorf ist als „Dorf ohne Straße" bekannt. Die weißgekalkten Fischerhäuser stehen auf einer großen Wiese. Der feinsandige, weiße und breite Badestrand erstreckt sich über mehrere

KURZINFORMATIONEN

VERKEHR:

Schiffsverbindungen von Stralsund (in der Saison mehrmals täglich) und Schaprode. Privater Autoverkehr ist verboten.

INFORMATION:

Fremdenverkehrsbüros: Kloster: Kurverwaltung, Tel. 3 26; **Neuendorf:** Kurverwaltung; **Vitte:** Kurverwaltung, Tel. 2 42.

UNTERKUNFT:

Hotels: Kloster: Gaststätte Dornbusch, Tel. Vitte 2 48, Gaststätte Wieseneck, Tel. 3 16.

RESTAURANT:

Kloster: Gaststätte Dornbusch.

SPORT:

Angeln, Radfahren (Fahrradverleih), Schwimmen.

Kilometer. Etwas südlich von Ploghagen durchbrach die große Sturmflut im November 1872 die Insel. Seitdem schützt ein $1^1/_2$ km langer gemauerter Steindamm diesen Teil der Insel. Daneben liegen ein Erlenwäldchen und junge Waldungen. In Neuendorf erinnert ein Gedenkstein an den berühmten Hiddenseer Goldschatz, der hier 1872 an Land gespült wurde.

Auf den Sandbänken des **Gellerhakens** zwischen dem Gellen und der Insel Ummanz kann man bei Ebbe zahlreiche Wasservögel beobachten.

Nach Schaprode zurückgekehrt, fahren wir wieder nach Trent und besuchen von dort den nordöstlich am Tetzitzer See gelegenen Ort **Neuenkirchen**. Auf der weiter nördlich anschließenden Halbinsel Lebbin befindet sich bei Vieregge der vorgeschichtliche Opferplatz **Hochhilgor** (43 m), von dem man besonders bei Sonnenuntergang eine sehr schöne Aussicht hat. Noch weiter nordöstlich steht das schloßähnliche Herrenhaus des Gutes **Lebbin**. Von hier geht es wieder in südlicher Richtung zum Straßenknotenpunkt **Kluis**, wo die Straßen von Bergen, Trent und Ginst aufeinanderstoßen.

Bevor wir unsere Reise gen Süden fortsetzen, lohnt sich ein Abstecher zum Rittergut **Boldevitz** rechts der Straße nach Bergen. Das ursprüngliche Herrenhaus wurde im 17. Jh. zum noch heute eindrucksvollen Doppelhaus mit zwei parallelen Satteldächern ausgebaut. Sehr harmonisch wirken die gleichartig geschmückten Giebel. Erbaut wurde Boldevitz von dem schwedischen Kapitän Philipp Gützlaff v. Rotermund, der von 1620-1660 ritterschaftlicher Landrat auf Rügen war. Mit Caspar Detlef v. Rotermund, einem tollkühnen schwedischen Oberstleutnants, der 1712 starb, erlosch das Geschlecht. Seine Tochter Beate Dorothea, die mit dem schwedischen Generalmajor Graf Carl Gustav Mellin verheiratet war, verkaufte das Gut 1744 an den Grafen Moritz Ullrich v. Putbus. Dessen Nachfolger Adolf Friedrich Olthof, Regierungsrat aus Stralsund, ließ durch den Maler Philipp Hack die Fresken im großen Saal malen. Als Olthof Konkurs anmelden mußte, kaufte Friedrich Christian v. d. Lancken 1780 Boldevitz. Bis 1945 blieb es im Besitz der Familie. Letzter Herr auf Boldevitz war der Freiherr Sylvius v. d. Lancken-Wakenitz-Albed, der 1945 von Soldaten der Roten Armee ermordet wurde.

Nun fahren wir nach Kluis zurück und von dort ins 2 km südliche **Gingst** (1800 Einwohner). In dem kleinen Ort steht eine beachtliche spätgotische Hallenkirche aus dem beginnenden 15. Jh.. Im Gingster Moor fand man reich verzierte jungsteinzeitliche Tongefäße.

Westlich von Gingst erstreckt sich die 18 km^2 große Insel **Ummanz**, auf der 1100 Bauern und Fischer in zehn Ortsteilen leben. Eine Brücke verbindet seit 1952 Rügen mit dem Ortsteil Waase. Die um 1240 erstmals erwähnte Insel gehörte von 1341-1945 dem Kloster zum Heiligen Geist in Stralsund. Häufig wurde sie (zuletzt 1913) von schweren Sturmfluten heimgesucht.

Beachtenswert sind die spätgotische Backsteinkirche (15. Jh.) in **Waase** mit ihrem fünfteiligen flandrischen Schnitzaltar um 1520, aus Antwerpen stammend und ursprünglich für eine Kirche in England bestimmt, und Fresken aus dem 15. Jh. mit Szenen aus dem Leben des hl. Thomas Beckett, die „Hasenburg", ein quadratisches Hallenhaus aus dem 17. Jh., in **Freesendorf** sowie das Museum von **Tankow** mit einer Sammlung vorgeschichtlicher Steinwerkzeuge.

Auf den vorgelagerten kleinen Inseln **Heuwiese** und **Beuckel** (Naturschutzgebiete) gibt es Kolonien von Silber- und Sturmmöwen. Auf **Beuchel** nisten außerdem neben Löffel- und Reiherenten Mittelsäger,

Flußseeschwalben und 7000 Paare Lachmöwen, während man auf Heuwiese auch Brandseeschwalben, Säbelschnäbler und Schwarzkopfmöwen beobachten kann.

Von Gingst geht es über **Dreschwitz** (westlich bei **Ralow**) nach „Schantz", einem vorgeschichtlichen Burgwall. Davor im Kubitzer Bodden die Vogelschutzinsel **Libitz** mit Enten, Lachmöwen und Säbelschnäblern. Anschließend kommen wir nach **Samtens** an der R 96, von wo wir via **Rambin** (Kloster St. Jürgen und turmlosen gotischen Kirche mit Grabstein von 1335) nach Stralsund zurückkehren.

KURZINFORMATIONEN

VERKEHR:

Busse verbinden die beschriebenen Orte mit Bergen, Schaprode, Ummanz und anderen Orten auf Rügen sowie Stralsund.

CAMPING: **Ummanz:** Am Bodden.

3. Zwischen Stralsund und Swinemünde

Diese Tour von insgesamt 108 km führt in den Osten Vorpommerns und zu den Strandbädern der Insel Usedom. Von Stralsund fahren wir auf der R 96 (F 96) zunächst nach **Brandshagen**, wo eine beachtenswerte dreischiffige Dorfkirche aus dem 14. Jh. mit Altaraufsatz aus dem 18. Jh. steht. Im Ortsteil **Niederhof** gibt es einen jüdischen Friedhof mit alten Grabsteinen, einen schönen Park und eine Kormoran-Kolonie. 1962 entdeckte man bei **Reinkenhagen** südlich der R 96 Erdgas und Erdöl. In der Dorfkirche von **Reinberg** (1300 Einwohner), die aus dem 13.–14. Jh. stammt, ist eine barocke Kreuzigungsgruppe aus dem 18. Jh. sehenswert. Bei Reinberg zweigt nach links eine Nebenstraße zum alten Fährhafen **Stahlbrode** ab, von dem man auf der Glewitzer Fähre zur 2 km entfernten rügenschen Halbinsel Zudar gelangt. In **Gristow** (1000 Einwohner), einem Ortsteil von Mesekenhagen am Gristower Wiek, steht eine gotische Kirche. Ein Damm verbindet den Ort mit der $1^1/_2$ km entfernten Insel **Riems**, Sitz einer von Prof. Friedrich Loeffler gegründeten Forschungsanstalt für Tierseuchen. Die Insel gehört übrigens zum Kreise Grimmen.

Nordöstlich von Mesekenhagen liegt im Greifswalder Bodden die Insel **Koos**. Sie gehörte im 13. Jh. dem Kloster Hilda und den Tessimeritzen. Urkundlich festgehalten ist 1243 der Raub einer dem Kloster gehörenden Sauherde durch die Söhne des Gustislaw Tessimeritz. In **Horst**, einige Kilometer südwestlich von Mesekenhagen, erhebt sich eine spätgotische Kirche (13.–15. Jh.) aus Backstein mit spätgotischem Flügelaltar.

In **Neuenkirchen** (1300 Einwohner) lohnt die spätgotische Dorfkirche aus dem 13.–15. Jh. einen Besuch. An der Südseite des Kirchturms befindet sich der Grabstein des schwedischen Dichter und Philosophen Thomas Thorild (1759–1808). Er war, von Rousseau und von deutschen Sturm und Drang beeinflußt, ein Gegner der Aufklärung. Gebürtige Neuenkirchenerin war die plattdeutsche Dichterin Alwine Wuthenow (1820–1908), die von Fritz Reuter gefördert, u. a. „Nige Blomen" veröffentlichte.

GREIFSWALD

Die Universitäts- und Kreisstadt Greifswald (55 500 Einwohner) am rechten Ufer des von hier an schiffbaren Ryck ist das kulturelle und wirtschaftliche Zentrum des östlichen Vorpommern und als „Leuchte Pommerns" einst Deutschlands geistiges Tor zum Norden. Der älteste Teil des im Zweiten Weltkrieg nicht zerstörten Gryps liegt auf einem Hügel. Greifswald ist Sitz der Ernst-Moritz-Arndt-Universität, die sich besonders den Sprachen und der Geschichte Skandinaviens widmet (Nordisches Auslandsinstitut) und besitzt außerdem ein Institut für Gasentladungsphysik, mehrere Ingenieur-, Berufs- und Oberschulen, eine Musikschule, eine medizinische Schule und ein Theater.

Im Stadtteil Lubmin steht das Atomkraftwerk „Nord". In Greifswald wurden der zu den größten Malern der deutschen Romantik zählende Caspar David Friedrich (1774–1840) und der Schöpfer der „Unendlichen Landschaft"; der Schriftsteller Hans Fallada (Rudolf Ditzen, 1893–1943), mit den Büchern „Kleiner Mann, was nun?" und „Wer einmal aus dem Blechnapf frißt". Der Greifswalder Dichter und Chefredakteur des „Berliner Tageblattes" Georg Engel (1866–1931) wurde bekannt durch seinen Heimatroman „Hans Klüth". Berühmt für seine Schattenrisse zu Goethes „Faust" und Shakespeares „Sommernachtstraum" wurde Paul Konewka (1840–1871). Der Geschichtsforscher Professor Max Lenz (1850–1932) hinterließ meisterhafte Darstellungen der Reformation und der Zeit Bismarcks. Als Begründer des wissenschaftlichen Staats-Sozialismus gilt der Volkswirtschaftler und Gutsbesitzer Johann Karl Rodbertus (1805–1875). Im Gegensatz zu Marx vertrat er, an Platon und Fichte anknüpfend, die organische Staatsidee. Rodbertus wandte sich gegen den Klassenkampf und den internationalen Sozialismus. Der Poesie wandte sich dagegen das „pommersche Wunderkind" Sybille Schwartz (1621–1638) zu, die schon mit 13 Jahren ungewöhnlich empfindungsreiche Gedichte und Ovid-Übersetzungen schrieb. Der Greifswalder Friedrich Vogt (1851–1923) schuf mit seinem „Grundriß der germanischen Philologie" ein grundlegendes Werk. In protestantischen Kreisen ist die Greifswalder Theologie, geprägt von H. Cremer (1834–1903), bekannt. Sie stellte die paulinische Sünden-, Gerichts- und Rechtfertigungslehre in den Mittelpunkt des Bibelverständnisses und der Verkündigung und fand in Jesus die Verbindung von Gericht und Gnade. Sie beeinflußte viele Pfarrer Norddeutschlands. Aus der Greifswalder Theologie entwickelte sich die Greifswalder Schule (Lütgert, Schaeder u. a.). Der Dichter Wolfgang

Koeppen (geb. 1906) „Tod in Rom" wurde ebenfalls in Greifswald geboren.

Geschichte

Die Gegend um Greifswald war schon im 12. Jh. von Wilzen besiedelt. Dann ließen sich hier auch deutsche Einwanderer nieder. Im Frühjahr 1184 wurde in der Greifswalder Bucht eine große Flotte des Pommernherzogs Wartislaw von Pommern von den Dänen vernichtet. 1199 gründeten Mönche aus dem dänischen Kloster Esrom und dem Kloster Dargun auf Einladung des rügenschen Fürsten, zu dessen Territorium große Teile Vorpommerns damals gehörten, im einige Kilometer östlich gelegenen Eldena ein Zisterzienserkloster. Eldena lag nahe einer alten Handelsstraße und den Salzquellen von Rosenthal. Anfang des 13. Jh. legten die Mönche einen Markt an, der 1233 oder 1241 zur Stadt erhoben wurde.

Die ersten Siedler kamen aus Greifswald am Niederrhein. 1249 fiel „Gripsheswald" an die Herzöge von Pommern und erhielt 1250 lübisches Stadtrecht. 1278 schloß sich Greifswald der Hanse an. Im April 1362 fand in Greifswald eine Versammlung der Hanse statt, von der beschlossen wurde, den Lübecker Bürgermeister Johann Wittenburg mit 48 Schiffen und 2240 Bewaffneten gegen König Waldemar von Dänemark, der die Lebenslinien der Hanse bedrohte, auszusenden. Doch die Schlacht vor Kopenhagen ging verloren. 1363 kam es zu einem zweiten Waffengang, der siegreich für die Hanse ausging und mit dem Stralsunder Frieden von 1370 beendet wurde.

Am 17. 10. 1456 wurde in der wohlhabenden und aufstrebenden Stadt die älteste Universität des heutigen Preußens eröffnet. Die päpstliche Stiftungsurkunde stammt vom 29. 5. 1456. Die Urkunde wurde durch den Bischof von Cammin, Henning Iven, zu dessen Diözese Greifswald gehörte, überbracht. Ausgelöst war die Gründung durch einen Streit (von 1437–1443) in Rostock um die dortige, 1419 gegründete Universität, zwischen Rat und Bürgerschaft. Professoren und Studenten wanderten daraufhin nach Greifswald aus und wandten sich an Bürgermeister Rubenow um Hilfe. Als die Rostocker davon erfuhren, sandten sie drei Professoren nach Rom, um beim Papst Einspruch zu erheben. Sie boten viel Geld für eine Ablehnung des Gesuchs. Aber der Domprobst Dietrich Bruckmann von Kolberg, der ebenfalls in den Vatikan geeilt war, bot mehr. Herzog Wartislaw IX. von Pommern-Wolgast, dessen Bittschrift um Errichtung einer Universität (der zweitältesten im Ostseeraum) an Papst Callixtus III. im Jahre 1455 so großen Erfolg gezeigt hatte, überreichte ihrem ersten Rektor Heinrich Rubenow, Doktor „legum", das Kaiserrecht der Erfurter Universität in Anwesenheit des Bischofs Henning Iven von Cammin, während der Eröffnungsfeier in der St.-Nikolai-Kirche die Rektorinsignien, zwei große silberne Zepter. Diese Szene hat Otto Heyden 1856 in einem Gemälde dargestellt. Heinrich Rubenow, dessen Bildnis in der Nikolai-Kirche hängt, wurde Anfang des 15. Jh. in Greifswald geboren. Er studierte 1435 in Rostock, machte 1447 seinen Dr. jur. in Erfurt, wurde dann Syndikus und 1449 Bürgermeister von Greifswald. Am 31. 12. 1462 wurde er in seiner Heimatstadt ermordet.

Der Schwerpunkt der wissenschaftlichen Arbeit der Hochschule liegt seit Beginn bei den theologischen und juristischen und später medizinischen und naturkundlichen Fächern. Um 1600 waren in Greifswald mehr Studenten immatrikuliert als in Heidelberg. Berühmte Lehrer waren Bugenhagen, Melanchthon, David Merius (er trat durch seine Mitarbeit am Westfälischen Frieden hervor), Ernst-Moritz Arndt, die Juristen Beseler, Windscheid und Planck (Vater des Physikers Max Planck), die Theologen Cremer und Victor Schulz („Katakomben-Schulze") und die Mediziner Schleich, Sauerbruch, Löffler, Peiper (Erbauer der damals modernsten Kinderklinik Deutschlands) und der Historiker Theodor Mommsen (1817–1903). Seine Ausbildung in Greifswald hatte Professor Paul v. Krossen, der im 15. Jh. an der Universität Krakau lehrte und einer der bedeutendsten Vertreter der humanistischen Dichtung in Polen war, erhalten. In Greifswald entdeckte der aus Frankfurt/Oder gebürtige Geheimrat Friedrich Löffler (1852–1915) 1884 den Diphteriebazillus. Zu den Studenten der Universität gehörten der spätere Reformator Johannes Bugenhagen und der Humanist Ulrich von Hutten sowie Theodor Billroth. 1531 setzte sich in Greifswald die Reformation durch. Im 16. Jh. raffte die Pest zahlreiche Einwohner hinweg. Im Dreißigjährigen Krieg verarmte die mehrmals von feindlichen Heerhaufen besetzte und geplünderte Stadt und fiel 1648 an Schweden.

Nachdem es 1815 an Preußen gekommen war, entwickelte sich Greifswald bald zu einem wichtigen Seehandelsplatz, der 1830 von 143 Schiffen angelaufen wurde (Hauptausfuhrgut war Getreide nach Dänemark, Schweden, Holland und Belgien). 1914 erlosch Greifswalds Bedeutung als Getreideausfuhrhafen. Im 19. Jh. begann die

Industrialisierung (1863 Eisenbahnanschluß, Bau von Gießereien, Maschinenfabriken und einer Eisenbahnreparaturwerkstätte). Am 30. 4. 1945 besetzte die Rote Armee kampflos die Stadt.

Stadtbesichtigung

Im Zentrum der auf drei Seiten von einem lindenbepflanzten Wald umschlossenen rechteckig angelegten Altstadt, die im Norden vom Ryck und an den anderen Seiten vom Stadtgraben umgeben ist, erhebt sich an der Westseite des Marktes das **Rathaus**. Das im 14. Jh. ursprünglich im Stil der Backsteingotik errichtete Bauwerk wurde im 18. Jh. nach einem Brand im Stil des Frühbarock erneuert. Beachtenswert sind besonders das ehemalige Ratszimmer (heute werden hier Trauungen vollzogen) aus dem 18. Jh. mit seiner herrlichen Stuckdecke und die Bronzetür aus dem Jahre 1960. Rings um den Markt stehen schöne **Patrizierhäuser** aus dem 15.–18. Jh. (Nr. 11 und 13 sind spätgotische Giebelhäuser). Das Vahlsche Haus hat eine tiefrote Schmuckfassade mit sehr dekorativ filigranem Maßwerk und schlanken Fialen (Türmchen). Durch die Straße Schuhhagen und die Brüggstraße gelangt man zu der nordöstlich des Marktes stehenden **Marienkirche** (volkstümlich: dicke Marie), einem gotischen Backsteinbau aus dem 13.–14. Jh. mit feiner und reicher Maßgliederung im östlichen breiten Giebeldreieck. Sehenswert in der auf westfälische Einflüsse zurückgehenden chorlosen Hallenkirche, mit niedrigem Turm, sind die holzgeschnitzte Kanzel von 1587, der spätgotische Flügelaltar (Anfang des 16. Jh.) und die Annen-Kapelle am südlichen Seitenschiff aus dem beginnenden 15. Jh. Im Fluß steht das **Steinbeck-Tor**, das 1830 nach dem Vorbild des Brandenburger Tores in Berlin errichtet wurde.

Ebenfalls unweit des Marktes liegt das **Städtische Museum**, das im ehemaligen (um 1245 gegründeten) Franziskaner-Kloster untergebracht ist. Hier hängen u. a. Werke des Greifswalder Malers Caspar David Friedrich.

Vom 90 m zwiebelförmigen hohen Turm des gotischen St.-Nikolai-Domes, im Volksmund „Langer Nikolaus" genannt, einem Backsteinbau aus dem 13.–14. Jh. (im 19. Jh. im Innern neogotisch umgestaltet), hat man eine gute Aussicht. Der einzigartige Turm besteht aus vier verschiedenen Teilen: auf dem massiven Fundament erhebt sich das mit runden Ecktürmen versehene Mittelstück, auf das ein achteckiger Kegel mit zwei großen Fensterreihen gesetzt ist. Gekrönt wird der in vier

Jahrhunderten erbaute Turm von einer gegliederten Barockhaube von 1653. Angeschlossen ist die große „Ratsliberi" (Bibliothek).

Vorbei am romantischen **Hospital St. Spiritus** (13.–18. Jh.) gelangt man auf der Domstraße zur **Ernst-Moritz-Arndt-Universität**, deren spät barockes Hauptgebäude 1747–1750 von dem Augsburger Baumeister Meyer geschaffen wurde. Die Hochschule besitzt u. a. vorgeschichtliche Sammlungen, ein Zoologisches Museum, eine Arktische Sammlung und einen Botanischen Garten.

Davor steht ein 1856 anläßlich der 400. Gründungsfeier der Hochschule im Beisein von König Friedrich Wilhelm IV. und dem späteren Kaiser Wilhelm I. nach einem Entwurf von Friedrich August Stüler, dem führenden Baumeister der Schinkel-Schule, errichtetes Denkmal zur Erinnerung an die Gründung der Universität unter dem Pommernherzog Wratislaw IX. im Jahre 1456: eine gotische Spitzsäule mit vier sitzenden Statuen von Johannes Bugenhagen (der die Universität reorganisierte), Ernst-Moritz Arndt (als Vertreter der philosophischen Fakultät) und zwei weitere Professoren, dem Medaillonbildnis des Gründers, Bürgermeister Rubenow (gest. 1462), und oben in Nischen Statuen von vier Landesfürsten, die sich um die Universität verdient gemacht haben (die Herzöge Wratislaw IX. und Bogislaw XIV. von Pommern, König Friedrich v. Schweden, König Friedrich Wilhelm III. von Preußen). Schmuckstück der Universität ist der berühmte Croy-Teppich aus der Mitte des 16. Jh., der die Einführung der Reformation in Pommern darstellt. Der 700 x 45 cm große Teppich, der ursprünglich den Titel „Die Taufe Christi" trug, wurde im Auftrage von Herzog Philipp I. von dem in den Niederlanden gebürtigen herzöglichen „Tapetenmacher" Peter Heymans 1554–1556 nach niederländischen Vorbildern für das Schloß in Wolgast geschaffen.

1684 stiftete Herzog Ernst Bogislaw v. Croy, Sohn der Herzogin Anna v. Croy, der Tochter des Herzogs Bogislaw XIV., ihn der schwedischen Universität. Mit diesem Teppich setzte Philipp II. der Reformation ein bleibendes Denkmal. Auf der Kanzel der predigende Luther, rechts bei den pommerschen Herzögen Johannes Bugenhagen, links bei den sächsischen Kurfürsten (der Stifter war mit einer Kursächsischen Prinzessin verheiratet) Melanchthon – und der verwandtschaftlichen Verbundenheit der pommerschen Herzöge mit den Kurfürsten von Sachsen. Nordöstlich der Universität erhebt sich am Rubenow-Platz die gotische **Jakobi-Kirche** (13.–14. Jh.), im Volksmund „Kleiner Jakob" genannt, mit massivem, viereckigem Turm. In der Turmhalle ein spätromanischer granitener Taufstein aus dem 13. Jh.. Von der ehemaligen Stadtbefestigung hat sich u. a. der **Fangel- oder Pulverturm** (14. Jh.) erhalten.

AUSFLÜGE

In die nähere Umgebung

Rund 4 km östlich der Stadt liegt an der Mündung des Ryck in den Greifswalder Bodden das malerische, unter Denkmalschutz stehende Fischerdorf **Wieck** (1285: Denschewil = dänische Bucht), heute ein Stadtteil von Greifswald. Im Sommer fahren Schiffe von hier über das Dänische Wiek zum Strandbad Ludwigsburg. Hübsch ist besonders die hölzerne Zugbrücke aus dem Jahre 1880, über die man nach **Eldena** gelangt. Von dem einstigen Zisterzienser-Kloster Hilda steht nur noch die gotische Backsteinkirche aus dem 13.–14. Jh. mit ihrer eindrucksvollen Westfront (15. Jh.), mit 16,4 m hohen Spitzbogenfenstern. Das 1199 bzw. 1207 durch Fürst Wizlaw gestiftete, von Mönchen aus Dargun gegründete Kloster wurde mit dem Einzug der Reformation im Jahr 1535 aufgelöst und vom pommerschen Herzog in Besitz genommen. 1634 schenkte Herzog Bogislaw XIV. das Kloster mit dem größten Teil des Grundbesitzes (12 000 ha) der Universität Greifswald und machte sie damit zu einer der wohlhabendsten Universitäten Deutschlands. Von dem im 17. Jh. zerstörten Bauwerk hat Caspar David Friedrich einmalige Bilder hinterlassen.

Ein schöner Spaziergang führt von hier in den **Elisenhain**, ein herrliches Naturschutzgebiet mit prächtigen alten Buchen und knorrigen Eichen, der in den Forst Hanshagen übergeht.

In die weitere Umgebung

Rund 12 km südwestlich von Greifswald liegt hinter Levenhagen das Dorf **Griebenow** (1000 Einwohner) mit einer kunsthistorisch bedeutenden Fachwerkkapelle aus dem 17. Jh. mit reizendem Interieur (beachtenswert sind besonders die Orgel und die Kanzel) und einem Schloß aus dem 18. Jh. im schwedischen Barockstil. Sehr schön ist die vierreihige Kastanienallee von der Auffahrt zum Hof. Man betritt das Schloß über eine großzügig angelegte Freitreppe mit Putten aus Sandstein, welche die vier Wissenschaften symbolisieren. Im hohen Festsaal, der dem Rittersaal in Stockholm nachgebaut ist, gibt es hübsche

Stuckarbeiten italienischer Künstler. Die kostbare Inneneinrichtung wurde 1945 von Soldaten der Roten Armee geplündert.

Während die Kapelle von Gerd Antoni v. Keffenbrink, der aus einem westfälischen Geschlecht stammte, errichtet wurde, entstand das Schloß unter seinem Sohn, dem schwedischen Feldmarschall und Reichsrat Graf Karl Gustav v. Keffenbrink. Letzter Besitzer war Freiherr Friedrich Ernst v. Langen. Im Zweiten Weltkrieg diente das Schloß als Genesungsheim für Tuberkulose-Erkrankte und Mütter.

In **Pustow**, einige Kilometer weiter südlich, steht an der Schwinge ein schönes Fachwerk-Herrenhaus (1724). Im französischen Barockgarten befindet sich in einer barocken Kapelle von 1730 die Familiengruft derer von Scheele, denen das Rittergut bis 1780 gehörte. Dann wurde es von dem Rittmeister Philipp v. Bauer erworben und 1830 von der Familie v. Braun gekauft, die hier bis 1945 lebte.

Ein weiterer Ausflug führt von Greifswald über **Eldena** ins 12 km östliche **Kemnitz** mit einer schönen Kirche aus dem 13. Jh.. Weiter nördlich liegt am Dänischen Wiek der Badeort **Ludwigsburg**. Das von einem Barockpark mit herrlicher Lindenallee und einem Rundtempel umgebene Schloß von Ludwigsburg stammt ursprünglich aus dem 16. Jh. und wurde Anfang des 19. Jh. jedoch umgebaut. Als Andenken an die schwedische Zeit Vorpommerns ließen die Schloßherren von Ludwigsburg vor einigen Jahrhunderten die schwedischen Könige von Gustav Wasa bis Karl XIII. malen. Sehenswert ist auch die Kapelle von 1710.

Einige Kilometer nordöstlich liegt auf einer Anhöhe am Greifswalder Bodden und am Rande der Lubliner Heide, einem Kiefernhochwald und Dünengebiet, der kleine Ort Bad **Lubmin** mit 5 km langem und 30 m breiten feinsandigen Strand unterhalb einer Steilküste.

Bis 1535 gehörte das Bauern- und Fischerdorf „Lubemyn", das 1273 erstmals urkundlich erwähnt wird, dem Kloster Eldena, danach dem Herzog von Pommern. Zwischen 1648 und 1815 war Lubmin schwedisch und anschließend preußisch. 1930 begannen die Einwohner mit der Teppichknüpferei. 1967 wurde in der Lubminer Heide das Kernkraftwerk „Nord" von Jugendlichen als Zentrales Jugendobjekt KKW in freiwilliger Arbeit errichtet. Obwohl das Werk mit seinem technisch mangelhaften sowjetischen Reaktor à la Tschernobyl ausgerüstet ist, wird es mit Hochdruck ausgebaut. Zu den vorhandenen vier sowjetischen Reaktorblöcken mit einer Leistung von je 440 Megawatt sollen bis 1990 weitere vier hinzukommen. 2½ km südöstlich von Lubmin steht in **Wusterhusen** eine alte Wehrkirche (13.–15. Jh.) mit weithin sehenswertem Turm und spätromanischem Taufstein. Das Städtchen auf einer Insel in der Ziese war 1218 Hauptort der Terra Wostza. Schon 946 erscheint es in einer Urkunde als dem von König Otto I. gegründeten Bistum Havelberg zugehörig. Von **Freesendorf** (3 km nördlich von Lubmin) gelangt man zur vorgelagerten Natur- und Vogelschutzhalbinsel **Struck**.

KURZINFORMATIONEN

VERKEHR:

Bahnverbindung nach Stralsund, Anklam, Wolgast und über Neubrandenburg nach Berlin. Außerdem Busverkehr in die nähere und weitere Umgebung. Schiffsanlegestelle der Weißen Flotte.

Fremdenverkehrsbüro: Reisebüro, Straße der Freundschaft 102, Tel. 32 78.

Hotels: Greifswald: Hotel Boddenhus, Am Volksstadion, Tel. 52 41; Haus des Handwerks, Bahnhofstr. 1, Tel. 27 82.

Privatunterkünfte: Auskunft im Fremdenverkehrsbüro.

Camping: Loissin, Lubmin, Kröslin, Vierow.

RESTAURANTS:

Greifswald: Hotel Boddenhus.

SPORT:

Greifswald: Schwimmen, Segeln, Tennis; **Ludwigsburg:** Schwimmen.

UNTERHALTUNG:

Greifswald: Konzerte (Collegium Musicum, im Sommer auch im Hospital St. Spiritus), Theater.

VERANSTALTUNGEN:

Greifswald: Juni: Bach-Woche, August (Anfang): Volksfest „Schwedenulk".

Von Greifswald setzen wir unsere Reise in östlicher Richtung auf einer Nebenstraße über Eldena und Kemnitz fort und fahren nach Prizier (20 km), wo wir wieder auf die R 111 (F 111) stoßen. Nach 5 km sind wir in der nordöstlich auf einer Insel gelegenen Stadt Wolgast.

WOLGAST

Die alte Industrie- und Hafenstadt (16 300 Einwohner, 1939: 8000) am Westufer des Peenestromes, etwa 7 km oberhalb einer Mündung in die Ostsee zwischen Freest und Peenemünde, ist Sitz der Peenewerft, auf der vor allem Hochsee-Fischereischiffe für die Sowjetunion gebaut werden, deren Werftkapazitäten dadurch für den Kriegsschiffbau frei werden, und ein bedeutender Binnenschiffahrtshafen. Außerdem gibt es eine Fensterfabrik und ein Mischfutterwerk. Früher besaß Wolgast auch eine Granitschleiferei und ein Gußstahlwerk sowie ein Zementwerk und eine Sensenschärferfabrik. Über eine Brücke ist Wolgast mit der Bäderinsel Usedom verbunden, auf welcher der Vorort Mahlzow liegt. Größter Sohn der Stadt ist Philipp Otto Runge (1777–1820), neben Caspar David Friedrich einer der Begründer der Malerei der Deutschen Romantik. Viele Werke der beiden Künstler hängen heute in der Hamburger Kunsthalle. Gebürtige Wolgaster waren auch der berühmte Jurist Carl Gustav Homeyer (geb. 1795) und Karl v. Helvig (1764–1849), Generaladjutant des schwedischen Königs. Runge gab übrigens den Gebrüdern Grimm das erste Märchen für ihre Sammlung „Von dem Fischer un syner Fru", in dem es heißt: „As de Mann an de Strand köhm, wöör de See ganz gröön un geel und goor nich meer so blank; so güng he staan un säd:

Manntje! Manntje! Timpe Te!
Buttje, Buttje in der See!
Myne Fru, de Ilsebill
Will nich so, as ik wol will"

Geschichte

Wolgast ist einer der ältesten bekannten Orte Pommerns. Es liegt an einer strategisch günstigen Stelle und schützte früher den Peenestrom gegen feindliche Flotten. Deshalb wurde Wolgast im 12. Jh. oft von den Dänen angegriffen. 1235 wurde das Land Wolgast, das bis dahin zu Pommern gehört hatte, geteilt: eine Hälfte kam als dänisches Lehen zu Rügen, die andere als Mitgift der Prinzessin Sophia von Dänemark an deren Gemahl, den Markgrafen Johann von Brandenburg. Er wird urkundlich schon 834 als Burgort Hologast, Ologast oder Wologast in der Terra Waleguste (Woligast) bekannt. 1260 erhielt Wolgast lübisches Stadtrecht. Im 13. Jh. wurde Wolgast Mitglied der Hanse und bald einer der wichtigsten Getreideausfuhrhäfen Pommerns. 1295 machten die Herzöge von Pommern-Wolgast die Stadt bis ins 17. Jh. zu ihrer Residenz. 1330 entstand auf der Schloßinsel ein neues Schloß. Mehrere Brände (1512, 17. Jh.) verheerten die Stadt. Das Schloß war nach einem Brand (1563) von Herzog Philipp Julius (1584–1625) erneuert und reich ausgestattet worden. Nach dem Dreißigjährigen Krieg, der die Stadt stark in Mitleidenschaft gezogen hatte (sie wurde 1628 von Wallenstein, 1630 und 1638 von den Schweden und 1637 durch die Kaiserlichen erobert), verfiel das Schloß und wurde 1843 völlig abgetragen. Zwischen 1630 und 1815 gehörte Wolgast zu Schweden und wurde in den Kämpfen zwischen diesem und Brandenburg im 17. und 18. Jh. erneut zerstört. 1713 ließ Zar Peter I. von Rußland Wolgast als Vergeltung für die Zerstörung Altonas (bei Hamburg) durch die Schweden völlig niederbrennen. Zwischen 1720 (Stockholmer Frieden) und 1815 bildete die Peene die Grenze zwischen Schweden und Preußen. Der Ausbau des preußischen Hafens Swinemünde führte zu einem Niedergang Wolgasts. Erst nachdem (Anfang des 19. Jh. waren in Wolgast 86 Schiffe, davon 52 Seeschiffe beheimatet) die Stadt 1815 an Preußen gekommen war, entwickelte sich in der nun zum mittelpommerschen Kreis Usedom-Wollin gehörenden Stadt bald eine lebhafte Industrie und erneut der Getreidehandel. 1863 erhielt Wolgast Eisenbahnanschluß. 1939 hatte die Stadt 7909 Einwohner. 1952 wurde Wolgast Hauptstadt des neugebildeten Kreises Wolgast, der aus Teilen der früheren Kreise Anklam, Greifswald und Usedom-Wollin bestand.

Stadtbesichtigung

Im Zentrum der Stadt erhebt sich der gotische Backsteinbau der **Petri-Kirche,** einer Hallenkirche, aus dem 14. Jh. (nach dem Brand und durch Blitzschlag von 1920 wieder aufgebaut) mit bemerkenswertem Turm. Das Interieur weist schöne spätgotische Statuen aus Holz und Wandmalereien aus dem 15. Jh. auf.

In der Gruft befinden sich die Grabmäler der Herzöge von Pommern-Wolgast, darunter von Philipp Julius, mit dem 1625 die Wolgaster Linie des pommerschen Greifengeschlechts erlosch. Herrlicher Blick vom Turm auf Stadt und Umgebung.

Auf dem alten Friedhof steht die spätgotische **Getruden-Kapelle**, ein eindrucksvoller Backsteinbau aus der Zeit um 1400. Aus dieser Kapelle stammt der berühmte Totentanz-Zyklus, der um 1700 entstanden ist.

Das **Rathaus** wurde 1718–1724 erbaut, der Turm 1780. Im ersten Stock gibt es interessante Wandmalereien zu sehen. In der Kronwiekstraße 23 steht das Geburtshaus des Marinemalers Willy Stöwer (1864–1931), einer der Lieblingsmaler Kaiser Wilhelms II., einige Häuser weiter (Nr. 45) das des Malers Philipp Otto Runge.

In einem Fachwerkhaus aus dem 17. Jh. am Kronwiek 2 ist das **Heimatmuseum** mit Erinnerungsstücken an den Maler Philipp Otto Runge eingerichtet. Einen Besuch lohnt auch der kleine **Tierpark** im Tannenkamp.

AUSFLÜGE

Eine Wanderung führt zum 3 km entfernten **Ziesaberg** (49 m). Rund 10 km nördlich von Wolgast liegt unweit der Mündung der Peene in die Ostsee der Fischereihafen **Kröslin** mit Kirche aus dem 15. Jh. Der nahegelegene Fischereihafen **Freest** ist bekannt für seine Teppichknüpferei.

KURZINFORMATIONEN

VERKEHR:

Bahn- und Busverbindungen nach Greifswald und zu den Badeorten Zinnowitz, Bansin, Heringsdorf und Ahlbeck auf der Insel Usedom. Schiffsanlegestelle für die „Weiße Flotte".

Fremdenverkehrsbüro: Rat der Stadt, Tel. 2 25.

UNTERKUNFT:

Hotels: Hotel am Schlachthof, Am Fischmarkt 10, Tel. 34 22; Hotel Deutsches Haus, Steinstr. 15, Tel. 23 02.

Camping: Spandowerhagen (14 km).

RESTAURANT:

Hotel am Schlachthof.

SPORT:

Angeln, Wassersport (Bootsverleih, Schwimmen).

UNTERHALTUNG:

Konzerte.

Eine Klappbrücke über die Peene verbindet Wolgast mit der zwischen Stettiner Haff und der Ostsee gelegenen Bäderinsel Usedom.

DIE INSEL USEDOM

Das 445 km^2 große (55 km lang und 25–50 km breit) Eiland ist die zweit größte Insel Deutschlands nach Rügen. Einst waren die beiden Inseln miteinander verbunden, bevor eine Sturmflut sie trennte. Reste sind die Greifswalder Oie und der Ruden im Greifswalder Bodden. Usedom wird im Osten durch die Swine von der ebenfalls pommerschen Insel Wollin getrennt. Im Norden begrenzt die Ostsee, im Süden die 17 km lange Peene-Ausbuchtung des Achterwassers (86 km^2), das Kleine Stettiner Haff und das Krumminer Wiek die Insel. Die Peene trennt gleichzeitig Vorpommern von Mittelpommern. Das stark gegliederte Usedom besteht aus diluvialen Inselkernen, die durch Hagen, Halbinseln und Nehrungen: im Norden des Achterwassers die Loddiner Halbinsel, die Halbinsel Gnitz und der Wolgaster Ort im Süden Usedomer Winkel, Lieper Winkel und Balmer Winkel miteinander verwachsen sind.

Vor langer Zeit war Usedom eine der Küste vorgelagerte Insel. Mit der Zeit wuchs sie mit mehreren kleinen Inseln durch eine anhaltende Verlandung zusammen. Dabei ist Usedom keineswegs flach. Das Innere ist mit Höhenunterschieden bis zu 60 m hügelig und vielerorts bewaldet. Im Osten erstreckt sich das Dünengelände der 15 km breiten „Swinepforte" bis nach Wollin.

Über dem Untergrund aus Kreide, Ton und Lehm findet man in der „Usedomer Schweiz" im Süden Endmoränen mit Hügeln und Seen, darunter den Gothensee (609 ha), den Schmollensee (515 ha), den Gr. und Kl. Krebssee, den Wolgastsee und den Zerninsee. Die Seen sind von weiten Niederungen wie der Pudalga-Niederung, dem Thurbruch und dem Zirniner Becken und diese von niedrigen Bergen umgeben.

An der Nordspitze Usedoms beginnt die gradlinige pommersche Ausgleichsküste, die sich bis zum 300 km östlich gelegenen Hela erstreckt und die nur durch wenige Flüsse unterbrochen wird. Der größte Teil der stark vom Meer bedrohten Insel ist Landschaftsschutzgebiet.

Das milde Klima mit Sommertemperaturen zwischen 15–20 Grad Celsius und die sandige Küste macht Usedom seit dem 19. Jh. zu einem der beliebtesten Ferienziele Nordostdeutschlands. Besonders die Berliner und – bis 1945 – die Stettiner gehören bzw. gehörten zu den Stammgästen der „Pommerschen Riviera" zwischen Karlshagen und Swinemünde. Beste Reisezeit: die trockenen Monate Mai, Juni und September. 1938 wurden in den fünf wichtigsten Badeorten (Ahlbeck, Bansin, Heringsdorf, Zinnowitz, Swinemünde), die sich wie Perlen an einer Schnur entlang der Ostsee aufreihen, insgesamt mehr als 1,8 Mio. Übernachtungen gezählt. Heute ist aus Usedom eine „Ferieninsel der Werktätigen" geworden mit zahlreichen Erholungsheimen, Ferienlagern und Campingplätzen. Zwischen Bansin, Ahlbeck und Ueckeritz werden jährlich 200 000 Urlauber gezählt. Dazu kommen die Tages- und Wochenendgäste. Privaturlauber haben es schwer, im Sommer eine Unterkunft zu finden. Charakteristisch für alle Badeorte sind die Teilung in ein Ferienzentrum mit modernen Gebäuden und ein Dorf mit Fachwerkhäusern und Strohdächern.

Geschichte

Einige Forscher vermuten, daß sich auf Usedom (bei der Insel Ruden oder bei Damerow) die sagenhafte Stadt Vineta befunden hat. Andere nehmen dagegen Wollin als Standort an. Im 12. Jh. ließen sich auf der damals schon zu Pommern gehörenden Insel Siedler aus Niedersachsen nieder. Zwischen 1648 und 1815 gehörte sie zu Schweden und kam dann an Preußen. Zusammen mit der benachbarten Insel Wollin bildete Usedom bis 1945 den mittelpommerschen Landkreis Usedom-Wollin, der 693 km^2 groß war und 1939 83 450 Einwohner zählte. Heute trennt die Grenze zwischen Deutschland und Polen die Insel. Seit 1945 gehört der Ostteil Usedoms (91 km^2) zu Polen.

Nachdem wir die Peene überquert haben, gelangen wir nach **Bannemin** (6 km), wo wir die R 111 verlassen und auf einer nach Nordwesten führenden Nebenstraße in das von Wiesen und haushohen Dünen mit 100jährigen Kiefern umgebene Fischerdorf **Trassenheide** (800 Einwohner) fahren. Ein 3 km langer Strand lädt zum Schwimmen ein. Nächstes Ziel ist das Seebad **Karlshagen** (2300 Einwohner), ein von Wäldern, Wiesen und Mooren umgebener Ort auf dem Wolgaster Ort zwischen Ostsee und Peene. Vor dem Kriege war das Fischerdorf vor allem für seine gutgeführten Kinderheime bekannt. Karlshagen besitzt einen 1 km langen und 40 m breiten Sandstrand. Die Siedlung wurde 1829 gegründet und 1837 nach dem Regierungsrat Karl Triest benannt. Ende des 19. Jh. entwickelte sich Karlshagen zum Seebad. Ein Denkmal erinnert an die Zwangsarbeiter, die im Dritten Reich im KZ bei Peenemünde starben.

Der alte Fischerort **Peenemünde**, auf dem Wolgaster Ort, liegt 4 km nordwestlich im einsamen Dünen- und Waldgebiet des Peenemünder Hakens an der Mündung des Peenestroms in die Ostsee. Wegen seiner strategischen Lage an der Flußmündung war das Dorf oft umkämpft. Die Namen Dänholm und Schanze erinnern noch daran. 1628 besetzten Christian IV. von Dänemark und die Truppen Wallensteins den Platz. 1630 wurden sie von Gustav Adolf von Schweden vertrieben, der hier mit seiner Armee landete. Zwischen 1939 und 1945 wurden in der Peenemünder Heeresversuchsanstalt Raketen gebaut. Hier, in Peenemünder Forst, entwickelten W. Dornberger und der aus Wirsitz stammende Freiherr Wernherr v. Braun (geb. 1912) mit ihren Ingenieuren die ersten raketengetriebenen Flugzeuge und 1942 die Rakete A 4, die spätere V 1 und V 2 und die ersten Fernraketen der Welt. Überall im Forst lagen die gut getarnten Versuchsanlagen, Labors, Produktionsstätten, Abschußrampen und Unterkünfte, mit elektrischer Eisenbahn. Trotzdem gelang es englischen und amerikanischen Bombern, einen großen Teil der Anlagen am 18. 8. 1943 zu zerstören. Ende Mai 1945 holten die Amerikaner v. Braun und 400 deutsche Ingenieure und Wissenschaftler in die Vereinigten Staaten und ließen sie in Alabama die Startbasis für die Eroberung des Weltraumes errichten.

Rund 3 km nördlich der Nordwestspitze Usedoms liegt die Insel **Ruden**, die früher mit dem rügenschen Mönchgut verbunden war. Die Insel ist ein Naturschutzgebiet und Schauplatz der Novelle „Auf der Düne" des Magdeburger Erzählers Friedrich Spielhagen (1829-1911). Einige Forscher vermuten, daß sich hier im Gauland Jom und nicht auf Wollin die alten Städte Vineta und Jomsburg befunden haben. Der Greifswalder Bodden sei früher ein 400 km^2 großes unter dem Meeresspiegel liegendes Marschland gewesen. Der Böttcher- und der Schuhmachergrund, zwei Untiefen, sollen an zwei Stadtviertel des untergegangenen Vineta erinnern. Hier landete am 24. Juni 1630 Gustav II. Adolf von Schweden und begann nach Niederschlagung Polens (1629) seinen Feldzug auf seiten der deutschen Protestanten gegen die römisch-katholischen Kaiserlichen. Sein Eingreifen rettete den deutschen Protestantismus und ermöglichte zugleich den Aufstieg Schwedens zur Großmacht. Nach seinem Sieg über Tilly bei Breitenfeld (1631) und der Eroberung München, fiel er am 16. 11. 1632 in der für ihn siegreichen Schlacht bei Lützen gegen Wallenstein.

KURZINFORMATIONEN

Camping: Trassenheide, Karlshagen.

ZINNOWITZ

Das heute größte Seebad Usedom (4400 Einwohner, 1939: 2000, 274 000 Übernachtungen) erstreckt sich auf einer 1,5 km breiten Landenge an den Hängen des Glienberges zwischen der Ostsee und dem Achterwasser, wo sich der kleine Hafen befindet. Im Norden und Osten ist Zinnowitz von Buchen- und Nadelwäldern umgeben, welche die rauhen Nord- und Ostwinde abwehren. An der Ostsee dehnt sich vor der breiten Promenade ein 2 km langer und 40 m breiter feinsandiger Strand aus.

Zinnowitz wird urkundlich erstmals 1309 unter dem Namen Tzys als wendisches Fischerdorf erwähnt. Es gehörte damals dem Zisterzienser-Kloster Krummin. 1638 wurde das Dorf Zitz und das 1563 säkularisierte Kloster zerstört. 1750 gründete Friedrich der Große den heutigen Ort als Domäne und Kolonistendorf (Holländerei) Zinnewitz. Ab 1850 entstand unweit des Dorfes eine besonders bei Berlinern beliebte Hotel- und Villenstadt, die sich stolz „Perle der Ostsee" nennt. Besonders schön ist Zinnowitz im Herbst, wenn die Buchenblätter rot erleuchten. Ihre Farbpracht hält dank des wärmespendenden Meeres länger als auf dem Festland.

AUSFLÜGE

Rund 4 km südöstlich liegt hübsch zwischen Dünen, erratischen Blöcken und einem 400 m breiten Wald am Achterwasser der kleine Bade- und Fischerort **Zempin** (1000 Einwohner). Im Zweiten Weltkrieg gab es hier eine Versuchsstation für V-1-Raketen. Vor dem Ort dehnt sich ein 2 km langer und 30 m breiter Strand aus. Am Südende der hügeligen Halbinsel **Gnitz**, die zwischen dem Krumminer Wiek und dem Achterwasser liegt, lohnt das Bauerndorf **Lütow** (400 Einwohner) mit seinem 400 m langen und 50 m breiten Badestrand einen Besuch. Im Ortsteil **Netzelkow** steht eine interessante turmlose Kirche. In Netzelkow fand man 1936 in einem Großsteingrab einen Topf mit „Amazonenäxten" (Doppeläxten) aus Bernstein und zylindrische Bernsteinperlen. In Netzelkow wurde der Heimatdichter Wilhelm Meinhold (1797-1851) geboren. Sein bekanntestes Werk ist die „Bernsteinhexe", das er für eine von ihm gefundene Chronik des 17. Jh. über den Dreißigjährigen Krieg ausgab. Vom weißen Berg (32 m) im Südwesten der Halbinsel bietet sich eine schöne Aussicht. Idyllisch ist es auch an der Stör Lanke. Seit einigen Jahren wird auf Gnitz Erdgas gefördert.

Kurz hinter Zempin verengt sich die Insel Usedom auf 350 m. Hier gab es in den vergangenen Jahrhunderten häufig Durchbrüche der Ostsee (im 18. Jh. allein sechsmal). Bei **Damerow** soll der Sage nach Vineta gelegen haben. Wegen des lasterhaften Lebens ihrer Bewohner sei die Stadt vom Meer verschlungen worden. Am Ostermorgen soll die Stadt wieder auftauchen und manchmal, so die Usedomer, könne man die Kirchglocken hören.

Am Fuß des 60 m hohen, von der Ostsee unterspülten buchenbestandenen Streckelberges erstreckt sich auf der schmalen Nehrung zwischen Ostsee und Achterwasser, das sich hier auf 1500 m verengt, zwischen saftigen, grünen Wiesen die Fischersiedlung **Koserow** (1800 Einwohner). Lange gehörte das Dorf den Herzögen von Pommern. 1815 bepflanzte man die Dünen, um dem weiteren Vordrängen des Meeres Einhalt zu bieten. Seit 1846 ist Koserow dank seines 3 km langen Badestrandes unterhalb der Steilküste ein beliebtes Seebad. Von 1821 bis 1826 lebte in Koserow der Pastor und Dichter Wilhelm Meinhold. Bei der schweren Sturmflut am 12./13. 11. 1872 wurde Koserow fast ganz zerstört.

Die frühgotische, aus Granit und Ziegeln gebaute Koserower Kirche stammt aus dem 13. Jh. und besitzt einen schönen spätgotischen Flügelaltar vom Ende des 15. Jh. Eine Mauer aus Findlingsblöcken umgibt das Gotteshaus. Vom Streckelsberg, einer mit Buchen bestandenen Stauchendmoräne und höchster Erhebung Usedoms, hat man eine herrliche Fernsicht. Um das Jahr 1400 soll sich auf dem Berg ein Lager des Seeräubers Klaus Störtebekers befunden haben. 1 km vor der Küste liegt das aus Granitblöcken bestehende Vineta-Riff. Hier soll nach Angaben der Koserower das von Adam von Bremen 1075 als civitas Jumneta und reichste Stadt Europas bezeichnete Vineta gelegen haben.

2 km südöstlich dehnt sich der romantische und fischreiche **Kölpingsee** aus. Der See ist nur durch eine 100 m breite Nehrung vom Meer getrennt. Das nahe **Loddin** (1000 Einwohner), erstmals 1270 erwähnt, ist ein ruhiges Fischerdorf mit gutem Strand. Südlich des Kölpingsees erheben sich die 43 m hohen **Pagelunsberge**, die steil ins Achterwasser abfallen. 3 km südlich von Loddin liegt die ins Achterwasser hineinragende Halbinsel des **Loddiner Höft** mit einer Steilküste.

Von Koserow geht es weiter auf der R 111. Im 5 km südöstlichen, zwischen Wockninsee und Achterwasser liegenden langen Fischerdorf **Ueckeritz** (1000 Einwohner), in dem noch alte strohbedeckte Häuser stehen, das 1270 erstmals als Uckerz erwähnt wird, kann man angeln, rudern, radfahren oder schwimmen. Ausgedehnte Laub- und Nadelhochwaldungen umgeben den klimatischen Waldkurort. Nun führt unser Weg zwischen dem Forst Pudagla im Norden und dem Schmollsee im Süden weiter gen Osten. Am Westufer des Schmollsees (515 ha) liegt das Dorf **Pudagla** (330 Einwohner), in dem ein 1547 an der Stelle eines Prämonstratenser-Klosters zweigeschossiges Renaissanceschloß steht. Von hier ist es nicht weit zum Badeort Bansin.

KURZINFORMATIONEN

Camping: Zinnowitz, Zempin, Koserow, Loddin, Ueckeritz, Lütow.

BANSIN

Das beliebte Ostseebad Bansin (2900 Einwohner, 1939: 1000; 1938: 286 000 Übernachtungen), das an der Pommerschen Bucht und der „Pommerschen Riviera" liegt und vor dem Kriege mit Heringsdorf um den Titel des vornehmsten Bades der Insel Usedom wetteiferte, besitzt einen 1 km langen und 50 m breiten steinfreien Strand und ist von Dünen, Hügeln, Wäldern und einer bewaldeten Steilküste umgeben. Südlich des Ortes erstreckt sich die Usedomer Seenplatte mit sieben Seen. Bansin ist Geburtsort des Schriftstellers Hans Werner Richter (geb. 1908), dem Initiator der „Gruppe 47".

Bansin entstand 1897 als Villenkolonie aus dem ehemaligen Vorwerk der Domäne Pudagla, das durch Friedrich den Großen in ein Bauerndorf umgewandelt worden war. Sehenswert ist das Tropenhaus mit Aquarien und seltenen Pflanzen. Eine 5 km lange Strandpromenade verbindet Bansin mit den Ostseebädern Heringsdorf und Ahlbeck.

2 km südlich des Ortes liegen der Gothensee, der Große und der Kleine Krebssee, im Südwesten der Schmollensee. Im Forst Pudagla stehen neben mitteleuropäischen Bäumen auch Douglasfichten und amerikanische Walnußbäume. Auf dem Langen Berg (54 m), etwa 2 km nordwestlich, stehen ein Forsthaus und eine Gaststätte. Sehr schön ist der kleine Mümmelkensee (gelbe Seerosen) am Fuße des Berges. 3 km entfernt liegt das Forsthaus Fangel, 5 km östlich Heringsdorf.

KURZINFORMATIONEN

Camping: Bansin.

HERINGSDORF

Der durch Hügel und 1200 Morgen Buchen-, Eichen- und Kiefernwälder vor rauhen Winden geschützte heilklimatische Kurort (4200 Einwohner, 1939: 1700) mit steinfreiem Sandstrand ist seit dem 19. Jh. ein bekanntes und beliebtes Ostseebad mit 400 m langem hölzernem Seesteg. Die aus einem 400 m tiefen Brunnen stammende Sole enthält 1 mg Jod je kg Wasser. Zwischen dem 14. Jh. und Anfang des 19. Jh. stand hier nur der „Neue Krug". 1829 legte der Oberförster v. Bülow, welchem der Krug und das nahe Rittergut Gothen gehörte, das erste Logierhaus und die Fischersiedlung an. 1820 wurde der Ort von dem preußischen Kronprinzen und späteren König Friedrich Wilhelm IV. scherzhaft Heringsdorf genannt (anderen Angaben zufolge nach dem Schriftsteller Wilhelm Häring, Pseudonym Willibald Alexis). 1828 begann der Badebetrieb. Bis in den Zweiten Weltkrieg gehörte Heringsdorf zu den elegantesten Badeorten an der deutschen Ostseeküste und galt als sommerlicher Vorort von Berlin. Es war das Modebad der Haute Volée der deutschen Reichshauptstadt. 1938 wurden 312 000 Übernachtungen gezählt.

Ausflüge führen auf der Strandpromenade nach Bansin oder Ahlbeck (je 2 km), in den Heringsdorfer Forst zum 6 km südlichen Gothensee, zum bewaldeten Präsidentenberg (46 m). Vom Bismarckturm hat man einen weiten Ausblick. 1 km südlich, zum Wolgastsee (4 km südlich, Bootsverleih und Gaststätte) und zum steilen Kulm (35 m, schöne Aussicht). Zwischen Hügeln und Laubwäldern erstreckt sich 2 km östlich von Heringsdorf das Ostseebad Ahlbeck.

AHLBECK

Das alte Fischerdorf und bis in den Zweiten Weltkrieg Seebad der gehobenen Mittelschicht und kinderreichen Familien mit 5000 Einwohnern besitzt einen über 4 km langen Sandstrand. 1938 zählte man 522 000 Übernachtungen. Damit stand Ahlbeck an der Spitze der Usedom-Wolliner Seebäder. 1932 waren es nur 24 000 gewesen. Von der 5 km langen Strandpromenade führt eine Seebrücke ins Meer. Ahlbeck (benannt nach dem Bach Aalbeek) entstand Mitte des 18. Jh., als das Hochmoor des nahen Thurbruchs entwässert wurde. 1852 kamen die ersten Badegäste. Bald war Ahlbeck ein besonders bei den Berlinern beliebtes Familienbad. Bekannt ist es auch für seinen Räucherfisch. Spaziergänge führen zum Wolgastsee (2 km südlich) und von dort

Das Strandbad Ahlbeck

KURZINFORMATIONEN

VERKEHR:

Bahn- und Busverbindungen auf der Strecke Wolgast-Ahlbeck. Anlegestellen der „Weißen Flotte".

Touren: Schiffsfahrten, in Bansin auch Kremserfahrten, Kutter- und Pferdekutschenfahrten von Ahlbeck.

Fremdenverkehrsbüros: Zinnowitz: Kurverwaltung, Karl-Marx-Str. 7, Tel. 2 40; **Koserow:** Kurverwaltung, Hauptstr. 5, Tel. 2 31; **Bansin:** Kurverwaltung, Karl-Marx-Str. 64, Tel. 8 72; Reisebüro, Karl Marx Str. 10, Tel. 5 97; **Heringsdorf:** Kurverwaltung, Delbrückstr. 62, Tel. 7 63; Reisebüro, Delbrückstr. 62, Tel. 6 60; **Ahlbeck:** Kurverwaltung, Dünenstr. 45, Tel. 82 28.

UNTERKUNFT:

Hotels: Zinnowitz: Hotel Erzhammer, Wilhelm-Pieck-Str.85, Tel. 305; **Heringsdorf:** Hotel Stadt Berlin, Ernst-Thälmann-Str. 38, Tel. 4 13; Hotel Waldblick, Ernst-Thälmann-Str. 33, Tel. 3 22; **Ahlbeck:** Ostsee-Hotel, Dünenstr. 41, Tel. 81 32.

Camping: Karlshagen, Trassenheide, Zinnowitz, Zempin, Koserow, Bansin, Heringsdorf, Ahlbeck, Kamminke, Korswandt.

RESTAURANTS:

Zinnowitz: Hotel Erzhammer; **Bansin:** Gaststätte Adlerhorst; **Heringsdorf:** Hotel Stadt Berlin; **Ahlbeck:** Seebrücken-Restaurant.

SPORT:

Zinnowitz: Angeln, Rudern (Bootsverleih), Schwimmen, Segeln, Tennis; **Koserow:** Angeln, Radfahren (Fahrradverleih), Wassersport; **Bansin:** Tennis, Wassersport (Bootsverleih); Heringsdorf: Tennis, Wassersport; **Ahlbeck**: Angeln, Boccia, Cricket, Tennis, Wassersport.

UNTERHALTUNG:

Zinnowitz: Kurkonzerte, Theater; **Koserow:** Freilichtbühne, Konzerte; **Bansin:** Kurkonzerte; **Heringsdorf:** Konzerte, Theater; **Ahlbeck:** Konzerte.

VERANSTALTUNGEN:

Zinnowitz: Juli: Segelregatta, int. Tennisturnier (1. Juliwoche); **Bansin:** Februar: Karneval (Rosenmontagsumzug), Sommer: Int. Tanzturnier.

weiter zum Golm (59 m) in das nahe Naturschutzgebiet mit Buchen und Traubeneichen. Im Thurbruch (südlich des Gothensees) nisten zahlreiche Sumpf- und Wasservögel.

Von Ahlbeck führt die R 111 in östlicher Richtung weiter nach dem Hafen- und Badeort **Swinemünde**, der nur 5 km entfernt ist. Seit 1945 trennt die Grenze hier die beiden Teile Pommerns.

Ein Ausflug bringt uns von Ahlbeck über Korswandt und Zirchow zum Kleinen Ort **Kamminke**, der am Kleinen Stettiner Haff und der Grenze liegt.

Die Grenze durch Usedom

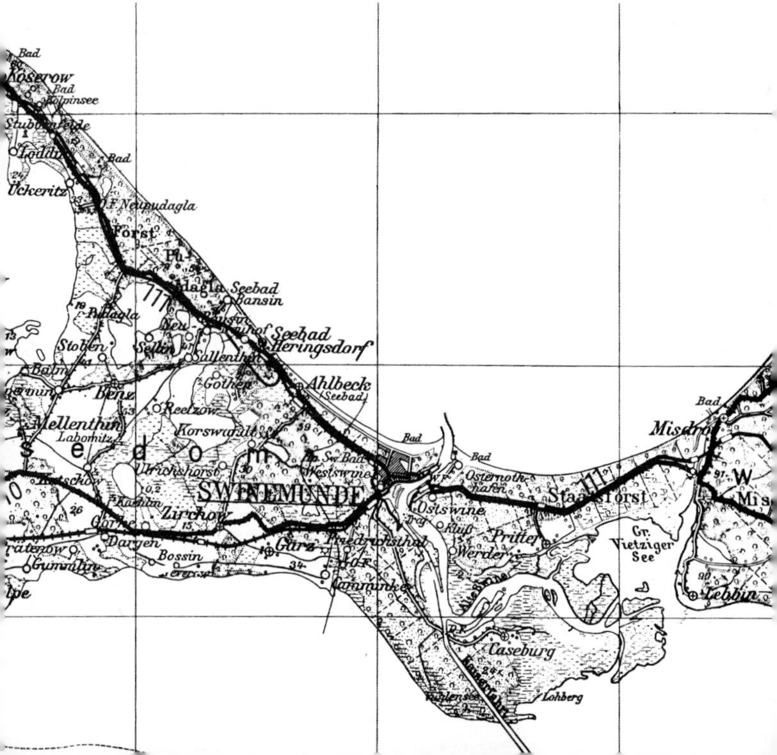

4. Durch das südwestliche Vorpommern

Zwischen Strelasund, Recknitz, Peene und Tollense liegt ein fruchtbarer Landstrich, in dem vor allem Weizen und Zuckerrüben angebaut werden. Unterbrochen werden die Felder von Buchen- und Eichenwäldern.

Von Stralsund geht es diesmal auf der R 194 (F 194) in südlicher Richtung. Bei **Kleinhagen** verlassen wir die Hauptstraße und biegen nach rechts in die über die Landstädtchen Richtenberg nach Franzburg führende Straße ein. **Richtenberg** (2400 Einwohner), das am gleichnamigen See liegt, besitzt eine hoch stehende gotische Backsteinkirche aus dem 15. Jh. mit einer Kanzel aus der Zeit um 1700. Berühmt ist die ehemalige Tuchmacherstadt durch den „Richtenberger Korn". In der alten Kreisstadt **Franzburg** (2800 Einwohner), die 1587 von Herzog Bogislaw XIII. als Tuchmacherstadt gegründet wurde und ebenfalls am Richtenberger See liegt, ist die gotische Backsteinkirche des ehemaligen Zisterzienser-Klosters Neuenkamp (14.–16. Jh.) besuchenswert. Im Innern gibt es eine spätgotische Madonna auf der Mondsichel (15. Jh.). Am kleinen, von Rotdornbäumen umgebenen Marktplatz steht das Rathaus, das nach hinten zu eine herrliche barocke Hofanlage besitzt. Beachtenswert sind auch die schönen alten Haustüren an der Hauptstraße. Im nahen **Prerow** fand man friesische und arabische Silbermünzen aus dem 9. Jh., die auf einen damals lebhaften Handel zwischen Vorpommern, der Nordsee und dem Mittelmeer hinweisen.

Rund 14 km südlich von Franzburg liegt an der Trebel und durch den Prahmkanal mit der Recknitz und damit mit dem Saaler Bodden verbunden, unweit der mecklenburgisch-pommerschen Grenze auf einem schmalen Landrücken das Städtchen **Triebsee** (4200 Einwohner), das mehrmals (so 1165) von den Dänen verheert wurde. Fürst Wizlaw III. von Rügen, zu dessen Land damals die Terra Tribusses gehörte, verlieh dem Ort 1285 deutsches Stadtrecht. Über die von grünen Wiesen eingefaßte Trebel, stellt Triebsee ein geschlossenes Stadtbild dar.

1310 traf sich in Triebsee Wizlaw von Rügen mit Wartislaw von Pommern und dem Markgrafen Waldemar von Brandenburg und verzichtete zugunsten des Deutschen Ordens auf Ostpommern. Sehenswert ist die hochgelegene, von alten Bäumen umgebene dreischiffige Thomas-Kirche am dreieckigen Markt, ein frühgotischer

Backsteinbau aus dem 14. Jh.. Im Innern gibt es einen schönen spätgotischen Flügelaltar (15. Jh.) und eine Kanzel aus dem 16. Jh.. Von der mittelalterlichen Stadtbefestigung sind der Mühlenturm und der Steintorturm (beide 15. Jh.) erhalten. Aus Triebsee stammte der plattdeutsche Schriftsteller Heinrich Bandlow (1855–1933), bekannt durch seinen „Naturdoktor Stremel". Triebseer waren auch der Maler Louis Douzette (1834–1924), der berühmt wurde durch seine Winter- und Mondscheinlandschaften, und der Theologe Johann Spalding (1714–1804).

Am 10. 11. 1627 schloß Herzog Bogislaw von Pommern in Franzburg mit Hans Georg v. Armin, dem Vertreter Wallensteins, die Franzburger Kapitulation, durch die den kaiserlichen Truppen Quartiere gegeben wurden: „Damit begann die Unglückszeit Pommerns", schreibt der Historiker Wehrmann.

Über Deyelsdorf, Glewitz und Nossendorf geht es von Triebsee parallel zur Trebel ins 30 km südöstlich im ehemaligen Land Plote gelegene Demmin.

DEMMIN

Die reizvoll gelegene Kreisstadt (17 200 Einwohner, 1939: 16 000) an der Mündung der schiffbaren Flüsse Trebel und Tollense in die ebenfalls befahrbare Peene liegt an einer alten Via regia (Königsstraße) und an der Nordbahn Berlin-Stralsund-Rügen sowie der Kreuzung der Reichsstraßen Berlin-Stralsund und Stettin-Rostock. Das Flußgebiet bei Demmin bildet den Übergang vom mecklenburgischen Höhenrücken zur fruchtbaren vorpommerschen Niederung. Sie ist ein Zentrum der Maschinenbau- und Nahrungsmittelindustrie und war vor dem Kriege Mittelpunkt der vorpommerschen Pferdezucht.

Geschichte

Demmin ist eine der ältesten Siedlungen Pommerns. 1077 als Burg, als „sehr große Stadt" und „wichtiger Handelsplatz" von Adam von Bremen gegründet. Demmin dürfte schon um das Jahr 500 entstanden sein. Von 786 bis 1211 wird der Name häufig in Urkunden genannt. Auf seiner zweiten Missionsfahrt ins Pommernland kam Bischof Otto von Bamberg im Frühjahr 1128 von Havelberg nach Demmin. Hier traf er mit Herzog Wartislaw von Pommern zusammen, der soeben die Liutizen besiegt hatte. Beide zogen dann nach Usedom weiter. 1147 belagerte ein von Bernhard von Clairvaux, dem aus burgundischem Adel stammenden Gründer des Zisterzienserordens, christliches Kreuzfahrerheer Demmin. Doch konnte Herzog Wartislaw durch Verhandlungen seinen Abzug erreichen. 1216 teilten die Herzöge Kasimir und Bogislaw Pommern. Kasimir erhielt das Land Demmin, Bogislaw Stettin. 1223 nahm König Waldemar II. von Dänemark Demmin ein. Doch gelang es den Pommern, die Burg mit Hilfe der Lübecker zurückzuerobern. Heinrich der Löwe, Albrecht der Bär und die dänischen Könige versuchten vergeblich, den festen Platz in strategisch wichtiger Lage einzunehmen. Zwischen 1152 und 1164 war Demmin Residenz der Herzöge Kasimir I. und Wartislaw III. von Pommern. 1177 belagerten Mecklenburger und Brandenburger vergeblich die Stadt. 1128 trafen sich Bischof Otto von Bamberg und Herzog Wartislaw I. in der „stolzen und vornehmen Feste Demmin" zusammen. Am 23. 3. 1234 unterzeichnete Herzog Barnim I. von Pommern eine Urkunde, nach der die Lübecker „auf einige Zeiten" von Zoll und Ungeld befreit wurden. Seit 1236 besitzt Demmin deutsches Stadtrecht.

Am 29. 8. 1251 schlossen die Herzöge Barnim I. von Pommern und Wartislaw I. von Demmin in Demmin mit der Stadt Lübeck „einen ewigen und festen Frieden". 1283 trat Demmin der Hanse bei. Bis 1759 war Demmin eine wichtige Festung an der Grenze zu Mecklenburg. Ein mittelalterlicher Chronist schrieb: „Es ist ein fester Ort, seine Mauereinwohner sind harte und wehrtrotzige Gesellen, stehen auf ihren Rechten und Freiheiten gar breitbeinig, greifen lieber nach Spieß und Schwert, als das sie knien." Früher trieb Demmin auch einen schwunghaften Getreide- und Viehhandel mit Skandinavien. Am Ende des Zweiten Weltkrieges wurde Demmin teilweise zerstört. In Demmin wurden der Pathologe Prof. Dr. Julius Fohnheim (1839–1884) geboren und Adolf Pompe, der Dichter des Pommernliedes.

Stadtbesichtigung

Im Stadtzentrum erhebt sich die gotische, von einem fast 100 m hohen Turm überragte **St.-Bartholomäi-Kirche**, ein im 14. Jh. errichteter und nach 1945 restaurierter dreischiffiger Backsteinbau mit Gemälden aus dem 17. Jh. und der romanischen Plastik „Die Madonna aus Wolkwitz". Hübsch ist auch das von einem Glockenturm gekrönte **Rathaus**. Aus dem 13. Jh. stammt die **St.-Spiritus-Klosterkapelle**. Von der alten Stadtbefestigung haben sich neben Teilen der Mauern das **Kuh- oder**

Die St.-Bartholomäi-Kirche in Demmin

Luisentor (13.–15. Jh.) und der **Pulverturm** erhalten. Im **Heimatmuseum** kann man vorgeschichtliche Funde und Möbel aus dem 13.–18. Jh. betrachten. Bis 1945 gab es in Demmin eine Sippenhalle mit den Namen und Wappen alter Demminer Geschlechter, darunter den Schimmelmann v. Cardell, v. Maltzahn, v. Heyden-Linden und Ludendorff und dem Modell der Festung von 1617.

AUSFLÜGE IN DIE UMGEBUNG

Demmin besitzt einen 5000 ha großen Forst. Der größte Teil davon ist Hochwald. Spaziergänge lohnen sich durch das mit Buchen bestandene Devener Holz. In den Sandbergstannen stand bis 1945 ein Denkmal für die Gefallenen des Demminer Ulanenregiments. Es wurde von den Kommunisten zerstört. Daneben befindet sich eine Kampfbahnanlage mit 50 000 Plätzen und einem Ehrenmal für die im Ersten Weltkrieg gefallenen Demminer.

Rund 14 km westlich von Demmin liegt an der R 110 (F 110) der kleine, in der alten Terra Circipan des Liutizenbundes liegende, ehemals pommersche, doch schon lange zu Mecklenburg gehörende Ort **Dargun** (3900 Einwohner), der durch einen Kanal mit der Peene verbunden ist und inmitten herrlicher Buchenwälder am reizvollen Klostersee liegt. 1172 gründeten hier neben einem alten Burgwall im Lande Circipanien Zisterziensermönche ein Kloster. Es wirkte anregend auf zahlreiche Klöster in Pommern. Doch bereits 1199 zogen sie wegen der Nähe der unruhigen Grenze weiter nach Norden und gründeten das Kloster Hilda (Eldena) bei Greifswald. Der Mönchorden Sacer Ordo Cisterciensis ging aus dem 1098 von Robert v. Molesme gegründeten benediktinischen Reformkloster Citeaux in Burgund hervor. Die Mönche lebten nach dem Motto „ora et labora" (= bete und arbeite) und hatten sich auf die Kultivierung von Wildnissen konzentriert. Die ersten Mönche in Dargun kamen aus dem mecklenburgischen Doberan, das wiederum von Mönchen aus Amelunxborn (Weser) gegründet worden war. Amelunxborn war eine Tochtergründung (Filiation) von Altenkamp (Rheinland), dessen Mönche aus Morimond gekommen waren. Morimond wurde 1115 von Molesme gegründet. Mitte des 12. Jh. besaß Zuillemar Tessimeritz, Kastellan von Demmin, das nahe Gut **Gottkow** (Paradiesberg). Um 1500 war Joachim v. Tesmar Besitzer.

Im 17. Jh. entstand an seiner Stelle ein Renaissanceschloß, das heute eine Ruine ist. Erhaltengeblieben sind die Reste der Schloßkirche (13.–15. Jh.) und die schönen Arkadengänge des Schlosses (16. Jh.).

In der Dorfkirche (13. Jh., im 18. und 19. Jh. umgebaut) steht ein beachtenswerter spätgotischer Flügelaltar. Am idyllischen Klostersee gibt es ein Strandbad und eine Gaststätte und am Westufer zieht sich ein unter Naturschutz stehender Wald hin. Am Kummerower See, 14 km südwestlich, liegt das Fischer- und Bauerndorf **Verchen** (600 Einwohner), in dem die frühgotische Kirche eines 1245 angelegten ehemaligen Benediktinerinnen-Klosters steht. Im Innern des Backsteinbaus gibt es spätgotische Glasmalereien, einen Altar aus dem 15. Jh. und eine Kanzel aus dem 17. Jh. Am 6. Juli 1164 siegten Gunzelin von Schwerin und Heinrich der Löwe bei dem in der Terra Tolenze gelegenen Verchen über die verbündeten Liutizen und Obotriten.

Über Alt-Sommersdorf gelangt man am 22 km^2 großen, 11 km langen und 4 km breiten Kummerower See entlang in das Dorf **Kummerow** (800 Einwohner). Besuchenswert sind hier die gotische Backsteinkirche aus dem 13. Jh. und das Barockschloß aus dem 18. Jh., das seit vor 1432 der Familie v. Maltzahn gehört. Das heutige Schloß wurde 1730 von Landrat Axel Albrecht v. Maltzahn nach dem Brand des alten Gebäudes errichtet. Rings um das heute u. a. als Gemeindebüro und Schule dienende Schloß dehnt sich ein durch Lenée geschaffener Park aus. Bis 1937 gehörte auch das seitdem zum Kreise Malchin (Mecklenburg-Schwerin) gehörende Gut **Rottmannshagen** den Freiherrn v. Maltzahn. Es bildete zusammen mit weiteren Dörfern eine 4000 ha große pommersche Enklave, die sogenannten „sieben preußischen Dörfer".

Am Südwestufer des Kummerower Sees, an der Grenze zu Mecklenburg, erstreckt sich die idyllische Bruchlandschaft von **Gorschendorf**. Im Süden Vorpommerns liegt 30 km entfernt von Demmin inmitten eines fruchtbaren Weizen- und Zuckerrübenanbaugebietes an der R 96 im wiesenreichen Tal der Tollense die Kreisstadt (seit 1952) **Treptow a. d. Toll** (auch Altentreptow) mit 7500 Einwohnern (1939: 5000). Schon im Jahre 1128 war Treptow ein bedeutender Ort: damals sandte es Ratsherren zum Landtag in Usedom. 1192 stifteten zwei vornehme Wenden hier ein Nonnenkloster, das 1245 nach Marienwerder bei Verchen verlegt wurde. Der aus dem nahen mecklenburgischen Stavenhagen gebürtige Dichter Fritz Reuter (1810–1874) lebte von 1850 bis 1856 in Treptow und schrieb hier sein Werk „Läuschen in Riemels", mit dem er berühmt wurde. Auch sein Roman „Ut mine Stromtid" (1864) mit dem gemütlichen Landwirt Onkel Bräsig spielt teilweise in Vorpommern.

Zu den Sehenswürdigkeiten gehören die mächtige spätgotische Backstein-Hallenkirche St. Petri (14.–15. Jh.) mit einem spätromanischen Taufstein und einem spätgotischen Flügelaltar aus dem 15. Jh., die spätgotische St.-Jürgen-Kapelle (15.–16. Jh., später Spital), das Neubrandenburger Tor und das Demminer Tor (beide spätgotisch, 15. Jh.). Am Mönchgraben, in der Mühlenstraße und auf der Wallpromenade gibt es idyllische Winkel. Westlich von Treptow liegt das lange zwischen Pommern und Mecklenburg umkämpfte Rittergut **Wolde**, dem sogenannten „Freistaat Wolde". Im 15. Jh. erwarben die Herren v. Maltzahn den Besitz von den v. Winterfeld. Später gelangte es über die Freiherrn v. Burkersrode, die Reichsgrafen v. Moltke, die Freiherrn v. Maltzahn und die Familien v. Plassen und v. Fabrice an den Kammerherrn v. Heyden-Linden auf Tützpatz.

Auf einer Nebenstraße gelangt man von Treptow ins 8 km nordwestliche Tüt**zpatz** (800 Einwohner) mit einer spätgotischen Granitkirche und einem Barockschloß von 1779. Bis zum Siebenjährigen Krieg gehörte der Besitz der Familie v. Maltzahn. Dann übernahm 1775 Karl Friedrich

KURZINFORMATIONEN

VERKEHR:

Die Bahnlinie Stralsund-Neubrandenburg-Berlin durchquert das beschriebene Gebiet. Busverbindungen bestehen auf den Strecken Rostock-Anklam, Stralsund-Stavenhagen und Greifswald-Neubrandenburg.

INFORMATION:

Fremdenverkehrsbüro: Demmin: Rat der Stadt.

UNTERKUNFT:

Hotels: Demmin: Schweriner Hof, Markt 24, Tel. 20 62; **Altentreptow**: Mecklenburger Hof, Friedrich-Engels-Str., Tel. 3 25.

Camping: Demmin, Dargun, Verchen, Sommersdorf, Kummerow.

RESTAURANTS:

Demmin: Schweriner Hof; **Altentreptow**: Mecklenburger Hof.

Pommerns. Besonders eindrucksvoll ist der Mittelbau. Die alten Wappen der Familie v. Linden und v. Ramin wurden nach dem Kriege entfernt. v. Linden auf Wietzow Tützpatz und baute das heutige Schloß im niederländischen Barockstil. Es gehört zu den schönsten Herrenhäusern. Nach dem Tode des kinderlosen Erbauers ging Tützpatz an Georg Christian v. Heyden über, der den Namen Heyden-Linden annahm. Nach einem verheerenden Feuer im Jahre 1908 wurde das Schloß im alten Stil wiederaufgebaut. 1945 plünderten die Russen die wertvolle Inneneinrichtung. Heute ist Tützpatz Sitz eines agrarökonomischen Instituts. Südlich des Ortes liegen mehrere Hünengräber. In **Gültz** (4 km nördlich, zu Fuß von Tützpatz oder Straße via Burow), das 1100 Einwohner zählt, erheben sich eine spätgotische Kirche aus dem 13. Jh. (später umgebaut) und ein spätklassizistisches Schloß der Familie v. Maltzahn aus dem Jahre 1872.

An der Straße nach Stavenhagen, 10 km südlich von Demmin, liegt das Dorf **Schwichtenberg**, aus dem der Schmiedemeister Jürgen Amtsberg (gest. 1686), der Stammvater von Claus von Amberg (Gemahl der niederländischen Königin Beatrix).

Nach Demmin zurückgekehrt, geht unsere Fahrt nun auf der R 194 in das 12 km nördlich auf einer Insel zwischen Voßbach, Peene, Schwinge, Mooren und Wiesen gelegene Städtchen **Loitz** (5600 Einwohner, 1939: 5000). Der Ort in der alten Terra Losisze wurde im Jahre 1242 von Ritter Detlev v. Gadbusch angelegt und mit deutschen Siedlern besetzt. Bis Ende des 17. Jh. stand in Loitz eines der schönsten Renaissanceschlösser der Herzöge von Pommern. Es wird erstmals 1315 als festes Haus an dem wichtigen Flußübergang an der häufig umkämpften Grenze zwischen Pommern und Mecklenburg genannt. Herzog Ernst Ludwig baute die Burg aus. Zwischen 1590 und 1631 lebte hier seine verwitwete Gemahlin Hedwig Sophie von Braunschweig-Wolfenbüttel. Nach den schweren Zerstörungen während des Dreißigjährigen Krieges wurde das Bauwerk bis 1700 abgerissen. Sehenswert sind in Loitz die frühgotische Marien-Kirche aus dem Anfang des 13. Jh. (im 17. und 19. Jh. umgebaut) und das mittelalterliche Steintor. Einen Abstecher lohnt das östlich von Loitz am Südufer der Peene gelegene Gut **Alt-Plestlin** der Freiherrn v. Langen-Keffenbrink aus dem 19. Jh..

Fährt man auf der R 194 von Loitz nach Grimmen, so stößt man in **Klevenow** an der Trebel auf eines bis 1945 schönsten Herrenhäuser Pommerns. Es ging aus einer alten Grenzfestung gegen Mecklenburg hervor und gehörte seit 1484 der Familie v. Wakenitz (später Freiherr v. d. Lancken-Wakenitz). Nach den Zerstörungen des Dreißigjährigen Krieges baute Carl v. Wakenitz die heutigen Gebäude. Nach einem Brand im 19. Jh. wurden die Wirtschaftsgebäude erneuert und von einem 60 Morgen großen Park mit uralten Eichen und Teichen umgeben. Zur Zeit dient das Herrenhaus als Altersheim. Zahlreiche alte Bäume wurden abgeholzt, um Platz für ein Sportgelände zu machen. Von Klevenow sind es nur noch 5 km bis zur Kreisstadt Grimmen.

GRIMMEN

Das am Oberlauf der Trebel inmitten einer ausgedehnten Wiesenniederung gelegene Verwaltungszentrum des Kreises Grimmen mit 14 500 Einwohnern ist Mittelpunkt einer fruchtbaren landwirtschaftlichen Region. Seit 1960 wird in der Umgebung nach Erdöl und Erdgas gebohrt. In Grimmen wurde die Mutter von Fritz Reuter geboren.

Grimmen, das an der Trebelfurt der alten Salzstraße von Greifswald gen Süden lag und schon seit langem ein Burgort der Fürsten von Rügen war, wird 1267 erstmals urkundlich erwähnt. Lange war die Stadt zwischen Pommern und Mecklenburg umstritten. 1306 entstand die Grimmener Bursprake (Stadtordnung). Im Mittelalter war die Stadt häufig zwischen Pommern, Dänen und Mecklenburg umkämpft. In den Kriegen des 17. und 18. Jh. wurde der Ort oft geplündert. 1757 brannte der größte Teil Grimmens nieder. Zwischen 1648 und 1815 gehörte die Stadt zu Schweden und kam dann an Preußen.

Das gotische Rathaus, ein Backsteinbau, stammt aus dem 14.–15. Jh. und besitzt neben einem schönen Staffelgiebel über der offenen Vorhalle zierliche barocke Türmchen. Gekrönt wird das Bauwerk von einem offenen Glockenturm mit stilisierten Greif als Wetterfahne. Im Rathaussaal wurde im Mai 1697 die hübsche „Hexe" Anna Maria Hermann zum Tode verurteilt. Die mächtige **Marien-Kirche** ist ein frühgotischer Backsteinbau aus dem 13. Jh. mit prachtvollem Portal und Kreuzgewölbe. Die Renaissance-Kanzel mit kunstvollen Holzschnitzereien und das Chorgestühl mit Adelswappen und Innungszeichen der Handwerker stammen aus dem 18. Jh.. Ein Epitaph unter dem Turm zeigt den Edlen von Grellenberg in spanischer Rittertracht und seine Gemahlin. Von der mittelalterlichen Stadtbefestigung haben sich das massive **Stralsund-Tor** mit gotischen Ziertürmen, das spitzbogige **Triebsee oder Müllertor** und das ebenfalls spätgotische, um 1800 zerstörte und wieder aufgebaute

Greifswalder Tor aus dem 15. Jh. erhalten. Auf dem **Schloßberg** stand bis zum Dreißigjährigen Krieg ein Schloß, heute befindet sich hier ein Wasserturm. In dem Schloß lebte im Mittelalter die Fürstin Margareta, die Grimmen von ihrem Gemahl Witzlaw IV. von Rügen als Leibgedinge erhalten hatte.

KURZINFORMATIONEN

VERKEHR:

Bahn- und Busverbindungen an den Strecken Stralsund-Neubrandenburg und Rostock-Greifswald.

INFORMATION:

Fremdenverkehrsbüro: Rat der Stadt.

UNTERKUNFT:

Hotels: Hotel Weißes Röß'l, Karl-Marx-Str. 9, Tel. 23 41.

Restaurants: Hotel Weißes Röß'l.

Die Rückfahrt von Grimmen nach Stralsund erfolgt auf der R 194 über **Abtshagen**, das am Rande des großen Abtshagener Forstes (Naturschutzgebiet) liegt, und im 14. Jh. der Familie v. Tesmar, einem der ältesten Adelsgeschlechter Vorpommerns, das auch in Mecklenburg, Hinterpommern und im Preußenland saß, gehörte. Das Schutzgebiet umschließt Buchen-, Eschen- und Stileichenwälder. Außerdem wachsen hier zahlreiche seltene Pflanzen wie die Hohe Schlüsselblume, der Scheidengoldstern, die Dünnährige Segge, mehrere Arten von Waldorchideen und die Breitblättrige Glockenblume.

5. Von Greifswald über Anklam nach Swinemünde

Nach Anklam kann man von Greifswald auf zwei Wegen fahren: der erste führt entlang der R 109 (36 km), der zweite durch schöne Wälder (48 km).

Auf der R 109 passiert man **Hanshagen** (900 Einwohner) mit seiner gotischen Dorfkirche aus dem 13.–14. Jh. und einer Wassermühle (18. Jh., heute Gaststätte), **Zarnekow** und **Karlsburg** (1400 Einwohner), wo auf einer Anhöhe ein beachtenswertes Barockschloß von 1732 mit einem Barock- und Landschaftspark steht. Das Dorf hieß bis 1771 Gnatzkow und gehörte einst den Familien v. Horn, v. Schwobe und v. Buckow. Mitte des 16. Jh. gelangte es an die v. Normann und von diesen 1679 durch Heirat an die v. Bohlen auf Presenske (Rügen). Mit dem Aussterben der Grafen v. Bohlen (1828) kamen Dorf und Schloß durch Heirat an die Grafen v. Bismarck-Bohlen, denen es bis heute gehört. Das heutige Schloß wurde von Carl Heinrich v. Bohlen und seinem Sohn Carl Julius erbaut. Es gehört zu den hervorragendsten Zeugnissen des Hochbarock in Pommern. 1771 verbrachte hier der schwedische König Gustav III. die erste Nacht in seinem Staate. Er war auf dem Wege von Frankreich nach Stockholm, als er die Thronfolge antreten mußte. Der letzte Schloßherr, Dr. jur. Graf v. Bismarck-Bohlen, wurde im April 1945 auf Karlsburg von Soldaten der Roten Armee ermordet. Heute dient das Schloß als Diabetikerheim.

Wählt man die zweite Route, so fährt man von Greifswald zunächst auf der R 96 nach Süden und biegt nach 20 km in die nach Osten führende R 111 ein, um die 2 km entfernte alte Stadt **Gützkow** (3300 Einwohner, 1939: 2800) zu besuchen.

Das Castrum Gützkow war im 12. Jh. eine bedeutende Burg in Vorpommern und Sitz des Fürsten Mizlaw, der die zwischen der Peene und dem Greifswalder Bodden Terra Gostkowa beherrschte. Mehrere pommersche Familien, darunter die v. d. Lanken, v. Borke und v. Tesmar reklamieren Mizlaw als ihren Stammvater. Das Land umfaßte den heutigen Kreis Greifswald und Teile des Kreises Demmin. 1128 besuchte Bischof Otto von Bamberg den Ort und zerstörte den alten

Tempel, der „von ausnehmender Schönheit ...“ (so Ebo in seiner „Vita Ottonis“) war.

1163 legte König Waldemar die Burg in Schutt und Asche, 1175 war Pribislaw Tessimeritz pommerscher Kastellan von Gützkow. Unter Jaromar I. und Barnuta gehörte Gützkow zu Rügen und gelangte 1215 wieder an Pommern und Gützkow wurde eine Grafschaft. Nach dem Aussterben der Grafen fiel Gützkow 1359 an Pommern-Wolgast. Seitdem trugen die Herzöge auch den Titel Comitatus Guskoviensis. Die Tesmars teilten sich im 14. Jh. in mehrere Linien, die außer in Vorpommern auch in Hinterpommern im Deutschordensland und alten pommerschen Land Stargard (das 1292 an Mecklenburg kam) saßen. Um 1320 war Hinricus Tesmarus de Morin Marschall von Werle-Goldberg und Ritter auf Demmin und Bristow, sein Sohn Henning Camerarius des Herzogs von Pommern.

Im Zentrum der Stadt steht die aus dem 13. Jh. stammende und im 15. Jh. umgebaute frühgotische Nikolai-Kirche. An die alte Burg erinnert der Schloßberg. In einem kleinen See am Ostende des Ortes kann man schwimmen. Von Gützkow kehren wir dann wieder zur R 96 zurück und biegen in diese nach links ein. Am südlichen Ufer der Peene liegt das Städtchen **Jarmen**. Schon 1269 urkundlich als Stadt erwähnt, war Jarmen 1314 ein „befestigter Ort“. 1895 wurde eine Zuckerfabrik gebaut, wenig später eine Kunstmühle.

Einen Abstecher lohnt das südwestlich von Jarmen gelegene Rittergut **Kartlow**, das seit 1294 den Herren und jetzigen Grafen v. Heyden gehört, die durch den Getreidehandel mit England wohlhabend wurden.

Das Schloß, das seit 1945 sehr vernachlässigt wird, wurde von Gustav Friedrich Theodor Woldemar v. Heyden-Cartlow Mitte des 19. Jh. erbaut. Vorbild war das französische Renaissance-Schloß Chambord. In **Zemmin** (an der Straße nach Demmin) wurde 1913 der Wirtschaftskapitän Berthold Beitz geboren. Bei **Völschon** südlich von Jarmen an der R 96 fand 1329 eine Schlacht statt.

KURZINFORMATIONEN

UNTERKUNFT:

Hotels: Jarmen: Hotel Hintze, Straße der DSF, Tel. 2 04.

Fortsetzung des Textes auf Seite 177

Für die folgenden 20 Farbaufnahmen stehen hier die Bildlegenden in der Reihenfolge der Seiten:

Seite 161:
Das Museum an der Hakenterrasse in Stettin

Seit 162:
Das Regierungsgebäude an der Hakenterrasse in Stettin

Seit 163 oben: *Das alte Rathaus in Stettin*

Seite 163 unten: *Das Berliner Tor in Stettin*

Seite 164: *Die Jacobikirche in Stettin*

Seite 165 oben und unten: *Der Dom in Cammin*

Seite 166 oben: *Der Dom in Kolberg*

Seite 166 unten: *Kolberg, am Strand*

Seite 167 oben: *Die alte Feuerwache in Köslin*

Seite 167 unten: *Köslin, Marktplatz und Rathaus*

Seite 168 und 169: *In Pommern unterwegs*

Seite 170 und 171: *Stolp, alte Stadtmauer*

Seite 172: *Stolp, das Hohe Tor*

Seite 173: *Bütow, Turm der Ordensburg*

Seite 174 und 175: *Auf der Lontzkedüne unterwegs*

Seite 176 oben: *Das Kösliner Tor in Schlawe*

Seite 176 unten: *In der Kaschubischen Schweiz*

MUZEUM
NARODOWE

E74
Berlin

SZS 8510

OSZCZĘDNOŚCI
37

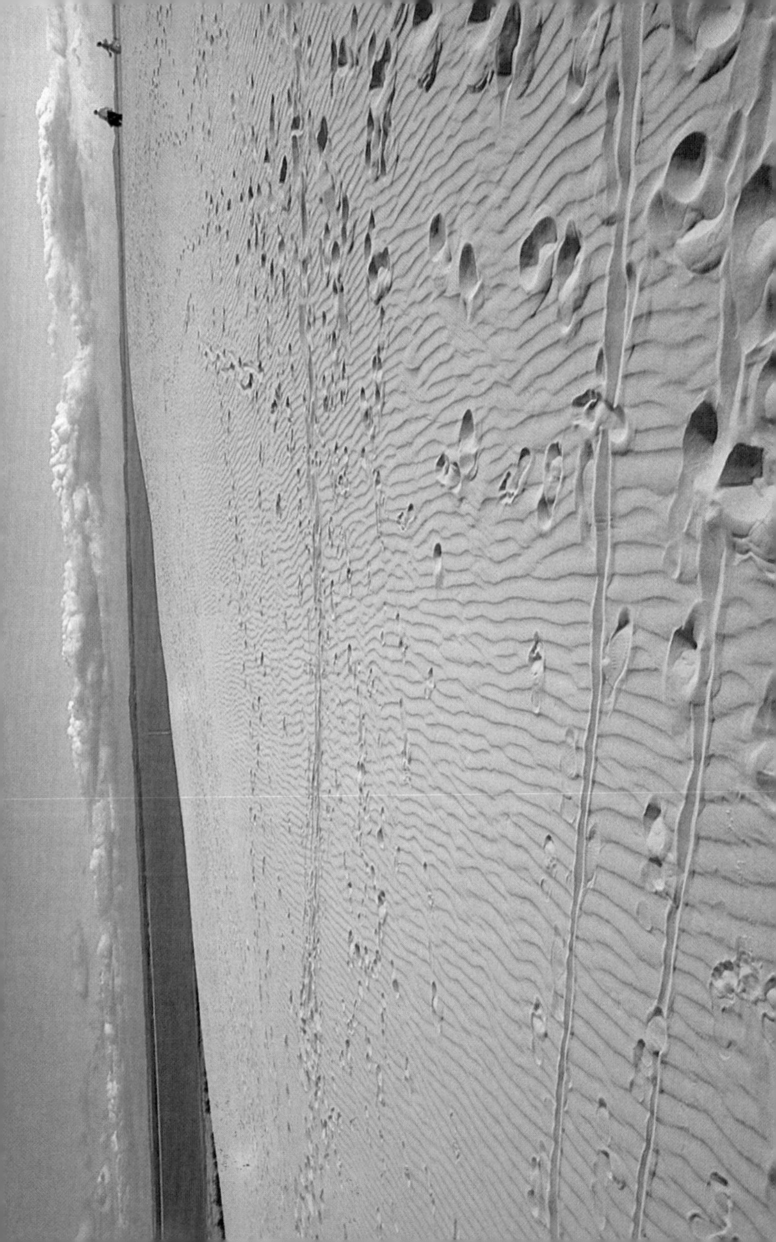

ZWISCHEN JARMEN UND ANKLAM

Von Jarmen setzen wir unsere Reise auf der R 110 in östlicher Richtung fort. In **Neetzow** steht ein 1850 errichtetes neogotisches Schloß der Familie v. Kruse. Der Gutsbezirk gehört seit 1800 dieser aus Schwedisch-Vorpommern stammenden Familie, die 1785 durch König Gustav Adolf von Schweden geadelt wurde. Das 1945 geplünderte Schloß wurde nach dem Kriege wieder restauriert und dient als Dorfgemeinschaftshaus und Agitationszentrum der SED. Von dem einst prächtigen Park sind nur noch Reste vorhanden. Die meisten Bäume wurden von den neuen Machthabern abgeholzt. In **Stolpe** sieht man die Ruinen eines Benediktinerklosters, das von Herzog Wartislaw I. und seinem Bruder Ratibor 1150 als ältestes Kloster Pommerns errichtet wurde. Die Mönche kamen aus Bergen bei Magdeburg. 1164 wurde im Stolper Kloster der Frieden zwischen Heinrich dem Löwen und König Waldemar von Dänemark auf der einen sowie Herzog Kasimir von Demmin auf der anderen Seite abgeschlossen. Auch der Pommernapostel Otto von Bamberg soll, auf der Peene reisend, in Stolpe gewesen sein. Der nahe Wartislavstein erinnert an Herzog Wartislaw I. von Pommern, der hier wegen seiner Förderung des Christentums auf der Jagd von einem der alten Göttern treu gebliebenen Fischer 1135 oder 1148 ermordet worden sein soll.

In dem einige Kilometer südlichen Dorf **Nerdin** wurde der berühmte Ornithologe und Gutsbesitzer Eugen Ferdinand v. Homeyer (1809–1889) geboren, der eine „Systematische Übersicht der Vögel Pommerns" veröffentlichte.

Nach weiteren 16 km sind wir in der alten Stadt Anklam.

ANKLAM

Die ehemalige Hanse-, Hafen- und Kreisstadt (19 500 Einwohner, 1939: 18 000) in der moorigen Niederung der ab hier schiffbaren Peene ist seit langem ein bedeutendes landwirtschaftliches Zentrum mit Binnenhafen und Standort einer vor dem Kriege florierenden Möbelindustrie. Wichtig waren vor dem Kriege Brauereien, Maschinenfabriken, Eisengießereien und die größte Zuckerfabrik Deutschlands.

Die kleine Stadt wurde 1242/43 in der Terra Gorswin neben einer alten Burg gegründet und erhielt schon vor 1264 deutsches Stadtrecht. Zwischen 1648 und 1815 bildete die Peene hier die Grenze zwischen Schweden und Preußen. 1676 eroberte der Große Kurfürst die Stadt, mußte sie jedoch wieder an Schweden zurückgeben. Im Nordischen Krieg (1713) besetzten Russen und Sachsen die Stadt. Nur durch Zufall entging Anklam dem Schicksal von Gartz und Wolgast, die als Vergeltung für die Brandschatzung des damals dänischen Altona (heute Vorort von Hamburg) durch die Schweden auf Befehl Peters des Großen eingeäschert wurden. Im Stockholmer Frieden (1720) wurde Anklam Preußen zugeschlagen. Nach dem Zusammenschluß von Alt- und Neuvorpommern blühte Anklam auf. 1945 erlitt die Stadt schwere Zerstörungen.

Größter Sohn Anklams ist der Ingenieur und Flugpionier Otto Lilienthal (1848–1896). Als erster Mensch führte er seit 1891 bei Berlin Gleitflüge über mehr als 100 m Länge aus. Als Kind hatte Otto den Störchen auf den Wiesen vor seiner Heimatstadt zugesehen, wie sie ihren Jungen das Fliegen beibrachten und sich vorgenommen, es ihnen einst nachzumachen. 1896 stürzte er bei einem Flugversuch in den Stöller Bergen (Mark Brandenburg) tödlich ab. Die Lilienthal-Gesellschaft (1936–1945) vereinigte alle an der Luftfahrtforschung interessierten deutschen Wissenschaftler und Ingenieure. Otto Lilienthal war schwedischer Herkunft und mit der 1789 aus Frankreich geflohenen baskischen Familie Cabos verwandt.

Ebenfalls gebürtiger Anklamer waren der Generalmedicus und Leibarzt Friedrichs des Großen, Christian Andreas Cothenius (1708–1789), der außerdem Direktor der Kaiserlichen Akademie der Naturforscher und Ehrenmitglied der Königlich-Preußischen Akademie der Wissenschaften war, und der Schriftsteller Ulrich Sander, der seine vorpommersche Heimat beschrieb.

Die dreischiffige St.-Marien-Kirche, ein gotischer Backsteinbau, stammt aus dem 13.–15. Jh. Der 102 m hohe Turm der Hallenkirche wurde 1887 errichtet. Im Innern gibt es auf den Pfeilern des Langhauses durch den Arkadenbögen bemerkenswerte bunte mittelalterliche Fresken, mit ornamentalen und figurlichen Darstellungen, Marienstatuen aus dem 15. Jh., Grabsteine aus dem 14.–18. Jh. sowie ein steinernes Epitaph des Achim v. Riebe (von Ph. Brandin, 1585) an der rechten Chorwand und sieben Kapellen aus dem 15. Jh. Im Saal des Rathauses hängen 11 Brustbilder pommerscher Herzöge.

Die gotische Pfarrkirche St. **Nikolai** am Marktplatz, die einen hohen Turm und am Hochaltar herrliche Holzschnitzereien besaß, wurde im 14. Jh. ebenfalls aus Backsteinen gebaut und 1945 zerstört. Von der

Stadtbefestigung sind das spätgotische 32 m hohe, von Fialen (schlanken Türmchen) gekrönten Steintor (1434), ein Backsteinbau mit zierlichem Giebel an der Ostseite der Altstadt, der Wachtturm **Hoher Stein** (1458) und der **Pulverturm** erhalten. Im letzteren hatte Professor Spörer, der Entdecker der Sonnenflecken, 1870 in ihm eine Sternwarte eingerichtet. Im Geburtshaus Otto Lilienthals befindet sich das **Heimatmuseum**.

AUSFLÜGE

Einige Kilometer nordwestlich von Anklam steht in **Quilow** ein Wasserschloß im Renaissancestil aus dem 16. Jh. Sehenswert ist auch das westlich an der Straße nach Golchen bei Neuendorf liegende Gutshaus Janow. Es gehört seit 1579 den Grafen v. Schwerin. Auf der Rückfahrt nach Anklam kann man über den ebenfalls Schwerinschen Besitz Rehberg (am Landgraben) das Schloß von **Spantekow** (1200 Einwohner) besuchen. Die Renaissancefestung, eine Wasserburg, stammt aus dem 16. Jh. Bauherr des von einem Turm mit Barockhaube gekrönten dreistöckigen Herrenhauses war der Großhofmeister Ulrich I. v. Schwerin. Über dem massiven Tor sieht man das steinerne Relief des Erbauers. Doch schon zu wendischer Zeit soll das Mitte des 13. Jh. an Werner v. Schwerin erworbene „Castrum Spantecowe" bestanden haben. 1634–1677 gehörte es den schwedischen Grafen Steenbock. Dann wurde die Festung von dem Großen Kurfürsten gestürmt. In Spantekow wurde der Sprachforscher, spätere Dresdner Hofrat und Oberbibliothekar Johann Christoph Adelung (1732–1806) geboren. Er schuf u. a. 1775–1786 mit dem fünfbändigen „Grammatik Kritischen Wörterbuch der hochdeutschen Mundart" das bis dahin umfangreichste deutsche Wörterbuch.

Rund 8 km östlich (jenseits der R 197 Anklam-Neubrandenburg) liegt die Ruine der 1945 von den Sowjets niedergebrannten **Schwerinsburg**, ein von italienischen Künstlern zwischen 1720 und 1738 für den preußischen Generalfeldmarschall und Grafen Curt Christoph v. Schwerin (geb. 1684 in Löwitz bei Anklam), der in seiner Jugend in Holland und Mecklenburg gekämpft hatte, bevor er 1720 nach Pommern zurückkehrte, erbaut.

Ursprünglich hieß der Ort Kummerow. Doch König Friedrich Wilhelm I. von Preußen, der den Neubau 1735 besuchte, nannte ihn in Schwerinsburg um, denn: „Von Kummer ist nicht viel zu sehen!" stellte er bei der Besichtigung fest. Der Soldat und Diplomat (er war schon von den Mecklenburgern mit einem geheimen Auftrag in das Lager Karls VII. von Schweden in Poltava geschickt worden), wurde Gesandter des Soldatenkönigs in Warschau und saß auch im Kriegsgericht gegen den Sohn des Königs. Ihm war es zu verdanken, daß Friedrich nur zu Festungshaft und nicht zum Tode wie sein Freund Katte verurteilt wurde. Der Kronprinz, selber König geworden, dankte, indem er ihn zum Grafen und Feldmarschall ernannte. Schwerin saß dann in dem Geheimen Conseil, in dem der Schlesische Krieg vorbereitet wurde. Auch als Frauenheld machte der Graf von sich reden: nach dem Tode seiner ersten Frau ehelichte er als Siebzigjähriger seine Geliebte, die bildhübsche Hofdame v. d. Wackenitz. Lange konnte sich der Erbauer jedoch seines prächtigen Schlosses nicht erfreuen: am 6. Mai 1757 starb der Sieger von Mollwitz über die Österreicher und Eroberer von Prag. Der 71jährige „Vater Schwerin" war mit der Fahne seinen Truppen vorausgeritten und fand dabei den Tod, noch bevor sich die Siegesnachricht bei den Preußen verbreitete (im Ersten Schlesischen Krieg), in der Schlacht von Mollwitz bei Prag im Siebenjährigen Krieg. Friedrich der Große nannte ihn den „unstreitig größten General des Jahrhunderts".

Die Ruinen des Schlosses lassen die einstige Pracht nur ahnen: das nach dem gleichen Plan wie das spätere Reichskanzlerpalais in Berlin (vorher im Besitz des Bruders des Erbauers von Schwerinsburg) erbaute Gebäude bestand aus einem prächtigen Mittelbau mit zwei Flügeln. Über eine breite Freitreppe gelangte man zum Eingang und durch diesen in die große Eingangshalle. Dahinter lag der eindrucksvolle Gartensaal. Über beiden Sälen wölbte sich ein reich mit Stuckornamenten und Bildern der preußischen Königsfamilie geschmückter „Himmelssaal". Viele Bilder wurden von Antoine Pesne, dem Hofmaler des „Alten Fritz", geschaffen. In den Flügeln befanden sich ein Theater und eine Kapelle. Die Inneneinrichtung war im Stil des Barocks gehalten.

Unter dem Nachfolger des toten Generalfeldmarschalls, Generallandschaftsrat Graf Heinrich Bogislaw Detlev v. Schwerin, wurden die Bibliothek und die Gemäldesammlung vergrößert. Im 19. Jh. wurde die Schwerinsburg restauriert. Letzter Besitzer war 1945 Eberhard Graf v. Schwerin.

Südlich von Schwerinsburg steht in **Putzar** an der Grenze zu Brandenburg das ursprünglich aus dem 14. Jh. stammende Hauptschloß der Grafen v. Schwerin. Unter dem Großhofmeister Ulrich Schwerin wurde im 16. Jh. ein neues, zweigeschossiges Gebäude errichtet. Im 19. Jh. kam ein drittes Stockwerk hinzu.

Weiter östlich von Putzlar steht inmitten des Landgrabens auf einer Insel die Ruine des im 16. Jh. von Ulrich v. Schwerin auf den Mauern einer uralten Burg errichteten Schlosses **Landskron**. In **Boldekow** an der R 197 (westlich von Putzar) wurde Prof. Dr. Kurt Sprangel (1766–1833), ein bedeutender Mediziner und Botaniker, geboren.

KURZINFORMATIONEN

VERKEHR:

Bahnverbindung auf der Strecke Greifswald-Pasewald, Busse verkehren zwischen Anklam und Greifswald, Usedom, Ueckermünde und Friedland. Schiffsanlagestelle.

INFORMATION:

Fremdenverkehrsbüro: Rat der Stadt, Tel. 33 32.

UNTERKUNFT:

Hotels: Bahnhofshotel, Pasewalker Str. 18, Tel. 23 84.

RESTAURANT:

Bahnhofshotel

SPORT: Schwimmen

UNTERHALTUNG: Theater.

Von Anklam wenden wir uns auf der R 109 über die Peene „ins Schwedische", wie die Anklamer noch heute sagen, nach Norden und biegen hinter dem Fluß in die nach rechts abzweigende R 1 ein. Das westlich gelegene **Menzlin** war einst ein alter Handelsplatz. Im nahen **Murchin** steht ein seit 1819 der Familie v. Magdeburg-Homeyer gehörendes Herrenhaus. 1472–1792 gehörte Murchin den Grafen v. Schwerin.

Die 20 km nordöstlich in der ehemaligen Terra Lasam am Peenestrom liegende Kleinstadt **Lassan**, ein 1270 erstmals erwähnter Fischerei- und Küstenschiffahrtshafen, in dem früher viele Tischler lebten (1939: 2017 Einwohner), ist Geburtsort des bedeutendsten Künstlers des Ostseeraums im ausgehenden Mittelalter, des Malers, Schnitzers und Bildhauers Bernt Notke (geb. um 1440, gest. 1509). Sein größtes Werk ist der „Lübecker Totentanz" in der Lübecker Marienkirche (Teile davon in der Nikolaikirche von Reval). Der 26 m lange Totentanzfries verbrannte 1945. Weitere bedeutende Arbeiten sind ein „Triumphkreuz" (Lübeck), ein Hochaltar in Reval (Estland) und die St.-Jürgen-Gruppe in der Nikolai-Kirche von Stockholm, die er für den schwedischen Reichsverweser Sten Sture, seinem Gönner, schuf. Auch in Aarhus, Elbing, Riga, Helsinki und zahlreichen weiteren Orten Norddeutschlands und Skandinaviens (bis hin nach Masöy in der norwegischen Finnmark) sind seine Werke zu finden.

Hinter Johannishof überqueren wir auf der 1930/31 erbauten, 327 m langen Zeckenriner Brücke den Peenestrom und fahren auf die Insel Usedom. 3 km östlich liegt die gleichnamige Stadt.

KURZINFORMATIONEN

Camping: Murchin.

USEDOM

Die älteste Stadt auf der Insel Usedom liegt auf einem schmalen Landstreifen zwischen dem Peenestrom und dem Usedomer See und besitzt einen kleinen Hafen. Die 2800 Einwohner (1939: 1604) leben von der Verarbeitung landwirtschaftlicher Produkte, Fischen und Holz und der traditionellen Teppichknüpferei. Außerdem gibt es ein Agrarchemisches Werk.

Urkundlich wird der Ort Uznam (wend. Mündung) bereits im Jahre 946 als Hauptort der Region Wanzlow erwähnt. Damals war Usedom Sitz eines Vogtes, dessen Burg auf dem heutigen Schloßberg stand. Um 1115/1119 zerstörten die Dänen Burg und Siedlung. Am 10. Juni 1128 (Pfingsten) kam Bischof Otto von Bamberg nach Uznoim (Usedom) und taufte auf einer durch Herzog Wartislaw von Pommern einberufenen Landesversammlung zahlreiche wendische Adlige (ein Kreuz auf dem Schloßberg erinnert daran). 1156 stiftete Herzog Ratibor von Pommern in Grobe bei Usedom ein Prämonstratenser-Kloster, das zweite Pommerns. Es wurde mit Mönchen aus Magdeburg besetzt, das jedoch

1309 nach Pudagla bei Bansin verlegt wurde. Um 1254 war Usedom Sitz eines deutsches Burgherrn. Im selben Jahr wurde die St.-Pauls-Kirche errichtet (1809 abgerissen). 1298 erhielt der Ort durch Herzog Boleslaw IV. lübisches Stadtrecht. 1476 zerstörte ein Feuer große Teile der Stadt. 1535 siedelte der Vogt von Usedom nach Pudagla über, nachdem das Kloster säkularisiert worden war. 1574 wurde das Schloß als Sitz für die Herzoginwitwe erbaut. Zwischen 1648 und 1815 gehörte Usedom zu Schweden und kam dann an Preußen. Ende des 19. Jh. erlebte die Stadt dank ihrer Nähe zu den Ostseebädern einen wirtschaftlichen Aufschwung, der erst mit der Katastrophe von 1945 endete. Nach dem Kriege wurde Usedom durch die Eingemeindung der Orte des Usedomer Winkels vergrößert.

Die spätgotische **Marien-Kirche**, eine dreischiffige Hallenkirche aus dem 14.–15. Jh., wurde 1891 durch einen Neubau ersetzt. Neben dem **Rathaus** (18. Jh.) ist außerdem das schöne spätgotische **Anklamer Tor** (16. Jh.) mit der Heimatstube beachtenswert. Ein hübscher Wanderweg führt um den **Usedomer See**.

KURZINFORMATIONEN

VERKEHR:

Usedom liegt an der Hauptstraße von Anklam nach Swinemünde (Busse). Nächste Bahnstation ist Anklam (22 km).

INFORMATION:

Fremdenverkehrsbüro: Rat der Stadt, Platz des Friedens 1, Tel. 2 26 oder 3 28.

UNTERKUNFT:

Hotel: Norddeutscher Hof, Platz des Friedens 12, Tel. 2 26.

ZWISCHEN USEDOM UND SWINEMÜNDE

Rund 2 km nordöstlich von Usedom zweigt von der R 110 nach links eine Nebenstraße zur hügeligen und wiesenreichen Halbinsel Lieper Winkel ab, die vom Peenestrom und Achterwasser umflossen wird. In **Liepe** (13 km), einem Dorf von 300 Einwohnern, steht eine hübsche Dorfkirche mit gotischen Wandmalereien. 3 km weiter nördlich liegt das Bauern- und Fischerdorf **Warthe**, in dem Färsen gezüchtet werden. Ein guter Schwimmplatz befindet sich an der Hohen Schaar.

Von Warthe fahren wir über Morgenitz ins 12 km südöstlich gelegene **Mellenthin** (300 Einwohner), wo ein stattliches Renaissanceschloß (1575–1580) steht. Es wurde von Rüdiger v. Neunkirchen (Nienkerken), dessen Familie hier seit 1288 bezeugt ist, anstelle einer Wasserburg erbaut. Im Dreißigjährigen Krieg starb die Familie aus. 1648 ging Mellenthin an den Reichsgrafen Oxenstierna, den Sohn des schwedischen Reichskanzlers Axel Oxenstierna, über. Nach dessen Tod heiratete seine Gemahlin, die Reichsgräfin Margareta v. Brahe, den Landgrafen von Hessen-Homburg. 1669 belehnte der schwedische König den General Möller v. d. Lühe mit Mellenthin. Nach mehrmaligem Besitzerwechsel kaufte die Familie v. Bredow den Besitz.

Das Schloß besitzt neben drei bemerkenswerten Erkern im oberen Geschoß einen großen Saal mit einem Kamin im Stil der italienischen Spätrenaissance aus dem Jahre 1613.

In der frühgotischen Kirche von Mellenthin (14.–15. Jh.) kann man die kunstvollen Grabsteine von Rüdiger v. Neunkirchen und seiner Gemahlin, Ilsebe v. Eickstedt, sehen. Um diese Grabsteine rankt sich die Sage von der letzten Ruhestätte der „Bernsteinhexe" (Roman von Meinhold). Das Interieur der Kirche stammt weitgehend aus dem 18. Jh..

Etwa 1 km nördlich von Mellenthin gibt es eine Schwedenschanze. Von Mellenthin kann man nun entweder auf einer Nebenstraße in das 10 km nördliche Bansin oder auf der R 110 nach **Garz** am Kleinen Stettiner Haff fahren. Kurz hinter dem letztgenannten Ort teilt seit 1945 die Grenze Pommern in zwei Teile. Nur 3 km jenseits dieser Grenze liegt die Stadt **Swinemünde**, die man z. Zt. nur über Stettin oder mit der Fähre von Lübeck-Travemünde erreichen kann.

KURZINFORMATIONEN

Camping: Kamminke (bei Garz).

6. Durch die Uckermark nach Stettin

Von Anklam fahren wir auf der R 109 (F 109) in südöstlicher Richtung und biegen bei **Ducherow** in die nach Osten über **Leopoldsjagen**, das bereits zu Mittelpommern gehört, nach **Mönkebude** (1000 Einwohner) führende Straße ein. Mönkebude war im 12. Jh. Sitz eines Klosters und seit dem 19. Jh. ein bedeutender Binnenschifferhafen. Dann geht es entlang dem sumpfigen, schilfumgebenen Stettiner Haff nach Ueckermünde.

UECKERMÜNDE

Die von Wäldern und Wiesen umgebene Kreisstadt, 2 km entfernt von der Mündung der Uecker in das Kleine Stettiner Haff und am Rand der Ueckermünder Heide, einem ausgedehnten Waldgebiet, zählt 11 300 Einwohner und ist seit langem Zentrum der Fischverarbeitungs- und Ziegelindustrie und besitzt außerdem 30 Ringöfen (Gießereien). Vor dem Ort erstrecken sich ein 1 km langer Sandstrand und das Landschaftsschutzgebiet „Haffküste".

Ueckermünde soll schon um das Jahr 900 von einer starken Mauer umgeben und Sitz eines Fürsten gewesen sein. Urkundlich wird es jedoch erst 1168 erstmals als „Castrum Ukermund" erwähnt. Um 1260 erhielt der Ort durch Herzog Barnim I. von Pommern deutsches Stadtrecht. Gleichzeitig wurde ein Augustinerkloster gegründet, das jedoch 1276 nach Gobelenhagen und 1331 nach Jasenitz (nördlich Stettin) verlegt wurde. Im Mittelalter war Ueckermünde eine starke Festung, die Markgraf Friedrich II. von Brandenburg auch nach sechswöchiger Belagerung nicht bezwingen konnte. Bei der Landesteilung von 1295 kam die Stadt an die Stettiner Linie des Greifenhauses. Herzog Bogislaw X. hielt sich häufig auf dem hiesigen Schloß auf, ebenso seine beiden Gemahlinnen, Margarethe von Brandenburg und Anna von Polen. Letztere ist hier auch gestorben. 1473 zerstörte ein Feuer große Teile der Stadt. Eine Eroberung im Dreißigjährigen Krieg überlebten nur acht Männer und sieben Witwen. 1657 belagerten die Polen, 1675 plünderten die Brandenburger Ueckermünde. Auch im 18. Jh. kam die Stadt nicht zur Ruhe. 1710 raffte die Pest viele Einwohner hinweg. 1735 wurde sie von den Russen geplündert. 1720 kam Ueckermünde an Preußen. Friedrich der Große richtete eine Seidenraupenzucht und Manufakturen (Gerberei, Hut- und Tuchmacherei) ein. Im 19. Jh. war Ueckermünde ein bedeutendes Schiffahrtszentrum mit mehreren Werften und 43 Hochseeschiffen. Ende des Jahrhunderts wurde der Schiffbau angesichts der Konkurrenz aus Stettin eingestellt. Stattdessen entstanden Eisengießereien und Ziegelfabriken.

Das 1546–1551 auf einer Anhöhe unter Herzog Philipp I. von Pommern erbaute Ren**aissanceschloß**, von dessen vier Flügeln 1720 drei abgerissen wurden (erhalten blieb nur der Südflügel mit dem Bergfried und einem Treppenturm), diente vor dem Kriege dem Amtsgericht als Sitz und ist heute Museum. Um das Bauwerk ranken sich viele Geschichten. Über dem Turm-Portal sieht man das Relief des Erbauers und die Inschrift „VGG Philippus I., zu Stettin Pomme der Cassuwfn und Wenden Hertzog Fuerst zu Rugen und Graf zu Goeczkav nach Christi Geburt MCCCCCXVI (1546)".

Die barocke **Marien-Kirche** aus dem Jahre 1762 besitzt einen neogotischen Turm von 1863 und einen Kanzelaltar von 1775. Im **Rathaus** ist das Heimatmuseum untergebracht. Vom **Bollwerk** bietet sich ein schöner Blick auf den Hafen. Durch den Stadtforst gelangt man zu den **Schwedenschanzen**, unter denen die Schweden im 17. oder 18. Jh. ihre Kriegsbeute versteckt haben sollen. Besuchenswert ist auch der kleine Tierpark.

AUSFLÜGE

Eine Rundfahrt erschließt uns die U**eckermünder Heide**, die sich rings um die Stadt ausdehnt. Mit einer Fläche von 1000 km² ist die „Heide" zwischen dem 903 km² großen Stettiner Haff, der Oder im Osten und zur Zarow im Westen das größte zusammenhängende Waldgebiet Pommerns. Auf dem armen Sandboden stehen zwischen Dünen Kiefern und Birken. Im 16. und 17. Jh. wurden große Teile des Waldes abgeholzt. Seit 1720 jedoch setzte eine Aufforstung ein. Heute wird die Ueckermünder Heide zwischen Rieth (am Südufer des Warpersee) und Stolzenburg durch die Grenze zwischen der DDR und der VR Polen durchschnitten. In den dichtbewaldeten Grenzwald zwischen Ukrern und Pormoranen, der durch eine Burgenlinie (Rothenklempenow, Löcknitz, Grünz, Schmölln, Zichow, Vierraden) verstärkt wurde, und späteren Jagdgebiet der pommerschen Herzöge, hauste Mitte des 16. Jh. eine Räuberbande. Sie stand unter der Führung der Raubrittertochter Sidonia von Bork aus Stramehl. Zusammen mit der aus dem Kloster Marienflies befreiten „Hexe" Wolde Albrechts planten sie einen Überfall auf Herzog Ulrich und seine Gemahlin. Nur durch das Eingreifen Dinnies v. Kleist wurde das Herrscherpaar gerettet.

Unsere Fahrt geht zunächst am Kleinen Stettiner Haff entlang über **Bellin** zur alten Gutsherrschaft **Vogelsang**. Einige Kilometer südlich liegt das Dorf **Luckow**, in dem eine saalartige Fachwerkkirche aus dem

KURZINFORMATIONEN

VERKEHR:

Bahnlinie nach Pasewalk, Busverkehr nach Anklam und Pasewalk. Anlegestelle der Schiffe der „Weißen Flotte", die von hier nach Usedom, Stettin und Swinemünde fahren.

INFORMATION:

Fremdenverkehrsbüro: Kommunaler Zweckverband Erholungswesen, Straße der Befreiung 121, Tel. 30 06.

UNTERKUNFT:

Hotels: **Ueckermünde**: Hotel Stadt Plauen, Straße der Befreiung, Tel. 32 12; **Eggesin**: Hotel Mecklenburg, Karl-Marx-Str. 16, Tel. 3 17; **Warsin**: Hotel Zum Schwarzen Adler, Tel. Altwarp 3 23.

Camping: Grambin, Bellin, Ueckermünde.

RESTAURANTS:

Ueckermünde: Gaststätte Astoria, Straße der Befreiung 108; **Bellin**: Gaststätte Haffküste, Tel. 29 92.

SPORT:

Wassersport (Bootsverleih).

UNTERHALTUNG:

Konzerte, Theater (Gastspiele).

VERANSTALTUNGEN:

Mai: Segelregatta; Juli: Schloßhofkonzerte; August: (1. Woche) Ueckermünder „Haffwoche" (Volksfest); September: Segelregatta.

Jahre 1782 und ein mit vier Ecktürmen und einem dreitürigen Portalv. ausgestattetes Schloß, das zwischen 1845 und 1847 von Eduard Friedrich Enckevort erbaut wurde, stehen. Bis ins 13. Jh. gehörte Vogelsang den Herren v. Meckerwitz. Dann ging es bis 1740, als die Familie v. Enckevort mit dem Gut belehnt wurde, durch die Hände mehrerer Besitzer.

Von Luckow fahren wir durch ein schönes Waldgebiet nach **Altwarp,** das am Warper See, einer Bucht des Großen Stettiner Haffs, liegt. Durch die Bucht verläuft die Grenze. Auf dem gegenüberliegenden Ufer kann man den Ort **Neuwarp** sehen. Nun geht es entlang dem Warper See in südlicher Richtung auf schmalen Wegen parallel zur Grenze durch die Forst Mützelburg und **Eggesin** via **Jägerbrück** und die Stadt Eggesin (seit 1956) nach Ueckermünde zurück.

Wir verlassen Ueckermünde auf der parallel zur Uecker nach Süden führenden Straße und fahren nach **Torgelow** (wo im Mittelalter viele Verträge abgeschlossen wurden). Einst stand hier die Hasenburg, die 1359 dem Geschlecht der Hasen zum Lehen gegeben worden war. Da die v. Hase sich jedoch durch Raub und Widerstand gegen den Herzog auszeichneten, ließ Herzog Wartislaw X. die Burg 1465 abreißen. Dann gab er ihren Besitz der Familie v. Muckerwitz. Nach deren Aussterben (1594) fiel Torgelow an den Landesherrn zurück. Hier gründete Friedrich der Große 1727 die ersten Kartoffeln in Pommern und 1753 mit dem Königlichen Eisenhüttenwerk den ersten Industriebetrieb Pommerns. 1945 wurde Torgelow zur Stadt erhoben. Von Torgelow geht es durch den Forst Neuenkrug nach Pasewalk, das am Abhang des Pommerschen Höhenrückens im schönen Tal der Uecker liegt.

PASEWALK

Urkundlich erstmals 1239 unter dem wendischen Namen Posdowick erwähnt, entwickelte sich die heute 15 200 Einwohner (1939: 12 600) zählende Kreisstadt im Schnittpunkt der Bahnlinien Berlin-Saßnitz-Schweden und Hamburg-Stettin-Danzig zu einem wichtigen landwirtschaftlichen Zentrum. Das Starkbier „Pasenelle" war einst weithin bekannt. Hugenotten führten den Tabakanbau ein. Nach 1250 erhielt der Ort deutsches Stadtrecht. Häufig wurde die Stadt in kriegerische Auseinandersetzungen zwischen Pommern, Brandenburg und Mecklenburg hineingezogen. Auch unter dem Dreißigjährigen Krieg hatte Pasewalk zu leiden. 1630 zerstörte der Kaiserliche Oberst Götze den Ort. Im 18. Jh. waren in der Stadt die berühmten „Markgraf Ansbach-Baireuth-Dragon" (2. Kürassier-Regiment) stationiert, die 1745 bei Hohenfriedeberg unter General Geßler den Sieg der Preußen über die Österreicher errangen. Im 18. Jh. siedelte Friedrich der Große in und um Pasewalk Pfälzer und Hugenotten an. 1768 kam der 1742 in Pasewalk geborene Sattlergeselle Thomas Michael Dangel nach langer Wanderschaft durch halb Europa nach Warschau. In wenigen Jahren war er Bankier, Großgrundbesitzer und Baron v. Dangel. Seinen Reichtum begründete er mit dem Bau von Kutschen nach englischem Muster für den Adel.

Am 10. 11. 1918, als in Berlin die rote Revolution ausgebrochen war, begann im zum Lazarett umgewandelten Schützenhaus zu Pasewalk die deutsche Tragödie: hier beschloß der bei einem Gasangriff vor Ypern (Belgien) verletzte österreichische Gefreite Adolf Hitler, Politiker zu werden. Im Zweiten Weltkrieg wurde Pasewalk zu 60% zerstört. Bis 1945 war die Stadt ein wichtiger Eisenbahnknotenpunkt an den Strecken von Stettin nach Hamburg und Berlin-Stralsund-Saßnitz. Heute ist Pasewalk Sitz mehrerer Nahrungsmittel-Großbetriebe. Drei rote bewehrte Greifenköpfe bilden das Wappen der Stadt.

Die Stadt ist in Form einer Ellipse angelegt. Auf dem großen, von schattigen Linden umsäumten Marktplatz steht das 1727 im

KURZINFORMATIONEN

VERKEHR:

Bahn- und Busverbindungen nach Anklam, Ueckermünde, Prenzlau, Neubrandenburg und Stettin.

Fremdenverkehrsbüro: Rat des Kreises.

UNTERKUNFT:

Hotels: Hotel an der Uecker, Bahnhofstr. 10, Tel. 30 47.

RESTAURANT:

Hotel An der Uecker.

SPORT:

Schwimmen.

UNTERHALTUNG:

Konzerte.

Renaissancestil errichtete Rathaus. Die schöne gotische **Marienkirche**, ein Backsteinbau, wurde im 13.–15. Jh. erbaut und im 18. und 19. Jh. umgebaut. 1984 wurde die Kirche schwer beschädigt. Sie wird seit 1987 jedoch wieder aufgebaut. Vor dem Gotteshaus steht das im 14. Jh. errichtete Mordkreuz. Ursprünglich aus der Mitte des 13. Jh. stammt die mit Granitquadern errichtete **Nikolai-Kirche,** die im 15. und 16. Jh. gotisch umgebaut und nach 1945 restauriert wurde. Im spätgotischen **Hospital zum Heiligen Geist** (16. Jh.), das 1952 restauriert wurde, befindet sich jetzt ein Feierabendheim. Von der alten Stadtbefestigung sind der **Pulverturm**, das **Preuzlauer Tor** und das **Mühlentor**, auch „Kiek in de Mark" genannt, erhalten. Das Mühlentor steht an der Stelle, wo der brandenburgische Kurfürst Friedrich II. 1445 durch Verrat in die Stadt gelangte. Seit Fertigstellung des Tores heißt es in Pasewalk: „Kiek in de Mark un trure nich; Markgraf Friedrich, de deit di nix." In der näheren Umgebung der Stadt liegen mehrere von Friedrich Wilhelm I. angelegte „Holländereien", die von Pfälzern und Mecklenburgern besiedelt wurden, die Sümpfe urbar machten und damit das Amt „Königsholland" schufen.

Die R 104, die bis 1945 Pasewalk mit Stettin verband, endet heute an der Grenze bei Lienken. Andere Reisende müssen den Übergang Pomellen/Kolbitzow weiter südlich nehmen. Dennoch lohnt sich eine Fahrt auf der R 104 in Richtung Osten. In **Polzow**, 2 km, zweigt eine Nebenstraße zum 11 km nordöstlich gelegenen **Koblentz** (350 Einwohner) ab. Das ehemalige Landgut gehörte früher den Grafen v. Eickstedt. Im Jahre 1800 reiste der Dichter Heinrich v. Kleist von Koblentz mit seinem Freund Ludwig v. Brockes nach Würzburg. Westlich des Dorfes erstreckt sich im Randower Bruch der Koblentzer See, an dessen Ufer seltene Pflanzen wachsen. Außerdem gibt es in dem Naturschutzgebiet eine Salzquelle.

Über Gorkow gelangt man von Koblentz zurück an die R 104 bei Löcknitz (3900 Einwohner), wo an einem See im Randower Bruch die Ruine einer Burg aus dem 14.–15. Jh. steht. Sie gehörte bis 1468 als Tafelgut des Bischofs von Cammin zu Pommern, war dann bis 1817 brandenburgisch und ist seitdem wieder pommersch. 1479–1688 waren die v. Schulenburgs hier Schloßhauptleute. Die Burg, von der nur noch der wuchtige Bergfried steht, geht auf eine ältere Anlage zurück, welche die Grenze zwischen den Luitizen und den Pommeranen schützte. Später schützte sie die Straße Stettin-Pasewalk gegen das nahe Brandenburg. 10 km südlich von Löcknitz liegt zwischen Hügeln und

Seen die kleine brandenburgische Stadt **Brüssow** (2000 Einwohner), in der eine beachtenswerte frühgotische Pfarrkirche (15. Jh.) mit Fachwerkturm, die Reste der mittelalterlichen Ringmauer mit Wiekhäuser und der Ruine eines Turmes aus dem 13. Jh. steht, sind sehenswert.

Südöstlich von Brüssow führt die Autobahn von Berlin nach Stettin. In **Penkun** (1800 Einwohner), das zu Pommern gehört, steht ein beachtenswertes, leider stark verfallenes Renaissanceschloß aus dem 17. Jh. Penkun soll schon 1190 mit Magdeburger Recht begabt worden sein. Urkundlich wird der Ort allerdings erst 1240 erwähnt und 1269 als Stadt genannt. Dank seiner Lage zwischen drei Seen bildete Penkun im Mittelalter eine wichtige Festung an der brandenburgisch-pommerschen Grenze. Das Schloß dient heute als Internat für die Kinder der proletarischen „Elite" des „ersten deutschen Arbeiter- und Bauernstaates". Ursprünglich stand in Penkum ein 1186–1190 von Bischof Siegfried von Cammin errichtetes festes Haus. 1250, als die Uckermark an Brandenburg fiel und der Randowbruch zur Grenze wurde, übernahmen die Herzöge von Pommern die Burg und benutzten sie als Jagdhaus. 1270 wurden die v. Hagen als Vögte eingesetzt.

Im 15. Jh. erhielt der Hauptmann Werner v. d. Schulenburg (1460–1515), Hofmeister (= Kanzler) der Kurmark und zeitweilig Landhauptmann von Pommern-Stettin und Verweser Pommerns, als Bogislav X. ins Heilige Land wallfahrte, das Rittergut Penkun als Geschenk. Er hatte zwischen Herzog Bogislaw X. von Pommern und Kurfürst Friedrich II. von Brandenburg Frieden gestiftet. Der Hauptmann erbaute 1484–1486 auf einer Anhöhe ein neues Schloß mit drei Flügeln. 1615 kaufte Landrat Henning v. d. Osten Penkun. Bis auf eine kurze Unterbrechung im 18. Jh. gehört das seitdem denen v. d. Osten. 1875 legte der Kammerherr Friedrich Wilhelm v. d. Osten anstelle des alten Weinberges einen Park an. Dank seiner dicken Mauern hat das eindrucksvolle Schloß alle Kriegswirren und auch die sowjetische Invasion von 1945 überstanden.

Auf einer kleinen Rundfahrt kann man von Penkun vier weitere alte Schlösser im westlichen Teil des Kreises Randow besuchen. Zunächst fahren wir entlang dem Penkuner See in südwestlicher Richtung über So**mmersdorf**, wo der Mordstein im Kirchhof an den Tod Hinriks v. Ramin, im Jahre 1423, erinnert. Der Ritter war von Bauersfrauen mit Spindeln erschlagen worden, weil er einer von ihnen zu nahe gekommen war. Zum Gut **Neuhof**, dem Geburtsort des ersten deutschen „Ontologen" (Ohrenfacharzt) Prof. Dr. Hermann Schwartze (1837–1910).

WARTIN

Das alte Rittergut gehörte ursprünglich der Familie v. Blankenburg und gelangte dann 1699 über die v. Ramin an den Landrat Joachim Bernd v. d. Osten. Später wechselte das im 18. Jh. im Stil des Barock erbaute und im 19. Jh. gotisierte Schloß mehrmals den Besitzer, bis es an die Familie Böttger kam.

Weiter südlich liegt das Rittergut **Blumberg**, ein alter Besitz der Familie v. Sydow. 1781 ging es an die v. d. Osten über, die hier bis 1945 saßen. Das Herrenhaus, das 1945 geplündert wurde, war bis 1991 noch ein Agitationszentrum der SED. Der größte Teil des einst schönen Forstes wurde abgeholzt.

Über die Bahnlinie Berlin-Stettin gelangen wir nach **Kummerow,** das an der Welse, dem Grenzfluß zwischen Pommern und Brandenburg liegt, und in ganz Deutschland bekannt wurde durch das Jugendbuch „Die Heiden und Gerechten von Kummerow", von dem aus dem nahen Biesenbrow (Uckermark) stammenden Ehm Welk (1884–1966).

Von Kummerow fahren wir nach **Kunow,** das 50 m hoch über dem Ulshorntal liegt. Das südlichste Dorf Vorpommerns wird 1281 erstmals genannt und besitzt eine schöne Granitquaderkirche im romanisch-gotischen Übergangsstil (13. Jh.) mit Fachwerkturm von 1750. Von **Vierraden,** das nördlich von Schwetz liegt, geht es am westlichen Oderarm nach **Gatow** und weiter entlang dem Fluß in die kleine Ackerbürgerstadt **Gartz.** Das im breiten Urstromtal der Oder gelegene Städtchen, von dem man den östlichen Teil Pommerns sehen kann, ist ein alter pommerscher Ort. 1308 wird hier ein Eremitenkloster erwähnt. 1249 begabte Herzog Barnim I. von Pommern den Ort mit magdeburgischem Stadtrecht. 1468 wurde er von den Brandenburgern erobert. Unter Herzog Bogislav X. war Gartz lange Residenz. In den Kriegen des 17. und 18. Jh. wurde die Stadt häufig geplündert (die Polen brannten die Stadt 1659 nieder) und 1945 schwer zerstört. Beachtenswert sind die Ruine der St.-Stephans-Kirche und die Reste der alten Befestigungen, darunter der Storchenturm, das schöne Stettiner Tor und der „blaue Hut". Über die 1945 zerstörte Brücke gelangte man früher zu den jetzt polnischen Oderwiesen. An der Oder entlang führt eine schmale Straße über Mescherin in das nach 1950 von den Polen an die DDR zurückgegebene Dorf **Staffede** und zum neugegründeten Dorf **Neu Rochlitz,** in dem vor allem Sachsen leben. Nach rechts führte die R 113 einst über die Oder nach Greifenhagen.

Hier verlassen wir den Fluß und biegen in die R 113 nach links ein. Nach einigen Kilometern sind wir in der bis 1815 brandenburgischen Enklave **Tantow,** wo ein im 19. Jh. errichtetes neugotisches Schloß der Familie v. Eickstedt steht. Das Rittergut, das an der Bahnlinie und der alten Straße Berlin-Stettin liegt und ursprünglich den Grafen Hohenstein gehörte, wurde um 1500 von dem aus einer sächsischen Familie stammenden pommerschen Landrentmeister Alexander erworben. Doch Kurfürst Joachim Friedrich von Brandenburg schenkte das Gut, das ein märkisches Lehen war, den Grafen Schlick. Diese verkauften es an Johann v. Arnim. 1617 ging das Gut erneut an die v. Eickstedt über, die es bis 1945 bewirtschafteten. Das 1843 eröffnete Bahnhofsgebäude ist das älteste Pommerns. Noch heute verkehren über Tantow Züge zwischen Berlin und Stettin.

KURZINFORMATIONEN

HOTELS: Löcknitz: Hotel Volkshaus, Chausseestr. 81, Tel. 3 85.

CAMPING: Löcknitz, Mescherin, Brüssow.

Hinterpommern (mit östlichem Mittelpommern)

Das Land östlich der unteren Oder wird seit 1648, als Pommern zwischen Schweden und Brandenburg geteilt wurde, Hinterpommern genannt.

In diesem Buch bezeichnet der Begriff den polnischen Teil Mittel- und Ostpommerns.

Das heutige Hinterpommern besteht aus den östlichen und südöstlichen Kreisen des alten Regierungsbezirks Stettin (dem östlichen Mittelpommern) sowie aus den Regierungsbezirken Köslin und Grenzmark Posen-Westpreußen.

Mittelpommern erstreckt sich vom Stettiner Hof mit den Inseln Usedom und Wollin im Norden bis zum Pyritzer Weizacker im Süden. Im Westen reicht die Region bis zur Ueckermünder Heide, im Osten bis zum Enzigsee. Verwaltungsmäßig umfaßt es die Kreise Randow, Ueckermünde, Stettin, Usedom-Wollin, Greifenhagen, Pyritz, Stargard, Saatzig, Naugard und Cammin mit 1939 zusammen 8553 km^2 Fläche und 854 450 Einwohnern, d. h. einem Drittel der pommerschen Bevölkerung. Die Hälfte davon wohnte in Stettin.

7. Stettin und Umgebung

Diese Route führt uns durch das östliche Mittelpommern zur Ostseeinsel Wollin. Sie verbindet die Hafenzentren Stettin und Swinemünde miteinander und berührt bekannte Badeorte und mehrere alte Städte. Neben ausgedehnten Stränden findet man entlang der Strecke Wälder, Dünen und Seen.

Der schnellste Weg von Norddeutschland nach Stettin führt über Mecklenburg und Vorpommern zum Grenzort Pomellen, während man von Berlin und aus anderen Teilen Deutschlands sowie Österreichs und der Schweiz am besten über die Autobahn Berlin-Stettin nach Pomellen gelangt. Stettin liegt am Westufer des 8 km breiten Odertals.

Zum Regierungsbezirk Stettin (16 159 km^2, mit 1933: 1 234 374 Einwohnern) gehören die Stadtkreise Greifswald, Stargard, Stettin und Stralsund sowie die Landkreise Anklam, Cammin, Demmin, Franzburg-Barth, Greifenberg, Greifenhagen, Greifswald, Grimmen, Neugard, Pyritz, Saatzig, Ueckermünde und Usedom-Wollin. Diese Landschaft beiderseits der unteren Oder, die seit Urzeiten eine Einheit bildete, ist seit 1945 durch die Oder-Neiße-Grenze getrennt. Allerdings: nördlich von Gartz hat man 1945 die Grenze zugunsten Polens nach Westen verschoben, so daß die östlichen Teile der Kreise Randow, Ueckermünde und Usedom-Wollin jetzt von Polen verwaltet werden. Die westlichen Kreisteile wurden auf die Bezirke Rostock und Neubrandenburg aufgeteilt. Die anderen Kreise Mittelpommerns fielen ganz unter polnische Verwaltung.

Mittelpommern gliedert sich landschaftlich in das Gebiet der Odermündung, das südlich daran anschließende Oder-Niederungsgebiet, das hinterpommersche Küstengebiet (Kreis Naugard) und das daran südlich anschließende hinterpommersche Binnenland (Stargard und Saatzig). Während das Küstengebiet aus Ausgleichs- und Steilküsten (bis 95 m) sowie aus der von Endmoränen und Dünen eingeschlossenen Swinepforte mit den beiden Inseln Usedom und Wollin besteht, ist das südlich anschließende Stettiner Haff der Rest eines eiszeitlichen Stausees.

Zu beiden Seiten der unteren Oder erstrecken sich ausgedehnte Kiefernwälder (Ueckermünder und Gollnower Heide).

Südlich des Haffs beginnt eine fruchtbare Grundmoränenlandschaft, die zu den End- und Stauchmoränen des Pommerschen Höhenrückens (bis

150 m in der Buchheide) ansteigt. Dazwischen liegen das tiefe, moorige Odertal und die Madü-Plöne-Niederung mit dem Dammschen-, dem Madü- und dem Plöne-See.

GESCHICHTE

Historisch gehörte der Zentralraum Pommerns schon immer zusammen. In frühgeschichtlicher Zeit lebten im unteren Oderraum Skiren, Dänen, Lemovier, Rugier und Burgunder. Kimbern, Teutonen und Wandalen wanderten durch das Odergebiet nach Schlesien. In den folgenden Jahrhunderten lebten hier die Nachkommen verschiedener Stämme, die Wenden oder Pomoranen genannt werden. Ab dem 8. oder 9. Jh. ließen sich an der Küste Wikinger nieder und gründeten die Jomsburg (heute Wollin). 1124/1125 und 1128 kam Bischof Otto von Bamberg nach Pommern und taufte in Pyritz, Stettin, Wollin und Usedom zahlreiche Pomoranen. 1140 entstand in Wollin ein Bistum, das 1182 nach Cammin verlegt wurde. 1156 und 1173 wurden die ersten Klöster Mittelpommerns (in Grobe/Usedom und Kolbatz) gegründet. Gleichzeitig ließen sich die ersten deutschen Bauern und Kaufleute in dieser Region nieder. 1250 verlor Pommern die Uckermark an Brandenburg. Im 13. Jh. schlossen sich mehrere mittelpommersche Städte der Hanse an. 1295 erfolgte die Teilung des Landes in die Herzogtümer Pommern-Stettin und Pommern-Demmin. Weitere Teilungen folgten im 15.Jh. Nach dem Aussterben der Stettiner Linie des Greifengeschlechts (1464) kam es zum Stettiner Erbfolgekrieg. Mit dem Regierungsanstritt von Bogislaw X. (1474) wurde Pommern wieder vereint. Mitte des 16. Jh. zog die Reformation in Pommern ein. 1648 wurde Mittelpommern zwischen Brandenburg und Schweden geteilt. Stargard wurde Hauptstadt des Hinterpommerns, Stettin von Vorpommern. Im Frieden von St. Germain (1679) wurden Cammin, Greifenhagen und Brandenburg zugeschlagen. 1720 erwarb König Friedrich Wilhelm I. von Schweden Usedom, Wollin, Stettin und Gollnow. Unter Friedrich dem Großen (1740–1786) begann die Trockenlegung des Oderbruchs und die Ansiedlung von 26 500 Bauern. Im Siebenjährigen Krieg (1756–763) mußten auch die mittelpommerschen Städte leiden. 1806 besetzten die Franzosen das Land. 1815 wurden drei Regierungsbezirke (Stettin, Köslin, Stralsund) geschaffen. Mittelpommern kam dabei zu Stettin. Vom allgemeinen Aufschwung Preußens und ab 1871 des Deutschen Reiches profitierte auch Mittelpommern. Stettin wurde der größte deutsche Ostseehafen. 1939 wurden der

Kreis Randow aufgelöst und die Konurbanition „Groß-Stettin" geschaffen. Seit 1945 zerschneidet die Oder-Neiße-Grenze Mittelpommern auf der Linie Warper See–Mescherin–Oder.

STETTIN (SZCZECIN)

Die alte Hauptstadt der preußischen Provinz Pommern und des Regierungsbezirks Stettin (390 000 Einwohner, 1939: 382 984) und Brücke zwischen Vor- und Hinterpommern, die landschaftlich sehr reizvoll an der sich hier weit verzweigenden Oder, der alten Viadua oder Odera bzw. Vandalenfluß unweit der Mündung des Flusses ins Stettiner Haff und 65 km von der Ostsee entfernt liegt, war bis 1945 der größte deutsche Ostseehafen und größte Hafen Preußens. Durch die Eingemeindung der Städte Altdamm und Pölitz sowie von 38 Gemeinden wurde Stettin mit 461 km^2 flächenmäßig die drittgrößte Stadt Deutschlands nach Berlin und Hamburg. Bevölkerungsmäßig stand sie im Reich an 18. Stelle, in Preußen nach Breslau an zweiter Stelle.

Die „Großstadt im Grünen", wie sie vor 1945 wegen ihrer zahlreichen gepflegten Parks stolz von ihren deutschen Einwohnern genannt wurde, ist auch heute eine der größten Hafenstädte an der Ostsee und zur Zeit Woidwodschaftshauptstadt sowie wirtschaftliches und kulturelles Zentrum des östlichen Mittelpommerns. Sie liegt malerisch inmitten von Wäldern und Höhen an der schiffbaren unteren Oder, die hier in mehreren Armen an der Randower Hochfläche in die Niederung des Stettiner Haffs eintritt. Die Oder teilt sich in ihrem Unterlauf in die westliche, eigentlich Oder, die Große Reglitz, die Kleine Reglitz, die Parnitz und den Dunzig.

An die Altstadt schließen sich im Westen und Norden die Vorstädte Grabow, Bredow, Westend mit einem Jahresumschlag von 9 Mio. t an. Östlich des Flusses liegen die Stadtteile Lastadie, Silberwiese und Altdamm. Im Osten und Nordosten dehnt sich das große Hafengebiet mit dem 1893–98 erbauten 61 ha großen ehemaligen Freihafen aus. Der 54 km^2 große Dammsche See (Jez. Dabie), der von Wald und Wiesen umgeben ist, gehört zum Stadtgebiet.

Stettin war bis 1945 der wichtigste Umschlaghafen für Kohle, Erdöl, Erze, Eisenwaren, Holz, Fische und Getreide und über die Oder und den Oder-Havel-Kanal mit Berlin und Oder und Klodnitzkanal mit dem

Oberschlesischen Kohlen- und Industriegebiet verbunden. Außerdem war Stettin die bedeutendste Industriestadt (Schiffbau, Zement-, Maschinen- und Zuckerfabriken und der „Feldmühle", Deutschlands größter Papierfabrik) mit den exklusiven Stoewer Autowerken ganz Pommerns. Stettin ist heute neben Rostock der größte Ostseehafen an der südlichen Ostseeküste. Hier konzentrieren sich zahlreiche Industriebetriebe, darunter die ehemalige Vulkan-Werft und die Oderwerke, eine Eisenhütte sowie Maschinen- und Kunstfaserfabriken und der „Feldmühle", Deutschlands größter Papierfabrik. Der Hafen ist sowohl für den Handel als auch für die Fischindustrie von großer Bedeutung. Außerdem benutzt die „Baltische Flotte" der Sowjets ihn als Versorgungsbasis. Neben einer Universität (seit 1985) und einer Technischen Hochschule gibt es in Stettin drei weitere Hochschulen, von denen die See-Hochschule die Tradition der alten Seefahrtsschule fortsetzt.

Gab es vor dem Kriege vier Theater, eine Konzerthalle und zahlreiche weitere Bildungseinrichtungen, so sind es heute nur drei Theater sowie eine Philharmonie und ein Operettenensemble.

GESCHICHTE

Die ersten Siedler in der Stettiner Gegend waren in der Bronzezeit vor 2500 Jahren ostgermanische Skiren. Ihnen folgten Wandalen und Rugier. Im 2. Jh. v. Chr. zogen Kimbern und Teutonen von ihren Wohnsitzen in Jütland entlang der Oder gen Süden.

In nordischen Sagas wird der damalige Ort Burstaborg genannt. Funde von Schwertern weisen auf die Anwesenheit von Wikingern im Gebiet von Stettin hin. Später kam der ebenfalls germanische Name Stettin auf. Im Jahre 995 wird hier am nördlichsten Oderübergang ein befestigter wendischer Marktflecken mit einem Krug (Gasthof) und Triglav-Heiligtum erwähnt. Dazu gehörte eine Burg (Stitin), die mit ihren Pfahlbauten und Erdwällen auf dem steil abfallenden Gelände an der Oder als uneinnehmbar galt. Stettin wurde damals „die älteste und vornehmste Stadt Pommerns, die Mutter aller Pommernstädte" genannt. Im Jahre 1100 machte der Greifenherzog Wartislav II. Stettin zur pommerschen Hauptstadt. Als der polnische Fürst Bolizlav im Winter 1121 Stettin über die zugefrorene Oder eroberte, ließ er 18 000 Pommern ermorden. Wenig später wurden die Polen wieder verjagt. Im Jahre 1124 kam Bischof Otto von Bamberg nach Stettin, zerstörte das Triglav-

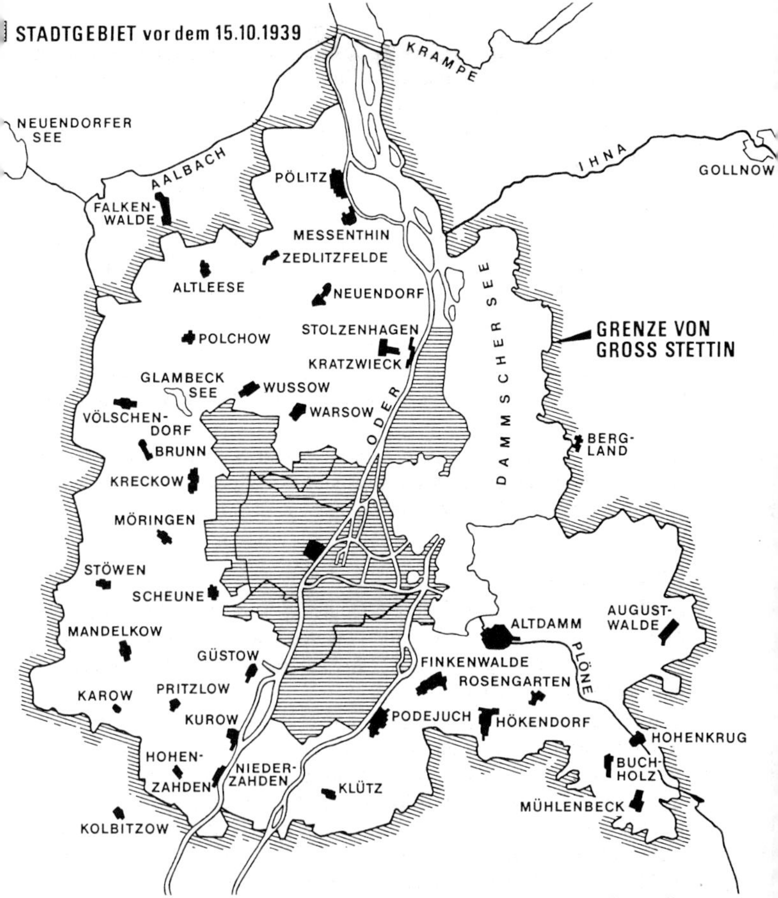

Mit Wirkung vom 15. Oktober 1939 wurden insgesamt 40 bisher selbständige Ortschaften mit zusammen 95 565 Einwohnern in die Stadt Stettin eingemeindet. Diese Eingemeindung hatte gravierende organisatorische Folgen. Mit der Bildung von Groß-Stettin verschwand der Kreis Randow von der Bildfläche, da ein großer Teil zu Stettin kam und die kleinen Restgebiete auf die Nachbarkreise verteilt wurden. Stettin hatte vor dem 15. Okt. 1939 287 419 Einwohner. Nach der Eingemeindung waren es 382 984 Einwohner. Stettin war dann nach dem 31. 12. 1939 an Ausdehnung die drittgrößte Stadt Deutschlands und umfaßte eine Fläche von 46 094 ha = 460 qkm. Die Einwohnerzahl Stettins betrug am 1. 12. 1940 genau 393 039 Einwohner.

Heiligtum, christianisierte die Bewohner und baute die St.-Adalbert- und die St.-Peter-und-Paul-Kirche. Nachdem sich in der Siedlung im 12. Jh. zahlreiche deutsche Kaufleute und Handwerker niedergelassen hatten, stiftete der Bamberger Kaufmann Beringer im Jahre 1187 die St.-Jakobi-Kirche. Sie hatte bis zur Reformation enge Beziehungen zum Bamberger St.-Michael-Kloster. Am 3. 4. 1237 erhielt Stettin durch Herzog Barnim I. Magdeburger Stadtrecht und 1282 das Stapelrecht. Schon 35 Jahre später schloß sich der Ort der Dudeschen (Deutschen) Hanse an und wurde durch Kaufmannsfahrten nach Norwegen und den Herings- und Salzhandel mit Schlesien wohlhabend. 1283 wurde als erste Oderbrücke die Lange Brücke errichtet. Bald entstanden die ersten gotischen Backsteinbauten. Größter Baumeister war der aus dem Deutschordensland stammende Hinrich v. Brunsberg. Im Jahre 1295 machte der westpommersche Greifen-Herzog Bogislaw X., der bisher im nördlich gelegenen Cammin residiert hatte, Stettin zur Hauptstadt seines unabhängigen, seit 1181 eng mit dem Deutschen Reich verbundenen Herzogtums. Bis 1464 blieb Stettin Residenz. Ab 1346 entstand auf dem alten Burgplatz ein Schloß, das aber erst von Bogislaw X. prunkvoll ausgestattet wurde und neben einem Uhrturm auch eine Kirche erhielt. 1535 schloß sich Stettin der Reformation an, nachdem hier schon vorher Paul von Rode die neue Lehre gepredigt hatte. Im 16. Jh. erlebte Stettin eine geistige und wirtschaftliche Blüte. 1553 wurde das Pädagogium (später Marienstiftsgymnasium) gegründet. 1569 erlaubte der Herzog Johann Eichhorn aus Frankfurt/Oder, sich als erster herzoglicher Drucker in Stettin niederzulassen. Die Druckerei bestand bis 1945 (F. Hessenland).

Als 1637 der letzte Herzog von Westpommern, Bogislaw XIV., starb, kam Stettin (das schon 1630 von Gustav II. Adolf von Schweden besetzt worden war) 1648 im Westfälischen Frieden mit ganz Vorpommern zu Schweden. Das Stettiner Schloß wurde Sitz der schwedischen Landesregierung.

1677 eroberte der Große Kurfürst, Friedrich Wilhelm v. Brandenburg, der legitime Nachfolger der pommerschen Herzöge, nach der für ihn siegreichen Schlacht von Fehrbellin, die bei der Belagerung schwer zerstörte Stadt. Doch mußte er sie 1679 nach dem Frieden von St. Germain wieder an Schweden zurückgeben, nachdem Wien und Paris protestiert hatten.

Während der Kriegshandlungen von 1713, bei denen Stettin unter dem Oberbefehl des Fürsten Menzikoff von russischen, polnischen und sächsischen Truppen belagert wurde, kamen weitere Zerstörungen hinzu. Nach dem Frieden von Stockholm (1720) kam Stettin endgültig durch den Kauf an Preußen. Unter Friedrich Wilhelm I. und Friedrich dem Großen setzte eine neue Blütezeit ein.

Zahlreiche repräsentative Bauten entstanden unter der Leitung des preußischen Festungsbaumeisters und Oberstleutnant Gerhard Cornelius von Walrawe. 1806 übergab der Kommandant v. Ingersleben die Festung kampflos den Franzosen, die Stettin sieben Jahre lang (bis 1813) besetzt hielten. Nach dem Wiener Kongreß begann ein neuer Aufstieg. Bald stieg Stettin zum größten deutschen Ostseehafen auf, der die Anrainerstaaten mit Mitteleuropa verband und neben oberschlesischer Kohle besonders schwedische Erze umschlug. Nicht nur ins europäische Ausland, sondern auch nach Übersee fuhren die Stettiner Schiffe. So brachten sie schlesisches Leinen über Portugal und Spanien in die Kolonien, wo die Negersklaven damit eingekleidet wurden. Stettin war der wichtigste Hafen der Preußischen Seehandlung. Stettiner Schiffe segelten in ihrem Auftrag bis in den Pazifik und nach Südamerika. In Mexiko tauschte man Leinen gegen Silbererz für die Berliner Münze, während aus China Tee importiert wurde. 1843 fuhr sogar ein stettiner Walfänger in die Südsee. Als in Kalifornien und Australien Mitte des 19. Jh. Gold entdeckt wurde, übernahmen pommersche Schiffe den Transport zahlreicher Goldsucher.

Auch im Schiffbau nahm Stettin eine bedeutende Stellung ein. Die ersten Seeschiffe wurden ab 1750 von Holländern gebaut. Ende des 18. Jh. entstanden in Stettin die ersten deutschen Werften. Zwischen 1835 und 1870 stieg die Zahl der ein- und auslaufenden Seeschiffe von 1244 auf 3875. Im Jahre 1872 waren in Stettin 319 Schiffe mit zusammen 32 642 BRT registriert. 1880 wurden der Durchstich der Kaiserfahrt, 1898 der Freihafen, 1914 der Gußschiffahrtsweg Stettin-Berlin, 1917 der Industriehafen und 1919 der Reiherwerderhafen für den Massengüterumschlag eröffnet. Stettin wurde Im- und Exporthafen der Reichshauptstadt. Schiffe aus Stettin waren auf allen Weltmeeren zu Haus. Hauptausfuhrgüter waren Getreide, Lebens- und Futtermittel nach Belgien, Holland und Finnland, Papier nach Großbritannien sowie Düngemittel und Kohlen aus Oberschlesien. Eingeführt wurden Erze aus Norwegen, Schweden und Spanien, Holz aus Rußland und Finnland, Zellulose aus Finnland, Kohle aus England, Dünger aus Belgien und Sojabohnen aus der Mandschurei. 1938 wurden im Stettiner Hafen 8,25

Mio. t umgeschlagen. Prunkvolle Bauten entstanden. 1843 erhielt Stettin eine Bahnverbindung mit Berlin, 1856 wurde die Oderfahrrinne vertieft. Die Stadt dehnte sich in alle Richtungen aus, nachdem 1845 die Festungsanlagen teilweise und 1873 ganz geschleift worden waren. Nun entstanden weiträumige Plätze, die Kaiser-Wilhelm-Straße und die Hakenterrasse. Neben neun Werften, darunter der Vulcanwerft, (vor 1914) die größte Werft auf dem europäischen Festland, und den Oderwerken, entstanden Hüttenwerke und chemische Fabriken, aber auch Umschlagsanlagen für den Holz- und Getreidehandel (mit dem größten Silo in Europa) und Fischexport.

Der verlorene Erste Weltkrieg und der Zusammenbruch der Vulcan-Werft (1929) brachten wirtschaftliche Einbußen und hohe Arbeitslosenzahlen. Erst in den 30er Jahren ging es wieder aufwärts. 1938 war Stettin der drittgrößte deutsche Seehafen nach Hamburg und Bremen und größter Ostseehafen des Reiches. 1939 wurde Stettin flächen- und einwohnermäßig stark vergrößert. Doch dann begann die Katastrophe. In der Bombennacht am 17. 8. 1944 ging das alte Stettin in Flammen auf. Am 26. 4. 1945 besetzten sowjetische Truppen die zu 50% zerstörte Stadt, in der 30 000 Deutsche zurückgeblieben waren, und gliederten sie ihrer Besatzungszone ein. Am 5. 7. wurde Stettin auf polnisches Drängen mit zusammen 800 km^2 auf dem westlichen Oderufer Polen einverleibt. Bis 1948 waren die inzwischen 84 000 Deutschen bis auf 440 Personen vertrieben oder ermordet worden. Sie wurden abgelöst von Einwanderern aus Polen (57,4%), Umsiedlern aus der Sowjetunion (26,6%) und Emigranten aus dem Westen Europas (5,6%).

Seit 1959 bauen die Polen die im Krieg stark zerstörte Stadt nach alten Vorlagen zum Teil wieder auf. Rund 40% der Wohnbauten und 90% der Hafenanlagen waren vernichtet. Die zerstörte Innenstadt wurde zwar ebenfalls wieder aufgebaut, doch hat sie ihre gediegene alte Atmosphäre verloren, und noch immer gibt es hier zahlreiche offene Flächen. Für den, der Stettin von früher kennt, ist es ein fremder Anblick. Wo sich früher die Gassen der alten Frauen-, Junker-, Baum-, Fischer- und Hühnerbeinstraße den Hügel hinauf zum alten Greifenschloß hinzogen, breiten sich heute Grünanlagen aus.

STADTBESICHTIGUNG

Alt- und Innenstadt dehnen sich auf den Hängen der 25 m hohen Oderhöhen am linken Flußufer aus. Von den einst malerischen engen

Straßen und Gassen ist leider kaum etwas erhalten. Südwestlich der Altstadt liegt die seit 1850 erbaute Neustadt, nördlich und westlich auf der Hochfläche die seit der Aufhebung der Festung im Jahre 1873 entstandenen neuen Stadtteile vor dem Königs- und dem Berliner Tor, mit breiten Straßen und einst hübschen Anlagen. Am rechten Ufer erstrecken sich auf dem Flußschwemmland die ehemaligen Vorstädte Lastadie und Silberwiese. Den besten Blick auf die Stadt genießt man von den bis zu 149 m hohen bewaldeten Höhen bei Altdamm.

RUNDGANG

Wir beginnen unsere Besichtigung am **Hohenzollernplatz** (plac Zwyciestwa), wo die Hauptverkehrsstraßen der Innenstadt, d. h. die Falkenwalder Straße (aleja Wojska Polskiego) von Nordwesten, die Hohenzollernstraße (u. Boleslawa Krzywoustego) von Westen und die Breite Straße (ul. Wielka) von Osten zusammenlaufen.

Im Südwesten des Platzes steht die **Bugenhagen-Kirche,** im Norden die alte **Garnisons-Kirche,** während sich im Osten das barocke **Berliner** oder Brandenburger **Tor** (Brama Portawa) erhebt. Es ist neben dem Königstor das einzige barocke Stadttor an der südlichen Ostseeküste. Der stattliche Bau wurde zwischen 1725 und 1740 im Auftrag von König Friedrich Wilhelm I. von Preußen von Gerhard von Wallrawe anstelle des mittelalterlichen Neuen Tores erbaut. Das Tor wurde zwar im Zweiten Weltkrieg schwer beschädigt, doch hat man den herrlichen Barockgiebel mit der lat. Inschrift „Fridericus Wilhelmus, Rex Borussiae, ducatum Stettinensium ...", in der dokumentiert ist, daß der preußische König Vorpommern und Stettin zu einem gerechten Preis von den Schweden gekauft habe, wiederhergestellt.

Der reiche plastische Schmuck des Tores stammt von dem Hofbildhauer Damart. Vor dem Tor stand bis 1945 ein Monumentalbrunnen von R. Felderhof aus dem Jahre 1902. Am Südende des nördlich anschließenden **Paradeplatzes** (ul. Niepodleglos´ci) stand früher die Hauptwache und steht heute noch das Generallandschaftsgebäude (1890).

Vom Berliner Tor gehen wir auf der Breiten Straße (ul. Wielka), der ehemaligen Hauptgeschäftsstraße Stettins, oder auf der südlichen Parallelstraße Rosengarten (u. Podgórna) zum **Stadthaus,** bis 1945 Sitz der Stadtverwaltung am Victoriaplatz (plac Ratuszowy). Das neogotische Rathaus wurde 1875–1879 von Stadtbaurat Kruhl in der zwischen 1845 und 1870 angelegten Neustadt errichtet. Zur Zeit dient das 1944

Bethanienstr.
Lyzeum
Lauben Kol.
Krankenh. Bethanien
Prov.-Taubstummenanst.
Stephanallee
Bhf. Kreckower Str.
St.T.V.
Rühlkampfbahn
S.A.-Pl.
Johnstr.
Kinderkrankenhaus
Groepler-str.
Querstr.
Schule
Turnerstr.
Prov.-Blindenanst.
Sch.
Obersch.
Stift Salem
Laubengärten
Lohsestr.
Füsilierstr.
Pionier
Torney
Bhf. Torney
Werder-
Aue
Händelstr.
end
Landesbauernschaft
Grün-str.
Schule
Stolzestr.
Gabelsbergerstr.
Falkenwalder Str.
Beethoven-Pl.
Landeshaus
Schallehn-str.
Petrihof-
Bismarck-Schule (Ob.-Sch.)
Kaiser-Wilhelm-str.
König-Wilhelm-Sch.
Deutsche str.
Arndt-str.
Turnhalle
ARNDT-PLATZ
Friedr.-Karl-Str.
FR.-K. PL.
Preußi-str.
Sch.
M.-Sch.
M.-Schule
Turner-str.
Zentral-Hallen
Mackensen-str.
Lessing-str.
Pestalozzi-str.
Rats-sch.
Torneyer
Beringer-str.
BISM. PLATZ
Bismarck-str.
Barnim-str.
Philipp-
Hohenzollern-str.
Schinkel-Pl.
Schinkel-str.
Burscher-str.
Arb.-Amt
Am Barnim-Pl.
Siemens-str.
Baugew.-u. Masch.-bau-Schule
Saunier-str.
Schule
Bogislav-str.
Kurfürstenstr.
Bugenhagen-K.
HOHENZOLLERN PLATZ
Grenadier-str.
Sp.-Pl. V.f.B.
Laubengtn.
Fecht-Cl.
Turn-Club Sp.-Pl.
K.T.V. Sp.-Platz
Lauben-gärten
Schwarzowerstr.
Frieden-str.
Möhringer Str.
Löcknitz-str.
Stern-str.
Stoltingstr.
Sternbergstr.
Fr.-Wilh.-Realgymn.
Land-Ger.
Joh.-Kloster
Postsiedlung
Pasew.-Ch.
Friedrich-str.
Fort Preußen
Stralsunder-Str.
Wenden-str.
Kleist-str.
Lützow-str.
Amtsger.
Elisab.-str.
Mühlenbergstr.
Friedhofsverw.
Linden-Platz
Urnenhain
Wilh.-Meyer-A.
Haupt-friedhof
Tannen-Pl.
Teich
Krematorium
Hochweg
Ringallee
Teich-str.
Laubeng.
Körner-str.
Barnim-str.
Galgwiesen-str.
Sanne-
Schwenn-Stift
Reichsb.-Pl.
Sch.
Bellevue-Theater
Lauben-gärten
Schwennstr.
Schule
Bäckerberg-str.
Linsingen-str.
Allee
Pommer. Friedhof
Bhf. Pommerensdorf
Oberwiek
Oder

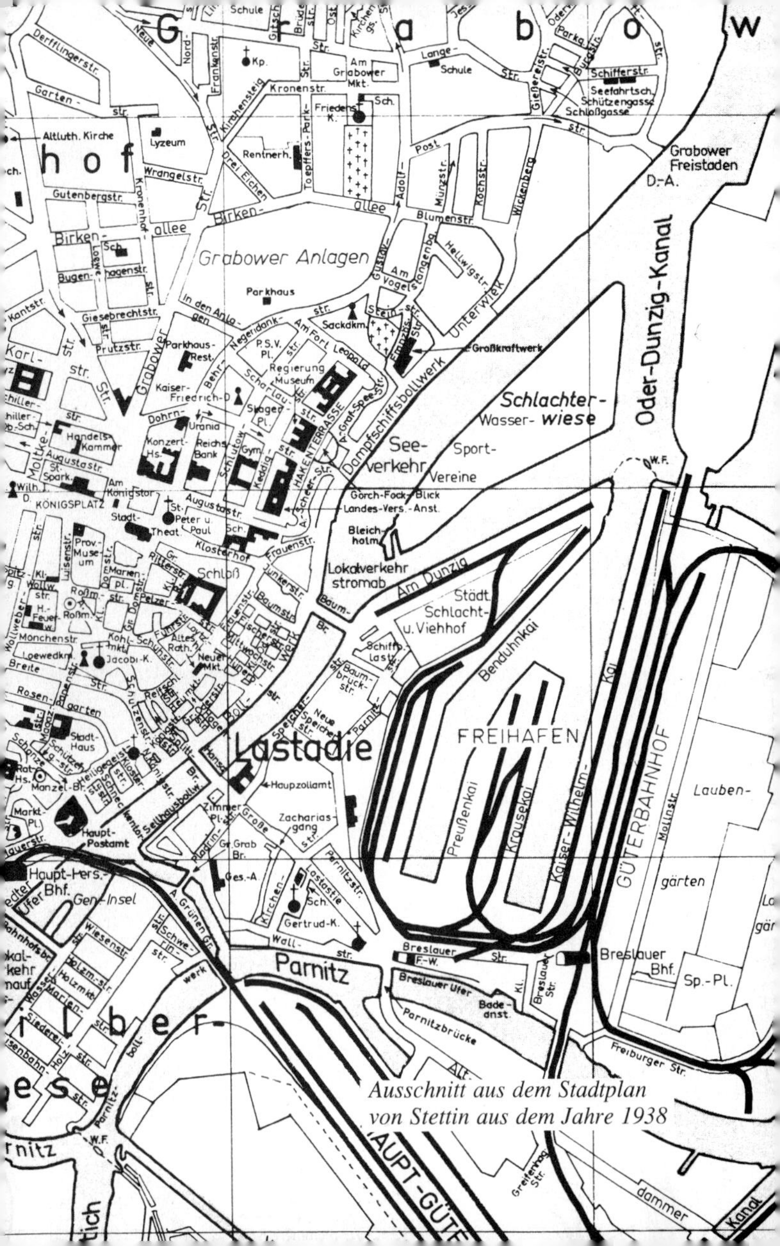

Ausschnitt aus dem Stadtplan von Stettin aus dem Jahre 1938

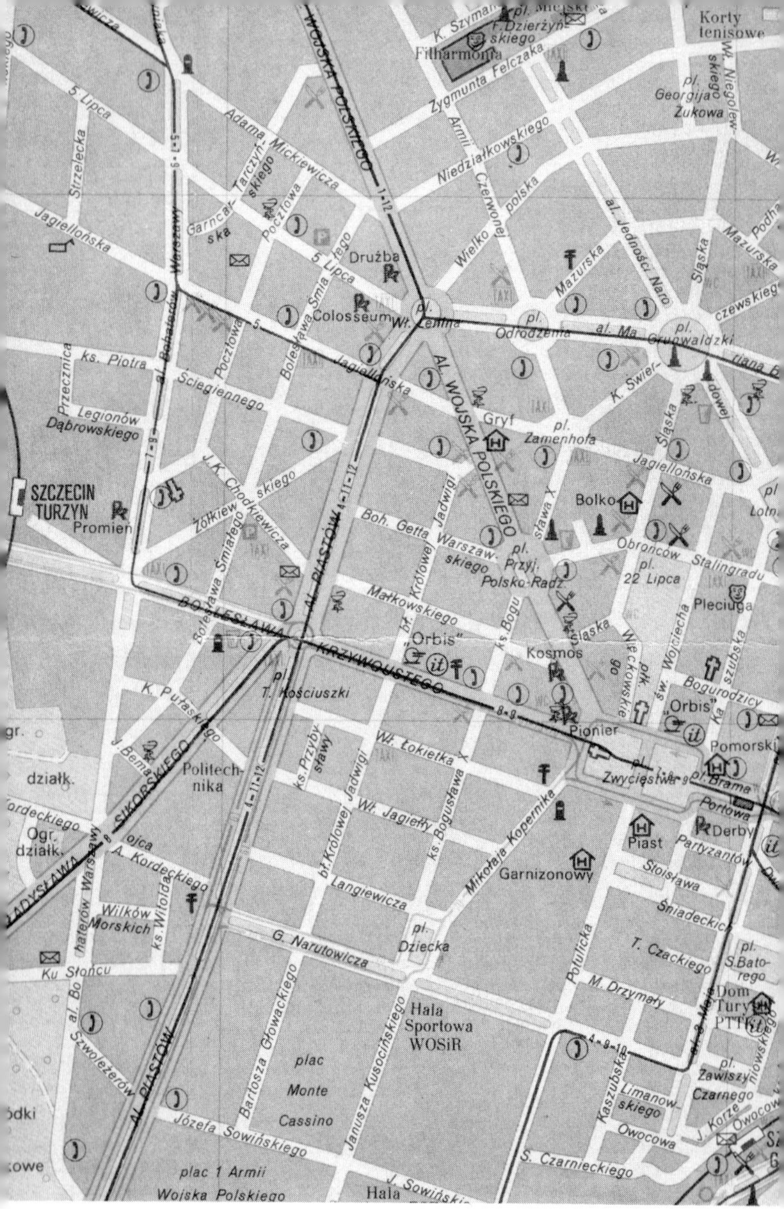

Korty
tenisowe
pl. Miejski
F. Dzierżyńskiego
K. Szyman
Filharmonia
Zygmunta Felczaka
pl.
Georgija
Żukowa
Wł. Niegolewskiego
5. Lipca
Adama Mickiewicza
Wojska Polskiego
Armii Czerwonej
Niedziałkowskiego
Strzelecka
Jagiellońska
Garncarska
Tarczyńskiego
Pocztowa
Wielkopolska
al. Jedności Narodowej
Podhalańska
Mazurska
Śląska
Warszawy
Bohaterów Warszawy
Drużba
Colosseum
Bolesława Śmiałego
5. Lipca
pl. Wł. Lenina
pl. Odrodzenia
al. Ma Grunwaldzki
pl.
czewskiego
ks. Piotra
Ściegiennego
Przecznica
Legionów
Dąbrowskiego
Jagiellońska
AL. WOJSKA POLSKIEGO
Gryf
pl. Zamenhofa
K. Świerczewskiego
Jagiellońska
SZCZECIN
TURZYN
Promień
J. K. Chodkiewicza
Żółkiewskiego
AL. PIASTÓW
Boh. Getta Warszawskiego
Królowej Jadwigi
Bolko
Bolesława Krzywoustego
pl. Przyj. Polsko-Radz.
Obrońców Stalingradu
pl. 22 Lipca
Pleciuga
Małkowskiego
Bolesława Śmiałego
BOLESŁAWA KRZYWOUSTEGO
ks. Bogusława X
Śląska
Więckowskiego
płk.
św. Wojciecha
"Orbis"
Kosmos
pl. T. Kościuszki
K. Pułaskiego
Bogurodzicy
"Orbis"
Kaszubska
Pionier
Pomorski
ks. Przybysława
Wł. Łokietka
Zwycięstwa
pl. Brama Portowa
gr.
działk.
J. Bema
Politechnika
SIKORSKIEGO
Wł. Jagiełły
ks. Bogusława
Mikołaja Kopernika
Derby
Piast
Partyzantów
Kordeckiego
Ogr. działk.
ojca A. Kordeckiego
Garnizonowy
WŁADYSŁAWA
Stoisława
bł. Królowej Jadwigi
Langiewicza
Śniadeckich
Wilków Morskich
ks. Witolda
Bohaterów Warszawy
pl. Dziecka
G. Narutowicza
T. Czackiego
pl. S. Batorego
Ku Słońcu
M. Drzymały
Dom Turysty PTTK
Pułaska
al. Bo
Szwoleżerów
Bartosza Głowackiego
Janusza Kusocińskiego
Hala Sportowa WOSiR
plac Monte Cassino
Kaszubska
pl. Zawiszy Czarnego
Limanowskiego
ódki
AL. PIASTÓW
Józefa Sowińskiego
Owocowa
J. Korzeniowskiego
owe
plac 1 Armii Wojska Polskiego
S. Czarnieckiego
J. Sowińskiego
Hala

Ausschnitt aus einem polnischen Stadtplan von Stettin

ausgebrannte Gebäude der Medizinischen Akademie „Karol Swierczewski" als Domizil. Nicht weit von hier liegt an der Grünen Schanze (ul. Dworcowa) die **Stadtbücherei** mit heute 800 000 Bänden, darunter 200 000 deutschsprachigen Büchern. Rechts davon stand einst die **Synagoge.** Vor dem Rathaus stand der monumentale **Sedinabrunnen** (Schiffahrtsbrunnen, von Ludwig Manzel).

Die **St.-Johannis-Kirche** (Kos´ciól bzw. Jana Ewangelisty), das älteste und künstlerisch wertvollste Baudenkmal Stettins, wurde um 1240 von Franziskanermönchen als Kirche des „Grauen Klosters" begonnen und bis zum 15. Jh. fertiggestellt. Nach der Reformation wurde die Johanniskirche protestantische Gemeindekirche. Das Kloster wurde 1856 abgebrochen. In jüngster Zeit wurde das Kloster wieder errichtet. Das evangelische Gotteshaus ist z. Zt. katholische Pfarrkirche. Bemerkenswert ist der reich mit Blenden verzierte spätgotische Westgiebel. Im Innern des dreischiffigen Baues, der mehrmals zerstört und wieder aufgebaut wurde, sind Fresken aus dem 14. Jh. und ein Hochaltar mit moderner Pietá zu sehen. In der Nähe haben sich Reste der aus dem 13./14. Jh. stammenden Wehrmauer erhalten.

Von der St.-Johannis-Kirche führt unser Weg über das **Bollwerk** (Nabrzeze Weleckie) an der Oder entlang zur **Hansabrücke** (Lange Brücke, Energetykow), die zur Vorstadt Lastadie mit der St.-Gertrud-Kirche von 1897, die heute der deutschen evangelischen Gemeinde als Gotteshaus dient und von einem 64 m hohen Turm überragt wird, und zum Freihafenbezirk führt.

Dann geht es vorbei am ehemaligen Hauptpostamt zum Heumarkt und zum **Neuen Markt** (pl. Rzepicky-Stary Ratusz). Hier steht das im gotischen Stil rekonstruierte **Alte Rathaus** (Ratusz). Das im 14./15. Jh. entstandene ursprünglich gotische, 1677 barock umgestaltete Rathaus brannte 1944 völlig aus. Als man 1972 mit der Wiedererrichtung begann, entdeckte man unter dem Putz die alten gotischen Bauelemente. Inzwischen wurden die früher zugemauerten Lauben im Erdgeschoß wieder geöffnet und Teile der gotischen und barocken Fassaden und Giebel angebaut. Heute befindet sich in dem Gebäude ein Museum zur Stadtgeschichte, während im Keller mit seinen großartigen Sterngewölben eine „Metsiederei" (Weinlokal und Bar) eröffnet wurde.

Gegenüber dem Rathaus erhebt sich zwischen Fuhr- und Frauenstraße der spätgotische **Loitzenhof** (Schweizerhof) aus der Mitte des 16. Jh., der 1956 nach seiner Zerstörung im letzten Kriege wiedererstanden ist.

Das schloßartige Gebäude, in dem sich jetzt ein Lyzeum der Schönen Künste befindet, wurde von dem Schweizer Abraham Dubendorf errichtet und gehörte im 15. und 16. Jh. der Bankiers- und Kaufmannsfamilie der Loitze. Es gilt wegen seines spiralenförmigen Stiegenhauses und des reichen Ornamentschmucks an der Außenwand als schönstes Gebäude Stettins. Der Stammvater, Michael Loitz, war aus dem Dorf Klempin (Kreis Saatzig) in Stettin eingewandert und von dem wohlhabenden Kaufmann Albrecht Hohenholz als „Handjunge" angenommen worden. Nach dem Tode des Kaufmanns heiratete er dessen Ehefrau. Die Familie war bald so reich, daß sie mit den Augsburger Fuggern verglichen wurde. Ihre Haupteinnahmequelle war der Salz- und Getreidehandel. Vom Adel, den Städten, Kirchen und Hospitälern waren dem Bankhaus 20 Tonnen Gold anvertraut. Es besaß Zweigstellen in Danzig und Lüneburg. Daneben hatten die Loitze auch eine eigene Handelsflotte. Nach ihrem Bankrott (1572), der durch eine leichtfertige Kreditvergabe an den kriegslüsternen polnischen König Sigismund II. August, den letzten der Jagellonenkönige, hervorgerufen worden war, kamen viele hinterpommersche Städte und Familien in Bedrängnis. Der Bankier Hans Loitz flüchtete zusammen mit seiner Familie zu seinem königlichen polnischen Freund. Das Haus der Loitze ging 1648 in den Besitz des schwedischen Geheimrats Rosenhaus über und wurde im 18. Jh. von den Schweizer Brüdern Dubendorf erworben, die darin eine Gaststätte und Tabagie (Rauchzimmer) einrichteten und die Wasserkunst auf dem Roßmarkt bauten. Neben dem Loitzenhof stehen die alte **Stadtwaage** und zwei Speicher.

Vom Neuen Markt gelangen wir durch die alte Schuhstraße und vorbei an modernen Wohnhäusern mit Laubengängen zur mächtigen **St.-Jakobi-Kirche** (Kosciól sw. Jakuba), volkstümlich „die Große" genannt. Das Gotteshaus gilt bei den Pommern neben der „Hohen" von Stargard i. Po., der „Weiten" von Kolberg und der „Schönen" von Cammin zu den eindrucksvollsten Hallenkirchen der Provinz Pommern. Erbaut wurde sie von Hinrich Brunsberg. Diese bedeutendste Pfarrkirche Stettins geht auf eine ältere, im Jahre 1187 von dem aus Bamberg stammenden Kaufmann Beringer errichtete Kirche zurück, die unter dem Patronat des Bamberger Michaelis-Klosters stand. Die im 13. Jh. erneuerte Kirche wies einen Chorumgang und eine Fassade mit zwei Türmen auf. 1456 stürzte der Südturm ein, worauf auch der Nordturm abgetragen wurde. 1504 weihte man einen neuen, von Hans Benecke gebauten Mittelturm ein. Im 16. Jh. gab es in dem Gotteshaus, in dem 10 000

Menschen Platz fanden, über 50 Altäre. 1530 wurde die St.-Jakobi-Kirche evangelisch und fünf Jahre später Sitz des ev. Generalsuperintendenten und damit ev. Bischofskirche von Pommern. 1677 stürzte der Mittelturm während einer Belagerung ins Kirchenschiff. Doch wurde die Ruine bald durch den Großen Kurfürsten wieder aufgebaut. Man stumpfte den Turm ab und versah ihn mit vier Ecktürmchen. Das Innere der Kirche erhielt eine barocke Ausstattung. 1866 wurde in der Nähe der Orgel das Herz des 1869 in Kiel begrabenen Komponisten Karl Loewe beigesetzt, der von 1820–1866 als Organist an der Kirche gewirkt hatte. 1895–1899 erhielt der Turm einen spitzen Helm. Mit 119 m war das Gotteshaus damit die höchste Kirche Pommerns. Nach 1945 wurde die im Zweiten Weltkrieg schwer beschädigte Kirche wieder aufgebaut und ist seit 1972 Kathedrale des neugegründeten katholischen Bistums Stettin-Cammin. Der Turm ist jedoch nur noch 55 m (wie vor 1895) hoch. Die barocke Inneneinrichtung ist verschwunden. An Stelle des gewaltigen barocken Hochaltars von Erhard Löffler (1709–1711) wurde ein kleiner gotischer Altar aufgestellt. Er stammt aus der Kolbatzer Klosterkirche und befand sich vor 1945 im Pommerschen Landesmuseum.

Auch die 1697 von dem Dresdner Matthäus Schurich geschaffene Barockorgel und die berühmte „Madonna mit den drei Heringen" im Schnitzwerk des Chorgestühls wurden Opfer des letzten Krieges. Heute ist die „Schwarze Madonna", ebenfalls ein Nachkriegserwerb, die größte Sehenswürdigkeit. Neben dem Gotteshaus steht das Priorhäuschen, das jedoch außer dem gotischen Giebel modern ist. Das bis 1945 ebenfalls vor der Kirche stehende bronzene Loewe-Denkmal erinnerte an den Komponisten Carl Loewe.

Am nördlich gelegenen **Roßmarkt** (plac Orla Bialego), einst einer der schönsten Plätze Stettins, erhebt sich das Gebäude der **Preußischen Nationalversicherung** (Germania-Versicherung), das jetzt unter dem Namen „Palais unter dem Globus" bekannt ist und eine Krankenpflegeschule beherbergt. Bis 1900 stand an dieser Stelle das eindrucksvolle **Witzlowsche Haus,** das 1720 von dem pommerschen Oberpräsidenten Philipp Otto v. Grumbkow errichtet worden war. Von 1757 bis 1763 wohnte hier die Gemahlin des Herzogs Friedrich Eugen von Württemberg, der damals Chef des Dragoner-Regiments in Treptow a. d. Rega war. In dem Haus wurde ihre Tochter Sophie Dorothea Auguste Luise geboren, die später als Marie Feodorowka den Zar Paul I. von Rußland heiratete. Paul I. war übrigens der Sohn der ebenfalls in Stettin gebürtigen russischen Kaiserin Katharina II.. Später gehörte das Haus den Familien Salingré und Witzlow. Um 1900 verkauften es letztere an die Preußische Nationalversicherungsgesellschaft, die den Bau abreißen ließ und ein modernes Verwaltungsgebäude errichtete.

An dem auf dem Markt stehenden barocken **Springbrunnen** (18. Jh.) prangt der preußische Adler (die Polen behaupten, es sei der weiße polnische Adler, weshalb sie ihn „Brunnen des weißen Adlers" nennen). In der Nähe steht das barocke **Velthusen-** oder **Wolkenhauersche Haus** an der Ecke Luisenstraße/Kl. Wollweberstraße, bis 1945 Sitz der Provinzialbank, heute der Feliks-Nowowiejski-Musikschule.

Über den **Kohlmarkt** (in Nr. 10 wurde 1748 Generalfeldmarschall v. Wrangel geboren) und durch die Fahrstraße (ul. Grodzka) gelangt man zum **Königlichen Schloß** (Herzogschloß). Das auf dem hohen Steilufer der Oder stehende helle Bauwerk besteht aus einer rechteckigen Anlage mit einem Hof in der Mitte. Das erste, 1346 von Herzog Barnim III. erbaute Steinhaus (Altes Haus) an der Stelle eines vorgeschichtlichen, wahrscheinlich germanischen Burgwalls, wurde 1503 erneuert und zwischen 1575 und 1577 unter Herzog Johann Friedrich von Wilhelm Zacharias sowie 1619 erweitert. Bis 1637 residierten hier die Herzöge von Pommern. Während der Belagerung von 1677 wurde das Schloß stark in Mitleidenschaft gezogen. Die reich gegliederte Holzdecke des Remters, die zu den wertvollsten ihrer Art in Norddeutschland gehörte, wurde wie die herrlichen Renaissancegiebel des Bogislawbaus, die noch auf der Merian'schen Ansicht von 1652 zu sehen sind, im letzten Krieg zerstört.

Die Schloßkirche im Neubau von 1577 nimmt unter den Kirchenbauten der Renaissance in Nord- und Mitteldeutschland eine hervorragende Stellung ein und ist außerdem der älteste protestantische Kirchenbau in Pommern überhaupt.

1720 wurde das Schloß wiederaufgebaut und war im 19. Jh. zeitweiliger Wohnsitz von Friedrich Wilhelm I., Kaiser Wilhelm I., Kronprinz Friedrich Wilhelm (später Kaiser Friedrich) und Prinz Eitel Friedrich (die letzten beiden waren Statthalter von Pommern), zuletzt Sitz des Oberlandesgerichts und anderer preußischer Behörden. Im August 1944 wurde es zum größten Teil vernichtet und erst zwischen 1958 und 1983 teilweise im Stil des 17. Jh. restauriert.

Heute beherbergt die alte Residenz das Kulturhaus der Woiwodschaft Stettin sowie ein Café und einen Weinkeller, während die dem heiligen

Otto geweihte Schloßkirche, in der u. a. 1368 Barnim III. beigesetzt wurde, und die im 16. Jh. eine ringsumlaufende zweigeschossige Empore aufweist, zu einem Konzertsaal umfunktioniert wurde. Sehr eindrucksvoll sind das Stichkappengewölbe und der Altar, der von dem aus Florenz stammenden Stettiner Hofmaler Johann Baptist Perino geschaffen wurde. Der berühmte, einst im Schloß hängende Croyteppich konnte in den Westen gerettet werden.

Im Bogislavbau schließlich wurde ein Theater eingerichtet. Vom Glockenturm, an dessen Südseite die Kopie einer gotischen Sandsteinskulptur des hl. Otto von Bamberg, dem Apostel von Pommern, prangte (das Original aus dem 14. Jh. befindet sich im Museum), und den man auf 200 Stufen besteigen kann, hat man eine schöne Aussicht auf Stadt und Hafen. Im Oderflügel des Greifenschlosses stehen in der Krypta die aus Zinn gefertigten Renaissance-Sarkophage der pommerschen Herzöge. Bemerkenswert ist auch der Südflügel des Bogislavbaues mit dem Uhr- und Fangelturm. Am Turm sind Fragmente eines komplizierten Zeitmessers aus dem Jahre 1693 (1736 und 1864 erneuert) erhalten. Im Mittelpunkt des Ziffernblattes befindet sich die Darstellung eines menschlichen Gesichts, dessen Augen sich einst dem Pendelrhythmus entsprechend bewegten, während der Mund täglich das Datum anzeigt. Unterhalb des Schlosses steht an der Junkerstraße der mittelalterliche **Siebenmantel-Turm** (Baszta Paniuska Siedmiu Plaszczy = Jungfrauenbastei der Sieben Mäntel) aus dem 13. Jh. (1964 im Stil vorpommerscher Befestigungsanlagen rekonstruiert, heute Sitz der PTTK).

Westlich des Schlosses stehen zwischen Königsplatz (pl. Zolierza Polskiego), Marienplatz und Domstraße (ul. Mariacka) an der Kleinen Ritterstraße (ul. Korsarzy) der ehemalige herzogliche **Reitstall** und nahebei die teilweise rekonstruierten klassizistischen **Professorenhäuschen**, die auch Marienstiftshäuser genannt werden, weil sich hier früher auch das Marienstiftsgymnasium (Kollegiatsschule) befand. Stifter des ursprünglich Stettiner Fürstlichen Pädagogiums war 1543 Herzog Barnim XI. In den aus dem 14. Jh. stammenden Häusern, die im 18. Jh. von Freud klassizistisch umgebaut wurden, wohnten einst die Lehrer der Lateinschule. Auch das Gebäude der Landbotenkammer stand hier früher.

Nun gehen wir durch den alten Schloßgarten zur nördlich gelegenen **Hakenterrasse**, benannt nach dem tüchtigen Oberbürgermeister Haken (1878–1907) (Waly Chorbregó), von der sich ein sehr schöner Ausblick auf die Oder bietet. Dieser von Grünflächen eingerahmte Straßenzug wurde 1905–1907 von dem Namensgeber geschaffen. Vorher befand sich an dieser Stelle das Fort Leopold. Vor einigen Jahren entdeckte man bei Renovierungsarbeiten unter der Hakenterrasse große unterirdische Sääle. Nicht weit von hier führte früher die **Baumbrücke** über den Fluß, die am Ende des Krieges gesprengt und nicht wieder aufgebaut wurde. An der Hakenterrasse stehen mehrere neugotische Gebäude, darunter die **Landesversicherungsanstalt** (1905), das **Landesfinanzamt** und das alte **Stadtmuseum** (heute Muzeum Narodowe = Nationalmuseum). Nördlich schließt sich das 1911 im Stil der Neo-Renaissance erbaute Regierungsgebäude an. In dem Backsteingebäude mit gotischen Staffeldächern und barockenen, patinabedeckten Kupferdächern, ist das Woiwodschaftspräsidium untergebracht. Vom nahen Gorch-Fock-Blick herrlicher Ausblick auf den Hafen. Vom unterhalb gelegenen Dampfschiffsbollwerk (Jana Kolna) fahren die Ausflugsschiffe (Hafenrundfahrt, Rundfahrt auf dem Stettiner Haff) ab. Die schmucken Schiffe der einstigen Weißen Flotte wurden von weniger komfortablen polnischen Schiffen abgelöst. Westlich der Hakenterrasse liegen die **Grabower Anlagen** (früher Botanischer Garten).

Von hier führt uns unser Weg vorbei am alten **Konzerthaus** in der Augustastraße (ul. Malopolska) zur spätgotischen **St.-Peter-und-Paul-Kirche** (Kosćiól sẃ. Piotra i Pawla) am Königsplatz (plac Zolnierza Polkiego), die bis 1945 ev. Pfarrkirche war und heute der polnisch-katholischen (von Rom getrennten) Gemeinde als Gotteshaus dient. Bemerkenswert sind besonders die bunten Keramikdekorationen an der spätgotischen Außenwand des aus dem 15. Jh. stammenden einschiffigen Backsteinbaus, die Bürger Stettins darstellen und das hölzerne Scheingewölbe von 1677. Das saalartige, helle Gotteshaus steht an der Stelle einer älteren, 1124 von Otto von Bamberg errichteten Kirche. Beachtenswert sind auch die von der schönen Holzbalkendecke herabhängenden wertvollen Leuchter. Vor dem im Kriege zerstörten und nach 1945 abgerissenen **Stadttheater** stand bis 1945 das 1848 errichtete Marmordenkmal Friedrich Wilhelms III. von Drake. Von hier hat man heute den schönsten Blick auf das Schloß.

An der Nordseite des anschließenden Königsplatzes (plac Holdu Pruskiego), der teilweise von Platanen umgeben ist, steht das eindrucksvolle barocke **Königstor** (Brama Holdu Pruskiego = Tor des Preußischen Huldigungseides oder Brama Królewski = Königstor). Es wurde 1725–1727 unter König Friedrich Wilhelm I. durch den holländischen

Folgende Seiten: Luftaufnahme von Stettin 1932

Baumeister Cornelius Walrave an der Stelle des alten Mühlentores errichtet und hieß ursprünglich Anklamer Tor. Beachtenswert sind die prächtigen Dekorationen von Damart. Heute befinden sich hier ein Café und Ausstellungsräume. Auf dem Königsplatz stand bis 1945 auch das Standbild Friedrichs des Großen von Schadow.

Unweit von hier wurde am 2. 5. 1729 die spätere **Zarin Katharina II.** die Große als deutsche Prinzessin von Anhalt-Zerbst geboren. 1745 heiratete sie den russischen Thronfolger und späteren Zaren Peter III. Nach dessen Ermordung, an der sie beteiligt war, bestieg die hochgebildete Deutsche den Thron. Mit Hilfe deutscher Berater und durch die Berufung von 30 000 deutscher Bauern reformierte sie das rückständige Zarenreich und machte es zur europäischen Großmacht. Negativ wirkte sich allerdings ihre Günstlingswirtschaft (Fürst Grigorij Alexandrowitsch Potemkin und polnische Adlige) aus. Durch zwei Kriege gegen die Türken gewann Katharina II. die Nordküste des Schwarzen Meeres mit der Krim für Rußland. Zugleich war sie die treibende Kraft bei den Teilungen Polens. 1795 besetzte sie das bis dahin von deutschen Herzögen regierte Herzogtum Kurland.

Im eindrucksvollen Gebäude des **Pommerschen Landesmuseum** (früher Ständehaus), das 1726–1729 von Gerhard Cornelius Walrave im Stil des Barock errichtet wurde, an der ul. Staromlynska 27 befindet sich jetzt die Galerie der Modernen Kunst (u. a. Werke von Franz Hals und Lovis Corinth). Von hier gehen wir zum ehemaligen **Paradeplatz** (ul. Niepodleglosći), wo einst das Reiterdenkmal Kaiser Wilhelm I. von Prof. Karl Hilgers stand. An der Westseite des langgestreckten Platzes erhebt sich das 1892 vollendete neobarocke **Landeshaus** (Pommersche Generallandschaft), bis 1945 Sitz der Provinzverwaltung und des Oberpräsidiums für Pommern. Es wurde 1927 von dem Architekten Steinmetz errichtet und 1937–1938 erweitert. Derzeit dient das Landeshaus als Rathaus. Von hier ist es vorbei an der 1905 errichteten **Oberpostdirektion** nur einige Schritte zum Berliner Tor und unserem Ausgangspunkt.

Traurig sieht es auf dem südwestlich der Innenstadt an der Pasewalker Chaussee gelegenen Stettiner **Hauptfriedhof** (Czmentarz), dem zweitgrößten Deutschlands nach dem von Hamburg, aus. Vor dem Kriege war der Friedhof wegen seiner gepflegten Anlagen berühmt.

AUSFLÜGE

Die nähere Umgebung

Am Bollwerk (Dworzec Morski) unterhalb der Hakenterrasse beginnen die **Hafenrundfahrten**. Der Stettiner Hafen erstreckt sich auf 22 km Länge zwischen der Oder und der Mündung der Ihna in den Dammschen See (Jez. Dabie). Dieses Gebiet in der Oder-Niederung (Miedzyodrze) wird von zahlreichen natürlichen und künstlichen Kanälen durchzogen. Auf der Hafenrundfahrt kommt man u. a. an der ehemaligen **Vulkanwerft** (A.-Warski-Werft) vorbei, auf der früher die halbe deutsche Flotte und zahlreiche Frachter für das In- und Ausland gebaut wurden. Östlich liegt die **Tirpitz-Insel** (ehemals Yachthafen). Im ehemaligen **Freihafen** standen einst die größten Schuppenspeicher Europas, die Massengutumschlagstelle Reiherwerderhafen mit ihrer hochragenden Verladebrücke und der Großgetreidespeicher.

Ein weiterer stadtnaher Ausflug führt vom Hohenzollernplatz (plac Zwyciestwa) über die Falkenwalder Str. (ul. Wajska Polskiego) bzw. vom Königsplatz (plac Zoluierza Polskiego) über den Augustaplatz (plac Lotników) und den vor 100 Jahren von Stadtbaumeister Hobrecht nach Pariser Vorbild sternenförmig angelegten Kaiser-Wilhelm-Platz (plac Grunwalśki) und weiter über die Kaiser-Wilhelm-Straße (ul. Narodowej) und ihre Verlängerung, die nach dem Kriege entstandene aleja Jednoski Narodowej, zu den Villensiedlungen im Stettiner **Westend**, die inmitten von anmutigen und waldreichen Park- und Sportanlagen liegen. Besonders schön sind der **Quistorp-Park** (park Kasprowicza), benannt nach dem Kaufmann und Industriellen Johann Quistorp (1822–1899), einem der größten Wohltäter Stettins, und der **Westend-See-Park** mit einem See sowie der im Arkona-Wäldchen gelegene **Glambeck-See** (Jez. Glembokie) mit seinem Strandbad und die Siebenbachmühlen (Buslinie 103, Straßenbahnlinie 1). Besuchenswert ist auch der **Eckerberger Wald** mit seinen Tannen.

Erste Rundfahrt

Unser erster Ausflug führt in die idyllische Buchheide, das beliebteste Naherholungsgebiet der deutschen Stettiner. Das nur 10 km östlich der Stadt gelegene **Hökendorf** (Kleskowo), das am Rande der herrlichen, 6700 ha großen **Buchheide** (Góry Bukowe) liegt, bietet sich als Ausgangspunkt für Wanderungen an. Das hügelige, dicht mit Laubbäumen (vor allem Buchen) bestandene Gebiet, das sich zwischen der Großen

Reglitz und der Plöne erstreckt, ist eine der letzten Eiszeit geformte Stauchmoräne und Rest der einstigen Madabzig-Wildnis. Verträumte Seen, gewaltige Findlinge wie der 70 cbm große Greifenstein, der Klosterkopf (132 m) mit 21 m hohem Aussichtsturm, der „Höchste Berg" (147 m) mit einzigartigem Rundblick (Stettin, Stargard, Madüsee, Gollnow) sowie zweitausendjährigen Eichen und mächtigen Buchen sind nicht weit entfernt. Wunderschön ist der smaragdgrüne Hertasee (Jez. Szmaragdowe). Im 18. Jh. wurden in der Buchheide noch Wölfe gejagt. Unter Friedrich dem Großen entstanden die ersten Dörfer.

Südlich von Hökendorf liegt das Buchheidedorf **Mühlenbeck** (Smierdnica) mit seiner alten Fachwerkkirche, die einen geböschten Holzturm aus dem Jahre 1707 besitzt. Von Mühlenbeck kann man weiter bis **Sinzlow** (Zelislawiec) fahren und von dort über Binowe (Binowo), Höhendorf über **Finkenwalde** (Zdroja) nach Hökendorf zurückkehren.

Westlich an der Autobahn am rechten Ufer der Reglitz liegt am Hang der Buchheide der Ort **Podejuch** (Podejuchy). Von hier bietet sich ein herrlicher Ausblick auf das weite Odertal, Stettin und den Dammschen See.

Zweite Rundfahrt

Auf dieser Tour besuchen wir das nordwestliche Ufer des 903 km^2 großen (52 km lange und 15-20 km breite), aber nur 4 m tiefe **Stettiner Haff** (Zalew Szczecin´ski). Die auch Pommersches Haff genannte Bucht wird in das Große und das Kleine Haff gegliedert und ist der größte Bodden (niederd. bodden = Meeresboden, d. h. eine seichte, durch Überflutung nach Senkung der Küste entstandene Meeresbucht) Deutschlands. Man unterscheidet das Kleine (im Westen) und das Große Haff (im Osten). Einst gehörte das Stettiner Haff zum Litorinameer (die durch Meeresspiegelanhebung oder Landsenkung vergrößerte Ostsee während der jüngeren Alluvialzeit). Mit der Ostsee ist der Bodden durch schmale Oderarme d. h. die Swine (Swina) in der Mitte, die Dievenow (Dziwna) im Osten verbunden. Dazu kommt im Westen der Peenestrom, der ein eigenes Flußsystem bildet. Durch die Mitte, die hier seit November 1945 die Grenze bildet, führt eine vertiefte Fahrrinne (Kaiserfahrt), die den Stettiner Hafen mit der Ostsee verbindet. Am Ufer liegen kleine Fischersiedlungen und Erholungsorte.

Um ans westliche Ende des Haffs zu gelangen, fahren wir zunächst durch die nördlichen Industrievororte Grabow (Grabowo), Bredow

(Drzelowo, Vulcan-Werft), Züllchow (Zelechowa), Frauendorf (Szczecin Golecino), **Golzow** (vom Bismarckturm auf dem Jula, dem Steilabfall der Warsower Höhen, sehr schöner Blick über den Dammschen See), **Stolzenhagen-Kratzwieck** (Glinkin, Eisenhütte „Kraft"), **Scholwin** (Skolwin, Papierfabrik Odermünde) und durch den Wald von **Messenthin** (Przesoci) mit seiner guterhaltenen Holzriegel- (Fachwerk-)Kirche und einem Gutshof (1837/40 der Familie v. Tesmar gehörend) ins 15 km entfernte **Pölitz** (Police), wo sich ein großes Düngemittelwerk befindet. Das Fischerdorf (27 000 Einwohner, 1939: 6437) an der Larpe erhielt 1260 von Herzog Barnim I. magdeburgisches Stadtrecht (in Stettiner Form). 1321–1808 gehörte Pölitz als Mediatstadt zu Stettin. Dann kam es zum Kreis Randow, bevor es 1939 nach Stettin eingemeindet wurde. Nach 1945 wurde Pölitz wieder Stadt. Im Kriege standen hier die größten Hydrierwerke Europas, die 1944 zerstört wurden. Das heutige Chemie-Großkombinat ist einer der größten Umweltverschmutzer an der Ostsee. Während des Dritten Reiches gab es hier auch ein KZ (Denkmal). Die schöne gotische Marien-Kapelle auf dem Markt ist einziges Überbleibsel der 1896 abgebrochenen mittelalterlichen Marien-Kirche. Im Vorort **Jasenitz** (Jasienica) stehen die Reste einer Klosterkirche aus dem 13. Jh., die 1260 von Herzog Barnim I. gestiftet wurde. Die ersten Mönche, Victoriner, die nach den Regeln des hl. Augustinus dort lebten, nannten die Abtei Mariental (Vallis S. Mariae) oder Donum Dei (= Gottesgeschenk). 1535 wurde das Kloster zum herzoglichen Jagdschloß umgebaut. Davon ist jedoch nur wenig erhalten. In Jasenitz liegt der Dichter, Politiker und Geschichtsschreiber Giesebrecht (1792–1873) begraben. Er stammte aus dem mecklenburgischen Mirow und vertrat Stettin auf der Frankfurter Nationalversammlung. Zusammen mit Eduard Böhmer gab er die Zeitschrift „Damaris" heraus. Einige Kilometer weiter (bereits im Kreis Ueckermünde) liegt der Segelhafen **Ziegenort** (Trzebiez).

Nun verbreitert sich das 3–7 km breite Pappenwasser zum Haff, das sandig-moorig und mit Nadelwald bedeckt ist. Hoch über dem Ort kreisen die Seeadler. Die beiden Dörfer Groß und Klein Ziegenort werden 1280 urkundlich als „Zegenhort" (von Zegen = kleine Fische) genannt. Die barocke Kirche stammt aus der Mitte des 18. Jh. Bis zu ihrer Vertreibung im Jahre 1945 lebten hier deutsche Fischer, die tagtäglich mit ihren Tuckern und Zeeskähnen ins Haff hinausfuhren. Vom Schanzberg schöner Ausblick. Das idyllisch gelegene **Neuwarp** (Nowe Warpane) war vor 1945 eine wohlhabende Fischer-, Schiffer-

und Ackerbürgerstadt. Bei dem nahen Ort Altstadt lag wahrscheinlich früher die Burg Gradiz, die 1124 von Otto von Bamberg besucht wurde. Das Fachwerk-Rathaus stammt aus dem Jahre 1696 (offener Glockenturm). Im Befreiungskrieg gegen die Franzosen wurde Neuwarp berühmt: Der Neuwarper Dragoner Ungerland, im Zivilberuf Fischer, erkannte den Frieden von Tilsit (1806) nicht an und kämpfte weiter gegen die Besatzer. Bei Neuwarp befindet man sich ganz in der Nähe der Grenze: der zwischen Neuwarp und Altwarp gelegene Warper See, eine Bucht des Stettiner Haffs, trennt den östlichen vom westlichen Teil des pommerschen Kreises Uckermünde. Die Kleinbahn Neuwarp-Stöven, die an drei Stellen die unnatürliche Grenze kreuzte, wurde stillgelegt.

Auf der Rückfahrt von Neuwarp lohnt sich eine Fahrt durch die hart an der Zonengrenze gelegenen Staatsforste Rieth, Ziegenort, Mützelburg und Falkenwalde (Puszcza Wkrzańska) sowie über **Klein Mützelburg** (Myślibórz Wlk.) und Entepol (Dobieszcz) zur Ruine des 1944 bombardierten Schlosses **Nassenheide**. Der umfangreiche Besitz wurde im 18. Jh. von dem General Otto v. Lepell erworben. Nach dem Tode seines Sohnes, des zum Grafen erhobenen Friedrich Wilhelm v. Lepell, ging Nassenheide 1786 an dessen Sohn Wilhelm Heinrich Carl Graf v. Lepell, den preußischen Gesandten in Stockholm, über. Dieser stattete das Schloß mit kostbaren italienischen Kunstwerken aus. Mit seinem Tode in Herrnhut (er gehörte der Herrnhuter Gemeinde an) starb die Familie aus. 1822 ging Nassenheide als Erbfall an die Gräfin Henckel v. Donnersmarck, der Oberhofmeisterin der Großherzogin Maria Pawlowa, in Weimar über. 1872 gelangte das Schloß an die Grafen v. Arnim. Die Gemahlin des Grafen und Botschafters Harry v. Arnim-Suckow, Elisabeth, legte den weit über die Grenze Pommerns bekannten Park an. Als der Botschafter gegen Bismarck intrigierte, ließ ihn dieser wegen der Zurückhaltung von Staatspapieren auf Nassenheide verhaften. Nachdem ihn das Gericht zu einer Gefängnisstrafe verurteilt hatte, ging v. Arnim-Suckow ins Ausland, von wo er Presseartikel gegen den Reichskanzler schrieb. Dieser Streit, dem sich auf seiten des Ex-Botschafters auch andere prominente Arnims und die konservative „Kreuzzeitung" anschlossen, weil Bismarck ihrer Meinung nach zu eng mit den liberalen Ministern Delbrück und Camphausen zusammenarbeitete, wurde erst beigelegt, als sich Bismarck gegen die Liberalen wandte, die größeren Einfluß auf die preußische Politik forderten. Um 1900 verkauften die Arnims Nassenheide. Zuletzt war ein Herr v. Koeller (seit 1937) Gutsbesitzer. Von hier fahren wir in südöstlicher

Richtung über Falkenwalde (Tanowo) und Polchow (Pilchowo) nach Stettin zurück.

Dritte Rundfahrt

Einen weiteren Ausflug kann man von Stettin mit dem Schiff über das 800 km² große Stettiner Haff zu den Ostsee-Badeorten Swinemünde (S´winoujs´cie) und Misdroy (Miedzydroje) unternehmen. Die Entfernung nach beiden Orten beträgt auf dem Seeweg je 65 km. Beide können jedoch auch auf der nachfolgend beschriebenen Reiseroute von Stettin nach Danzig besucht werden.

KURZINFORMATIONEN

ORTSVERKEHR: In Stettin verkehren Busse auf mehreren Linien durch die Innenstadt und zu den Vororten.

BAHN: Vom Stettiner Hauptbahnhof (Szczecin Glówny), im Süden der Innenstadt, fahren Züge nach Swinemünde, Stargard i. Pom., Kolberg, Danzig, Posen, Warschau und über Reppen nach Berlin und Breslau. Auskunft: Tel. 9 35.

BUS: Normal- und Expreßbusse der PKS verbinden Stettin mit den wichtigsten Orten in der näheren und weiteren Umgebung der Stadt.

BUSBAHNHOF: plac Ratuszow im Süden der Innenstadt.

FLUG: Die Fluggesellschaft LOT (Büro: ul. Wyzwolenia 17, Tel. 3 99 26) fliegt von Stettin nach Warschau, Kattowitz und Krakau.

SCHIFF: Tragflügelboote der Zegluga Szczekiuska verbinden Stettin mit Swinemünde (75 Min.) und Misdroy. Preis: 490 Zloty. Auskunft über Autofähren von Swinemünde: Polnische Ozeanlinie, ul. Kardynata Wyszyuskiego 28, Tel. 3 42 38.

TOUREN: Orbis veranstaltet Stadtbesichtigungen unter dem Titel „Szczecin der Piasten stellt sich vor". Die Zegluga Szczekiuska, ul. Jana z Kola 7 (Seebahnhof), Tel. 22 59 18, veranstaltet Hafenrundfahrten (1 Std. 150 Zl., 2 Std. 210 Zl.).

LEIHFAHRZEUGE

AUTO: Orbis, ul. Zwyciestwa 1, Tel. 4 31 06.

FREMDENVERKEHRSBÜROS: Orbis, ul. Krzywoustego 13, Tel. 8 02 72 oder 4 51 54; PTTK, al. Jedności Narodowej 49 a, Tel. 3 58 32; it-Zentrum, al. Jedności Narodowej 50, Tel. 4 28 32; Almatur, ul. Wawrizyniaka 7a, Tel. 23 36 78.

AUTOMOBILCLUB: PZM, pl. Zwyciestwa 1, Tel. 3 49 59, 4 69 30, und al. Piastów 22, Tel. 87 27.

STRASSENHILFSDIENST: al. Piastów 20, Tel. 9 81.

TANKSTELLE: (ganztägig) ul. Kopernika 1.

AUTOREPARATUR: ul. Gdańska 9, Tel. 4 57 16; ul Kopernika 3, Tel. 3 71 38.

HOTELS: **** Orbis Neptun, ul. Matejka 18, Tel. 24 01 11; **** Hotel Reda, ul. Cukrowa 1, Tel. 82 24 61; *** Hotel Arkona, ul. Panien´ska 10, Tel. 3 60 61; *** Orbis-Continental, al. 3 Maja 1, Tel. 4 50 51; *** Gryf, al. Wojska Polskiego 49, Tel. 3 40 35; ** Piast, pl. Zwyciestwa 3, Tel. 3 50 71.

JUGENDHERBERGEN: ul. Jagiellonska (1.7.-30. 8., 50 Betten, Tel. 7 51 94) sowie drei weitere Herbergen (ul. Unislawy 26, 4 km in Dw. Glowny, ul. Armii Czerwonej 19a und ul. Grodzka 2. Weitere preiswerte Unterkünfte: Internationales Studentenhotel von Almatur, ul. Dunikowskiego 4, Tel. 82 29 31.

PRIVATUNTERKÜNFTE: Büro ul. Jedności Narodowej 50, Tel. 4 64 31.

CAMPING: Altdamm (Dabie), ul. Przestrzenna 23, Tel. 61 32 64; Pomerania, Szczecin Plonie, Tel. 61 21 83.

RESTAURANTS: Bajka, al. Niepodleglosci (Paradeplatz) 30, Tel. 3 72 25, tgl. 15-05 Uhr; Balaton, pl. Lotników (Augustaplatz) 3, Tel. 4 68 73, tgl. 8-24 Uhr, ungarische Küche; Chief, ul. K. Swierczewskiego (Kronprinzenstr.) 16, Tel. 4 37 65, tgl. 11–22 Uhr, Fisch; Orbis-Arkona, ul. Panien´ska (Frauenstr. 10), Tel. 3 60 61, tgl. 7-24 Uhr; Orbis-Continental, ul. 3 Maja (Lindenstr.) 1, Tel. 4 63 15, tgl. 12-02 Uhr; Orbis-Reda, ul. Crukowa 1, Tel. 82 24 61, tgl. 7-24 Uhr; Ryska, al. Piastów (Barnimstr.) 16, Tel. 4 59 40, So-Fr 13-02 Uhr, Sa bis 03 Uhr, lettische Küche.

CAFES: Druž'ba, al Wojska Polskiego (Falkenwalder Str.) 66, Tel. 8 98 66, tgl. 10-22 Uhr; Jubilata, al. Wojska Polskiego (Falkenwalder Str.) 41, Tel. 4 54 15, tgl. 11-01 Uhr; Marzenie, ul. K. Swierczewskiego (Kronprinzenstr.) 2, Tel. 22 72 66, tgl. 10-22 Uhr; Miodosytnia y Wyszaka, pl. Rzepichy 1, Tel. 3 51 18, So-Fr 10-23 Uhr, Sa bis 02 Uhr; Orbis-Continental, al. 3 Maja (Lindenstr.) 1, Tel. 4 63 15, tgl. 7-22 Uhr; Piast, pl. Zwyciestwa (Hohenzollernplatz) 3, Tel. 4 54 30, tgl. 7-23 Uhr; Zamkowa (Weinstube und Café), im Schloß.

BARS: Bolko, ul. Slaska (König-Albrecht-Str.) 43, Tel. 4 37 04, tgt. 7-23 Uhr.

SPORT: Schwimmen, Tennis.

UNTERHALTUNG: Konzerte: Panśtwowy Filharmonia im. M. Kalowicza, pl. F. Dzierzynśkiego 1 (ehem. Landeshaus), Tel. 22 47 23; Szczecin'skie Towarzystwo Muzyczne im H. Wieniawskiego, Zamek Ksiażat (Schloß), Tel. 4 59 91; Amfiteatr, park Kasprowicza (Quistorp-Park).

THEATER: Teatr Polski, ul. Swavożyca 5, Tel. 22 66 56; Teatr Powszechny Waly Chrobrego (Hakenterrasse) 3, Tel. 4 23 75; Teatr Lalki plecinga (Puppentheater), ul. Kascubska (Elisabethstr.) 9, Tel. 8 89 02.

POSTAMT: Poczta, ul. Niepodlegośći (Paradeplatz).

EINKAUF: DESA, plac Zolnierza Polskiego 5; CEPAELIA, ul. Boleslawa Krzywoustego 62 (Silber), al. Wyzwolenie 2 (Textilien), pl. Zwyciestwa 4 (Volkskunst).

8. Von Stettin nach Swinemünde

VON STETTIN NACH GOLLNOW

Wir verlassen Stettin auf der E 14 (R 2) und fahren durch die weitläufigen Hafenviertel zwischen der Oder und ihrem östlichen Arm, der Ost-Oder-Reglitz (Regalica), in den an der Mündung der Plöne in den Dammschen See (Jez. Dabie) gelegenen, 1260 mit magdeburger Stadtrecht begabten östlichen Vorort und starke Festung (bis 1873) **Altdamm** (Dabie, 1939: 16 197 Einwohner). Der Ort liegt an der Mündung der Plöne in den Dammschen See. Ursprünglich stand hier die pomoranische Wallburg Vadam. Sie wurde 1121 von den Polen zerstört. Herzog Barnim I. baute sie wieder auf und verlieh 1260 dem Ort Damm das magdeburgische Stadtrecht. Im 17. Jh. kam der Name Altdamm auf.

Sehenswert sind die gotische Marienkirche (14. Jh.) und das Fürstenhaus im Renaissancestil. Es wurde von Herzog Johann Friedrich errichtet, nachdem das feste Haus von Herzog Barnim I. 1592 abgebrannt war. Heute dient es als Bibliothek.

In Altdamm befindet sich ein bedeutender Fischerei- und Küstenschifffahrtshafen. Vor dem Kriege gab es hier außerdem eine Dampfmühle und einen Stahlhammer sowie Betriebe, in denen Holz und Kartoffeln verarbeitet und Sirup hergestellt wurde. Altdamm ist der Geburtsort des Baumeisters Friedrich Gilly (1772–1800), Schüler von Langhans und Erdmannsdorf und Lehrer Schinkels. Ebenfalls in Altdamm wurden Johannes Heydecke, der bis 1512 in Krakau als Stadtschreiber wirkte, und der Komponist Karl Teike (1864–1922) geboren. Der von Teike, dem Sohn eines Stettiner Nagelschmiedes als 22jährigem Grenadier in Ulm komponierte Militärmarsch „Alte Kameraden" gehört heute zu den meistgespielten Märschen auf der Welt.

Von Altdamm geht es zwischen den moorigen Wiesen am Ostrand des Dammschen Sees (Jez. Dabie, 56 km^2) im Westen und den bewaldeten Ausläufern der Gollnower Heide und durch die anschließende Dammsche Heide in nördlicher Richtung nach **Hornskrug** (Rześnica).

Von hier führt eine 1939 erbaute Zubringerstraße („Bäderstr.") zur weiter südlich verlaufenden Berliner Autobahn. Nach Norden wurde die R 2 bis Gollnow vierspurig ausgebaut und umgeht diese Stadt in einem weiten Bogen. Parallel zur Bäderstraße verläuft auf weite Strecken die Swinemünder Eisenbahn. Hinter dem Ort beginnt der Landkreis Naugard, der im Norden an den Kreis Cammin, im Süden an den Stadtkreis Stettin und den Landkreis Greifenhagen, im Osten an den Kreis Regenwalde und im Südosten an den Kreis Saatzig grenzt. Im Westen reicht der Kreis Naugard an den Dammschen See, im Osten fast an die mittlere Rega und an den Wothschiener See. Er wird von den Flüssen Ihna, Stepenitz, Völzer Bach und Zampel durchflossen. Das Bild des Kreises wird von Wäldern, Wiesen, Ackerland, dem Flugsandgebiet der Gollnower Heide und flachen Bergen geprägt. Im Kreis Naugard liegen die Städte Gollnow, Naugard, Massow und Daber. Durch den Forst Pütt und das 5 km lange Straßendorf **Christinenberg** (Kliniska Wielki), ein 1936 aus fünf unter Friedrich dem Großen auf einer sumpfigen und sandigen Bruch- und Heidewildnis erbauten Dörfern entstandener Ort, gelangen wir in das große Waldgebiet der **Gollnower Heide** (Puszca Goleniowska), die eine Fläche von 630 km^2 bedeckt und auch Gollnower Bürgerheide genannt wird. Im Mittelalter war die Heide unter dem Namen Golinog oder Gollenog bekannt. Bis ins 18. Jh. lebte in dieser Wildnis, die im Süden in die Wildnis des Madanzig-Waldes überging, die teilweise mit Heide, Kiefern und Birken bewachsen war und Moore und große Dünengebiete umfaßte, kein Mensch. Erst durch die unter Friedrich dem Großen im 18. Jh. erfolgte Aufforstung (die erste derartige Maßnahme überhaupt) entstand eine „Kiefernheide", deren Holz im nahen Gollnow verarbeitet wurde.

GOLLNOW (GOLENIÓW)

Gollnow, „die Stadt der guten Möbel" (18 000 Einwohner, 1939: 13 740), war früher eine bedeutende Handelsstadt. Vor dem Kriege gab es in Gollnow eine bekannte Stuhlfabrik sowie Betriebe, die Näh- und Stecknadeln herstellten. Die Stadt war auch lange bekannt als Produzent von Holz, Heu und Honig. Aus Gollnow stammt der international bekannte Ernährungswissenschaftler und Hygieniker Prof. Dr. Werner Kollath (geb. 1892).

In der um 1220 von Herzog Barnim I. von Pommern an der Stelle eines uralten Fischerdorfes gegründeten Siedlung Gollenog („mitten im Walde") ließen sich um 1260 deutsche Kaufleute und Handwerker nieder. Der Ort erhielt 1268 als Vredeheide magdeburgisches, später lübisches Stadtrecht. Im Jahre 1314 wurde Gollnow Mitglied der Hanse. Über die schiffbare Ihna wurden hauptsächlich Getreide, Holz und Salz exportiert. Mit den Konkurrenten Stettin und Stargard kam es häufig zu Streitigkeiten. Schon um 1400 war Gollnow Station der Hanse-Reitpost von Brügge nach Riga. Der Niedergang kam mit dem 30jährigen Krieg, der Schutt und Trümmer und eine gewaltige Schuldenlast hinterließ. 1630 gelangte Gollnow an Schweden, 1720 an Preußen. Unter Friedrich dem Großen wurde die Ihna zwischen Gollnow und der Kahnschiffervorstadt Wiek zum „Hundertminutenkanal" reguliert. Damit begann ein neuer wirtschaftlicher Aufschwung. Vor dem letzten Kriege war Gollnow ein bedeutendes landwirtschaftliches Zentrum mit Zement- und Kalksteinindustrie. 1945 wurde die Stadt zu 60% zerstört. Heute werden hier vor allem Möbel hergestellt. Im Norden der Stadt liegt der Flughafen von Stettin.

Eindrucksvoll ist das 26 m hohe spätgotische **Wolliner Tor** (Brama Wolinska), ein viergeschossiger Bau mit Granitsockel von 1317. Von den übrigen alten Bauten der 1945 von den Sowjets zu 60% zerstörten Stadt sind nur noch wenige erhalten. Zwischen eintönigen modernen Wohnblocks ragen nur noch der mächtige Backsteinbau der nach dem Vorbild des Brandenburger Doms im Mittelalter errichteten, 1945 zerstörten und 1957–59 rekonstruierten trutzigen **St.-Katharinen-Kirche** heraus. Sie ist eine dreischiffige Hallenkirche (15.–16. Jh., im 19. Jh. umgebaut) mit 82 m hohen Turm von 1882 und beherrscht das Stadtbild. Der von mächtigen Pfeilern getragene Backsteinbau, der **Pulver-,** der achteckige **Münz- und der Fangerturm** sowie das **Wolliner Tor** (1307) stehen ebenfalls noch. Letzteres ist mit 35 m das höchste Stadttor Pommerns. Auch von den einstigen **Ringmauern** (13.–14. Jh.) sind Teile erhalten, ebenso ein aus dem 18. Jh. stammender **Fachwerkspeicher** am alten Hafen in der Wiek, jetzt Naturkundemuseum.

Bevor wir von Gollnow weiter nach Norden fahren, lohnt das 10 km nordöstlich gelegene alte Gut **Basenthin** einen Besuch. Man erreicht es auf einer von der mit Birken bestandenen Naugarder Straße bei Glewitz nach links abzweigender Nebenstraße. Das aus Fachwerk gebaute Herrnhaus Basenthin liegt bereits im Kreis Cammin und gehört dem alten pommerschen Adelsgeschlecht der Flemming. Die Familie stellte zahlreiche große Soldaten wie den preußischen Generalfeldmarschall Heiko Graf v. Flemming und den sächsisch-polnischen Generalfeldmarschall und Minister Jakob Heinrich Graf v. Flemming. Im 19. Jh. war der Erblandmarschall Carl Wilhelm Franz v. Flemming Besitzer.

KURZINFORMATIONEN

VERKEHR: Bahn- und Busverbindungen an den Strecken Stettin – Wollin – Swinemünde und Stettin – Kolberg – Danzig.

TANKSTELLE: Gollnow (ganztägig)

HOTEL: Slowianin, ul. Jedności Narodowej 4, Tel. 22 01.

JUGENDHERBERGE: Szkola Podstawowa Nr. 2, ul. Pionierów 5; Internat Liceum Ogólnokształ, ul. Kilińskiego 8.

RESTAURANTS: Ina, ul. Jedności Narodowej 4, Tel. 26 05, tgl. 13–22 Uhr; Maxim, ul. Szeroka 3, Tel. 23 08, tgl. 12–14 Uhr; Mila, ul. Wojsko Polskiego 7, Tel. 21 14, tgl. 8–22 Uhr.

CAMPING: Gollnow (nördlich).

Nun geht es weiter auf der F 14 (R 111) durch **Münchendorf** (Miekowo) mit seiner schönen Fachwerkkirche und durch die großen Wälder der Gollnower Heide in den Kreis Cammin, der im Norden von der Ostsee, im Westen von dem Kreis Usedom-Wollin und dem Stettiner Haff und im Osten von den Kreisen Greifenberg und Naugard begrenzt wird.

Bis zur Reformation gehörte das Gebiet zum Bistum Cammin, dann bis 1818 dem Camminer Domkapital, und den Familien v. Flemming (auf Basenthin) und v. Köller (auf Siegelkow). In der Familie v. Flemming war das Amt des Oberlandmarschalls erblich.

Westlich der Straße liegen an der Mündung der Stepenitz in das Stettiner Haff der vor dem Krieg bei den Stettinern beliebte Badeort **Groß Stepenitz** (Stepnica) und unweit davon das Dorf **Pribbernow** (Przybiernów), das im alten „Flemmingschen Kreis" liegt. Im Zentrum des Dorfes erhebt sich eine schon 1311 erwähnte Kirche aus Findlingen. Nach ihrer Zerstörung im Dreißigjährigen Krieg wurde sie im 17.-18. Jh. wiederaufgebaut. Kurz hinter Pribbernow zweigt nach links eine Straße zum 12 km entfernten **Groß Weckow** (Wiejkowo) am Marthenthiner See ab, von wo man über Hagen (Reclaw) nach Wollin fahren kann. Das Rittergut Groß Weckow mit einem großzügig angelegten Landhaus (vom Turm herrliche Aussicht) in einem Park mit idyllischem See, das bis 1764 der Familie v. Güntersberger gehörte, gelangte 1833 an die von Ploetz, die hier auch 1945 saßen. Bei **Parlowkrug** (Parlówko) gabelt sich die Bäderstraße: die R 165 führt ins nördlich gelegene Cammin, die R 111 nach Wollin im Westen. 17 km östlich von Parlowkrug lohnt der in **Gülzow** (Golczewo) stehende wuchtige Fangelturm der ehemaligen Bischofsburg. Die 1305–1684 zum Camminer Stiftsland gehörende Burg war häufig umkämpft. 1402–1500 war sie verpfändet. 1648–1812 gehörte sie zu Brandenburg.

Von Parlowkrug gelangen wir auf der R 111 nach 10 km auf eine Klappbrücke über die Dievenow (Dziwna) auf die pommersche **Bäderinsel Wollin,** der mit 248 km^2 größten deutschen Insel nach Rügen und Usedom, die zusammen mit letzterer den heute durch die Oder-Neiße-Grenze zerrissenen Kreis Usedom-Wollin bildet. Hauptstadt des Kreises ist Swinemünde. Wollin wird von den beiden Mündungsarmen der Oder (Swine und Dievenow) umflossen und reicht im Westen bis Usedom. Das 35 km lange und 8–20 km breite Eiland gliedert sich landschaftlich in drei Teile: von der flachen Grundmoräne mit ihren Mooren im Osten steigt sie bis zu 115 m hohen, mit Buchen bestandenen kuppigen Endmoränen im Zentrum an. Die in Nord-Süd-Richtung verlaufende Endmoräne fällt bei Misdroy 95 m steil in die Pommersche Bucht ab. Im Westen dagegen überwiegen Dünen und einzelne Moore. Neben ausgedehnten Buchenwäldern findet man auf Wollin außerdem tiefgrüne Weiden und idyllische Seen. Unser erstes Ziel ist die an der Südostspitze der Insel gelegene alte Stadt Wollin, die 47 km von Gollnow entfernt ist.

WOLLIN (WOLIN)

Wenn man den heute ärmlich wirkenden Fischerort besucht, kann man sich kaum vorstellen, daß hier im frühen Mittelalter eines der größten Handelszentren am „Mare Suebicum" (Tacitus) der Ostsee lag, das als „Byzanz des Nordens" bezeichnet wurde. In Chroniken wird dieser Ort Jumne (Adam von Bosau), Jomsburg (Jomsvika-Saga) oder Hynnisburg (von den Wikingern) genannt. Die Einwohner dieses „Jumne am skythischen Sumpfmeer" (so eine weitere Chronik) trieben damals bis nach Bagdad, Bremen und Nowgorod Handel. Der schöne alte Stadtkern des 1939 rund 4800 Einwohner zählenden wohlhabenden Schifffahrts- und Fischereihafens wurde 1945 ein Opfer sinnloser Zerstörung durch die Sowjets, die 90% der Stadt zerstörten. Auch heute, 42 Jahre nach Kriegsende, sieht Wollin aus, als ob es soeben erst zerstört worden ist. Überall blickt man auf leere Flächen.

Aus Wollin gebürtig war der Reformator und Doctor Johannes Bugenhagen (1485-1558), Sohn eines Ratsherrn, der Vertraute Luthers, und neben diesem und Melanchthon der einflußreichste Vertreter der deutschen Kirchenreformation war. Er übertrug die Bibel ins Niederdeutsche und betätigte sich als Historiker. Sein größter Verdienst aber war die Ausarbeitung von Kirchenordnungen für zahlreiche Städte Norddeutschlands, Dänemarks (wo er zeitweilig Rektor der Universität Kopenhagen war) und Norwegens. Damit festigte er die Reformation in diesen Gebieten.

Geschichte

Nur Ausgrabungsplätze weisen darauf hin, daß sich zwischen dem Südrand des Galgenberges und dem Nordhang des Silberberges vom 9. bis ins 12. Jh. eine mächtige Handelsstadt befunden hat. Einige Forscher sehen dagegen die Insel Usedom oder das der Peene vorgelagerte Eiland Ruden als Standort von Vineta an. Gründer der Wikingerfeste Jomsburg war der dänische König Harald Blauzahn, Sohn von König Gorm und seiner Gemahlin Tyra Danebod. In der Seeschlacht bei Lid-Vaag in der Hjörungabucht vernichtete der norwegische Jarl Hakon 986 eine große Flotte der Jomswikinger. Der norwegische König Magnus der Große zerstörte 1043 sowohl Jomsburg als auch die Schwesterstadt Haithabu bei Schleswig. Häufig wurde die Stadt auch von dänischen Wikingern angezündet. Bei Grabungen stellte man 15 Brandschatzungen fest. In der skandinavischen Jomsvika-Saga wird dieses Wirtschaftszentrum, damals eine oligarchisch regierte Stadtrepublik mit 10 000 Einwohnern, besungen. Adam von Bremen pries den von ihm 1075 „Vineta" genannten Ort übertreibend als „die größte aller Städte Europas", in der Sclaveni (= Heiden), Griechen und Sachsen lebten. Der Chronist berichtet auch von einen „Vulkanstopf". Die meisten Kaufleute dürften Gotländer gewesen sein, die seit 2000 v. Chr. „mit Kaufmannswaren nach allen Ländern, sowohl christlichen als heidnischen segelten", wie es in der „Guta-Saga" heißt. Sie belieferten neben Jumm u. a. Stettin, Birka und Sigtuna in Mittelschweden sowie Truso bei Elbing und Revik in Mecklenburg. Als der römisch-katholische Adam von Bremen um 1070 nach Jumne kam, gab es hier schon skandinavische Christen. Sie waren von iro-schottischen Missionaren bekehrt worden, die schon vom 6.-8. Jh. in ganz Westeuropa und Skandinavien auftraten. Die römische Kirche bekämpfte sie als Häretiker. Der Sage nach soll an der Stelle der Stadt Jumne vorher das angeblich sündige vom Meer verschlungene

Vineta (Veneta) gestanden haben. Zahlreiche Gedichte wurden über Vineta geschrieben. Auch die schwedische Schriftstellerin Selma Lagerlöf läßt den kleinen Nils Holgerson auf seiner Reise mit den Wildgänsen über die alte Stadt fliegen.

Aber erst nach dem Ersten Weltkrieg stellte der Greifswalder Historiker Adolf Hofmeister Wollin als Standort Vinetas fest. Von 1934 bis zum Kriege wurde die alte Siedlung bis 6 m unter der heutigen Stadt freigelegt. Dabei fand man auch Bernsteinschmuck, darunter einen „Thorshammer", ein Amulett des germanischen Gottes Thorns. Die Grabungsunterlagen von Museumsdirektor Dr. Kunkel (Stettin) wurden 1945 zum größten Teil vernichtet. Jüngst entdeckte man 2 m unter dem Meeresspiegel bei Wollin Siedlungsreste. Einige Forscher nehmen an, daß im 12. Jh. durch langanhaltende Regenfälle die Deiche gebrochen seien, wodurch an einem Tage eine Fläche von 250 km^2 in den Odermarschen überflutet worden sei.

Um 1120 besuchte der spanische Eremit Bernhard, der in Italien ein Bistum erhalten hatte, den Ort. Doch die reichen Bürger spotteten über den armselig gekleideten Mann, dem der allmächtige Gott nicht einmal Schuhe verschaffen konnte. Sie setzten ihn schließlich in einen Kahn und vertrieben ihn. Er solle den Fischen und Vögeln predigen, sagte man dem Eremiten zum Abschied. Nach seinem Mißerfolg kam Bernhard ins Kloster Michelsberg bei Bamberg. Dort traf er Bischof Otto und gab ihm die Anregung zu einer Missionsfahrt nach Pommern. Der aus einer schwäbischen oder mittelfränkischen Familie stammende Otto, seit 1102 Bischof von Bamberg, kam zweimal nach Jumne und gründete hier die St.-Adalbert- und die St.-Michael-Kirche. 1140 wurde durch Papst Innocenz II. das dem päpstlichen Stuhl direkt unterstellte Bistum Wollin gegründet. Hier taucht erstmals der Name „Wulin" in einer Urkunde auf. Auf den Grundmauern der ehemaligen St.-Adalbert-Bischofs-Kirche wurde die St.-Georgen-Kirche errichtet, die 1945 zerstört und später abgerissen wurde. Nach mehreren dänischen Überfällen verlegte der Bischof 1176 seinen Sitz nach Cammin. Bis 1279 war Wollin dann nur ein unbedeutender Flecken. Nachdem sich hier aber Mitte des 13. Jh. deutsche Siedler niedergelassen hatten, begann sich die Stadt wieder zu entwickeln.

1277 erhielt sie durch Herzog Barnim I. das lübische Stadtrecht und wurde dank seiner günstigen Lage an der das Stettiner Haff mit der Ostsee verbindenden Dievenow eine wohlhabende kleine Handelsstadt und Mitglied der Hanse. Im Schwedisch-Polnischen Krieg wurde Wollin

1659 zerstört. Bis zur Katastrophe von 1945 war Wollin eine wohlhabende Ackerbürgerstadt.

Im heutigen Wollin sind die **Nikolai-Kirche,** das **Rathaus,** das **Archäologische Museum,** ul. Boh. Stalingradu 24, tgl. außer So, 9-16 Uhr, in der Saison bis 18 Uhr geöffnet, und an der Dievenow die Spuren einer alten Wehranlage und alte Grabhügel sehenswert. Vom Galgenberg am Südende der Stadt bietet sich ein herrlicher Blick über die Insel und das Haff.

KURZINFORMATIONEN

VERKEHR: Bahnverbindungen nach Stettin und über Gollnow nach Kolberg und Danzig.

TOUREN: Schiffsausflüge nach Stettin und Cammin.

HOTEL: ** Wineta, ul. Boh. Stalingradu 16, Tel. 84.

JUGENDHERBERGE: ul. Armii Czerwonej 36.

RESTAURANT: Wineta, ul. Boh. Stalingradu 16, Tel. 69.

26 km nordwestlich von Wollin und nur wenige Kilometer östlich des bekannten Ostseebades Ahlbeck (Usedom) liegt der große Handels-, Kriegs- und Fischereihafen Swinemünde, ein außerdem beliebtes Seebad.

SWINEMÜNDE (ŚWINOUJŚCIE)

Die heute rund 45 000 Einwohner (1939: 30 239 auf einem 15mal kleineren Gebiet) zählende einstige „Perle der Ostsee" an der Swinepforte, dem Fluttor zwischen dem Haff und der Ostsee, war bis 1945 Hauptstadt des z. Zt. geteilten Kreises Usedom-Wollin. Die Stadt wurde nach dem Krieg durch Eingemeindungen (Kaseburg, Lebbin, Misdroy, Pritter) auf 314 km² vergrößert und erstreckt sich beiderseits der hier in die Ostsee mündenden Swine (Swina) auf den Inseln Wollin und Usedom. Eine Fähre verbindet die beiden Ortsteile.

Um 1184 befand sich hier ein kleiner Handelsplatz. Herzog Bogislaw IV. von Pommern versprach 1297 auswärtigen Kaufleuten volle Freiheiten und Sicherheiten. Doch hatte er mit seiner Hafengründung kein Glück. Swinemünde blieb bis ins 18. Jh. ein unbedeutendes

Fischernest. Erst als der Ort 1720 mit Altvorpommern an Preußen gekommen war, gründete Friedrich der Große nach Schiffbarmachung der Swine den heutigen Hafen als Konkurrenz zum nach wie vor schwedisch besetzten Wolgast. 1743 legte der große Preußenkönig anstelle des Dorfes Westswine den heutigen Ort an, der seit 1765 als Stadt gilt. Swinemünde entwickelte sich zum Vorhafen von Stettin und Berlin. Von hier fuhren bis zur Fertigstellung der „Kaiserfahrt" (1880) nach Stettin die größeren Seeschiffe ab.
Am 14. 9. 1824 strömten die Swinemünder in den Hafen: an diesem Tage lief die „Mentor" ein, das erste Schiff, das (über Hawaii) aus China nach Pommern gekommen war. An Bord befand sich auch der Hawaiianer Maitey, der später auf der Berliner Pfaueninsel lebte. Neben dem Handels-, Marine- und Fischereihafen entstand ab 1824 eines der ersten deutschen Ostseebäder (offiziell allerdings erst 1829). 1876 erhielt Swinemünde über Ahlbeck Bahnanschluß nach Berlin. Im Jahre 1895 wurde das Solbad eröffnet.
Dank seines milden Klimas und des herrlichen Strandes entwickelte sich Swinemünde bald zu einem der beliebtesten deutschen Seebäder. Theodor Fontane, dessen Vater in Swinemünde die „Adler-Apotheke" besaß, beschreibt Swinemünde in seinen „Kindheitserinnerungen". Auch sein Roman „Effi Briest" spielt teilweise in diesem Ostseebad. Am 12. 3. 1945 war es mit der Idylle vorbei: an diesem Tage griffen 671 amerikanische Bomber die von Flüchtlingen überfüllte Stadt an und richteten unter ihnen ein Blutbad an. Über 10 000 Menschen kamen ums Leben. Sie wurden in Massengräbern am Golm (westlich der Grenze) beigesetzt. Die Stadt wurde zu 55% zerstört. Nach der Besetzung durch die Rote Armee war Swinemünde lange ein russischer Kriegshafen. Erst einige Jahre später übergaben die Sowjets ihn an die Polen, die Swinemünde zu einem großen Fischerei-, Export- und Seekriegshafen ausbauten.
Während sich auf der Insel Usedom die Innenstadt und die Wohn- und Kurviertel sowie der breite, sandige Strand befinden, liegt auf Wollin der Ostswine-Osternothafen mit dem 1968 errichteten Kohle- und Erzumschlaghafen Swineport. Außerdem befindet sich hier der Fischerei-, der Kriegs- und der Fährhafen (Odra-Port).
Im Seekriegshafen liegen ständig Einheiten der Baltischen Rotbannerflotte, die durch eigene Marineinfanterie geschützt wird. Vom Fährhafen verkehren Autofähren nach Lübeck-Travemünde, Kopenhagen, Ystad (Schweden) und Danzig.

KURZINFORMATIONEN (Swinemünde)

ORTSVERKEHR: Fähren und Busse verkehren zwischen den beiden Ortsteilen.

BAHN: Züge nach Stettin, Posen, Warschau, Kattowitz.

BUS: PKS-Busse nach Stettin und anderen Orten.

SCHIFF: Autofähren nach Travemünde, Kopenhagen, Ystad und Danzig; Tragflügelboote (75 Min.) nach Stettin. Auskunft und Buchung: Polnische Ozeanlinien, ul. Dworcowa 1, Tel. 30 06; (Ausland), Zegluga Szczecinska, ul. Nabrzeze Wladyslawa 4, Tel. 21 40 oder 27 40 (Tragflügelboote) und Küstenlinie, Bulwark Wladyslawa IV., Tel. 21 40.

TOUREN: Orbis veranstaltet Ausflüge nach Stettin, die Zegluga Szczecinska ein- bis zweistündige Ostseefahrten (160-240 Zloty).

FREMDENVERKEHRSBÜROS: it-Zentrum, Armii Czerwonej 14, Tel. 37 66; Orbis, ul. Armii Czernowej 2, Tel. 44 11; PTTK, ul. Boleslawa Chrobrego 2, Tel. 26 13.

AUTOMOBILCLUB: PZM, ul. Barlickiego 4, Tel. 33 88.

TANKSTELLE: (ganztägig) Swinemünde.

STRASSENHILFSDIENST: ul. Barlickiego 4, Tel. 33 88.

HOTELS: ** Baltyk, ul. Armii Czerwonej 5, Tel. 23 91; ** Albatros, ul. Kasprowicza 2, Tel. 23 55; ** Atol, ul. Orkana 3, Tel. 30 10; Ferienheim Orbis Barbórka, ul. Kasprowicza 8, Tel. 25 31.

PRIVATUNTERKÜNFTE: Orbis.

CAMPING: Relax, ul. Slowackiego 5, Tel. 39 12.

RESTAURANTS: Baltyk, ul. Armii Czernowej 4, Tel. 23 91; Jantar, pl. Slowiański 4, Tel. 25 10; Albatros, ul. S. Zeromskiego 1, Tel. 26 11.

BARS: Gryfia, ul. Boh. Stalingradu 8, Tel. 25 78; Penelopa, ul. Walki Mlodych 99, Tel. 44 53; Teatralna, pl. Slowiański 1, Tel. 26 51.

CAFE´S: Posejdon, ul. E. Gierczak 1, Tel. 38 44; Promowa, ul. Fińska

Die zu den vorpommerschen Badeorten Ahlbeck (4 km), Heringsdorf und Bansin im westlichen Teil Usedoms führende Straße (R 110/111) ist für Touristen gesperrt. Die Bahnlinie über Ahlbeck nach Berlin wurde abgebrochen. Zwischen 1967 und 1980 gab es zwischen Swinemünde und Ahlbeck einen „kleinen Grenzverkehr", der jedoch von den DDR-Behörden unterbunden wurde.

Das einzige Familienbad, das 1938 rund 435 000 Übernachtungen zählte, ist heute ein polnisches Massenbad ohne Eleganz. Überall sieht man noch die Spuren des Krieges.

Was Swinemünde einzig dastehen läßt, ist sein weiter Strand, der sich mehrere Kilometer lang in einer Breite von 150 m erstreckt. Strand und Meeresgrund bestehen aus steinfreiem feinkörnigem Sand. Eine 128 m lange **Seebrücke** (Mole) führt ins Meer hinaus. Früher war Swinemünde „Hausbad der Berliner", die es in nur 2½ stündiger D-Zugfahrt von der deutschen Reichshauptstadt erreichen konnten.

Sehenswert ist die vom Ende des 18. Jh. stammende **Kirche,** in deren Inneren gotische Skulpturen (15. Jh.) und ein hölzernes Schiffmodell (1814) beachtenswert sind. Südlich des Strandes erstreckt sich bis zur Swine die **Plantage**, ein von Lenné geschaffener Kurpark, Schauplatz des verhängnisvollen Ehebruches der Effi Briest. Im Zentrum des Forstes stand früher an der **Königsallee** ein Bronzestandbild von Kaiser Friedrich III. von Herter (1908). Etwas außerhalb des Stadtzentrums erhebt sich der zwischen 1854 und 1857 erbaute **Leuchtturm** von Osternothafen, der höchste des östlichen Pommern und einst Richtmarke an der Swinepforte.

9. Die Küste zwischen Swinemünde und Danzig

Von Swinemünde fahren wir auf der Küstenstraße durch schöne Buchenwälder in Richtung Osten. Nach 15 km Fahrt sind wir in dem bekannten Badeort Misdroy.

MISDROY (MIEDZYDROJE)

Misdroy (1939: 4145 Einwohner) war vor dem Krieg eines der beliebtesten und elegantesten deutschen Seebäder. Im 19. Jh. machten hier u. a. Kaiser Friedrich III., Generalpostmeister Stephan und Professor Virchow Urlaub. Der Ort liegt, malerisch am Fuße der bis zu 100 m ansteigenden bewaldeten Höhen der Mistroy-Wolliner Endmoräne, wodurch er vor den rauhen Ost- und Nordostwinden geschützt wird.

Der Ort Misdroy („zwischen den Quellen") wird erstmals um 1500 erwähnt. Um 1835 wurde er Badeort und 1939 besonders das Ziel Berliner Urlauber (25 000 jährlich). 1945 setzte der Verfall ein. 1947 erhielt Misdroy zwar die Stadtrechte (die 1973 wieder weggenommen wurden) und wird von den Polen als „Großes Seebad" bezeichnet, doch die sozialistische Massenabfertigung unserer Tage ist kein Vergleich mit der Eleganz der Vorkriegszeit.

Die Höhenzüge an der Huck sind die höchsten Erhebungen der pommerschen Ostseeküste und stürzen im steilen Abfall schroff ins Meer hinab. Von dem breiten blendendweißen Strand, der sich stundenweit nach Osten und Westen erstreckt und in dessen Mittelteil von einer fast 4000 m langen Promenade begleitet wird, führt ein langer, 1907 errichteter **Seesteg** (Kaiser-Friedrich-Brücke) ins Meer. Sehenswert sind ferner die Konzertmuschel auf dem Konzertplatz an der gepflegten Viktoria-Promenade und das **Nationalpark-Museum** (Muzeum Przyrodnice), ul. Niepodleglos´ci 3, Tel. 8 07 37. Vom 68 m hohen **Kaffeeberg** (Kawcza), der sich unvermittelt im Nordosten über Meer und Strand erhebt und zwischen Buchen- und Eichenwäldern liegt, schweift der Blick weit übers Meer, Misdroy und über die weite Pommersche Bucht. In den dichten Buchen- und Eichenwäldern wachsen Unmengen von Blaubeeren, Preiselbeeren und Pilzen.

Ausflüge führen von Misdroy zum nordöstlich gelegenen hübschen **Jordansee** mit seiner Insel, an dem vor 2000 Jahren ein Heiligtum der germanischen Göttin Nerthus gestanden haben soll, zur **Marienhöhe** (102 m) und dem **Brandberg** (91 m).

KURZINFORMATIONEN

STRASSENHILFSDIENST: PZM, ul. Niepodleglos´ci 16 (Juni-August).

HOTELS: Dom Wycieczkowy, ul. Wesola 4; Pension Alga; Pension Srebrna Fala; Pension Delfin; PTTK-Wanderheim.

CAMPING: ul. Polna 2, Tel. 8 06 58 und ul. Polna 10, Tel. 8 02 75.

RESTAURANTS: Marzanna, ul. Gryfa Pomorskiego 4, Tel. 8 02 55; Syrena, ul. Zwyciestwa 15, Tel. 8 05 89.

CAFE´S: Café Czarny Kot, ul. Pomorska 4, Tel. 8 06 71; Café Rio, ul. Swiatowida 4, Tel. 8 05 22.

Von Misdroy führt unsere Route durch den 1960 gegründeten **Wolliner Nationalpark** (47 km^2), eines der landschaftlich abwechslungsreichsten Gebiete der pommerschen Ostseeküste mit einem stellenweise urwaldartigen Wald. Die hohen Moränenhügel, die wie der 95 m hohe Gosanberg (Grzywacz) steil ins Meer abfallen, sind mit herrlichen Buchenwäldern und dichtem Unterholz bedeckt. Zahlreiche Vogelarten wie die seltenen Seeadler und Schwäne haben hier ihre Brutstätten. Außerdem gibt es hier Wisente, Rehe, Wildschweine, Füchse und andere Tiere.

Durch den Forst Warnow und über den kleinen, idyllisch inmitten von Kiefern- und Buchenwäldern an einer Steilküste und breiten sandfreien Strand gelegenen Badeort **Neuendorf** (Wiselka), wo der Neuendorfer See zum Verweilen lockt, gelangen wir vorbei an der pittoresken spätgotischen Kirchenruine von **Kolzow** (Kolczewo) zum Ostseebad **Heidebrink** (Miedzywodzie). Der Badeort, der auf der Landenge zwischen Camminer Bodden und Ostsee liegt, wird durch hohe Dünen und Nadelwäldern vor rauhen Winden geschützt.

Nach Überquerung der 300 m breiten Dievenow, dem östlichsten der drei Oder-Mündungsarme (auf einer Zugbrücke), gelangen wir wieder aufs Festland. Hier verteidigte die Wehrmacht Anfang 1945 acht Wochen lang den Übergang gegen die Rote Armee. 7 km weiter liegt auf einer 300-400 m breiten Nehrung der Fischereihafen und Sol-, Moor- und Ostseebadeort **Bad Dievenow** (Dziwnów). Seit 1828 ist Dievenow Seebad, seit 1895 auch Solbad. Zwischen der Ostsee und dem Camminer Bodden erstrecken sich ein schöner Dünen-Strand und ein hübscher Park. Der bunte Laubwald bildet im Spätsommer und Herbst eine farbenprächtige Symphonie. Ausflugsdampfer verbinden Dievenow mit Stettin und Cammin. Spaziergänge lohnen sich zum „Toten See" mit seinen seltenen Stranddisteln, nach dem Kalkberg und zum Steilufer. Der Camminer Bodden ist ein Seglerparadies.

Rund 3 km von Bad Dievenow entfernt liegt in sehr geschützter Lage der zum Fritzower See erweiterten Dievenow und der Ostsee, von der er durch einen Nadelwaldgürtel getrennt ist, am Ufer des Camminer Boddens der kleine Ort **Wald-Dievenow** (Dziwnówek). Der steinfreie, feinsandige Strand ist von schönen Küstenwäldern eingerahmt. Östlich der Trendel, der schmalen Nehrung zwischen der Ostsee und dem Camminer Bodden, beginnt eigentlich schon Ostpommern. Doch wird die Grenze zu Mittelpommern häufig auf die weiter östlich gelegene Ostgrenze der Kreise Cammin, Naugard und Saatzig gelegt, d. h. die Grenze zwischen den Regierungsbezirken Stralsund und Köslin. Zwischen Poberow, Pustschow an der Ostsee bis zur Drage im Süden.

KURZINFORMATIONEN

TOUREN: Schiffsausflüge nach Stettin und Cammin.

HOTEL: Dziwnów: PTTK-Wanderheim.

CAMPING: Dziwnówek: ul. Slowackiego 1

RESTAURANTS: Perelka, ul. Parkowa; Zeglarska, ul. A. Mickie Wicza 6, Tel. 18.

CAMMIN (KAMIÉN POMORSKI)

Die Türme der 9 km südlich von Wald-Dievenow ebenfalls malerisch am Camminer Bodden gelegene alte Bischofsstadt Cammin (wend. Kamin = Stein), die 1939 6055 Einwohner zählte, sieht man schon von den Soltiner Höhen über die Karpiner Bucht hinweg.

Geschichte

Seit dem 2. Jh. v. Chr. lebten in dieser Gegend Germanen, darunter seit der Jahrtausendwende Rugier und Burgunden. Ihre größten Siedlungen waren neben Cammin Fitzow und Gülzow.

Ab dem 9. Jh. zogen zahlreiche Kaufleute aus aller Herren Länder durch das Camminer Land. Bei Paatzig (Piaski) fand man Silbermünzen aus Deutschland, Dänemark, England und Arabien. In der germanischen Knytling Saga wird Cammin unter dem Namen Stensborg = Steinburg genannt. Der auf der vorgelagerten Insel Gristow liegende „Bischofsstein", ein großer Findling, war in vorchristlicher Zeit ein bedeutendes Heiligtum. Im 12. Jh. lag an der Stelle der heutigen Stadt ein wendischer Burgflecken. 1107 eroberten die Polen den Ort. Sie wurden jedoch von den Wenden bald wieder vertrieben. Anfang des 12. Jh. war Cammin Residenz des ersten bekannten Pommernfürsten Wartislaw I. 1124 errichtete der Pommernapostel Otto von Bamberg hier eine Kapelle, und von 1175 bis zur Reformation war Cammin Sitz von insgesamt 32 katholischen Bischöfen. Dann residierten hier zwei protestantische Bischöfe. 1556–1630 war der jeweilige Herzog Herr des Camminer Stiftslandes, das bis nach Kolberg, Köslin und Bublitz reichte. 1654 gab Ernst Bogislav von Croy es dem Großen Kurfürsten, dessen Diözese Pommern sowie Teile von Mecklenburg und Brandenburg umfaßte. Im 13. Jh. ließen sich in Cammin die ersten deutschen Kaufleute nieder. 1175 wurde die bis 1945 bestehende Domschule gegründet. Unter Bischof Siegfried (1185–1202) wurde Cammin die erste Münzstätte östlich der Oder. 1273 zerstörten die Brandenburger den Burgflecken. 1274 erhielt die Siedlung durch Herzog Barnim I. das Lübecker Stadtrecht und wurde Mitglied der Hanse. Im Mittelalter war Cammin ein bedeutender Handels- und Werftplatz. Doch nach Gründung des nahen Swinemünde ging der Handel erheblich zurück. In unserer Zeit erwarb sich die Stadt den Ruf eines modernen Kurortes, der als Sol- und Moorbad von vielen Erholungsuchenden besucht wurde („Stadt der Wellen und Quellen"). Außerdem gibt es hier einen Fischereihafen. 1281 kam das Bistum Cammin zur provincia teutonice, von der 1303 die Ordensprovinz Sachsen abgetrennt wurde. 1882 wurde Cammin mit seiner 580 m tiefen Solquelle Solbad. 1945 wurde Cammin von sowjetischer Artillerie zu 65% zerschossen. In Cammin wurde 1934 der Dichter Uwe Johnson („Mutmaßungen über Jakob") geboren.

Stadtbesichtigung

Von den einst zahlreichen mittelalterlichen Bauten sind u. a. der Dom, das Rathaus und Teile der Stadtmauern erhalten. Der herrliche, ursprünglich spätromanische **St.-Johannis-Dom,** die „Kathedrale Pommerns", wurde 1176 begonnen und im 13.–15. Jh. gotisch umgebaut. Sehr schön ist die Südwand des St. Johannis dem Täufer geweihten Gotteshauses mit ihren graziösen Türmchen, Bögen und prächtigen spätgotischen Ziergiebeln. Der neogotische Turm des 19. Jh. wurde 1934–1935 stilgerecht erneuert. Portal und Wandmalereien stammen noch aus der Zeit vor 1300. Bemerkenswert sind der spätgotische Schnitzaltar (16. Jh.), die barocke Kanzel (1683), Fresken aus dem 13. Jh. und die Skulpturen aus gotischer Zeit. Auf der berühmten Barockorgel, die 1669 von Michael Birgel gebaut und von dem Stargarder Johann Schmidt bemalt und vergoldet wurde, finden im Sommer Konzerte statt. Gekrönt wird der Orgelprospekt von der Figur des Erzengels Michael, der ein Flammenschwert trägt. In der Mitte steht Johannes der Täufer. Unter dem Prospekt sieht man das Bildnis des letzten ev. Bischofs von Cammin und Orgelstifters, Ernst Bogislaw v. Croy. 1888 wurde von der Stettiner Orgelbaufirma Grüneberg ein neues, noch heute bestehendes Werk mit 47 Registern und 2707 Stimmen eingebaut. In der ehemaligen Schatzkammer wurde ein Museum eingerichtet. Der berühmte Cordulaschrein, die älteste kunstgewerbliche Arbeit Pommerns aus der Wikingerzeit (um 1000), früher Prunkstück des Doms, ist verschwunden. Der letzte Besitzer des Gutes Benz (Benice) südöstlich von Cammin, Hasso Graf von Flemming-Benz, nahm ihn mit auf die Flucht. Unterwegs wurde der Treck von der Roten Armee überrollt. Von dem Geschenk Askers von Lund an Otto von Bamberg gibt es heute nur noch eine Kopie im Münchner Museum. Ein Gegenstück ist der Kunigunden-Schrein im Bamberger Domschatz. Der ovale, 56 cm lange Kasten mit gewölbten Deckel bestand aus gravierten Elchschaufelplatten und war von verzierten Kupferbändern eingefaßt. In der Krypta des Doms stehen die Grabmäler pommerscher Herzöge und Bischöfe. Beachtenswert ist das Grab der Herzogin Sigrid-Gunhild von Schweden (Świetoslawa), der Tochter Herzog Dagos und Gemahlin des Dänenkönigs Sven Gabelbart und Mutter Knuts des Großen, Königs von England, Schottland, Dänemark und Norwegen aus dem Jahre 1305. Der nördlich an das Gotteshaus anschließende Spitzbogen-Kreuzgang ist der einzig erhaltene in Pommern. Er stammt aus dem 13. Jh. und wurde auf Veranlassung des späteren Kaisers Friedrich 1881–1882 restauriert.

Unweit des Gotteshauses stehen mehrere gotische **Kapitalhäuser** und der alte **Bischofspalast** (16. Jh., vorher Herzogsresidenz, heute Bibliothek). Am großen quadratischen Marktplatz sind das nach dem Kriege wieder aufgebaute spätgotische **Rathaus** (15. Jh.) mit seiner reichen Stuckornamentik, am Westgiebel, das danebenstehende Fachwerkhaus der Kolonialwarenhandlung Hoefs (17. Jh.), heute Hotel, das Buddenhaus von 1568 (jetzt Bibliothek) und das Kleisthaus bemerkenswert. Von den **Stadtmauern** sind nur Reste und das aus dem 14. Jh. stammende **Wolliner Tor** (Brama Wolińska), auch Bautor genannt, erhalten. Von hier hat man eine großartige Aussicht auf das Haff. In der nach dem Kriege rekonstruierten **St.-Nikolai-Kirche** (Kościól św. Mikolaja) befindet sich jetzt ein Heimatmuseum, während die **Marien-Kirche** zum Kulturhaus umfunktioniert wurde. In der ul. Solskiego 8 befindet sich das **Regionalmuseum,** Tel. 2 04 32, geöffnet: Do 12-17 Uhr, Fr 11-18 Uhr, So 11-14 Uhr, sonst 10-15 Uhr. Ansonsten besteht der größte Teil der einst sehr gepflegten Bischofstadt aus unansehnlichen Wohnblocks. Einige Kilometer südlich von Cammin liegt westlich der Bahnlinie Cammin-Stettin **Jassow** (Jarszev) mit einer schönen Feldsteinkirche mit einem herrlichen Deckengemälde (1681 von dem Wolliner Meister Joachim

KURZINFORMATIONEN

TOUREN: Schiffsausflüge nach Stettin und Dievenow.

VERKEHR: Busverbindungen u. a. nach Wollin, Swinemünde, Stettin und Kolberg.

TANKSTELLE (ganztägig): Cammin.

HOTEL: ** Nad Zalewem, ul. Zanlek Kybacki 1, Tel. 2 08 71.

CAMPING: Cammin, al. Wzywolenia, Tel. 2 12 80.

RESTAURANT: Stenka, ul. Rejtana 1, Tel. 2 06 71, tgl. 10-24 Uhr.

CAFE´S: Kamyk, ul. W. I. Lenina 13; Pod Muzami, ul. H. Sawickiej 2, tgl. 10-22 Uhr; Ratuszowa (Rathauskeller), pl. Ratuszowy, Tel. 2 11 31, tgl. 10-20 Uhr.

WEINSTUBE: U Klecia, ul. Wilków Morskich, Tel. 2 06 20, tgl. 11-22 Uhr.

Sellin geschaffen). Es stellt den Ambrosianischen Lobgesang dar. Schön ist auch das bemalte Kirchengestühl, das ebenfalls von Sellin stammt. Südöstlich von Cammin liegt das Dorf **Kretlow** (Kretlewo), der Geburtsort des Lyrikers Hermann Ploetz. Am bekanntesten ist seine Gedichtsammlung „Wein und Brot".

Von Cammin bieten sich zwei Routen zur Weiterfahrt nach Treptow an: die erste führt auf der Treptower Chaussee durchs Binnenland, die zweite an der Küste entlang.

DURCHS BINNENLAND

Auf der ersten Route kommt man zunächst durch **Schwirsen** (Sierzno, 13 km) mit seinem schönen Barockschloß. Das Fachwerk-Herrenhaus gehörte zwischen 1734 und 1936 der Familie v. Flemming. Dann erwarb es der Baron von Rüxleben. Sehenswert sind ferner der Park vom Anfang des 18. Jh. und mehrere alte Fachwerkhäuser sowie die Fachwerkkirche (17.–18. Jh.). Bei Schwirsen holte am 6. März 1945 die Rote Armee die aus Greifenberg geflohenen 20 000 deutschen Flüchtlinge ein. Ein grauenhaftes Morden, Vergewaltigen und Plündern setzte ein.

Zwischen **Kahlen** (Kalén) und **Zitzmar** (Ciećmierz) überschreiten wir die Grenze zum Kreis Greifenberg, die gleichzeitig Mittelpommern von Ostpommern trennt.

Ostpommern ist ein Land der Weite mit großen Feldern, einsamen Laub- und Kiefernwäldern, mit Birken, Erlen und Wacholder bestandenen Heiden und Mooren. Die Küste ist nur wenig gegliedert: Neben Steilküsten im Westen herrschen hier Strandseen und Dünen vor. Nur wenige Flüsse wie Rega, Persante, Grabow, Wipper, Stolpe, Lupow und Leba unterbrechen diese Ausgleichsküste. Vereinzelt ragen aus der flachen Küstenebene Stau- oder Endmoränen wie der Gollen (133 m) und der Revekol (117 m) hervor. Nach Süden hin geht die Bene in den Höhenzug des Pommerschen Landrückens über. Hier erreichen die Berge Höhen bis zu 256 m (Schimmritzberg im Kreis Bütow). Die zahlreichen Seen haben dem Binnenland den Namen „Pommersche Schweiz" eingetragen. Größtes (18,6 km^2) und tiefstes (83 m) Gewässer ist der Dratzig-See.

Weiter südlich erstreckt sich das Sandergebiet, das von den abfließenden Schmelzwassern der Eiszeit geschaffen wurde. In dieser, zumeist ebenen, nur von einzelnen Bergen wie dem Eichberg (207 m) bei Deutsch-Krone unterbrochenen, wenig fruchtbaren Landschaft findet man ausgedehnte Kiefernwaldungen. Sie wurden unter Friedrich dem Großen und seiner Nachfolger angelegt. Im äußersten Süden bricht die Sanderzone zum Thorn-Eberswalder-Urstromtal ab und reicht bis zum Wiesenland des Netzebruches. Bis vor 200 Jahren war der Netzebruch ein undurchdringliches Sumpf- und Waldgebiet, das früher Pomoranen und Polanen trennte.

In dem dünn besiedelten Landstrich (1939: 33–53 Personen pro Quadratkilometer) zwischen dem Kreis Cammin im Westen, dem Zarnowitzer See im Osten und dem Südabhang des Pommerschen Höhenrückens gibt es nur wenige Städte. Nur vier (Stolp, Kolberg, Köslin, Schneidemühl) hatten vor dem Kriege mehr als 20 000 Einwohner, und nur Stolp hatte mehr als 50 000. Die übrigen hatten zwischen 5000 und 20 000 Einwohner, die kleinste Stadt, Landeck, sogar nur 1010. Die Dörfer liegen weit auseinander entfernt. Der östliche Teil Ostpommerns ist das Land der großen Güter, die oft seit Jahrhunderten ein und derselben Familie gehören. Am fruchtbarsten ist die leicht wellige Grundmoränenebene, die sich an die Küstenebene anschließt.

Geschichte

Vor 2000 Jahren bestand die Bevölkerung Ostpommerns aus ostgermanischen Skiren. Im 1. und 2. Jh. ließen sich hier skandinavische Burgunden und Rugier, im äußersten Osten auch Holmrugier und Goten nieder, während in der heutigen Grenzmark Wandalen wohnten.

Ab dem 9. Jh. taucht der Name Pomoranen oder Wenden für die hiesigen Bewohner auf. Im Osten wird ihr Siedlungsgebiet von dem der Prußen, im Süden dem der Polanen begrenzt. Im Jahre 972 eroberte der Dagonen-Herrscher Mesiko I., der kurz zuvor im Gebiet von Posen ein Wikingreich gegründet hatte, große Teile Ostpommerns, das damals im Westen von den Greifenfürsten, im Pommerellen genannten Osten von den Swantiboriden beherrscht wurde. In den folgenden Jahren erschienen mit den Deutschen Reinbern und Adalbert im Auftrag der Dagonen die ersten christlichen Missionare in Kolberg und der pommerellischen Hauptstadt Danzig. Doch beide scheiterten. Denn nicht nur brachten sie einen fremden Glauben, sondern waren auch Abgesandte eines verhaßten Besatzers. Im 11. Jh. gelang es den Pomoranen, die Herrschaft der Dagonen abzuschütteln. 100 Jahre lang war Pommern wieder ein freies Land. Dann eroberte der Nachfolger Mesikos, Boleslaw III. Schiefmund nach schweren Kämpfen abermals das Land. 1124/25 schickte er den deutschen Bischof Otto von Bamberg nach Pommern. Diesmal ließen sich in Pyritz, Kolberg und anderen Orten zahlreiche Einwohner taufen. 1138 verjagten die Pomoranen abermals die Polanen.

Nun setzte auch in Ostpommern die Einwanderung deutscher Mönche, Adliger und Bauern ein. 1186 erfolgte von Kolbatz aus die Gründung des Zisterzienser-Klosters Oliva bei Danzig als ältestes Kloster Pommerellens. 1248 schenkte Herzog Barnim I. von Pommern dem Bischof von Cammin den Ostteil des Kolberger Landes (das spätere Stift Cammin). 1252 wurde in Buckow (Schlawe) das erste Kloster des westlichen Ostpommern gegründet.

Ab 1266 drangen die Brandenburger von Süden her aus der Neumark nach Pommern vor und nahmen als erstes die Burg Schivelbein in Besitz. 1286 gelangte das Land Tempelburg an den Templerorden.

Als Mestwin II., der letzte Swantiboride 1295 gestorben war, kam es zwischen Brandenburg, Pommern, dem Deutschen Ritterorden und Polen zum Kampf um Pommerellen. Schließlich obsiegten der Orden und Brandenburg: Ersterer erhielt Danzig mit Ost-Pommerellen, Brandenburg das Land Schlawe-Stolp.

Im Jahre 1298 erweiterten die Brandenburger ihren pommerschen Besitz um das Land Krone. Doch bereits 1309 verkauften sie im Vertrag von Soldin das westliche Pommerellen für 10 000 Mark Silber an den Deutschen Ritterorden. Das Land Schlawe-Stolp fiel 1317 an die Herzöge von Pommern. 1368 trat Markgraf Otto der Faule von Brandenburg die Länder Krone und Tempelburg an die polnische Krone ab. 1400 erwarb der Deutsche Ritterorden die Neumark von Brandenburg, trat diese jedoch 1454 wieder an Brandenburg ab.

Nach dem Zweiten Thorner Frieden (1466), der den Dreizehnjährigen Krieg zwischen Polen und dem Deutschen Ritterorden beendete, mußte der Orden fast ganz Pommerellen und dazu das Land Schlochau an die polnische Krone abtreten. Die pommerellischen Länder Lauenburg und Bütow dagegen kamen als polnisches Lehen an Pommern.

Während des Dreißigjährigen Krieges überfielen polnische Horden mehrmals das geschwächte Pommern. 1625 vertrieben die Polen die evangelischen Geistlichen aus dem Lande Tempelburg und führten dort mit Gewalt die Gegenformation durch.

Als mit Herzog Bogislaw XIV. das Greifenhaus 1637 ausstarb, wäre rechtlich der erbberechtigte Kurfürst von Brandenburg ihr Nachfolger gewesen. Doch die Schweden, die damals große Teile des Landes besetzt hielten, erkannten diese Erbfolge nicht an.

Das Lehen Lauenburg-Bütow fiel nun als erledigt an die polnische Krone. Im Westfälischen Frieden (1648) wurde Hinterpommern Brandenburg zugesprochen. Doch kam das Land auch damit nicht zur Ruhe. Denn während des Schwedisch-Polnischen Erbfolgekrieges (1656–1660) drangen die Polen erneut in Pommern ein und verwüsteten besonders das Gebiet um die Stadt Flatow. Erst im Vertrag von Bromberg (1657) trat Polen schließlich die Länder Lauenburg und Bütow sowie das Land Tempelburg (Amt Draheim) an Brandenburg ab. Als Anfang des 18. Jh. in Polen abermals eine Verfolgung der Lutheraner einsetzte, flohen viele evangelische Deutsche von dort in das südliche Pommern.

Während des Siebenjährigen Krieges (1757–1763) wurde Hinterpommern von den Russen verwüstet.

Dann begann unter Friedrich dem Großen, der das Land wieder aufbaute, Sümpfe entwässern ließ und neue Dörfer gründete, eine Zeit des Wohlstands. Nach der Ersten Teilung Polens (1772) kamen die Länder Deutsch Krone, Flatow und Schlochau sowie das Netzedistrikt an die neue Provinz Westpreußen. Unterbrochen wurde die Aufbauarbeit durch die französische Besatzung zwischen 1806 und 1813. Weit über die Grenzen Preußens bekannt wurde die heldenhafte Verteidigung der Festung Kolberg durch Gneisenau, Nettelbeck und Schill.

Nach dem Wiener Kongreß (1815) wurde Pommern im Zuge einer Verwaltungsreform in die Regierungsbezirke Stettin, Stralsund und Köslin aufgeteilt. Nun begann eine längere Friedenszeit. Ab Mitte des 19. Jh. erhielten die wichtigsten Städte Hinterpommerns Bahnanschluß an die Linien Stettin-Danzig und Berlin-Schneidemühl-Bromberg-Danzig.

Nach dem Versailler Vertrag, in dem das Deutsche Reich den größten Teil der preußischen Provinzen Posen und Westpreußen ohne Volksabstimmung an Polen abtreten mußte, wurden 1922 die übrigen Teile dieser beiden Gebiete zur Provinz Grenzmark Posen-Westpreußen zusammengeschlossen. 1938 löste man die Provinz wieder auf: sie kam zusammen mit den bisher brandenburgischen Kreisen Arnswalde und Friedeberg und den pommerschen Kreisen Dramburg und Neustettin als Regierungsbezirk Grenzmark Posen-Westpreußen an Pommern. Verwaltungssitz wurde Schneidemühl. 1945 wurde ganz Hinterpommern von den Sowjets aus ihrer Besatzungszone ausgegliedert und den Polen übergeben. Bald gingen die neuen Machthaber daran, die alten Verwaltungsgrenzen aufzubrechen und es auf die Woiwodschaft Stettin, Köslin, Danzig, Grünberg, Posen und Bromberg aufzuteilen.

Verwaltungsmäßig gehört Ostpommern mit den Landkreisen Greifenberg, Regenwalde, Kolberg-Körlin, Belgard, Köslin, Schlawe, Rummelsburg, Stolp, Bütow und Lauenburg sowie den Stadtkreisen Kolberg, Köslin und Stolp zum Regierungsbezirk Köslin.

Historisch wird Hinterpommern unterteilt in das westliche Hinterpommern (Kreise Greifenberg und Rügenwalde), das mittlere Hinterpommern (Kreise Belgard, Neustettin und Dramberg, den ehemaligen Kreis Schivelbein und das ehemalige Fürstenthumer Land, d. h. die Kreise Kolberg-Körlin und die kreisfreien Städte Kolberg und Köslin) und das östliche Ostpommern (Kreise Schlawe, Lauenburg, Bütow, Rummelsburg, Stolp und die kreisfreie Stadt Stolp). Seit 1919 werden auch die nicht von Polen okkupierten Teile der Provinzen Posen und Westpreußen als Grenzmark Posen-Westpreußen (Kreise Deutsch Krone, Flatow, Schlochau, Netzekreis und Schneidemühl) sowie die früher zu Brandenburg gehörenden neumärkischen Kreise Arnswalde und Friedeberg zu Hinterpommern gerechnet.

Von Zitzmar geht es nun über **Zirkwitz** (Cerkwica, Kirche aus dem 13.-15. Jh. mit hohem Holzturm) nach Treptow a. d. Rega.

TREPTOW A. D. REGA (TRZEBIATÓW)

Das Gebiet, auf dem heute die Stadt Treptow (9400 Einwohner, 1939: 10 200) liegt, war in vorgeschichtlicher Zeit von Ostgermanen bewohnt, wie der berühmte Treptower Fibelfund beweist. Um 1170 stand hier eine wendische Burg. Die von der schiffbaren Rega auf drei Seiten umflossene Stadt wird 1180 erstmals als Burgflecken Treptowe erwähnt und erhielt 1277 lübisches Stadtrecht. Im Mittelalter gehörte Treptow zur Hälfte den pommerschen Herzögen, zur anderen Hälfte dem in 1180 von Mönchen aus dem damals dänischen (heute schwedischen) Lund gegründeten Prämonstratenser-Kloster Belbuck, das hier um 1232 ein Nonnenkloster gründete. Später ließen sich in Belbuck Mönche aus dem friesischen Mariengaarde nieder.

Das Kloster erwarb bald große Ländereien, die vom Volk „Abdu" (= Abtei) genannt wurden. Noch bis in unser Jahrhundert konnte man die ehemaligen Abteidörfer an ihren wohlhabenden Vierkanthöfen und der „Belbucker Tracht" erkennen. Im 14. Jh. trat Treptow der Hanse bei und wurde bald wohlhabend. Nach der Versandung des Hafens

Regamünde im Jahre 1456 erhielt der Fluß eine neue Mündung. Im Jahre 1534 beschloß der pommersche Landtag zu Treptow im Beisein von Johannes Bugenhagen, der 1504-1521 Rektor der Treptower Lateinschule war, die Einführung der Reformation. 1945 wurde Treptow zu 45% zerstört, inzwischen jedoch weitgehend rekonstruiert.

Treptow war Geburtsort des Rechtsgelehrten und Historikers Jurga (Jürgen) Valentin Winther (1578-1623), dem engen Vertrauten des Herzogs Philipp II., für den er zahlreiche diplomatische Reisen unternahm. Aus Treptow stammte auch die Familie des pommersch-schwedischen Staatskundlers Thomas Heinrich Gadebusch. 1754 wurde im Schloß zu Treptow der spätere württembergische König Friedrich I. geboren, dessen Vater damals Chef des hiesigen Dragonerregiments „Alt-Württemberg" war. 1808 kam in Treptow Johann Gustav Droysen (gest. 1884 in Berlin) zur Welt. Er war einer der bedeutendsten deutschen Historiker und gehörte 1848/49 in der Frankfurter Nationalversammlung der erbkaiserlichen Partei an. Im nahen Wachholzhagen kam der Apotheker und Botaniker Johann Gottlieb Georgi (1729 bis 1802) zur Welt. Er war Mitglied der Königlich-Preußischen und der Kaiserlich-Russischen Akademie der Wissenschaften.

Mittelpunkt der „Stadt wertvoller Baudenkmäler" ist der vier preußische Morgen (= 102,128 Ar) große quadratische Marktplatz mit dem 1701 im schlichten norddeutschen Barockstil neu erbauten Rathaus und teilweise wiederaufgebauten barocken und spätgotischen Häusern (sie waren 1945 von den Russen angezündet worden). Im Turm (90 m) der dreischiffigen hochgotischen **Marienkirche** (14.-15. Jh.), einem eindrucksvollen Hallenbau, hängen die Glocken „Maria" aus dem Jahre 1515 (7,2 t) und „Gabriel" von 1390. Im Innern des Gotteshauses sieht man noch Epitaphe und Grabplatten mit deutschen Inschriften. Interessant ist die **Hl.-Geist-Kapelle,** in der 1534-1535 der „Landtag zu Treptow" die Einführung der Reformation in Pommern beschloß. Zur Zeit dient die Kirche von den Polen aus ihrer galizischen Heimat vertriebenen griechisch-unierten Ukrainern als Bethaus. An der Rega stehen die Reste der malerischen **Stadtmauer** (13.-15. Jh.) mit dem sagenumwobenen **Grützturm** (Kaszana Baszta, 15. Jh.), der von Schinkel und Lionel Feininger gezeichnet und gemalt wurde und an der Rivalität zwischen Treptow und Greifenberg erinnert. Auf dem Friedhof ist die spätgotische **St.-Gertrauden-Kapelle** (Sw. Gertrudy) aus dem 15. Jh. beachtenswert und in der Kolberger Vorstadt die **St.-Georgen-Kapelle.** Das ehemalige **Schloß** soll wieder aufgebaut werden.An der Straße nach **Horst** (Niechorze) lag früher das Kloster Belbuck.

KURZINFORMATIONEN

HOTEL: Rega, ul. Wojska Polskiego 37, Tel. 7 25 07.

JUGENDHERBERGEN: ul. Wadna 2.

RESTAURANTS: Baltycka, Rynek 25, Tel. 7 21 88; Pod Kaszana Baszta, ul. Wojsko Polskiego 19, Tel. 7 26 20.

DIE KÜSTENROUTE

Wählt man die Küstenstraße, so muß man von Cammin zunächst nach Wald-Dievenow zurückkehren und von dort auf einer Landstraße in östlicher Richtung fahren. Aus dem Dorf **Gr. Justin** (Gostyń Lobeski) wanderten um 1840 viele Einwohner nach Wisconsin (USA) aus, weil sie ihren altlutherischen Glauben nicht aufgeben wollten. Weiter östlich liegt der kleine Ort **Poberow** (Pobierowo), einer der schönsten Badeorte an der Ostsee. Zwischen Loberow und Pustschow überschreiten wir die Grenze von Mittel- und Ostpommern.

Einige Kilometer weiter östlich liegt der Badeort **Hoff** (Trzesacz), wo auf der 20 m hohen Steilküste die eindrucksvolle Ruine einer gotischen Kirche (1250) steht, die langsam von Sturmfluten unterhöhlt wird. Einst stand die Kirche im Zentrum des Ortes. 1874 fand der letzte Gottesdienst statt. 1901 stürzte die nördliche Kirchenwand ins Meer. Das Gotteshaus wird übrigens vom 15. Längengrad durchschnitten, der für die Festlegung der Mitteleuropäischen Zeit maßgebend ist. Auch die nahen Fischerdörfer und Seebäder **Neu-Schleffin** (Sliwin) und **Rewahl** (Rewal von altn. Rev = Sandbank), die von Dünen umgeben sind, sowie die hohe Steilküste lohnen einen Besuch. Vom Botterberg, dem höchsten Punkt des Rewahler Steilufers, hat man einen schönen Rundblick.

Zwischen der Ostsee und dem Eiersberger See (Liwia-Luza), liegt inmitten bewaldeter Dünen das schöne Seebad **Horst** (Niechorze). Es wurde 1897 aus den Dörfern Großhorst und Kleinhorst gebildet. 1939 lebten hier 800 Menschen. Über der Steilküste erhebt sich ein markanter Leuchtturm, von dem man bis zur Regamündung im Osten und zur Kirchenruine von Hoff blicken kann. Rund um den **Eiersberger See** (Jez. Liwia Luza), einem Vogelreservat (Schwäne), das durch die Liebelose mit der Ostsee verbunden ist, liegen einst wohlhabende Hagenhufendörfer, die früher dem Kloster Belbuck gehörten. Von hier

Ruine bei Hoff vor dem Kriege

sind es nur wenige Kilometer bis Treptow a. d. Rega, dessen Marienkirche schon von weitem zu sehen ist. Rund 2 km östlich von Horst liegt zwischen bewaldeten Dünen die ehemalige Landhauskolonie **Fischerkathen** (Pogorzelica) mit steinfreiem Strand und schöner Heide- und Moorlandschaft. Bei **Hagenow** (Bieczyno) nordöstlich von Treptow fand man einen vorgeschichtlichen Goldhorst.

10 km nördlich von Treptow erstreckt sich beiderseits der Rega-Mündung in die Ostsee der kleine Fischereihafen **Treptower Deep** (Mrzeżyno) mit seinem herrlichen Strand. Hohe bewaldete Dünen gewähren Schutz vor rauhen Winden. In Deep verbrachte die Schriftstellerin Rita v. Gaudecker ihre Jugend. Zwischen 1924 und 1935 besuchte der Deutsch-Amerikaner Lionel Feininger (1871–1956), ein berühmter Maler des Kubismus, häufig Deep und das nahe Treptow. Auch der Grützturm in Treptow (Gemälde heute im Hessischen Landesmuseum Darmstadt) wurde von ihm gemalt. Nach dem Ersten Weltkrieg entdeckten Badegäste und Künstler den Ort mit seinen alten, strohbedeckten Niedersachsenhäusern. Westlich bieten der parkartige Falken- und Gerdahain, östlich der 6,2 km² große, fischreiche **Kamper-See** (Jez. Resko Przymorsk) mit dem zwischen den Sümpfen, Felder und Wiesen gelegenen malerischen Fischerdorf **Kamp** (Kepa) schöne Spaziergänge und Wanderungen. Östlich befindet sich eine sowjetische Raketenbasis.

Ein weiterer Ausflug lohnt sich von Treptow in die 19 km südlich gelegene, einst wohlhabende alte Hanse- und Kreisstadt **Greifenberg.**

GREIFENBERG I. POM. (GRYFICE)

Die romantische, 14 000 Einwohner zählende Stadt (1939: 10 817 Einwohner) wird erstmals 1262 als „nova civitas super Regam" urkundlich erwähnt und 1264 unter dem Namen Gryphenberch mit lübischem Recht begabt. 1365 wurde Greifenberg Mitglied der Hanse. Wegen des Rechts auf freie Schiffahrt auf der Rega kam es im Mittelalter häufig zu Streitigkeiten mit Treptow und dem Kloster Belbuck. 1386 wurde eine Lateinschule gegründet.

1648 kam Greifenberg zu Brandenburg und wurde später Kreisstadt.

Am 5. 3. 1945 eroberte die Rote Armee den Ort kampflos und setzte die unzerstörte Innenstadt in Brand. 40% der Stadt wurden so zerstört. Wenig später gründeten hier die Polen ein Konzentrationslager für deutsche Zivilisten.

Aus Greifenberg stammen der Orientalist David Christiani (1610–1688) und der Generalpostdirektor und Wegbereiter Heinrich v. Stephans, Heinrich Schmückert (1790–1862).

Rings um Greifenberg zog sich einst eine starke Stadtmauer, die im 13. und 14. Jh. entstanden war. Reste davon und dazu das an Süddeutschland erinnernde **Steintor** (Brama Kamienna), das **Hohe Tor** (Brama Wysoka) und der malerische **Pulverturm** (Brama Prochowa) aus dem 14.-15. Jh. an der Rega haben sich erhalten. Auch die gotische **Marienkirche** (Kos´ciól Mariaci), eine Hallenkirche mit sechsteiligen Fenstern und hohem Schiff aus dem 13.–15. Jh., steht noch. Der aus dem 15. Jh. stammende, schön gegliederte Westturm wurde 1658 nach einem Brand erneuert. Portale und Giebel weisen reichen Skulpturen- und Blendenschmuck aus. Im 1920 restaurierten Innern des Gotteshauses sind die barocke Kanzel und der Altaraufsatz von 1700 beachtenswert. Von der **Ottohöhe** südöstlich der Stadt hat man einen schönen Ausblick.

Bei **Lübsow** (Lubiatowo) östlich von Greifenberg entdeckte man 1908 bis 1938 sieben ostgermanische Fürstengräber aus der römischen Kaiserzeit (- 400 v. Chr.) mit reichen Beigaben.

Beim 15 km südlich von Greifenberg an der R 161 gelegenen Dorf **Batzwitz** (Baszewice) zweigt nach rechts eine Straße zum 10 km entfernten Gut **Trieglaff** (Tryglów) ab. Das Herrenhaus wurde im 18. Jh. barock umgebaut und um 1900 erneuert. Der Besitz der Familie Thadden-Trieglaff ist z. Zt. ein polnisches Staatsgut. In vorgeschichtlicher Zeit befand sich hier ein Hain, in dem der dreiköpfige Gott Triglav verehrt wurde. Mehrere 1000jährige Eichen erinnern noch heute daran. Im 13. Jh. entstand eine Kirche aus Findlingen, die der hl. Elisabeth geweiht war. Sie wird häufig in päpstlichen Urkunden aus Avignon erwähnt. 1297 besaß der deutsche Ritter Sygfried Lode, der von der Weser kam, den Ort als bischöfliches Burglehen. Über mehrere Familien, darunter die aus Mecklenburg stammenden v. Mellin, gelang Trieglaff im 18. Jh. an die von Thadden, die aus Lauenburg-Bütow stammten. Adolf v. Thadden-Trieglaff (1796–1892) gründete eine pietistische Erneuerungsbewegung. Unter ihm wurde Trieglaff erneut Heiligtum eines dreieinigen Gottes. Letzter Besitzer war Dr. Reinolf von Thadden-Trieglaff, später Präsident des Deutschen Evangelischen Kirchentages. Heute ist das einst repräsentative Herrenhaus heruntergekommen. Die Kirche wurde 1949 zerstört.

Einige Kilometer südlich von Trieglaff liegt das Rittergut **Vahnerow**

(Waniorowo), im Mittelalter ein Lehnbesitz der von der Weser stammenden v. Lode. 1370 fiel das Gut an die mecklenburgischen v. Mellin. 1629–1675 lebte hier der schwedische Feldmarschall Graf Jürgen v. Mellin. Letzter Besitzer war Dr. Adolf Gerhard Ludwig v. Thadden. Das 1858 von Rittmeister Gerhard v. Thadden im Stil einer italienischen Villa erbaute Schloß, das von einem schönen Park umgeben war, wurde häufig von Reichskanzler Bismarck besucht. In **Schwessow** (Swieszewo), etwa 15 km westlich von Greifenberg, erhebt sich eine von uralten Eichen umgebene typisch ostpommersche Fachwerkkirche aus dem Jahre 1696 (später erweitert).

KURZINFORMATIONEN

VERKEHR: Bahn- und Busverbindungen nach Treptow.

HOTEL: Greifenberg: Swiatowid, ul. T. Kościuszki 13, Tel. 22 68.

JUGENDHERBERGEN: **Poberow**, ul. Reymonta (Skola Podstawowa) und in **Pustschow** (Postkowa).

CAMPING: **Poberow**: ul Grunwaldzka 32, Tel. 68; **Rewahl**: Tel. 57; **Horst**: ul. Wojska Polskiego 2, Tel. 44; **Deep**: ul. Letuiskowa, Tel. 18.

RESTAURANTS: **Poberow:** Café Kaprys; **Rewahl**: Rycerska, Tel. 16; **Horst**: Baltyk, Tel. 17; **Deep**: Róza Wiatrów, ul. Zabytowa, Tel. 79; **Greifenberg**: Gryfiszanka, pl. Zwyciestwa 10, Tel. 33 38; **Jutrzenka,** ul. Zjednoszewia, Tel. 30 89; **Pomorzanka**, ul. Wojskie Polskiego, Tel. 33 08.

ZWISCHEN TREPTOW UND KOLBERG

Unsere Reise führt nun von Treptow durchs Binnenland über **Glansee** (Golancz Pomorska) ins Gutsdorf **Altstadt** (Budzistow), das bereits im Fürstenthumer Land liegt. Der Ort wird erstmals im 11. Jh. in der Chronik des Bischofs Thietmar von Merseburg (gest. 1018) als „salsa Cholbergiensis" genannt. Schon in vorgeschichtlicher Zeit wurde das Salz auf der alten Handelsstraße über Belgard-Alt-Draheim-Nakel nach

Süden transportiert. Der polnische Herzog Boleslaw I., der die Siedlung um das Jahr 1000 eroberte, setzte den deutschen Mönch Reinbern als Bischof ein. Doch schon 1019 vertrieben die Pomoranen den Bischof und die polnischen Invasoren. Die von Reinbern errichtete Kapelle wurde zerstört. An ihrer Stelle entstand im 12. Jh. eine kleine romanische Kirche, die Johannes dem Täufer geweiht wurde. Vom Restaurant „Zum Kastellan", das sich unweit des früheren Rittergutes (Pferdezucht) befindet, hat man einen guten Blick auf das heute leider architektonisch nicht sehr attraktive Kolberg. Statt der alten Kirchtürme sieht man häßliche Hochhäuser.

KOLBERG (KOLOBRZEG)

Die wegen ihrer ruhmreichen Geschichte weitbekannte alte Salz- und Hansestadt an der Mündung der Persante (Parseta) in die Ostsee mit heute 39 000 Einwohnern (1939: 36 600) ist eingebettet in ausgedehnte Wälder, die sich bis hinauf auf den Kamm der Dünen erstrecken. Ein feinsandiger, schier endlos dahinziehender breiter Strand und die 20 Solquellen machten die sonnenreichste Stadt Norddeutschlands vor dem Kriege zu einem der beliebtesten Urlaubsziele an der deutschen Ostseeküste. Bedeutend ist seit langem auch die Fischverarbeitungsindustrie.

Geschichte

Wechselnd ist die Geschichte dieser zu den ältesten Siedlungen Pommerns zählende Stadt. Wegen des hier gewonnenen Salzes und des Naturhafens an der Persante gelangte sie schon früh zu Bedeutung. Der „Ort am Ufer" wird urkundlich erstmals im 13. Jh. erwähnt. Damals legten deutsche Kaufleute aus Lübeck, Greifswald und Niedersachsen nahe den schon in vorgeschichtlicher Zeit bekannten Salzvorkommen von Altstadt die heutige Stadt an. 1248 gab Herzog Wartislaw II. von Pommern dem Bischof von Cammin, Hermann v. Gleichen, das östliche Kolberger Land als Herrschaftsgebiet. 1255 erhielt die Kaufmannssiedlung durch Bischof Hermann zu Cammin und Herzog Wartislaw III. von Pommern als Tochterstadt von Greifswald lübisches Stadtrecht. Wenig später – der Herzog hatte ihm 1276 auch den westlichen Teil des Kolberger Landes überlassen – verlegte der Camminer Bischof seinen Wohnsitz nach Kolberg. 1284 trat Kolberg der Hanse bei und wurde

Der Dom in Kolberg vor dem Krieg

bald dank seines Salzhandels (über den uralten Handelsweg Kolberg-Belgard-Bärwalde-Schneidemühl-Usch-Posen-Breslau-Ungarn-Schwarzes Meer) wohlhabend. Besitzer der Sülzgerechtigkeit waren die Kolberger Patrizier. Um 1372 legten die Kolberger außerdem an der Küste von Schonen eine Vitte (Heringsfangstation) an. Bedeutend war ferner (ab 1670) der Import von Getreide aus Polen, das in Amsterdam großen Gewinn brachte. Im 17. Jh. siedelten sich Tuchmacher in Kolberg an.

Aber auch als Kulturzentrum war Kolberg bekannt: schon um 1300 wird die Domschule erwähnt, die noch im selben Jahrhundert unter die Obhut des Rates gelangte. Der fünfschiffige Dom mit seinen zahlreichen Kunstschätzen und stolzen Patrizierhäusern am Markt waren Zeugen alten Wohlstandes. Zu den bedeutendsten Patriziergeschlechtern gehörten die v. Schlieffen, v. Braunschweig, v. Damitz, Holk und v. Tesmar, die zahlreiche Bürgermeister, Senatoren und Sülzverwandte stellten.

Im Siebenjährigen Krieg wurde Kolberg dreimal (1759, 1760 und 1761) von den Russen belagert. Nur am 16. 12. 1761 gelang es den Russen unter General Romanzow, die Festung zu stürmen und zu plündern, nachdem sie Baron v. Heyden drei Jahre lang verteidigt hatte. Auch im 19. Jh. war Kolberg eine starke preußische Festung, die 1806/07 vergeblich von französischen Truppen und polnischen Freischärlern belagert wurde. Die Verteidigung der Stadt wurde geleitet von dem knapp 46jährigen Kommandanten August Graf v. Gneisenau, dem Bürgeradjutanten Joachim Nettelbeck und dem Offizier Ferdinand v. Schill, die Kolberg bis zum Abschluß des Tilsiter Friedens halten konnten.

1839–1885 baute man den Kolberger Hafen, über den überwiegend Getreide nach Finnland, Lettland und Großbritannien, Grubenholz nach Großbritannien und Belgien exportiert wurden. Eingeführt wurden Kohle aus Westfalen und England, Pflastersteine aus Dänemark und Schweden und Düngemittel aus Belgien. 1938 erreichte der Warenumschlag des Hafens 230 000 t. Ab 1800 und dann verstärkt ab 1859, als Kolberg mit Stettin und Berlin durch die Eisenbahn verbunden wurde, entwickelte sich Kolberg zu einem der beliebtesten deutschen Seebäder. 1860 wurde die Saline in ein Solbad umgewandelt. 1938 war Kolberg mit 699 000 Übernachtungen das meistbesuchte deutsche Seebad nach Norderney.

Generalfeldmarschall v. Hindenburg, der 1914 von Kolberg ausgezogen war, um den russischen Einmarsch in Ostpreußen zu stoppen, leitete 1919 von hier aus den deutschen Grenzschutz gegen die Polen, die Pommern von Süden aus der Provinz Posen bedrohten.

Am 18. 3. 1945 wurde die Stadt, in der sich 90 000 Flüchtlinge befanden, erst nach langem und zähem Widerstand der Wehrmacht von Russen und Polen eingenommen und zu 90% zerstört.

Nach dem Kriege bauten die neuen Herren Kolberg mit bis zu 15stöckigen Hochhäusern teilweise wieder auf. Doch gibt es in der Innenstadt noch zahlreiche Baulücken.

Gebürtige Kolberger waren der Seemann Joachim Nettelbeck (1737 bis 1824), der die Festung Kolberg 1806 vor den Franzosen rettete; Karl Wilhelm Ramler (1725–1798), Direktor des Berliner Nationaltheaters; der Maler Anton de Wida (16. Jh., er wirkte in Stettin und Wilna) und der Bürgermeistersohn Wilhelm Damitz (16. Jh.), der sich im polnischen Kampf gegen die Türken auszeichnete und von den Polen „deutscher Teufel" genannt wurde.

Stadtbesichtigung

Größte Sehenswürdigkeit Kolbergs ist der mächtige frühgotische **Marien-Dom** (13.-15. Jh.) an der Münder Straße, der nach einem Brand im Jahre 1945 teilweise wiederaufgebaut wurde und sich hoch über den Dächern der Stadt erhebt. Von den Kolbergern wird das Gotteshaus deshalb „die Weite" genannt. Diese ursprünglich dreischiffige Hallenkirche wurde im 14. und 15. Jh. auf fünf Schiffe verbreitert. Das hohe Kreuzgewölbe des Mittelschiffs wird von acht mächtigen Pfeilern getragen. Ein gewaltiges, alle fünf Schiffe zugleich deckendes und bis zur Turmhöhe reichendes Dach geben der Kirche eine selten erreichte Weiträumigkeit. Der massive Doppelturm wurde später zu einer geschlossenen Fassade verschmolzen

Das einst prächtige Innere des evangelischen Gotteshauses, das heute als Kollegiatskirche St. Marien katholisch ist, wirkt trist und ärmlich. Einst gab es in der Kirche einen reichen Schatz an spätgotischen Schnitzereien und 72 Gewölbefresken. Vor dem Kriege hingen hier die „prächtige Schlieffenkrone", ein buntbemalter holzgeschnitzter spätgotischer Kronleuchter aus dem Jahre 1523 mit den Figuren der Maria und des Johannes, umgeben von Heiligen und Engeln unter einem dreifach abgestuften und reich dekorierten Baldachin. Unter den vielen Bronzearbeiten seien vor allem der siebenarmige Leuchter des Lübecker Meisters Johann Apengeter (1327) und das von seinem Schüler Johann Alart gegossene Taufbecken erwähnt.

Auch das gotische Gestühl aus dem 14. Jh. und der Lettner (das einzige

Lesepult Pommerns) waren Prachtstücke. Sehr schön waren auch die gotischen Wandmalereien aus dem 14. Jh.. Vor der Kirche stand bis 1945 das Gneisenau-Nettelbeck-Denkmal von G. Meyer-Stegnitz (1903). Gegenüber befindet sich das polnische **Armee-Museum,** das an die „glorreiche soldatische Tradition" der Invasoren erinnert. Das neugotische **Rathaus** (mit spätgotischen Resten, 15. Jh.) am nahen Marktplatz (Rynek) wurde zwischen 1828 und 1832 nach Plänen von Schinkel von Ernst Friedrich Zwirner errichtet. Früher stand auf dem Platz ein erzenes Standbild König Friedrich Wilhelm IV. von Drake (1864). Eine Gedenktafel an einem barocken Giebelhaus am Markt erinnerte an den tapferen Nettelbeck.

In dem spätgotischen Patrizierhaus der Familie Schlieffen aus dem 15. Jh. hat heute das **Heimatmuseum** seinen Sitz. Die Schlieffen gehörten zu den vornehmsten Geschlechtern Kolbergs. Der erste Kolberger Bürger dieses Namens war im 14. Jh. Henning Sleif, der aus einer alten niedersächsischen Adelsfamilie stammte. Die Schlieffen stellten bis 1751 nicht weniger als 26 Kolberger Ratsherren und Bürgermeister. Auch der preußische Generalfeldmarschall Alfred Graf v. Schlieffen (1833-1913), der in Berlin geboren wurde, stammte aus dieser Familie. Er war der Autor des „Schlieffenplans", der 1914 von seinem Nachfolger Moltke an der Westfront in veränderter Form angewendet wurde.

Weitere erhaltene Bauten sind der gotische **Pulverturm** (Baszta Prochowa, 15. Jh.), das barocke **Merkurhaus** in der Baustraße und das ebenfalls prächtige **Schwibbogenhaus.** Im idyllischen **Kurpark** steht das Sommertheater, in dem der spätere Charakterdarsteller Heinrich George seine ersten Auftritte hatte. Hier wurde auch sein letzter Film „Kolberg" gedreht.

Entlang der Küste erstreckt sich in der Badevorstadt Kolbergmünde der attraktive **Strandpark** (Nadmorski), in dem unweit des ehemaligen Strandschlosses ein bombastisches polnisches Denkmal steht, das den Namen „Monument der Vermählung Polens mit dem Meer" trägt. Die polnische Inschrift besagt: „Wir schwören, Dich nie zu verlassen, denn Du das Meer, bist seit Jahrhunderten und auf ewig polnisch."

Besuchenswert ist auch der auf dem ehemaligen Münder Fort aus dem Jahre 1770 stehende **Leuchtturm.** Schön sind auch der Segelhafen und die auf dem linken Ufer der Persante gelegene schattige Maikule. Auf einer südlich des Stadtzentrums, zwischen Persante und Holzgraben gelegenen Insel befand sich das alte Salzbergwerk. Erhalten ist das Salzsudwerk. Die alte **Schill und Salinenschanze** spielte bei der Verteidigung gegen Russen (1756 und 1763) und Franzosen (1807) eine große Rolle.

Unweit der Stadt stehen in dem Dorf **Lassehne** (Lasin) das „Rote Schloß" der alten Adelsfamilie der Kameke und eine frühgotische Kirche.

KURZINFORMATIONEN

ORTSVERKEHR: In Kolberg verkehren Busse.

BUS: Normal- und Expreßbusse der PKS verbinden Kolberg mit den wichtigsten Orten in der näheren und weiteren Umgebung, darunter mit Stettin, Köslin und Danzig und über Belgard mit Neustettin, Schneidemühl und Posen.

BAHN: Kolberg ist Endpunkt der Bahnlinie von Posen.

SCHIFF: Küstendampfer verbinden die Stadt mit Swinemünde und Danzig. Ausflugsschiffe fahren vom Seebahnhof, ul. Morska 9, Tel. 2 21 61.

TOUREN

Orbis veranstaltet Stadtbesichtigungstouren und Fahrten nach Danzig, Bad Polzin und anderen Orten. Auch Schiffsausflüge nach Stolpemünde und auf die Ostsee werden angeboten.

FREMDENVERKEHRSBÜROS: Orbis, ul. Dworcowa 4, Tel. 32 72; it Zentrum, Hotel Orbis „Solny", ul. Fredy 4, Tel. 44 26.

STRASSENHILFSDIENST: PZM, ul. Cyrankiewicha 13, Tel. 22 01.

REPARATUR: Trzebiatowska 9, Tel. 26 46.

TANKSTELLE: (ganztägig): Kolberg.

HOTELS: **** Hotel Baltyk (ehemals Strandschloß); **** Orbis Solny, ul. Fredy 4, Tel. 24 00; *** Skanpol, ul. Dworcowa 10, Tel. 34 11; Pension Monika, ul. 22-Lipca 18a, Tel. 32 32; Gasthaus Kastelanški, Altstadt (Budzistowo), Tel. 40 30; PTTK - Wanderheim.

CAMPING: ul. IV Dywizji Wojska Polskiego, Tel. 45 69.

RESTAURANT: Fregata, ul. Dworcowa 12; Dorfgaststätte Zajazo Kasztelanški; Orbis Skampol, ul. Dworcowa 10.

SPORT: Schwimmen.

VERANSTALTUNGEN

Oktober: Violinenkonzerte.

VON KOLBERG NACH KÖSLIN

Von Kolberg führt unser Weg weiter durch Wälder mit Erholungsheimen und Sanatorien über das Bauerndorf und Seebad **Bodenhagen** (Bagicz) mit 1939 etwa 600 Einwohnern nach **Henkenhagen** (Ustronie Morskie, 13 km), einem langgestreckten Fischerort (1600 Einwohner) und großen Badeort am Fuße einer hohen, bewaldeten Steilküste mit herrlicher Strandpromenade. Henkenhagen besitzt einen ausgedehnten und feinsandigen Strand mit Wanderdünen. Im Kurhaus werden Seewasser-Thermalbäder angeboten.

22 km südöstlich von Henkenhagen liegt das Gut **Strachmin** (Strachomino), ein alter Besitz der Familie v. Kameke und v. Tesmar. Das stattliche barocke Herrenhaus wurde 1717 von Paul Anton v. Kameke errichtet. Letzter Besitzer war Walther von Blankenburg, in dessen Familie sich das Gut seit 1793 befand. Weiter südlich liegt das Gut **Schoetzow,** ebenfalls ein Blankenburgischer Besitz. Beide besaßen bis 1945 beachtenswerte Herrenhäuser.

Nach Henkenhagen zurückgekehrt, fahren wir nach **Alt-Banzin** (Bedzino), von wo sich ein Abstecher zum 5 km entfernten **Sorenbohm** (Sarbinowo), einem der schönsten Seebäder in diesem Teil Pommerns lohnt. 1939 lebten hier 600 Menschen. Sorenbohm wird bereits 1306 als „bei dem soren bom" erwähnt. Im Zentrum steht eine kleine Kirche mit spitzem Turm. Freie und bewaldete Dünen bieten weite Ausblicke über Meer, Felder, Wiesen und Moore. Die weitere Umgebung von Sorenbohm ist wald- und seenreich und teilweise gebirgsartig. Das nahegelegene Dorf **Funkenhagen** (Gaski), das 1288 erwähnt wird, besitzt einen Leuchtturm aus roten Ziegeln und war früher ein beliebter Ausflugsort. Das wenige Kilometer östlich gelegene **Bauerhufen** (Chlopy) war vor 1945 ein durch seine Sauberkeit bekanntes Dorf. Besonders Maler und Schauspieler besuchten das 270-Seelen-Dorf. Hinter dem breiten, feinsandigen Strand des alten Badeortes (seit 1840) erstrecken sich hohe Dünen und Waldungen. Besonders schön ist der Ort zur Zeit der Baumblüte und im Herbst.

Von Alt-Banzin geht es nun nach **Güdenhagen** (Ms´cice), von wo eine Stichstraße ins 5 km nördlich gelegene **Großmöllen** (Mielenko) führt. Das Bauern- und Fischerdorf hat einen langen feinsandigen Strand und besitzt einen hübschen, inmitten von Dünen gelegenen Park sowie eine Kurpromenade und ein Seewasser-Thermalbad. Am nahen **Jamunder See** (Jez. Jamo), einem großen Binnensee (23 m^2 und bis zu 3 m tief), kann man Segel- und Motorboote mieten. Die Tracht der „rike Bure" der Jamunder Gegend und ihre kunstvollen Möbel gehörten zu den schönsten Pommerns. Zwischen dem See und der Ostsee liegt auf einer 500 m breiten Landzunge das kleine Seebad **Nest** (Unies´cie), ein hübsches Fischerdorf. Der Ort ist durch hohe, größtenteils mit Bäumen bestandenen Dünen gegen Nord-Nordostwinde geschützt. Ein breiter, steinfreier und feinsandiger Strand lädt zum Baden ein. Weiter östlich liegt ein sowjetisches Raketengelände (Sperrgebiet).

KURZINFORMATIONEN

CAMPING: Henkenhagen

HOTEL: Großmöllen: Herberge

Rund 8 km südöstlich von Güdenhagen liegt zwischen Wäldern und Seen am Fuße des sagenumwobenen Gollenberges (137 m) die Stadt Köslin.

KÖSLIN (KOSZALIN)

Die heute 94 000 Einwohner (1939: 33 479) zählende Kreisstadt ist, wie vor dem Krieg, wirtschaftlicher und kultureller Mittelpunkt von Mittelpommern und Hauptstadt der gleichnamigen Woiwodschaft, die 8470 m^2 umfaßt. Vor dem Kriege gab es in Köslin Möbel-, Papier- und Fleischfabriken. Heute werden in der Stadt Autoersatzteile, Bauausrüstungen und elektronische Geräte hergestellt. Außerdem gibt es zwei Theater und ein Sinfonieorchester und eine höhere Ingenieurschule.

Köslin wird 1214 erstmals urkundlich als Dorf Cosalitz erwähnt. 1281 taucht der Name des „Castrum Cussalin" in den Urkunden auf. Der Ort wurde 1266 von dem Camminer Fürst Hermann v. Gleichen mit lübischem Stadtrecht begabt. Der Bischof hatte das Land zwischen Ostsee, Radüe und Persante im Jahre 1248 vom Herzog von Pommern erhalten. 60 Jahre später erweiterten die Bischöfe das Camminer Stiftsland (nach der Reformation: Fürstentum Cammin) um die „terra Bubulzik" (Bublitz), so daß es dort nun an den Staat des Deutschen Ritterordens grenzte. Köslin war von 1556–1648 bischöfliche Residenz. Im Dreißigjährigen und im Siebenjährigen Krieg wurde Köslin schwer zerstört. Nach dem großen Brand von 1718 baute König Friedrich Wilhelm I. die Stadt wieder auf und schuf gerade und breite Straßen. Doch weist die Altstadt noch heute ein typisches ostdeutsches Schachbrettmuster auf. Außerdem war Köslin im Mittelalter Mitglied der Hanse. 1654 kam das Fürstentum Cammin zu Brandenburg. König Friedrich Wilhelm I. machte Köslin zum Sitz einer Kriegs- und Domänenkammer, die neben dem östlichen Fürstenthumer Land auch die späteren Kreise Belgard, Lauenburg-Bütow, Neustettin, Rummelsburg, Schlawe und Stolp umfaßte. Aus der Kösliner Umgebung rekrutierte Friedrich der Große seine „Pommerschen Grenadiere". 1815 wurde die Stadt Sitz der Regierung des Regierungsbezirks Ostpommern, der 13 Kreise mit 676 000 Einwohnern umfaßte und von Greifenberg bis Lauenburg reichte. Sie entwickelte sich bis 1945 zur bedeutenden Verwaltungs- und Schulstadt. Aber auch ein starkes industrielles Bein hatte die Stadt: Neben einer Fischkonservenfabrik gab es Fabriken, die Papier und Landmaschinen produzierten, sowie eine Brauerei, eine Molkerei, Mühlen und Sägewerke.

Am Ende des Zweiten Weltkrieges wurde Köslin von den Russen zu 40% zerstört. In Köslin wurden 1527 Johann Mieraelius, Rektor der Greifswalder Universität und Herausgeber des Geschichtswerkes „Sechs Bücher vom alten Pommernland", der Ingenieur und erste deutsche Motorflieger und Autohersteller Hans Grade (1879–1945) – er gewann am 29. 10. 1909 den Lanz-Preis der Lüfte für den ersten Streckenflug von 1 km und baute 1919 den ersten deutschen Kleinwagen und das erste Motorflugzeug (einen Dreidecker aus Bambusstangen und den ersten Eindecker der Welt) – und der Physiker Rudolf Clausius (1822 bis 1888) geboren. Clausius begründete die mechanische Wärmetheorie („kinetische Energie"), die noch heute grundlegend für das Problem der Verwandlung von Wärme in Kraft ist und führte den Entropiebegriff ein. Der Kösliner Jacob Fabricius (1593–1654) wurde Hofprediger Herzog Bogislaws XIV. von Pommern und später Generalsuperintendent in Stettin. Von ihm stammt das Feldlied „Verzage nicht, du Häuflein klein". Ebenfalls gebürtige Kösliner waren der Mediziner Hase (Lagus), Leibarzt bei König Sigismund August von Polen (1548–1572), sowie die Dichter Bogislaw v. Selchow und Hermann Grieben. Aus Streitz (Strezeniec) bei Köslin stammt der Schauspieler Paul Dahlke (geb. 1904).

Der Kreis Köslin-Bublitz ist sehr fruchtbar. Während auf den schweren Böden im Norden vor allem Weizen und Zuckerrüben gedeihen, wachsen auf den leichten Böden im Süden Roggen und Kartoffeln. Der Kreis Köslin war berühmt für seine Saatzucht und Martinigänse.

Wir beginnen unseren Rundgang am Marktplatz (Rynek), wo das neue, 1960–62 errichtete **Rathaus** steht. Früher befand sich hier auch das 1724 errichtete Denkmal König Friedrich Wilhelms I. von Preußen.

KURZINFORMATIONEN

ORTSVERKEHR: Busse verbinden die Innenstadt mit den Vororten.

BUS: Normal- und Expreßbusse der PKS verbinden Köslin mit den wichtigsten Orten in der näheren und weiteren Umgebung.

BAHN: Köslin liegt an den Strecken Stettin-Gollnow-Kolberg-Danzig und Stettin-Stargard-Belgard-Köslin.

FLUG: Auskunft LOT, ul. Swierzewskiego 11, Tel. 2 57 77; Flughafen Seeger (Zegrice Pomorskie), Tel. 2 79.

FREMDENVERKEHRSBÜRO: Orbis, ul. Zwyciestwa 20, Tel. 2 79 11; it-Zentrum, ul. Świerczewskiego, Tel. 24 23.

TANKSTELLE (ganztägig): Köslin.

HOTELS: *** Jalta, ul. Zwyciestwa 20, Tel. 2 79 11; ** Hotel Sportowy, ul. Glowackiego 7, Tel. 2 54 99; Gollenberg-Hotel (Góra Chelmska).

JUGENDHERBERGE: ul. Alfreda Lampe 30.

STUDENTENHOTEL: Almatur (MHS).

PRIVATUNTERKÜNFTE: Auskunft bei Orbis und im Hotel Jalta.

CAMPING: Großmöllen (Mielenko).

RESTAURANTS: Bryza, ul. Morska 15 (kaschubische Küche); Balaton, ul. Zwyciestwa 22; Baltyk, ul. Zwyciestwa 28; Pod Pawiem, ul. Wandy Wasilewskiej 1; Neubrandenburg, ul. Wandy Wasilewskiej 1 (Deutsche Küche); Fregata, ul. Krótka (Nachtbar).

VERANSTALTUNGEN: Sommer: Festival der Orgelmusik.

Gegenüber erhebt sich der spätgotische **Marien-Dom** (1300–1333), eine Basilika mit schönen Glasmalereien und seiner ausgezeichneten Orgel (im Sommer Konzerte). Das große Kruzifix (14. Jh.) stammt aus der Gollenkapelle. Der wertvolle Kronleuchter von 1606, eine Arbeit aus Nürnberg, ging 1945 verloren. Vom wuchtigen Turm hat man eine prächtige Aussicht auf die Stadt, die Ostsee und den Jamunder See. Westlich des Marktes sieht man die Reste der alten **Stadtmauern** (13. bis 14. Jh.). Geht man an den Mauern in nordöstlicher Richtung entlang, so stößt man an der nahen **Schloßkirche** (u. Mickewicza) auf die Ruine der aus dem 16. Jh. stammenden **Burg** der pommerschen Herzöge. In der Nähe wurde das mittelalterliche **Haus des Henkers** restauriert. Weiter im Süden der Stadt, unweit des Baltischen Dramatischen Theaters, steht die achteckige spätgotische **St.-Gertrudis-Kapelle** (Kościól św. Gertrudy) von 1383. Unweit der die Stadt von West nach Ost durchziehenden Neuetor-Str. (ul. Zwyciestwa) befindet sich das **Museum von Mittelpommern** (Muzeum Pomorcz Srodkowa). Von der ehemaligen **Herzogsburg** (Mickiewicza) aus dem 16. Jh. steht nur noch ein Flügel. Die Spaziergänge führen zum **Schiefen Berg** (133 m) und zum **Deetsberg**.

Bevor wir unsere Reise auf der Hauptroute fortsetzen, lohnt ein Besuch des 6 km entfernten **Lüptower Sees** (Jez. Lubiatowskie) mit seinen Schwanenbrutstätten, und bei **Brunnenkrug** (Mostowo) erstreckt sich eine Kette malerischer Waldseen.

ZWISCHEN KÖSLIN UND WESTPREUSSEN

Von Köslin geht es auf der R 2 (N 52) weiter in östlicher Richtung. 2 km vor der Stadt erhebt sich der 137 m hohe, mit Laubwald bedeckte **Gollenberg** (Góra Chelmska), an dessen Fuß sich früher ein berühmtes Kadettenhaus der preußischen Armee befand. Ende des 13. Jh. errichteten Zisterziensermönche auf dem Berg ein Kloster, das jedoch 1533 zerstört wurde. Auf der Anhöhe wurde 1829 nach einem Entwurf Schinkels das Gollenkreuz errichtet.

Nach dem Kriege baute man einen Fernsehturm. Von Gollen hat man einen weiten Blick auf die Ostsee, den Jamunder See, den Pommerschen Landrücken und die Kösliner Wälder. Außerdem gibt es hier ein Sport- und Touristikzentrum mit einer Freilichtbühne (3000 Plätze). Das 1829 in Erinnerung an den napoleonischen Befreiungskrieg errichtete Gollenkreuz wurde von den Polen zerstört.

9 km weiter sind wir in der Industriestadt **Zanow** (Sianów), der ehemaligen „Stadt der Zündhölzer", mit 4800 Einwohnern (1939: 3050). Vor dem Ersten Weltkrieg gab es hier die größte Streichholzfabrik Europas. Ursprünglich stand in Zanow ein festes Schloß der Swenzonen, einem bedeutenden Adelsgeschlecht. 1343 erhielt die in der Nähe entstandene Siedlung das lübische Stadtrecht. Die Bewohner der kleinen Stadt waren früher als „Schildbürger Pommerns" bekannt. Ihre Schwänke hat der Rügenwalder Karl Rosenow gesammelt und 1924 veröffentlicht.

In Zanow verlassen wir die R 2 (N 52) - weitere Beschreibung s. Route 2 - und wenden uns in Richtung Norden zur Ostsee, wo mehrere schöne Strände liegen. Nach 15 km sind wir am **Buckower See** (Jez. Bukowo), einem Strandsee, der durch eine schmale, sandige Nehrung von der Ostsee getrennt ist. In dem kleinen Ort **See-Buckow** (Bukowo Morskie) steht eine beachtenswerte alte Klosterkirche. Dem 1253 gegründeten Zisterzienser-Kloster gehörten einst in dem fruchtbaren Land zwischen Buckower und Vietzker See 52 Dörfer, 14 Domänen, 12 Mühlen und 7 Förstereien mit über 36 000 Morgen Wald. Nach der Reformation kam der Klosterbesitz als Amt Rügenwalde an die Herzöge von Pommern. Kurz hinter dem Ort liegt heute eine sowjetische Raketenbasis.

KURZINFORMATIONEN

HOTEL: Zanow

Nun geht es durch das fruchtbare Rügenwalder Land mit seinen einst wohlhabenden deutschen Bauerndörfern. Einige Kilometer weiter liegt die alte Hanse- und Hafenstadt Rügenwalde.

RÜGENWALDE (DARLOWO)

Rügenwalde, bis 1945 die Stadt der vorzüglichen Wurstwaren (Rügenwalder Teewurst) und pommerschen „Spickbrüste", die selbst im Ausland unter Feinschmeckern sehr begehrt waren, ist ein kleines Landstädtchen, und doch hat es in der pommerschen Geschichte eine große Bedeutung gehabt. Der sich an der Mündung der Wipper (Wieprza) hinziehende, heute 14 000 Einwohner (1939: 8363) zählende Ort, gehörte ab 1270 längere Zeit zu Rügen und besaß eine bedeutende Burg (Dirlo). Fürst Wizlaw II. von Rügen gründete 1270 die erste Stadt, die jedoch bald wieder zerfiel. 1312 entstand eine neue mit deutschem Recht begabte Stadt. Ab 1347 war der Ort 300 Jahre lang Sitz der pommerschen Herzöge. 14 Herzöge und vier Herzogswitwen hielten in Rügenwalde Hof. Der skandinavische Unionskönig Erich I./XIII. von Pommern (1382–1459), der in Rügenwalde geboren wurde und dessen Kanzler der Pommer Karsten von Tessen war, verlebte hier seine Jugend und seinen Lebensabend. 1397 wurde er als Großneffe der Königin Margarete I. von Dänemark gekrönt und nach ihrem Tode zum König von Dänemark, Schweden und Norwegen bestimmt. Doch war er in Skandinavien nicht beliebt. Im Kampf um Schleswig unterlag er den Schauenburgern und der Hanse. Nach seiner Absetzung (1439) in Schweden und Dänemark (1442 auch in Norwegen), zog er sich nach Rügenwalde zurück. Auch Herzog Bogislaw X., der bedeutendste der Greifenfürsten, um dessen Gestalt sich schon zu Lebzeiten ein Kranz von Sagen wob, war eng mit Rügenwalde verbunden. Noch heute ist der getreue Amtsbauer Hans Lange aus Danzig, der Erzieher seines späteren Herzogs, in der pommerschen Volksüberlieferung lebendig. Lange schützte ihn vor seiner bösen Mutter Sophia. Als Bogislaw groß war, vertrieb er seine Mutter „samt ihrem Buhlen". In Rügenwalde schrieb Bugenhagen seine Kirchenordnung. 1312 wurde der Ort mit lübischem Stadtrecht begabt. Im Mittelalter war die Hansestadt (seit 1365) der wichtigste Hafen zwischen Kolberg und Danzig. Sie war so stark, daß sie sogar Schiffe aus Amsterdam als Beute behielt. Im 17. Jh. hatte Rügenwalde ein bedeutendes Tuchmachergewerbe. Der Ausbau des Hafens durch den Großen Kurfürsten und Friedrich den Großen sowie der Schmuggel während der napoleonischen Kontinentalsperre machten die Stadt wohlhabend. 1830 liefen 140 Schiffe (und damit mehr als Stolpmünde und Kolberg) den Hafen Rügenwalde an. Nach 1879 besaß die Reederei Hemptenmacher 37 Segler und vier Dampfer. 1878 wurde die Stadt an das preußische Bahnnetz angeschlossen.

Nach dem Ersten Weltkrieg ging der Handel zurück. In den 30er Jahren beschränkte sich der Seegüterverkehr auf Getreide, Holz und Stückgut. Im 19. Jh. entwickelte sich die Stadt zu einem beliebten Seebad. Im umliegenden Amt Rügenwalde, das bis zur Säkularisierung zum Kloster Buckow gehörte, wurden Kartoffeln, Roggen, Weizen und Zuckerrüben angebaut und Vieh gezüchtet. 1945 fiel die Stadt unzerstört in die Hände von Russen und Polen.

Sehenswert ist das ehemalige gotische, von deutschen Ordensburgen beeinflußte **Herzogsschloß** (13.–14. Jh., im 16. und 17. Jh. ausgebaut) mit dem Heimatmuseum und einer ausgezeichneten Sammlung sakraler Skulpturen. Beachtenswert sind auch die Reste der mittelalterlichen Stadtmauer mit dem **Steintor** (Brama Kamienna) und dem **Hohen Tor** (Brama Wysoka) aus dem 14.-18. Jh. an der Langen Straße. In der gotischen **Marienkirche**, die aus dem 14.–16. Jh. stammt, von einem 60 m hohen Turm überragt wird, gibt es eine schöne Kanzel sowie Decken- und Wandmalereien. Früher besaß das Gotteshaus auch einen herrlichen Silberaltar mit Darstellungen der Passionsgeschichte, der im Auftrage Herzog Philipp II. (1573–1618) von den Goldschmieden Johann Körver aus Braunschweig und den Augsburgern Christoph und Zacharias Lencker geschaffen wurde. Der 3 m hohe Altar mit 27 Platten, dessen Gehäuse aus Ebenholz war, wurde 1618 von Elisabeth von Schleswig-Holstein der Rügenwalder Schloßkirche gestiftet und später in der Marienkirche aufgestellt. 1945 wurde der Altar von Russen und Polen aufgebrochen. Einige Platten tauchten später in Warschau auf. Sie sind inzwischen nach Rügenwalde zurückgekehrt. Außerdem besaß das Gotteshaus zwei Gemälde von Lucas Cranach. In der Fürstengruft der Turmkapelle kann man die Gräber des Königs Erich von Dänemark, Norwegen und Schweden (1382–1459), des Herzogs Ulrich von Pommern (1589–1622) und den Herzoginnen Hedwig und Elisabeth von Schleswig-Holstein-Sonderburg (1580–1637) sehen. Am Marktplatz stehen das umgebaute spätbarocke **Rathaus** (1725) und buntbemalte **Patrizierhäuser.** Interessant ist ferner die zwölfseitige spätgotische **St.-Gertruden-Kapelle** (Kościól św. Gertrudy) aus dem 15. Jh. auf dem Friedhof (schöne Kanzel und eckiger Wandelgang).

Im 3 km entfernten **Rügenwaldermünde** (Darlowko) befindet sich der von dem Großen Kurfürsten und Friedrich dem Großen ausgebaute Hafen (er diente während der napoleonischen Kontonentalsperre als Schmugglerhafen und war im 19. Jh. einer der wichtigsten Häfen Pommerns) und hat zwei 1870 angelegte, 350 bzw. 500 m lange Molen sowie einen Leuchtturm. 1814 wurde in Rügenwaldermünde das erste Ostseebad Preußens eröffnet. Mit seinen beiden feinsandigen Stränden gehörte der Ort bis 1945 zu den beliebtesten ostpommerschen Seebädern. Aber auch als Kistenlieferant für die Fischkutter hatte er große Bedeutung. Vor dem Kriege stellte die hiesige Kistenfabrik jährlich eine halbe Million Kisten her.

Ein Ausflug führt von Rügenwalde zum Rittergut **Seehof** (Jeziorski) mit einem prächtigen Herrenhaus. Das Gut gehört der Familie v. Below. Im 18. Jh. entstand hier die Erweckungsbewegung der Belowianer.

Ausflüge führen zum 6 km² großen **Vitter See** (Jez. Kopań) nordöstlich von Rügenwalde, der nur durch eine schmale Nehrung von der Ostsee getrennt ist, und zum 15 km nordöstlich am Meer gelegenen pittoresken Fischerdorf **Jershöft** (Jaroslawiec), wo sich unterhalb des auf einem bis zu 30 m hohen Steilufer stehenden Leuchtturm (34 m) ein sehr guter Strand ausdehnt. In der Nähe stehen noch zahlreiche Fachwerkgehöfte in typischer Vierkantform, so in **Barzwitz** (Barzowice) und **Grupenhagen** (Krupy).

KURZINFORMATIONEN

HOTELS: Rügenwalde: Dom Rybeka (ehem. Szeltuers Hotel); PTTK-Wanderheim.

CAMPING: Rügenwaldermünde, Jershöft.

RESTAURANTS: **Rügenwalde:** Dom Rybaka.

Von Jershöft führt unsere Reise entlang dem **Vietzker See** (Jez. Wicko), einem 11,2 km² großen Strandsee, zum Gut **Krolow** (Krolewo), das im 15. Jh. Marten v. Tesmar gehörte und dann über die v. Kleist und v. Zitzewitz 1855 an die Puttkammers kam. Die nahen Gorshagener Dünen sind sowjetisches Sperrgebiet. Von hier ist es nicht weit bis Stolpmünde.

STOLPMÜNDE (USTKA)

Das an der Mündung der 150 km langen Stolpe (Slupa) in die Ostsee gelegene Stolpmünde hat 16 200 Einwohner (1939: 4200) und ist das größte Seebad zwischen Kolberg und Zoppot. Außerdem besitzt es einen bedeutenden Fischereihafen. Im „Kapitänsviertel" haben sich malerische alte Häuser erhalten.

Der bereits 1337 erwähnte Ort (in diesem Jahr kaufte der Stolper Rat den Ort und seine Umgebung von dem Swenzonen Jesko) war einst Ruhesitz alter Seeleute. Dann entwickelte er sich im 17. Jh. zum Seehafen für Stolp. 1830 liefen den Hafen 108 Schiffe an. 1813 trat die Stadt

Stolp ihren Hafen an den preußischen Staat ab, der ihn um 1900 großzügig ausbaute. 1878 erhielt Stolpmünde Eisenbahnanschluß. 1938 erreichte der Hafenumschlag 236 000 t, wovon fast die Hälfte auf den Verkehr mit dem Ausland entfielen. Nach dem Zweiten Weltkrieg wurde Stolpmünde Stadt. Zwischen den Weltkriegen war der Ort der wichtigste Seehafen Ostpommerns und ein bedeutender Fischereihafen mit 50 Kuttern. Im Fischereihafen liegen noch heute zahlreiche buntbemalte Kutter. Auch die Fischfabrik besteht noch. Sehenswert ist hier das kleine Museum, das sich in einer alten Fischerhütte aus dem 18. Jh. befindet. Der steinfreie Strand von Stolpmünde gehört zu den schönsten an der Ostseeküste. Er machte den Ort zum größten Seebad zwischen Kolberg und Zoppot. Von der Hindenburghöhe im Freichower Wald östlich des Ortes bietet sich ein prächtiger Rundblick. Im Sommer werden zweistündige Schiffsausflüge veranstaltet. Am 30. 1. 1945 wurde auf der Höhe von Stolpmünde das Flüchtlingsschiff „Wilhelm Gustloff" von einem sowjetischen U-Boot torpediert. Von den an Bord befindlichen 5348 Flüchtlingen wurden nur 1252 aus der eiskalten Ostsee gerettet. Von Stolpmünde konnten sich bis zum Einmarsch der Roten Armee 32 000 Deutsche in die Freiheit retten.

KURZINFORMATIONEN

TOUREN: Schiffsausflüge nach Rügenwalde und Kolberg.

UNTERKUNFT: Hotel Nord

CAMPING: Stolpmünde.

Von Stolpmünde kann man nun entweder in südlicher Richtung nach **Stolp** (Slupsk), der größten Stadt Ostpommerns, und dann auf der R 2 (N 52) in Richtung Danzig weiterfahren oder auf Nebenstraßen in Ostseenähe über Leba bis zur Halbinsel Hela und von dort nach Danzig fahren.

Letzte Route führt von Stolpmünde durch eine der schönsten Landschaften Ostpommerns über **Wobesder** (Objadzda) zum Fischerdorf und ehemaligen Malerkolonie von **Rowe** (Rowy), die malerisch zwischen Dünen und einem Schilfgürtel am Ausfluß der Lupow in die Ostsee liegt. Der Ort hatte 1939 rund 280 Einwohner. Der gebürtige Zwickauer Max Pechstein (1881–1955) und der ebenfalls aus Sachsen stammende Karl Schmidt-Rottluff (geb. 1884) schufen einige ihrer besten Werke in Rowe. Dann geht es entlang am Südufer des 25 km^2 großen **Garder Sees** (Jez. Gardino), einem Wassersportparadies mit der Steininsel, durch ausgedehnte Ländereien des Hauses Hohenzollern nach **Schmolsin** (Smoldzino), einem Kirchdorf mit altem Schloß, das den Herzogswitwen Erdmut und Anna als Witwensitz diente. In Schmolsin übersetzte 1630 der Stolper Pastor Michael Brüggeman (Pontamus) den lutherischen Katechismus und das Vaterunser ins Slowinzische. In der Nähe erhebt sich der sagenumwobene, 110 m hohe **Revekol** (Góra Rowokó), auf dem sich in vorchristlicher Zeit ein Heiligtum befand. Im Mittelalter wurde auf der Anhöhe die St.-Nikolaus-Kapelle errichtet, die lange Ziel von Wallfahrten war (schöner Ausblick). 1632 baute die Herzogin Anna eine Saalkirche, die noch steht. Ein Abstecher führt von Schmolsin über das Gut **Scholpin** (Szlopino) zum kleinen Dorf **Klucken** (Kluki) und zur Lonzke-Düne (42 m). Das alte slowinzische Fischerdorf Klucken liegt am fischreichen, von einem breiten Schilfgürtel umgebenen Leba-See (Jez. Lebsko, 75,3 km^2 groß und 6 m tief), der durch die 17 m lange und zwischen 800 m und 2,1 km breite Leba-Nehrung von der Ostsee getrennt eigentlich ein Haff ist. Im Sommer ist der Schilf- und Binsengürtel Nistplatz für zahlreiche Vogelarten wie Kiebitzen, Brachvögeln, Haubentauchern, Lachmöwen, Trauerseeschwalben, Bläßhühner, Rohrweiden sowie vielen Entenarten. Hinter dem Rohrwald dehnen sich Moore und zur Seeseite hin hohe Dünen und Strandwiesen aus, wo Uferschnepfen, Störche, Lerchen, Seeadler und Kampfläufer zu sehen sind.

In dem gepflegten Ort Klucken steht eines der besten Freilichtmuseen Pommerns. Hier kann man sich (vorwiegend aus deutschen Büchern) über die Kultur der mit den katholischen Kaschuben verwandten evangelischen Slowinzen (Leba-Kaschuben) informieren. Beide gehören zu den Pomoranen und wehren sich seit 1945 gegen Polonisierungsbestrebungen. Bis zur Jahrhundertwende wurde in den Dörfern Klucken und Giesebitz von älteren Einwohnern noch slowinzisch gesprochen.

Zwischen Klucken und dem östlich gelegenen Leba erstreckt sich der 18 000 ha große **Slowinzische Nationalpark** (Park Narodowy Slowiński) mit seinen einzigartigen, bis zu 56 m (die bewaldete Leuchtturmdüne östlich des Dolgensees) hohen, weißen Wanderdünen, die an die Sahara erinnern, und grünen Kiefernwäldern, die sich gegen den klaren, blauen Himmel und das tiefblaue Meer abheben. Die Landschaft zwischen Leba- und Sabsker See war die Wahlheimat des „Brücke"-Malers Max Pechstein. Die Düne auf der 2,5 km breiten Nehrung zwischen der Ostsee und dem Leba-See wandert im Jahr immer noch 10 m. An ihren Hängen wurden mehrere „Wüstenfilme" gedreht. Früher übten hier auch Segelflieger.

Außer im ostpreußischen Samland, im Südwesten Frankreichs und im äußersten Norden Jütlands begegnet der Wanderer nirgends in Europa solchen ungeheuren und eindrucksvollen Dünen, die eine Ausdehnung von 20 ha haben. Inmitten dieses Wüstengebietes sieht man die Reste eines abgestorbenen, vom Sande verschütteten „stehenden" Waldes (Zufahrt von Leba mit Motorbooten), seltene Stranddisteln, Seeadler, Uhus, Schwarzstörche und die Ruinen von Betonbunkern, die im Zweiten Weltkrieg als Startbahn für V 1-Geschosse gebaut wurden. Heute befindet sich in der Nähe eine sowjetische Raketenbasis.

Von Klucken kehren wir wieder nach Schmolsin zurück und fahren dann über kleine Dörfer und durch eine wellige, seenreiche Hügellandschaft mit beachtenswerten Herrenhäusern wie **Rowen** (Rowy, 1490 bis 1523 im Besitz der v. Tesmar) und **Bewersdorf,** das ursprünglich den Herren v. Mitzlaff und zuletzt Wilhelm Steifensand gehörte und von einem prachtvollen Buchenpark umgeben ist. Weiter geht es über **Wollin** bei Dammen (Damno), ein altes Puttkamersches, 1878 an die v. Braunschweig übergegangenes Gut, **Poblotz** (Poblocie), einem alten Besitz der Puttkamers, der 1878 an die v. Braunschweig gelangte, mit einst berühmten französischem Park und **Zezenow** (Besitz der v. Zitzewitz, heute Staatsgut) in die alte Hansestadt Leba.

LEBA (LEBA)

Die Stadt mit heute 3700 Einwohnern (1939: 2849) liegt auf einer schmalen Landzunge zwischen dem Leba-See (Jez. Lebski), dem mit 76 km^2 größten pommerschen See, und dem Sarbsker See (Jez. Sarbsko). Leba, das einen bedeutenden Fischereihafen besitzt (einst waren die Lebaer Sprotten und die Eisfischerei berühmt), ist die nördlichste See- und Hafenstadt Pommerns und dank seines von Fichtenwäldern und Dünen eingesäumten, kilometerlangen und 30 m breiten schneeweißen Strandes ein beliebtes Seebad. Vor 1945 war das Städtchen mit seinem „Schloß am Meer" die Krone des Blauen Ländchens. Als Wanderdünen und eine schwere Sturmflut den Ort zu bedecken drohten, wurde Leba 1558 verlegt. Heute stehen hier nur noch die Ruinen der Nikolai-Kirche von 1683 mit Turm von 1763.

Im 18. und 19. Jh. wurden über den Lebaer Hafen Salz, Holz, Getreide und Kartoffeln nach Danzig und anderen deutschen Ostseehäfen verschifft. 1889 wurde der Fischereihafen ausgebaut. 1899 erhielt der Ort Anschluß an das Eisenbahnnetz sowie 1913 ein Kurhaus.

Aus Leba stammte die Familie v. Weyher, von der im 18. Jh. mehrere Angehörige in polnischen Diensten (als Starosten und Woiwoden) standen.

Die Leba-Niederung ist eine Urlandschaft aus Wäldern, Schilfdickichten, Moor und Dünen. Die Sumpfwiesen, über denen der Seeadler kreist, sind ein Vogelparadies. Zweimal jährlich macht hier der Vogelzug Station. Im Winter sah man früher Fischer beim Eisfischen. Im Sommer werden zweistündige Schiffsausflüge veranstaltet. Beim nahen Dorf **Degedorf** (Charbrow) fand man 1897 ein Wikingerboot. Es befindet sich jetzt im Museum von Stettin.

KURZINFORMATIONEN

HOTEL: PTTK-Wanderheim

CAMPING: Intercamp 84, ul. Turystyczna.

Von Leba fahren wir zunächst wieder 6 km zurück auf der nach Lauenburg (Lebork) führenden Straße und biegen dann bei **Fichthof** (Steknica) in Richtung Osten ein. Vorbei am ehemaligen Tesmarschen Gut **Schlochow** (Czlucky) und durch **Wierschutzin** (Wierzucino) gelangen wir an den **Zarnowitzer See** (Jez. Zarnowickie), der an der Grenze zwischen Pommern und Westpreußen liegt. An seinem Ufer entsteht bis 1990 ein Atomkraftwerk à la Tschernobyl. Die ersten Bauern wurden 1986 umgesiedelt. Mehr als 12 000 Arbeitskräfte aus dem gesamten Ostblock sind hier tätig. Noch kann man jedoch den herrlichen Blick vom nahen Schloßberg genießen. Beim 10 km entfernten **Krockow** (Krokowa), einer von Preußen gegründeten Siedlung mit einem Gut der kaschubischen Familie v. Krockow und alter Kirche, zweigt eine

Nebenstraße zum Ostseebad **Karwen** (Karwia) ab. Der kleine Ort liegt hübsch zwischen bewaldeten Dünen und besitzt einen schönen Strand.

5 km weiter östlich liegt das beliebte Seebad **Habichtsberg** (Jastrzebia Góra), einer der schönsten Badeorte an der westpreußischen Ostseeküste am Fuße eines hohen Kliffs. Das nahe **Tupadel** (Tupadla) ist eine preußische Gründung.

Vom Leuchtturm (27 m) in **Rixhöft** (Rozewie), der auf einem 53 m hohen Kap steht, hat man einen phantastischen Blick auf das Meer. Die umliegenden einsamen Buchen- und Mischwälder laden zu Spaziergängen ein. In **Hallerowo** (Cetniewo) befindet sich ein Sportzentrum mit gutem Strand und Dünenschutzgebiet.

Von **Großendorf** (Wladyslawow), einem wichtigen Fischereihafen und Seebad (zweistündige Schiffsausflüge im Sommer), das ebenfalls einen sehr guten Strand aufweist, und wo man eisenzeitliche Gräber der „Gesichtsurnen-(Großendorfer)Kultur" gefunden hat, kann man die 25 km lange und zwischen 300 m und 3 km breite Halbinsel **Hela** (Mierzeja Helska) mit ihrem langen Strand, Dünen und Wäldern besuchen, mit der sich die lange hinterpommersche Dünenkette in die Danziger Bucht (Zatoka Gdanska) fortsetzt. Von der schmalen Straße, die durch die Landzunge führt, sieht man durch die Stämme des Kiefernwaldes gleichzeitig die offene See und die Bucht. Wegen eines militärischen Sperrbezirks bei **Putziger Heisternest** (Jastarnia) darf man allerdings mit dem Wagen nicht bis zum Dorf Hela am Ostende der Halbinsel durchfahren. Es bestehen aber Bahn- bzw. Schiffsverbindungen von Danzig, Zoppot, Gotenhafen (Gdynia), Großendorf (Wladyslawow) und Putzig (Puck). 32 km entfernt liegt die alte Hansestadt Danzig.

10. Auf dem Baltischen Höhenrücken zur Danziger Bucht

ZWISCHEN STETTIN UND STOLP

Wir verlassen Stettin auf der R 2 (E 14) in Richtung Swinemünde und biegen dann bei **Gollnow** (Goleniow) in die in nordöstlicher Richtung durch den östlichen Teil des Kreises Naugard führende R 2 (No. 52) ein. Der Osten des Kreises bildete zwischen 1274 und 1663 die selbständige Grafschaft Eberstein oder Naugard. Der erste dieses thüringisch-niedersächsischen Geschlechts in Pommern war Graf Hermann v. Gleichen, der 1251 Bischof von Cammin wurde. Gleichzeitig kam sein Neffe, der Graf Otto v. Eberstein, von der unteren Weser ins Land. Der Bischof verlieh ihm 1274 das Stiftslehen Naugard.

Die anmutig zwischen Wiesen, Feldern und Wäldern am Naugarder See und an der Bahnlinie Stettin-Kolberg gelegene Kreisstadt ist Naugard (Nowogard).

NAUGARD (NOWOGARD)

Die Stadt hat 11 000 Einwohner (1939: 8148) und war vor dem Kriege ein wohlhabendes landwirtschaftliches Zentrum und beliebt als Ruhesitz. Der alte Besitz der Herzöge von Pommern im Lande Nowgarde wird 1248 erstmals erwähnt, als er durch Schenkung an das Bistum Cammin gelangte. Die von dem Grafen Otto von Eberstein 1274 gegründete Stadt Novgard war bis 1663 Hauptstadt der gleichnamigen Grafschaft. 1309 erhielt der Ort lübisches Stadtrecht. 1807 belagerten die Franzosen die von Schill verteidigte Burg. 1945 wurde Naugard durch sowjetischen Artilleriebeschuß schwer zerstört.

Nach dem Kriege grasten die Polen die Trümmer nach Baumaterialien ab. Auch heute macht Naugard einen traurigen Eindruck.

Beachtenswert sind die spätgotische **Marienkirche** und das **Rathaus** sowie die Reste der Burg der Grafen von Eberstein. Die **Burg** wurde 1820 zum Gefängnis umgebaut. Bis 1945 stand auf dem Marktplatz ein **Bismarckdenkmal**, das an den lange auf dem unweit gelegenen Gut Kniephof lebenden Altreichskanzler erinnerte.

Im nahen **Pflugrade** (Redlo) wurde der Ingenieur Friedrich Lenz (1846 bis 1930) geboren. Er baute neben dem Stettiner Freihafen vor allem

2000 km Eisenbahnen in den deutschen Kolonien in Afrika, ein Netz von Kleinbahnen in Deutschland (5000 km) sowie Bahnen in Ägypten und Thailand.

KURZINFORMATIONEN

HOTEL: Naugard: Hotel.

Südlich von Naugard liegt an der Stepenitz und der R 163 die mauerumgürtete ehemalige Ackerbürgerstadt Massow.

MASSOW (MASZEWO)

Der heute 3500 Einwohner (1939: 3828) zählende Ort im alten Lande Massow liegt an der Stelle einer Burg des pommerschen Uradelsgeschlechts v. Massow. 1278 ging das Land Massow an das Bistum Cammin über. Im selben Jahr legten deutsche Siedler die Stadt an, die mit magdeburgischem Recht begabt und von einer kreisrunden Mauer umgeben wurde. 1523 belehnte Herzog Bogislaw von Pommern den Grafen Georg von Eberstein mit Stadt und Land Massow.

Beachtenswert sind besonders die schöne **Marienkirche** (14. Jh.) und das Rathaus. Auch die **St.-Georg-Kapelle** an der Straße nach Gollnow ist einen Besuch wert. Von den alten Befestigungsanlagen aus dem Mittelalter sind der **Fangelturm** und der **Pulverturm** (Franzosenturm) erhalten. Auf dem **Schloßberg** stand einst die Burg.

Südlich von Massow liegt im Kreis Saatzig das Rittergut **Tolz**. Bis 1782 gehörte das attraktive Herrenhaus mit seinen zahlreichen, „Ochsenaugen" genannten Fenstern, der Familie v. Wedel. Dann gelangte es über die v. Werner an die Familie v. Schöning.

Einen Abstecher lohnt auch die 16 km südöstlich von Naugard gelegene Stadt Daber.

DABER (DOBRA)

Am Daber See bestand schon in vorgeschichtlicher Zeit eine Burgsiedlung, die auf Pfählen in den See hineingebaut war. Von der erstmals 1257 urkundlich genannten Burg verwaltete bis ins 13. Jh. ein wendischer Kastellan das Land Daber. Um 1270 legten deutsche Ritter eine neue Burg an und 1331 gründeten die Adelsfamilien Schwerin und Dewitz die heutige Stadt, die 1945 unbeschädigt in die Hände des Feindes fiel.

Sehenswert ist in der von den Nachbarn „hültern Daberni" (hölzernes Dabern) genannten Stadt vor allem die Ruine des im Jahre 1538 von dem pommerschen Kanzler Jobst v. Dewitz erbauten **Renaissanceschlosses**, das im Dreißigjährigen Krieg zerstört wurde und im 19. Jh. neu entstand. Letzter Besitzer war Heinrich v. Diest. Vom Turm der alten Burganlage bietet sich eine schöne Aussicht. Rings um das im 19. Jh. errichtete **Rathaus** stehen zahlreiche Fachwerkhäuser, sowie die spätgotische **Marienkirche** mit dem Grabstein des Jobst v. Drewitz (1577) und seiner Gattin. Auf einer Halbinsel am Daber See liegt ein vorgeschichtlicher **Burgwall**. Beachtenswert ist auch die ausgebaute **„Freienwalder Kapelle"** von 1530. Im nahen **Voigtshagen** (Wojtaszyce) steht eine hübsche Feldsteinkirche mit prachtvollem Giebel im Renaissancestil, der mit vier Reihen runden Blenden geschmückt ist, und hölzernem Glockenturm.

Rechts der Straße nach Plathe und östlich von **Groß Sabow** (Zabowo) liegt das Bismarck-Gut **Kniephof** (Konarzewo), wo der spätere Reichskanzler von 1815-1822 als Knabe und von 1839 bis 1845 als junger Mann lebte. Das Gut kam im 18. Jh. durch Heirat an den aus der Altmark stammenden Major August Friedrich v. Bismarck. 1816 zog die Familie des Altreichskanzlers nach Kniephof und Otto v. Bismarck bewirtschaftete das Gut zusammen mit seinem Bruder Bernhard, dem Landrat von Naugard, bis zum Tode seines Vaters. Dann verkaufte er es an seinen Neffen Philipp v. Bismarck, der es umbaute und vergrößerte.

Zwischen Gr. Sabow und Piepenberg überschreiten wir die Grenze des Kreises Regenwalde, der schon zu Ostpommern gehört.

PLATHE (PLOTY)

Die 700jährige Ackerbürgerstadt, malerisch in einer Schleife der Rega gelegen, hat 4000 Einwohner (1939: 3646) und liegt im Kreise Regenwalde. Sie ist eine Gründung des Ritters Dubislaw v. Woedtke aus dem Jahre 1277 und ging später in den Besitz der v. d. Osten über. Lange war Plathe Mediatstadt. Seit 1577 gehörte die „Stadt der zwei Schlösser", die von ihren Bewohnern „Plot" genannt wird, den Familien v. d. Osten und Blücher gemeinsam. Während des Siebenjährigen Krieges war das an der Poststraße Stettin-Danzig gelegene Plathe zeitweilig

Hauptquartier der Russen. Sehenswert ist das malerische **Renaissanceschloß** der Grafen Bismarck-Osten aus dem 16. Jh., in dem z. Zt. eine Landwirtschaftsschule ihren Sitz hat. Das 1577 von Hermann v. Blücher erbaute **„Blücherschloß"**, für welches das Stettiner Schloß Pate gestanden hat und das 1869 abbrannte, haben die Polen 1957/63 wieder aufgebaut. In dem auf einer Anhöhe stehenden repräsentativen Bauwerk mit seinem gewaltigen Viereck-Turm befindet sich heute eine Zweigstelle des Stettiner Staatsarchives mit den Resten der früher berühmten Bismarck-Ostenschen Bibliothek, der einst größten pommerschen Privatbibliothek. Sie war Mitte des 18. Jh. von dem Johanniterkomtur und Kammerherrn Friedrich Wilhelm v. d. Osten angelegt worden. Letzter Besitzer war Carl Graf v. Bismarck-Osten. Der größte Teil der wertvollen Urkunden- und Kunstsammlung wurde von der Roten Armee als Beutegut mitgenommen und gilt als verschollen.

Westlich der Stadt liegt das seit 1801 der Familie v. Blankenburg gehörende Gut **Zimmerhausen** (Mechowo). Auf der Hochzeit seines Jugendfreundes Moritz v. Blankenburg lernte Otto v. Bismarck hier seine spätere Frau Johanna v. Puttkamer kennen. Heute wird das Herrenhaus von polnischen Arbeitern bewohnt.

Einige Kilometer nördlich (an der Straße Greifenberg/Gryfice) liegt das Gut **Barkow** der Familie v. Normann, das zu den größten Gütern Pommerns gehört. Käthe v. Normann, die Frau des letzten Besitzers, hat einen erschütternden Bericht über die polnisch-russischen Brutalitäten gegenüber den Ostdeutschen 1945 geschrieben.

KURZINFORMATIONEN

TANKSTELLE (ganztägig): im Ort.

10 km südöstlich von Plathe liegt ebenfalls in einem malerischen Regabogen die Kreisstadt Regenwalde.

REGENWALDE (RESKO)

Das heute 3900 Einwohner (1939: 5006) zählende Regenwalde gehörte im Mittelalter der uradeligen pommerschen Familie der Borkonen. Aus dieser Familie gingen zahlreiche berühmte preußische Staatsmänner und Militärs hervor. Der erste Borkone Borko I., ein Nachkomme des Gützkower Fürsten Mizlaw, hatte übrigens einen maßgeblichen Anteil an der Zurückschlagung polnischer Eindringlinge im frühen Mittelalter. Ab 1190 kamen viele deutsche Siedler ins Land, um das dünn besiedelte Borkonenland zu kultivieren. Im Jahre 1255 legte ein Kolberger Bürger den Ort an, der 1182 lübisches Stadtrecht erhielt. Das 1945 schwer zerstörte landwirtschaftliche Zentrum besitzt heute zahlreiche Parks und Anlagen mit Blumenbeeten.

Beachtenswert ist die spätgotische **Marienkirche** aus dem 15. Jh., eine Hallenkirche mit einschiffigem Chor. Der 60 m hohe Turm entstand erst 1882. Das Rathaus wurde 1841 errichtet. Südwestlich der Stadt steht an einem, von schönen Parkanlagen und Gärten umgebenen See die Ruine des Schlosses **Ornshagen** (Zerzynow), ein seit 1805 den Herren v. Bülow-Cummerow gehörendes Gut mit umfangreichem Landbesitz. In den ausgedehnten Eichen- und Buchenwäldern gab es vor dem Kriege Rotwild, Wildschweine, Kraniche und Schwarzstörche. Letzter Besitzer war Wilhelm Ernst Graf Perponcher, ein Verwandter der v. Bülow.

Rechts der R 161 nach Labes liegt wenige Kilometer von Regenwalde an der Rega die Ruine des Borckenschen Stammschlosses Stargordt.

STARGORDT (STAROGARD)

Das einst zu den schönsten Barockanlagen Preußens zählende Bauwerk, das Feldmarschall Adrian Graf v. Borcke 1721 errichten ließ, wurde 1945 von den Russen angezündet und brannte aus. Der sehr schöne Park, der das Greifenschloß umgibt, ist dagegen noch teilweise erhalten. Stargordt wurde 1717-1720 unter dem preußischen Generalfeldmarschall Adrian Bernhard Graf Borcke von einem niederländischen Baumeister erbaut. Im Innern war das prächtige Schloß mit wertvollen Möbeln und Gobelins aus dem 18. Jh. mit Darstellungen aus der antiken Mythologie ausgestattet.

Auf der anderen Seite der R 161 liegt das Rittergut **Elvershagen** (Lagiewniki), ursprünglich ein Besitz der Borkonen. Nach mehrmaligem Besitzwechsel gelangte es 1881 an Heinrich Josia v. Veltheim aus Ostrau bei Halle a. d. Saale. Heute ist Elvershagen polnisches Staatsgut.

Von Plathe setzen wir dann unsere Fahrt durch den einst wohlhabenden Kreis Kolberg-Körlin ins 80 km entfernte Ackerbürgerstädtchen Körlin fort, das malerisch an der Mündung der Radüe in die Persante (Perseta) liegt.

KÖRLIN (KARLINO)

In der heute 5200 Einwohner zählenden Stadt (1939: 3421) an der alten Handelsstraße von Stettin nach Kolberg residierten im 14. und 15. Jh. die Bischöfe von Cammin. Körlin liegt an der alten Heerstraße Stettin-Danzig und hatte oft unter Kriegen zu leiden. Urkundlich wird die Siedlung erstmals 1290 erwähnt. Im Jahre 1385 entstand neben der mit lübischem Recht begabten Stadt das stattliche Castrum der Bischöfe. 1409 zerstörte Herzog Bogislaw VIII. von Pommern die Stadt und verwüstete ihre Umgebung. 1481 eroberten die Bürger von Körlin die ihnen unbequeme Burg. 1685 zerstörte ein Feuer Stadt und Schloß. König Friedrich Wilhelm I. ließ 1724 an der Stelle der Bischofsburg ein

Rastquartier bauen. Dieses wurde 1761 von den Russen zerstört. Unter Friedrich dem Großen entstanden an dieser Stelle Wohnhäuser. Am Marktplatz steht die aus dem 13.-16. Jh. stammende spätgotische Michaeliskirche. Ein altes Lehnsgut der Grafen v. Manteuffel war das Gut **Kerstin** (Karścino) nordwestlich von Körlin. 1760 verkaufte es der sächsisch-polnische Minister Graf v. Manteuffel an die v. Goltz. Dann gelangte es an die v. Gaudecker, die hier bis 1945 saßen. Das ansehnliche Herrenhaus ist von alten Buchenalleen umgeben.

Das südlich von Kerstin bei Mallnow (Malonowo) gelegene Rittergut **Koseeger** gehörte 500 Jahre lang der Familie v. Podewils. Der erste Podewils soll von Otto von Bamberg getauft worden sein. Der pommersche Hofmarschall Peter v. Podewils zog 1496 mit Herzog Bogislaw X. ins Heilige Land. Er wurde in Jerusalem zum Ritter geschlagen. Letzter Besitzer war Dr. Carl v. Waldow, der 1945 mit seiner Frau von Soldaten der Roten Armee ermordet wurde. Heute ist das Schloß, das den Russen als Seuchenlazarett diente, verkommen.

KURZINFORMATIONEN

HOTEL: Dom Napoleon Rynek 17

SPORT:

Schwimmen, Wassersport (Paddelboote).

Ein Abstecher bringt uns in die 1945 kaum zerstörte Kreis- und ehemalige Hansestadt Belgard.

BELGARD (BIALOGARD)

Das Städtchen mit heute 23 000 Einwohnern (1939: 14 000) wird schon um 1100 als Burgort (Bjaligard = weiße Burg) erwähnt. Der Kreis Belgard war bis 1945 mit 1650 km^2 und 79 183 Einwohnern einer der größten Landkreise Pommerns. Belgard ist eine Gründung der Familie v. Kleist, die aus der Altmark stammte, und deren Urahn der 1248 erwähnte fürstliche Marschall Conrad Clest war. Die 1299 mit lübischem Stadtrecht begabte Stadt an der Mündung der Leitznitz in die Persante gehörte mit dem Belgarder Land immer zu Pommern. Lange war das früher auch die Vogtei Neustettin umfassende Land im Norden und Osten durch das Camminer Stiftsland, das ab 1300 auch das Land

Bublitz im Osten umfaßte, im Westen von Brandenburg und im Süden von dem seit 1368 von dem polnischen König verwalteten Land Krone umgeben. Vor dem Zweiten Weltkrieg war Belgard landwirtschaftliches Zentrum für die Umgebung mit Gerbereien, einer Eisengießerei und Fabriken, in denen Maschinen und Fußbodenbeläge hergestellt wurden, einer bedeutenden Holzindustrie und ein wichtiger Bahnknotenpunkt. Den Zweiten Weltkrieg hat Belgard größtenteils unversehrt überstanden.

Im Zentrum erhebt sich etwas abseits des großen, fast quadratischen Marktplatzes die gotische **St.-Marien-Kirche** von 1310 (restauriert 1506, umgebaut 1912/13). Sie besitzt einen 60 m hohen, von einer „welschen Haube" gekrönten Turm mit hübschem Blendenschmuck, farbenträchtigen Fenstern (von denen zwei von Kaiser Wilhelm II. gestiftet wurden), einem reichgeschnitzten Altar und eine schöne Kanzel. Beachtenswert sind ferner die **St.-Georgen-Kirche** (15.-16. Jh.), die beiden **Rathäuser** am Markt und Teile der mittelalterlichen **Stadtmauern** mit ihren Basteien und dem spätgotischen **Hohen Tor** (Brama Wysoka) aus dem 14. Jh. sowie die **Getreidespeicher** an der Persante. In den Vororten fallen die vielen sowjetischen Kasernen auf. Schön ist eine Wanderung auf dem **Poetensteg** entlang dem Leitnitzbach und ein Besuch der **Kappinberge** im Süden der Stadt. Die südwestlich von Belgard gelegenen Güter **Kamissow** (Komosowo) und **Natztow** (Nasutowo) waren im 15. und 16. Jh. im Besitz der Familie v. Tesmar. Auf Kssimow wohnte 1969 der Stiftskanzler Georg v. Tesmar. Auch das nahe Gut **Standemin** (Stanomino) gehörte vom 16. bis 18. Jh. den v. Tesmar.

In dem hübsch zwischen Wäldern und Seen südöstlich von Belgard gelegenen **Groß Tychow** (Tychowo) liegt auf dem Friedhof der größte Findlingsblock Deutschlands (Umfang 44 m, Höhe 4 m), bekannt als „Großer Stein". Das Rittergut Groß-Tychow gehört seit 1250 der Familie v. Kleist bzw. seit der Jahrhundertwende den Grafen v. Kleist-Retzow. Das im 18. Jh. entstandene schöne Schloß mit wertvollen Barockmöbeln wurde nach 1945 von den Polen vernichtet. In dem großen Saal zogen Kühe ein, in die Diele Pferde. Der schöne Park mit seinem alten Baumbestand wurde vernichtet.

Südöstlich liegt das ebenfalls seit langem den v. Kleist gehörende Gut **Schmenzin** (Smecino). Letzter Besitzer des von Russen und Polen ausgeplünderten Herrenhauses war Ewald v. Kleist. Er wurde im März 1945 wegen seiner Beteiligung am Widerstand gegen Hitler von den Nazis hingerichtet.

Landschaftlich überaus schön sind die 33 m tiefen Schluchten der Persante bei **Woldisch Tychow** (Tychówko) und **Wutzow** (Osówko). **Vietzow** (Wicewo), wenige Kilometer östlich, war Geburtsort des Naturwissenschaftlers Ewald Jürgen v. Kleist (1700-1748), der die Kleistsche (Leydener) Flache erfand.

KURZINFORMATIONEN

VERKEHR:
Bus- und Bahnverbindungen nach Kolberg, Köslin und über Neustettin nach Schneidemühl und Posen.

TANKSTELLE: (ganztägig) Belgard.

HOTEL: Pod Orlem, Turgstyczny.

JUGENDHERBERGE: pl. Wolnosci, Tel. 23 07.

CAMPING: Boissin (Byszyno).

Nach Körlin zurückgekehrt, fahren wir weiter auf der R 2 (52) nach **Parsow** (Parsowo). Zwischen 1172 und 1658 gehörte das Rittergut der Familie v. Parsow. 1772 gelangte es an die v. Gerlach. Der Oberlandesgerichtspräsident Ludwig August Wilhelm v. Gerlach und seine Nachfolger bauten das Schloß 1782 zu einem prächtig mit Porzellan, Kupfer- und Zinnarbeiten sowie einer Bibliothek mit wertvollen pommerschen Urkunden ausgestatteten Herrensitz aus. 1945 verschleppten die Russen Carl August v. Gerlach-Parsow nach Rußland. Das Schloß wurde geplündert, die kostbare Bibliothek verheizt und der einst schöne Park verwilderte.

Südöstlich von Biziker (Biesiekirz) befand sich vor 1945 in dem Dorf **Streckenthin** (Strzekecino) der 5000 ha große Kameke´sche Pflanzenzuchtbetrieb, eine der größten Saatkartoffelzuchtanlagen Deutschlands. Einige Kilometer weiter südlich erreicht man bei **Nedlin** (Niedalino) an der Radüne eine große Talsperre mit dem ersten Wasserkraftwerk Ostdeutschlands.

Dann geht es über **Köslin** (Koszalin) nach **Zanow** (Sianów) und vorbei an den Gütern **Segenthin** (Zegocino), Besitz der Familie v. Blumenthal, und **Nemitz** (Niemica), das zuletzt den v. Natzmer gehörte, nach Schlawe.

SCHLAWE (SLAWNO)

Die ehemalige Hanse- und Hauptstadt des 1584 km^2 großen Kreises Schlawe an der wiesengesäumten Wipper (Wieprza) zählt heute 13 000 Einwohner (1939: 9768). Landschaftlich besteht der Kreis aus zwei Teilen: dem flachen Norden mit Weizenfeldern, saftigen Wiesen, Pferdekoppeln, Gänseherden, Strandseen und Dünen und dem hügeligen, waldreichen Süden mit ausgedehnten Heidegebieten, romantischen Schluchten und dem langgestreckten Papenziner See.

Schlawe wird im 12. Jh. erstmals urkundlich als Burgort zusammen mit den Landen Schlawe und Stolp als Besitz der mächtigen pomoranischen Fürsten der Svenzonen (die sich zeitweilig Deo gratia, „von Gottes Gnaden" nannten) erwähnt und 1317 mit lübischem Recht begabt. Nach dem Tode des letzten Burgherrn Jesko v. Puttkamer im Jahre 1317 übernahmen die pommerschen Herzöge das Land Schlawe. Um 1255 war bereits die St.-Adalbert-Kirche entstanden. Im Mittelalter trat Schlawe der Hanse bei und war ein Zentrum des Getreidehandels. Außerdem gab es hier zahlreiche Leinenweber und 40 Brauereien. 1648 gelangte die am Schnittpunkt zweier früher bedeutenden Straßen gelegene Stadt an Brandenburg. 1749 gründete Friedrich der Große in der näheren Umgebung die Dörfer Wilhelmine und Coccejendorf, in denen sich Einwanderer aus der Pfalz niederließen. Nachdem Schlawe 1870 an die Bahnlinie Köslin-Danzig angeschlossen worden war, entwickelte es sich zur Schul- und Beamtenstadt. 1945 wurde der Ort von den Russen zu 35% zerstört.

Aus Schlawe stammte der linksradikale Politiker und Schriftsteller Franz Mehring (1846-1919), der im Ersten Weltkrieg von der SPD zum Spartakusbund wechselte und später wieder Abgeordneter der SPD wurde.

Von den mittelalterlichen Bauten sind zwei hübsche spätgotische Stadttore, das **Stolper Tor** (Brama Slupska) und das **Kösliner Tor** (Brama Koszalinska), die beide aus der Mitte des 15. Jh. stammen, sowie die wieder aufgebaute massive gotische **Marienkirche** aus dem 14. Jh. mit sehenswerten Fresken erhalten. Die Basilika besitzt zwei massive Westtürme und Pultdächer.

Das südlich gelegene **Quatzow** (Kwasowo) gehörte im 13. Jh. dem Johanniterorden und kam 1731 über die v. Brumme und die v. Zitzewitz an Ludwig Friedrich Marschall v. Bieberstein, der 1733 die hübsche Barockkirche des Gutsdorfes baute. Letzter Besitzer war die Familie v. Michaelis. Das in einem schönen Park stehende Fachwerk-Herrenhaus mit Walmdach ist heute Sitz einer Staatsgutverwaltung. Hinter dem Gut dehnt sich ein Buchenwald aus.

Im südlich gelegenen **Wustenwitzer Moor** (Bagno Ostrowiec), einem alten Naturschutzgebiet, findet man seltene Pflanzen. Ein Ausflug lohnt sich auch zum teilweise wiederaufgebauten Renaissanceschloß **Krangen** (Krag), einer alten Wasserburg, die 300 Jahre lang der Familie v. Podewils gehörte, aus welcher der langjährige Außenminister Friedrich des Großen, Heinrich Graf v. Podewils (1695-1760), hervorging. Später übernahmen die Fürsten von Hohenzollern-Sigmaringen einen Teil des Besitzes. Auch die umliegenden Dörfer, in denen z. T. alte Holzkirchen stehen, sind besuchenswert. Das Dorf **Wilhelmine** (nördlich bei Thyn, poln. Tyn) wurde 1742 von Friedrich dem Großen mit Pfälzern besetzt, die bis in unsere Tage den Dialekt ihrer Vorfahren sprachen. In **Vellin** (Wielin) steht ein Barockschloß.

Vorbei an Alt-Warschow und **Zitzewitz** (Sycewice), dem Stammsitz des gleichnamigen uradeligen Geschlechts, fahren wir nach **Alt-Reblin** (Reblino) und besuchen von dort das einige Kilometer nördlich gelegene Rittergut **Reddentin** (Redecin), seit 1300 ein Besitz der Herren v. Below. Das klassizistische Herrenhaus, das teilweise auf Schinkel zurückgeht, entstand 1834. Das inmitten eines alten Baumbestandes und terrassenförmigen Gärten gelegene Schloß gehört zu den schönsten Herrenhäusern Hinterpommerns. Heute dient das einst prächtig ausgestattete Bauwerk als Speicher und Kindererholungsheim. Von Alt-Rebbin sind es nur noch wenige Kilometer bis Stolp.

KURZINFORMATIONEN

HOTEL: Turysta.

JUGENDHERBERGE: ul. Sepolowskiej 2, (5. 7.-26. 8.), Tel. 33 80.

STOLP (SLUPSK)

Die mit 90 600 Einwohner (1939: 50 377) größte Stadt Ostpommerns ist Hauptstadt des gleichnamigen, mit 2227 km^2 bis 1945 größten Landkreises Deutschlands, zu dem 1871 177 Gutsbezirke und 170 Dörfer, 1939: 684 Orte mit 83 009 Einwohnern gehörten. Der östliche und südliche Teil des Kreises Stolp war bis 1945 das Land der großen

Güter, auf denen oft stattliche Herrenhäuser standen. Zu den bekanntesten Familien dieser Gegend gehörten die Bandemer, Below, Boehn, Grumbkow, Kleist, Krockow, Massow, Mitzlaff, Puttkamer, Tesmar und Zitzewitz.

Seit 1975 ist Stolp Sitz einer Woiwodschaftsverwaltung. Von hier aus werden z. Zt. der Osten des Kreises Schlawe, das Stolper Land, die Kreise Bütow, Rummelsburg und Schlochau sowie der Westen des Kreises Lauenburg verwaltet. Vor dem Kriege war Stolp dank seiner günstigen Lage an der alten Handelsstraße nach Danzig und der Ostsee das wirtschaftliche und kulturelle Zentrum Ostpommerns und Garnison der Blücherhusaren. Die Stadt besaß neben Nahrungsmittel-, Papier- und Maschinenfabriken die größte Möbelfabrik Ostdeutschlands und 300 Bernsteindreher, die Schmuck herstellten. Außerdem gab es hier eine Fahrzeugfabrik, Brauereien und die weit über Pommerns Grenzen bekannte Molkerei „Stolper Jungchen". Die 1945 schwer zerstörte Stadt wurde inzwischen weitgehend wieder aufgebaut.

Geschichte

Die Stadt an der Stolpe (Slupia) wird 1013 erstmals als Dorf urkundlich erwähnt. Anfang des 13. Jh. entstand am Flußufer eine Burg, Sitz einer pommerellischen Kastellanei. Diese und die ihr gegenüber entstandene Siedlung von Holsteinern und Niedersachsen fielen nach dem Aussterben des pommerellischen Herrscherhauses mit den Ländern Stolp und Schlawe 1295 an Brandenburg. Im Jahre 1310 erhielt Schlawe von den Askaniern lübisches Recht. 1454 wurde hier Herzog Bogislaw X. geboren. 1381 trat Stolp der Hanse bei und entwickelte sich zu einem blühenden Handelszentrum. Über den bis 1831 stadteigenen Hafen wurden damals vor allem Getreide, Vieh, Holz, Honig, Bier, Teer und Bernstein ausgeführt. Stolpes Bernsteinhandel reichte noch um 1800 bis in den Orient. In Stolp residierte, nachdem es 1317 von Brandenburg an Pommern-Wolgast gekommen war, im 15.-16. Jh. eine Seitenlinie des pommerschen Herzoghauses. 1476 war Nikolaus v. Tesmar Bürgermeister von Stolp. Schon 1522 wurde in Stolp die Reformation eingeführt. 1648 kam das „ehrenrycke" Stolp, wie es in einem alten Vers genannt wird, an Preußen. 1718 vernichtete ein großer Brand zahlreiche alte Bauwerke und 1807 plünderte die „Polnische Legion" Napoleons den Ort. Ab 1871 entwicktelte sich die bis Ende des 19. Jh. ruhige Landstadt zu einem lebhaften Wirtschaftszentrum. Die großen Wälder der Umgebung und eine hochentwickelte Landwirtschaft schufen die Grundlage für eine blühende Holz- und Maschinenindustrie. Doch den Charakter einer Industriestadt hat Stolp nie gehabt. Kleinstädtische Ruhe, verbunden mit den Annehmlichkeiten der Großstadt, machten es zu einem wohnenswerten Ort, der von seinen Bewohnern stolz „Klein-Paris" genannt wurde. 1945 besetzten die Sowjets die Stadt kampflos und zündeten sie an.

Berühmtester Stolper ist der erste deutsche Generalpostmeister Heinrich v. Stephan (1831-1897), Sohn eines Schneiders, der u. a. den Weltpostverein gründete und damit das moderne Postwesen schuf. Außerdem erfand er die Postkarte, organisierte im Krieg 1870/71 die Feldpost und führte in Deutschland den „Fernsprecher" ein. Weitere gebürtige Stolper sind der Literaturhistoriker Eduard Engel (1851-1938), dessen „Deutsche Stilkunst" und andere Sprachwerke große Auflagen erzielten; General Liman v. Sanders (1855-1929), türkischer Marschall, 1915 erfolgreicher Verteidiger der Dardanellen gegen eine von Winston Churchill inszenierte Invasion; der Augenarzt Christian Ludwig Mursinna (1744-1823), dem die erste Operation des Grauen Stars gelang; der bedeutende Psychiater Oswald Rumke (1877-1950) sowie der Dichter Siegfried Gliewe (1903-1982).

Stadtbesichtigung

Das 1945 von den Russen zerstörte **Renaissanceschloß** wurde nach dem Kriege rekonstruiert und beherbergt heute wieder ein Museum (Muzeum Pomorza Srodkowego). Im Rittersaal wird im Sommer ein Klaviermusikfestival abgehalten. Neben dem Schloß steht die gotische **Johannis- oder Schloßkirche** (13.-15. Jh., später barock erneuert), die ursprünglich eine Dominikaner-Kirche war und zu einem Nonnenkloster gehörte und vor dem Kriege Garnisonskirche der Blücher-Husaren war. Im Innern sind die Grabmäler der pommerschen Herzöge und Herzoginnen, darunter das sehr schöne gußeiserne Grabmal der Herzogin Anna von Croy, ein Hochaltar aus der Hochrenaissance, eine kunstvolle Kanzel und eine gute Orgel beachtenswert. Einen Besuch lohnen ferner das hohe und schmale spätgotische **Mühlentor** (Brama Młyńska, 14.-15. Jh.), ohne die einst markante Turmhaube mit der danebenstehenden Burgmühle auf dem Fischmarkt an der Stolpe, sowie die rekonstruierten Teile der aus dem beginnenden 15. Jh. stammenden **Stadtmauern**. Inmitten der Alt-stadt, die 1945 von den Sowjets angezündet und inzwischen wieder modern aufgebaut wurde, erhebt sich am Kirchplatz die dreischiffige und massiv wirkende spätgotische **Marienkirche**

(14. Jh.) mit ihrer schönen holzgeschnitzten Kanzel (1609). Die basikale Anlage besitzt einen wuchtigen Backsteinturm, dessen zierlicher barocker Helm 1945 zerstört wurde. Gegenüber liegt die unversehrte **Hofapotheke**. Auf dem nahen Markt befand sich früher das Bronzestandbild Blüchers von K. v. Uchtritz (1908). Der Fürst war lange Zeit Regimentskommandeur der „Roten Husaren", die in Stolp ihre Garnison hatten. Nicht weit von hier, am Kaufmannswall (ul. Zwyciestwa), steht das um das Jahr 1530 errichtete massive spätgotische **Neue Tor** (Brama Nowy), vor 1945 Heimatmuseum. Nahebei liegt die **Hexenbastei** (Baszta Zarownicza).

Von hier gelangt man zum neogotischen **Neuen Rathaus**. Vor dem Bauwerk erhebt sich auf dem Stephansplatz (plac Zwyciestwa) ein weißer Obelisk zu Ehren der Roten Armee, die im März 1945 Stolp angezündet hat. Vorher stand hier ein stattliches bronzenes Reiterstandbild Kaiser Wilhelm I. von Bröse (1909). Die 1860 errichtete **evangelische Kirche** ist in einem sehr schlechten Zustand.

Ausflüge

Schöne Fahrten und Wanderungen führen von Stolp durch das Tal der Stolpe und seine Nebentäler, die teilweise von steilbewaldeten Abhängen umrahmt sind. Die erste Fahrt bringt uns durch das Mühlentor (Brama Mlyńska), die Töpferstadt (ul. Garncarska) und den Sandberg (ul. Wiejska) zur Blücherstraße (ul. Wybickiego). Dann geht es durch die Husarenstraße (ul. Mieroslawskiego) und die Mackensenstraße (ul. Arciszewskiego) zum Oberlauf der Stolpe und in die **Waldkatze** (Lasek Potudniowy). Von hier gelangt man entlang der Trasse der ehemaligen Stolpetalbahn durch den Wald bei Skarsow (Skarszów). Durch das Tal der Schottow kommen wir nun nach **Rathsdamnitz** (Debnica Kaszuska) im Mühlental, einst Sitz einer alten Papierfabrik. Beachtenswert ist die Kirche von 1584 (1781–1786 renoviert).

Nordöstlich von Rathsdamnitz liegt das ursprünglich den Bandemer, seit 1754 den v. Gottberg gehörende Rittergut **Starnitz** (Starnice). In der Nähe kann man das Gut **Bornzin** (Borzeciko) besuchen, das lange den Puttkamer und zuletzt den v. Zitzewitz gehörte. Das Herrenhaus ist heute verwahrlost. Das Gut **Seddin** (Zydzino) nordöstlich von Stolp gehörte 1476 den v. Tesmar.

Ein weiterer Ausflug führt am Westrand des Mühlbachtals entlang über **Kriwan** (Krzywan) und durch den Wald zum **Zimetzberg** (127 m) mit den Resten einer Kapelle. Von hier hat man eine herrliche Aussicht.

Lohnenswert ist auch ein Ausflug durch das schmale, tiefe Tal der Lupow (Lupawa) über das Dorf **Sageritz** (Zagórzyca) zum alten Wasserschloß **Deutsch-Karstnitz** (Karzniczka). Das inmitten des Karstnitzbaches auf einer Insel stehende Bauwerk kam 1686 von Daniel Dietrich v. Hebron an die v. Puttkamer. General Georg Henning v. Puttkamer, der bei Jena und Auerstädt gegen Napoleon kämpfte und mit der Tochter des Staatsministers v. Thulemeyer verheiratet war, baute das Schloß aus. Die wertvolle Inneneinrichtung wurde 1945 von Russen und Polen vernichtet. Das Gebäude dient den Polen als Zentrum für 20 Staatsgüter.

KURZINFORMATIONEN

ORTSVERKEHR: Busse.
BUS: PKS-Busse verbinden Stolp mit Köslin, Schlawe, Stettin und Danzig sowie zahlreichen weiteren Orten in der näheren und weiteren Umgebung.
BAHN: Verbindungen nach Danzig, Köslin, Stettin.
FLUG: Flüge nach Warschau, Buchung: LOT, ul. Sienkiewicza 8, Tel. 70 49.
TANKSTELLE: (ganztägig) ul. Szczecińska.
FREMDENVERKEHRSBÜRO: Orbis, ul. Wojska Polskiego 1, Tel. 3 61; PTTK, ul. Sienkiewicz 19, Tel. 52 01.
HOTELS: Zamkowy, ul. Dominikanska 9, Tel. 52 94; Piast, ul. Jedności Narodowej 2, Tel. 8 98 52; Hotel Gryf, pl. Jedności Narodowej 5, Tel. 40 33; PTTK-Wanderheim.
CAMPING: Stolp.
JUGENDHERBERGE: ul. Deotywy 15.
ZIMMERVERMITTLUNG: Orbis, ul. Wojska Polskiego 1, Tel. 46 35.
RESTAURANTS: Karczma Slupska, ul. Wojska Polskiego 11; Pod Kluka, ul. Kaszubska 22; Pizzeria, ul. Wojska Polskiego.
VERANSTALTUNGEN:
Im Sommer: Klaviermusik-Festival.

Nördlich liegt der Ort **Hebron-Damnitz** (Damnica, 1939: 800 Einwohner), das nach Alexander Hepburn (Hebron), dem Schwager der schottischen Königin Maria Stuart, benannt wurde, der hier ein Gut besaß. An der R 125 nach Rummelsburg (Miastko) schließlich steht das 1945 zerstörte Herrenhaus von **Quakenburg** (Kwakowo), einem alten Puttkamer'schen Besitz.

VON STOLP NACH DANZIG

Von Stolp geht unsere Reise auf der Reichsstraße 2 durch das Zentrum des ostpommerschen Bauernlandes mit seinen Kiefernwaldungen und einst wohlhabenden Bauerndörfern, die heute zumeist verwahrlost sind und von Einwanderern aus Südostpolen und der Ukraine bewohnt sind, in Richtung Osten nach **Neu-Damerow** (Nowa Dobrowa, 15 km). Von hier lohnt sich ein Abstecher zum 8 km südöstlich gelegenen **Lupow** (Lupawa). Das ehemalige Wirtschaftszentrum des südlichen Stolper Landes und lange Sitz der v. Zitzewitz, war nach 1689 zeitweilig Mediatstadt, stieg dann jedoch wieder zum Dorf ab. Sehenswert ist die Ruine des Boninschen Schlosses Canitz, das inmitten eines verwilderten Parks steht. Das Schloß wurde von dem brandenburgischen Generalkriegskommissar Joachim Ernst Grumkow erbaut, der den Besitz 1683 von den Zitzewitz erworben hatte. Bis 1945 wohnten hier Angehörige der Familie v. Bonin. Der den Polen unzerstört in die Hände gefallene zweiflügelige Herrensitz ist verfallen.

Weiter östlich liegt das alte Kirchdorf **Mickrow** (Mikorowo). Das Rittergut Mickrow gehörte bis 1732 den Puttkamer. Dann erwarb es der Geheimrat und Kammerpräsident der Neumark, Christian Ernst v. Münchow. Seit 1847 kam es in den Besitz der Grafen v. Woldeck-Arneburg. Letzte Besitzerin war Ellen v. Mitzlaff.

Nördlich der R 2 liegt im Tal der Lupow das Gut **Labehn** (Labień) mit einem schlichten Herrenhaus. 1648-1670 gehörte das Rittergut Peter v. Weiher, dann den v. Kameke. 1690 wurde es von dem Geheimen Staatsrat und Oberhofmarschall Johann Ernst v. Grumbkow erworben, dessen Familie seit 1457 im Kreis Stolp begütert ist. Sein Sohn war der berühmte, in Berlin geboren, Generalfeldmarschall und Minister Friedrich Wilhelm v. Grumbkow (1678-1739), Urheber innerer Reformen in Preußen und des Berliner Vertrages von 1728 mit Österreich. 1706 gelangte Labehn an die v. Zitzewitz, Mitte des 19. Jh. an die v. Gutzmerow und dann an die v. Kleist. 8 km östlich liegt im Urstromtal der Leba die von Hügeln umgebene kleine Industriestadt Lauenburg.

LAUENBURG (LEBORK)

Die Hauptstadt des gleichnamigen Kreises mit heute 28 000 Einwohnern (1939: 19 114), der das „Blaue Ländchen" genannt wurde, war vor dem Kriege bekannt für seine erstklassige Butter und den hier hergestellten Käse. Fritz Reuter lobt „dat blage Länneken" in seiner „Stromtid". Der von zahlreichen Kaschuben bewohnte Ort war früher von einer Stadtmauer umgeben. Neben einer Zündholzfabrik gab es bis 1945 Betriebe, in denen Maschinen, Möbel, Konserven, Ziegel („Lauenburger Klinker") und Marmelade hergestellt wurden. Außerdem bestand hier seit 1933 eine bedeutende Hochschule für Lehrerbildung.

Geschichte

In der Bronze- und Eisenzeit lebten in den Landen Lauenburg-Bütow ostgermanische Völker. An vielen Orten, besonders aber in Gnewin und Groß Jannewitz, fand man zahlreiche Gräber mit Haus- und Gesichtsurnen und Bronzeringen. Vor 2000 Jahren kamen aus Norwegen und Gotland die (Holm-)Rugier und die Goten an die Südküste der Ostsee und breiteten sich von der Weichselmündung bis nach Ostpommern und Ostpreußen aus. Im 10. Jh. wohnten in diesem Gebiet die Pomoranen, deren Siedlungsgebiet sich bis in den Danziger Raum im Osten und Graudenz im Süden erstreckte. Bis 1295, als das pommerellische Herzoghaus ausstarb, gehörte das Land Lauenburg zur Kastellanei Belgard (beim heutigen Leba). Längere Zeit war das Gebiet zwischen dem Deutschen Ritterorden und Brandenburg umstritten. Während die letzteren schließlich die Länder Schlawe und Stolp übernahmen und sie 1317 an die Herzöge von Pommern-Wolgast abtraten, fielen die Länder Lauenburg und Bütow an den Deutschen Ritterorden. Die Grenze zwischen den beiden Gebieten hielt sich bis 1945 als Kreisgrenze. Um 1280 legte der Deutsche Ritterorden die Lewinburg an, die Sitz eines Pflegers wurde. 1341 übergab Hochmeister Dietrich v. Altenburg den Ort dem Lokator Rüdiger v. Emmerich, der hier eine städtische Siedlung mit Kulmischen Recht gründete. Nach dem Dreißigjährigen Krieg zwischen dem Ritterorden und den von den pommerschen Herzögen sowie dem polnischen König unterstützten Städten des Ordenslandes wurden die Länder Lauenburg und Bütow im Zweiten Thorner Frieden (1466) den Herzögen von Pommern als erbliches polnisches Lehen übertragen. Als der letzte pommersche Herzog Bogislaw XIV. 1637 starb, fiel das Lehen an die polnische Krone zurück. Gleich nach der Machtübernahme übergab der Polenkönig die protestantischen Kirchen den Katholiken.

Die Befreiung von der polnischen Herrschaft kam 1657, als der Große Kurfürst die Herrschaft auch in diesem Teil Ostpommerns übernahm. Doch mußte er sich verpflichten, den durch Raub entstandenen Besitz der katholischen Kirche anzuerkennen. Die Protestanten bauten deshalb neue Gotteshäuser. Kirchenrechtlich gehörten die Kreise Lauenburg-Bütow bis 1821 zum Bistum Leslau, dann bis 1922 zu Kulm und 1972 zu Schneidemühl. Die Polen machten sich die Tatsache, daß die Kaschuben größtenteils katholisch waren, im 19. Jh. geschickt zunutze. Sie schickten Lehrer und Priester, um die preußischen Kaschuben für sich zu gewinnen. Doch gelang dies nur zum geringen Teil.

Nach dem Ersten Weltkrieg versuchten die Polen, Lauenburg-Bütow an sich zu reißen. Doch scheiterte dies am gemeinsamen Widerstand von Deutschen und Kaschuben. In den 20er und 30er Jahren erhielt der nun zum Grenzgebiet gewordene Kreis viel Unterstützung aus Berlin. 1933 eröffnete man in Lauenburg eine pädagogische Hochschule. 1945 wurde Lauenburg zwei Wochen nach der Besetzung von den Russen angezündet und schwer zerstört. Die „Stadt der vier Türme" (eigentlich fünf) wird mit dem Ostteil des Kreises von der Woiwodschaft Danzig verwaltet, während der Westen des Kreises Stolp zugeschlagen wurde.

Lauenburg ist übrigens die Geburtsstadt des Fernsehens: der aus dieser Stadt stammende Paul Nipkow (1860-1940) erhielt 1884 ein Reichspatent für seine Spirallochscheibe, durch die die Television ermöglicht wurde.

Stadtbesichtigung

Von den historischen Bauten sind nur noch die Reste der **Stadtmauern** und Basteien aus dem 14. Jh. sowie die Kirchen **Jakobi** und **St.-Salvador,** die aus dem Jahre 1866 stammt, erhalten. In der schönen spätgotischen **St.-Jakobi-Kirche,** einer Hallenkirche mit herrlichem Sterngewölbe und Spitzbogenblenden, kann man noch auf einem Fenster die deutsche Inschrift „zur Ehre Gottes" lesen. Auch der Turm mit seinen Staffelgiebeln und Blenden ist beachtenswert. Die 1363 erbaute **Ordensburg** ist heute Gerichtssitz. Von der evangelischen Kirche dagegen steht nur noch der Turm. Beachtenswert ist auch der **Efeuturm** im Nordosten der Altstadt. Außerdem gibt es ein **Heimatmuseum**. Von der **Wilhelmshöhe (52 m)** im Stadtgebiet, wo der Bismarckturm steht, hat man eine herrliche Aussicht über große Teile des „Blauen Ländchens". Die Umgebung Lauenburgs bietet Gelegenheit zu herrlichen Ausflügen in ausgedehnte Wälder mit fischreichen Seen wie dem **Luggewiese-See** (Jez. Lubowidz), rauschenden Bächen und malerischen Schluchten sowie auf dem Höhenweg zur Schönen Aussicht oder zu den **Dzechbergen** (183 m).

Lauenburg eignet sich auch als Standort für Fahrten durch den nördlichen Teil des „Blauen Ländchens". Wir verlassen dazu das Städtchen auf der in Richtung Leba führenden Straße und fahren über **Neuendorf** (Nowa Wieś) nach **Garzigar** (Garzegorce), wo wir nach links zum Gut **Jannewitz** (Janiewice) abbiegen. Das stattliche Herrenhaus gehört der Familie v. d. Osten. Durch den Park erblickt man über das Tal der Leba die Ostseedünen. Bis Ende des 17. Jh. saß die Familie v. Jannewitz auf dem Gut. In der Nähe fand man bronzezeitliche ostgermanische Gräber.

Von Jannewitz führt unser Weg ins nördlich gelegene Belgard (Bialogarda), das bis ins 13. Jh. Sitz eines pommerellischen Kastellans war. Dann fahren wir bis **Labehn** (Lebień) und von hier nach Norden. Bei **Koppenow** (Kopaniewo) fand man vor dem Kriege den „Musterkoffer" eines bronzezeitlichen Handelsreisenden aus dem 8. Jh. v. Chr..

Über **Roschütz** (Roszczyce) kann man nun entweder zur Ostsee und zum Sarbsker See weiterfahren oder aber über die Tesmar´schen Güter **Klein Barkow** (Borkówo) und **Groß Borkow** (Borkówo) weiter nach Osten fahren. Südlich von Klein Borkow liegen die Güter **Groß Schwichow** (Swichowo) und **Klein Schwichow** (Swichówka), die ebenfalls lange den v. Tesmar gehörten. Auch das Gut **Friedrichsrode** (Strzebielinko), war im 19. Jh. ein Tesmar´scher Besitz. Wenige Kilometer entfernt erstreckt sich der **Zarnowitzer See** (Jez. Zarnowiekie), der die Grenze zu Westpreußen bildet.

Die Rückfahrt nach Lauenburg erfolgt über die ehmaligen Orte **Gnewin** (Gniewino) - hier fand man germanische Gräber - das Tesmar´sche Gut **Klein Damerkow** (Dabrówka Mala) und dann durch den schönen Forst Schweslin und über das alte Tesmar-Gut **Ahlbeck**. Sehr empfehlenswert ist auch ein Ausflug in den südöstlichen Teil des Kreises Lauenburg und weiter in die schon in Westpreußen gelegene Kaschubische Schweiz. Die Fahrt führt zunächst in südöstlicher Richtung via **Groß Damerkow** (Dabrówka Wielka), lange ein Tesmar´sches Gut, und durch **Roslasin** (Rozlazino) nach **Osseck** (Osiek), ein an drei Seiten von westpreußischem Gebiet umgebenes Tesmar'sches Gut. Südlich davon beginnt die Kaschubische Schweiz.

KURZINFORMATIONEN

VERKEHR: Bahn- und Busverbindungen nach Stolp, Danzig und Bütow.

TANKSTELLE: (ganztägig) Lauenburg.

Auf der R 2 geht es dann von Lauenburg weiter nach Danzig.

Hinter **Boschpol** (Bożepole), 14 km, überqueren wir die Grenze zwischen den preußischen Provinzen Pommern und Westpreußen. Zwischen 1920 und 1939 begann hier der „Korridor".

Vorbei am ehemaligen **Schloß Platen** gelangen wir nun nach **Bohlschau** (Bolszewo), von wo uns eine Nebenstraße ins nördlich gelegene **Gohra** und **Worle** bringt. Hier fand man in einem verlandeten eiszeitlichen See im Urstromtal der Rheda die Reste einer mittelsteinzeitlichen Siedlung (9.-8. Jahrtausend v. Chr.) der Gesichtsurnenkultur.

Nach weiteren 10 km durch die hügelige und seenreiche Landschaft der Kaschubei sind wir in der hübsch gelegenen Landstadt **Neustadt i. Westpr.** (Wejherowo), die 35 000 Einwohner hat. Die inmitten bewaldeter Hügel gelegene Hauptstadt des gleichnamigen westpreußischen Kreises wurde 1643 von dem deutschen, jedoch polonisierten Ritter Weiher gegründet und entwickelte sich seit dem 17. Jh. zu einem bedeutenden Wallfahrtszentrum der katholischen Kaschuben. Noch heute wird der südlich der Stadt am Rande des Stadtweges gelegene Kreuzweg mit seinen 35 Kapellen aus den Jahren 1646-1655 von zahlreichen Pilgern besucht. Sehenswert sind auch das Schloß des Grafen Kayserlingk und der Stadtwald sowie die in der Nähe liegenden Seen, darunter der Borrowo-See und der verschwiegene Wigodda-See, und die gebirgsartige Schlucht der Sagorsch. Bei **Rheda** (Reda), 10 km östlich von Neustadt, biegen wir in die Hauptstraße R 2 (Nr. 5) in südöstlicher Richtung nach dem 30 km entfernten Danzig ab.

11. Durch die Pommersche Seenplatte

Auf dieser Route lernen wir die von bewaldeten Hügeln umgebene mittelpommersche Seenplatte und eine Reihe alter Städte und Schlösser kennen.

Wir verlassen Stettin auf der T 81 in östlicher Richtung. Unser erstes Ziel ist der fischreiche **Madüsee** (Jez. Miedwie) der 42,6 km^2 groß und 42 m tief ist. Das Gewässer war bis ins 18. Jh. unwegsames Moor- und Sumpfgebiet. Dieses war um das Jahr 1200 entstanden, nachdem die Kobatzer Mönche an der Plöne Wassermühlen errichtet hatten, wodurch der Spiegel des Madüsees anstieg. Die rings um den See stehenden uralten Eichen des Madanzigwaldes starben ab und versanken im Wasser, wo sie zu Torf wurden. Als Friedrich der Große 1770 die Mühle abbrechen ließ, senkte sich der Seespiegel wieder und man gewann 6 km^2 fruchtbares Weideland. Seit Beginn unseres Jahrhunderts ist der Madüsee ein Angel- und Wassersportparadies. Besonders reich ist er an Großen Maränen, eine Lachsfischart. Der Sage nach verdankt der See diesen Fischreichtum dem als Gourmet bekannten Kolbatzer Abt Martin, der den Teufel überlisten wollte. In einem Gedicht heißt es am Ende:

„De Mönch sünd längst all schlaopen gaohn,
Gott schenkt ehr'n fröhlich Uperstaohn!
De Tid is neu, de Lüd sünd dot,
doch de Maränen sünd noch god."

In **Moritzfelde** (Morzyczyn) befindet sich ein Urlauberzentrum.

KURZINFORMATIONEN

UNTERKUNFT

Moritzfelde: Camping, Ferienhütten.

Vom Madüsee sind es nur noch wenige Kilometer bis zu der einst bedeutenden, 700 Jahre alten Hansestadt Stargard, dem „Nordischen Rothenburg".

STARGARD I. POM. (STARGARD SZCZECIŃSKI)

Die heute 63 000 Einwohner (1939: 39 760) zählende Mittelstadt, eine der ältesten städtischen Siedlungen Pommerns, weist trotz der schweren Zerstörungen (70%) durch die Rote Armee, die sie am 5. 3. 1945 besetzte, eine Reihe gut erhaltener, teilweise rekonstruierter Baudenkmäler aus dem Mittelalter auf. Leider zerstören eintönige Wohnmaschinen in der Innenstadt die einst idyllische Atmosphäre des zweiten „pommerschen Rothenburgs" neben Pyritz. Vor der Katastrophe von 1945 zeugten ausgedehnte Fabrikanlagen, darunter vor allem Weinbrand-, Likör- und Zigarrenfabriken vom Fleiß und Wohlstand seiner Bürger. Weit über die Grenzen des Deutschen Reiches bekannt war die „Stargarder Mampe". Außerdem gab es in Stargard vor dem Kriege Maschinenfabriken und ein Reichsbahn-Ausbesserungswerk. Bedeutend war der Umschlag von Getreide aus dem Pyritzer Weizacker. Heute werden in Stargard Lebensmittel und Textilien hergestellt.

Aber auch auf schulischem Sektor war die Stadt an der Ihna bekannt: aus dem 350 Jahre alten Gröningschen Gymnasium gingen bedeutende Männer hervor. Die Schule wurde 1631 von dem Stargarder Bürgermeister Peter Gröning gestiftet. Der pommersche Historiker Martin Wehrmann wirkte hier 1921–1926 als Direktor. Ein Stargarder, Johann Friedrich Meierotto, führte 1788 in Preußen die erste Abiturprüfung ein. Ein düsteres Kapitel ist die Geschichte des Bürgermeisters Johann Appelmann: Um dem Recht Genüge zu tun, ließ er seinem zum Räuber gewordenen Sohn Johann den Kopf abschlagen. Der Sprößling war Bettgefährte „der Hexe" Sidonia v. Bork gewesen und hatte mit ihr in der Ueckermünder Heide eine Räuberbande geführt. Sidonias Vater, ebenfalls ein Räuber, wurde von den Stargardern gefangen.

Geschichte

Stargard (wend. = Altenburg) entwickelte sich aus einer um eine alte Burg entstandene Siedlung. Sie wird bereits 1124 urkundlich erstmals als Zitarigroda erwähnt und schützte die Furt über die Ihna, über die der alte Handelsweg von Stettin nach Hinterpommern führte. Der im „castrum" sitzende herzogliche Kastellan verwaltete das Land Stargard, das den heutigen Kreis Saatzig umfaßte.

Um 1187 ließen sich neben Johannitern die ersten deutschen Kaufleute und Handwerker hier nieder und legten eine schachbrettartige Siedlung an. Am 24. Juni 1243 wurde der Ort durch Herzog Barnim I. von

Pommern mit Magdeburger Recht, 50 Jahre darauf (1292) mit Lübischem Recht begabt. Um 1345 verfaßte der Stargarder Mönch Angelus ein „Protocollum", das er Herzog Barnim III. widmete.

1361 trat das an der schiffbaren Ihna gelegene Stargard der Hanse bei und war bald ein wohlhabender Getreideumschlagsplatz und Konkurrenzhafen für Stettin. 1459 war Hans v. Tesmar Bürgermeister von Stargard. 1635 wurde die Stadt, die unter den Wirren des Dreißigjährigen Krieges häufig zu leiden hatte, durch ein Feuer nahezu völlig zerstört. Als Stettin 1648 zu Schweden kam, stieg Stargard zur Hauptstadt Rest-Pommerns auf.

Im 17. Jh. blühte die Tuchmacherei. Der Blücherbrunnen in der Altstadt erinnert vor dem Kriege daran, daß der preußische Feldmarschall „Vorwärts" Anfang des 19. Jh. Kommandant von Stargard war. Im 18. Jh. fand bei Stargard fast jährlich die Revue der pommerschen Regimenter vor dem König statt. 1846 wurde die Eisenbahnlinie Stettin–Stargard eröffnet, 1848 und 1859 folgten die Linien nach Posen bzw. Kolberg und Köslin. Im Jahre 1900 gliederte man Stargard aus dem Kreis Saatzig aus. Ende des Zweiten Weltkrieges wurde die Stadt schwer zerstört. Die Polen, denen die Stadt 1945 von den Sowjets übergeben wurde, bauten sie erst ab 1955 im grauen sozialistischen Stil wieder auf. Die wenigen restaurierten alten Bauten wirken heute fast deplaziert.

Stadtbesichtigung

Wir beginnen unseren Stadtspaziergang bei der etwas abseits des Altstadtmarktes (Rynek Staromiejski) stehenden gotischen Markt- und Hauptpfarrkirche **St.-Marien** (Kościól Najswietzsze Marii Panni = Liebfrauenkirche) von 1292, populär als die „Hohe" bekannt. Das aus dem 12.–15. Jh. stammende zweitürmige Gotteshaus, das sich weit über die Dächer Stargards erhebt, wurde 1945 stark beschädigt, inzwischen jedoch wieder aufgebaut. Die dreischiffige Basilika mit ihrem 84 m hohen Nordturm gehört zu den bedeutendsten Gotteshäusern Pommerns und ist nach den Schwesterkirchen von Danzig und Lübeck die größte Backsteinkirche Norddeutschlands. Baumeister war wahrscheinlich der Stettiner Brunsberg, der aus einer Hallenkirche zu Beginn des 15. Jh. eine Basilika mit stark überhöhtem Mittelschiff machte. Die Vorbilder dafür kamen aus der Lombardei und der Normandie. Doch schuf Brunsberg mit der Verlagerung des Strebesystems nach innen eine technische Neuerung. Er paßte die Vorbilder damit den Erfordernissen des Ziegelbaus an. Überaus prächtig ist das Portal, durch das man das Innere betritt. Der Westgiebel mit seinem zierlichen spätgotischem Maßwerk wurde ebenso wie die Fassade nicht originalgetreu restauriert, sondern ist jetzt farbig. Über dem Eingang steht noch heute auf deutsch: „Selig sind die Gottes Wort hören und bewahren." Das 33 m hohe Mittelschiff gehört zu den eindrucksvollsten Bauleistungen des deutschen Ostens. Die herrlichen Glasmalereien und das große Archiv von St. Marien wurden leider Opfer der russischen Zerstörungswut. Stattdessen empfängt uns ein von den Polen mit schlechtem Geschmack ausgestatteter Innenraum.

Neben der Marienkirche erhebt sich das ehrwürdige, im Stil der Spätgotik und der Renaissance erbaute **Rathaus** (13.–16. Jh.) mit seinem zierlichen spätgotischen Maßwerk am Westgiebel, der teilweise aus der Spätrenaissance stammt. In der ehemaligen **Stadtwaage** neben dem Rathaus ist das Heimatmuseum untergebracht. Geöffnet: Di, Fr 10–16 Uhr, Mi, Sa 10–15 Uhr, Do 13–19 Uhr, So 10–14 Uhr. Die **Alte Wache** mit hübschem Laubengang entstand in der Barockzeit. Nicht weit von hier steht das **Zeughaus** aus dem 15. Jh. An die gute alte Zeit erinnert am Markt noch die **Löwenapotheke.**

Durch die Große Mühlenstraße mit ihren alten Giebelhäusern, die von wohlhabenden Kaufmannsgeschlechtern künden, gelangt man vom Markt in nordwestlicher Richtung zur Johannisstraße, der wir nach links bis zur gedrungen wirkenden **St.-Johannis-Kirche** (Kościól sw. Jana), einem imposanten gotischen Bauwerk aus dem 15. Jh., folgen. Der 99 m hohe Turm, heute der höchste Kirchturm Pommerns, war Vorbild für einen Kremlturm in Moskau. Im Innern des von den Johannitern errichteten Gotteshauses sind der spätgotische Hochaltar und die Renaissance-Kanzel beachtenswert. Unterhalb der Johanniskirche stand das ehemalige **Johannistor** (Brama sw. Jana), eines von vier Toren, die einst zusammen mit fünf Türmen die immer noch imposante Ringmauer aus Findlingen aus dem 13.–16. Jh. überragt.

Vom Johannistor kann man auf den alten Wällen die Innenstadt umwandern. Zunächst geht es vom Rondell entlang dem Nachtigallenstein (linker Hand der Karowsche Park mit dem „Höllengrund") zur Ihna am Mühlenteich, über der das trutzige **Mühlentor** (Brama Mlynska) von 1411 (1861 verändert), ein Wassertor, steht, das von zwei schlanken, achteckigen Türmen überragt wird. Diese ehemalige „Marktmeisterei" ist die einzige Anlage ihrer Art in Pommern. Das Tor sperrte im Mittelalter feindlichen Schiffen die Zufahrt über die schiffbare Ihna in die Stadt. In der Nähe steht ein jüngst restaurierter **Salzspeicher.** Nordöstlich erstreckt sich der Volkspark mit dem **Weißkopf,** einem der alten Wehrtürme.

Von hier führt unser Weg über die Louisenstraße zum nahen, mit schönen Blenden geschmückten **Walltor** (Brama Walowa), das die Stadt vor Angriffen aus dem Osten schützte. Dann wandern wir auf dem Weidensteig in südlicher Richtung zum Blücherplatz und biegen beim **Eisturm,** ebenfalls einem alten Wehrturm, nach Nordwesten ein. Bald sehen wir das schöne **Pyritzer Tor** (Brama Przycka), durch das früher die Bauern aus dem Weizacker nach Stargard kamen. Gegenüber steht das **Brüggemannsche Haus,** heute Bibliothek. Weiter geht es dann auf dem Stadtwall parallel zur Hindenburgstraße und vorbei am Wehrturm **Rotes Meer,** in dem im 16. Jh. der Raubritter Otto v. Bork Selbstmord beging zurück zum Johannistor.

Ausflüge

Von Stargard kann man das **Schloß des Grafen Keyserlingk** und mehrere Seen, darunter den **Borrowosee** und den verschwiegenen **Wigodda-See,** leicht erreichten. Sehr schön ist auch die gebirgsartige Schlucht der Sagorsch.

KURZINFORMATIONEN

HOTELS: Morena, ul. S. Czarnieckiego 17, Tel. 59 63; PTTK-Wanderheim.

JUGENDHERBERGE: ul. 1 Maja 9, Tel. 77 67 77.

RESTAURANTS: Basztowa, ul. B. Chrobrego 31, Tel. 66 46, tgl. 9–22 Uhr; Pomlarna, ul. 1 Maja 45, Tel. 66 14, tgl. 10–23 Uhr; Pomorzanka, ul. S. Czarnieckiego 3, Tel. 25 73; Ralzstiwa, Rathausplatz (Rynek Staromiejdki), Tel. 45 89, tgl. 9–22 Uhr.

CAFÉS: Ustronie, ul. Zolnierza 3, Tel. 21 82, tgl. 13–2 Uhr; Uśmieck, ul. Armii Czerwonej 104, Tel. 46 81, tgl. 9–22 Uhr.

In Stargard biegen wir in die in nordöstlicher Richtung führende R 158 ein. Einige Kilometer südlich von Trampke (Trabki) liegt im Kreis Saatzig das ehemalige Nonnenkloster **Marienflies** (Mariankowo) mit einer alten Kirche. Das Kloster war 1248 von Herzog Barnim I. gegründet worden und lange das größte Zisterzienserkloster Pommerns. Nach der Reformation wurde es in ein bis 1945 existierendes adeliges Damenstift umgewandelt.

Bis nach dem Zweiten Weltkrieg stand vor der Kirche die gewaltige Sidonieneiche. Sie erinnerte an die 1620 auf dem Rabenstein bei Stettin als „Hexe" hingerichtete Sidonia v. Borcke. In ihrer Jugend war die hübsche Tochter eines Raubritters bei einem Prinzen des Greifenhauses abgeblitzt und hatte daraufhin das Herzoghaus verwünscht: Verdorren sollte es und von dieser Welt verschwinden. Nachdem die Verschmähte einige Zeitlang als weiblicher Räuberhauptmann die Ueckermärker Heide unsicher gemacht hatte, wurde sie ins Kloster Marienflies eingewiesen. Als im Laufe der Zeit ein Greifen-Prinz nach dem anderen starb, erinnerte man sich in Stettin an den Fluch und stellte Sidonia vor ein Gericht, das sie wegen Hexerei zum Tode verurteilte.

15 km weiter liegt **Freienwalde** (Chociwel) am idyllischen Großen Staritzsee (Jez. Starzyc) und von Hügeln umgeben. Der Ort mit heute 2300 Einwohnern (1939: 3406) wurde 1338 von den v. Wedel als Vredenwolde mit deutschem Stadtrecht begabt. In preußischer Zeit war Freienwalde eine Festung. Die vom Stargarder oder Hohem Tor und dem Mühlentor durchbrochene hohe Ringmauer wurde 1852 auf Abbruch verkauft.

1945 wurde Freienwalde schwer zerstört. Sehenswert sind die spätgotische Marien-Kirche, eine (1410–1483) nach dem Vorbild der gleichnamigen Stargarder Marienkirche erbaute Hallenkirche mit in Pommern einmaligem Laubendurchgang im Turm, und der schöne Park an der Krampehl (Krapiel).

Rund 16 km südlich von Freienwalde liegt das Ackerbürgerstädtchen **Jakobshagen** (Dobrzany), das 1336 gegründet wurde.

Unser nächstes Ziel ist **Wangerin** (Wegorzyno, 18 km), ein hübsches kleines Städtchen inmitten herrlicher Buchen- und Nadelwälder und umgeben von fünf Seen, darunter dem Wangeriner See (Jez. Wegorzyno). Der 1348 erstmals urkundlich erwähnte Ort am Westabhang des Pommerschen Landrückens geht auf einen alten wendischen Burgwall zurück und zählt heute rund 2200 Einwohner. 1939 lebten hier 3454

Menschen. Im Mittelalter war Wangerin Sitz der Familie v. Borcke und erhielt um 1460 deutsches Stadtrecht. Bis ins 19. Jh. war der Ort zusammen mit einem großen Teil des Kreises Regenwalde als Mediatstadt im Besitz der v. Borcke (Borck´scher Kreis). Als sich der Rat 1859 weigerte, die Stadt an das pommersche Bahnnetz anzuschließen, wurde der Bahnhof im nahen Dorf Ruhnow errichtet. Das Gut Wangerin war bis 1945 in ihrem Besitz. Das schloßartige Herrenhaus im Fachwerkstil wurde von den Polen abgerissen.

Von hier kann man auf der Drage, die an manchen Stellen als rauschendes Wildwasser durch dunkle Waldschluchten, an anderen seeartig erweitert, ruhig durch liebliche Wiesen fließt, bis zur 168 km entfernten Mündung des Flusses in die Netze paddeln.

KURZINFORMATIONEN

CAMPING: ul. T. Koscinszki 16, Tel. 21.

RESTAURANT: Slowiańska, ul. Grunwaldzka 28, Tel. 1 35.

12 km südlich von Wangerin liegt inmitten eines großen Endmoränengebietes das ebenfalls von Wäldern und Gewässern umgebene Städtchen **Nörenberg** (Ińsko). Bis um 1300 gehörte dieses Gebiet zu Pommern. Dann wurde es von den Brandenburgern erobert, die hier die Stadt Nurenbergh anlegten (Namensgeberin war das fränkische Nürnberg, wo die Vorfahren der Markgrafen als Burggrafen saßen). Lange war Nörenberg im Besitz der v. Wedel und kam erst 1815 an Pommern zurück. 1939 lebten in dem Ackerbürgerstädtchen 3012 Einwohner. Im 340 ha großen und überaus idyllischen Enzigsee (6 km^2), an dessen Ufern sich der Ort erstreckt, befindet sich eine 100 Morgen große, mit Hochwald bedeckte Insel. Der buchtenreiche See ist bekannt für seine Maränen und Krebse. In einer Sage wird vom „Großen Krebs" erzählt, der nachts die Kirchturmspitze anknabberte und der schließlich doch gefangen wurde. Die Nörenberger legten das gefräßige Tier an eine eiserne Kette und befestigten diese an einem noch heute erhaltenen Eichenpfahl. Der schwer gekränkte Krebs blieb jedoch nicht lange an der Kette. Eines Tages waren er und alle anderen Krebse aus dem See verschwunden. Der „Große" wurde 1923 auf dem Nörenberger Notgeld in zahlreichen Versen geehrt.

Von den schmalen Lanken (Buchten) gelangt man über schmale Landstreifen zu weiteren Gewässern wie dem Dolgensee, dem Langenhagener See, dem Wreichensee, dem Zeinicker See und dem Schützsee. Im nahen „Eichfier" liegen große Findlinge aus der Eiszeit.

Einige Kilometer südwestlich von Nörenberg liegt das Rittergut **Lienichen** (Linówko) mit einem neogotischen Herrenhaus, das auf einen See herabblickt.

Im Osten von Nörenberg erhebt sich die Ruine des Schlosses **Grassee** (Studnica). Der Besitz gehörte ursprünglich (seit 1375) der Familie v. d. Borne und kam dann 1844 über die v. Wedel an die Familie v. Klitzing.

Nach Wangerin zurückgekehrt, fahren wir zu der 21 km östlich in der „Pommerschen Schweiz", einer der schönsten Landschaften Deutschlands, mit unzähligen Seen, tiefen Wäldern und Hügeln gelegenen Kreis-, Beamten- und Schulstadt Dramburg.

DRAMBURG (DRAWSKO POMORSKI)

Die an der Drage (Drawa) gelegene Stadt ist eine der ältesten Siedlungen Pommerns. Das Dramburger Land gehörte bis zum 13. Jh. zu Pommern, anschließend bis 1815 zur brandenburgischen Neumark. Dann wurde es wieder ein Teil Pommerns.

Dramburg zählt heute 10 200 Einwohner. 1939 waren es 8088. Die Stadt wurde 1297 im Auftrage der brandenburgischen Markgrafen von dem Ritter Arnold v. Goltzen gegründet, die in der Umgebung umfangreichen Landbesitz besaßen, und war jahrhundertelang ein Zentrum der Tuchherstellung. Im Mittelalter diente sie außerdem als Stapelplatz für das Kolberger Salz. Zwischen 1400 und 1455 gehörte Dramburg dem Deutschen Ritterorden. 1945 wurde die Stadt zu 60% zerstört, nachdem die Rote Armee sie am 4. 3. eingenommen hatte. Bis 1945 befand sich in Dramburg die Zentrale der Pommerschen Saatzuchtgesellschaft, die weite Teile Deutschlands und des europäischen Auslandes mit erstklassigem Saatgut belieferte. Außerdem gab es ein Lehrerseminar. Beachtenswert ist die mächtige, dreischiffige **Marienkirche**, ein spätgotischer Bau aus dem 14.–15. Jh. (1912–1913 erneuert), mit wuchtigem Westturm und terrakottaverzierten Portalen. Die erhaltenen Teile der alten **Stadtmauern** aus dem 14. Jh. erinnern daran, daß Dramburg einst eine Festung gewesen ist. Das bis 1945 vor der Post stehende Kaiser-Wilhelm-Denkmal existiert nicht mehr.

Rings um den Ort dehnen sich große Wälder (zumeist Hochwald) aus. In der Nähe befindet sich ein riesiges sowjetisches Manövergebiet. Ausflüge führen zum **Großen Lübbesee** (Jez. Lucie), einem 14,9 km^2 großen und 14 km langen Rinnensee mit verschwiegenen Buchten, Inseln und Steilufern, das von der Drage durchflossen wird, zum **Welchsee** und zum **Großen Gellersee** im Stadtforst **Schweinshausen.**

Zu Spaziergängen locken ferner der herrliche **Luisenhain** und der **Wukkersee.** Am Butzehlsee südwestlich steht die **Welschenburg** (Oleszno).

In **Gersdorf** (Gawroniec) wurde der Diplomat und Übersetzer Caspar Wilhelm v. Borcke (1704–1747) geboren. Ihm ist die erste Übersetzung eines der Werke Shakespeares, des „Julius Caesar", in Versform zu verdanken. Auf dem Rittergut **Wutzig** (Osiek Drawski) komponierte der Mecklenburger Friedrich v. Flotow 1847 seine Oper „Martha".

KURZINFORMATIONEN

INFORMATION: it Zentrum, ul. Swierczewski 49a, Tel. 27 37.
AUTOSERVICE: ul. Pocztowa 1, Tel. 23 95.
UNTERKUNFT: **Jugendherberge**: ul. Jeziorna 12, Tel. 24 55.

Von Dramburg führt unsere Route in nordwestlicher Richtung nach Labes.

LABES (LOBEZ)

Die kleine Hauptstadt des Kreises Regenwalde zählt heute 8000 Einwohner (1939: 7322). Sie wird erstmals 1271 urkundlich erwähnt und erhielt vor 1295 von dem pomoranischen Adeligen Borko lübisches Stadtrecht. Früher wurden in „Schlurr-Labs", wie die alte Schuhmacherstadt in Pommern genannt wurde, vor allem Holzpantoffel hergestellt. Der Vers: „Ein Lobes'ser Schauster möckt Stäwel un Schlurren, so hädd hei ok Gild und brukt nich tau schnurren ..." erinnert daran. 1945 wurde Labes von den Russen mutwillig zerstört. Das im reizvollen Tal der Rega gelegene Labes, in dem die spätgotische **Marienkirche** (15. Jh.), in der früher zu Weihnachten ein weithin bekanntes Krippenspiel aufgeführt wurde, und **Fachwerkhäuser** (18. Jh.) sehenswert sind, erstreckt sich am Rande des 100 ha großen

Hainholzes, eines sehr schönen Mischwaldes, der mit seinen Tälern und Höhen an Thüringer Landschaften erinnert. Anschließend an das Hainholz liegt das Naturschutzgebiet **„Kienmöße"** mit seltener Vogel- und Pflanzenwelt.

Auf dem Hainholzberg stand ein für die 208 Gefallenen des Ersten Weltkrieges erbautes, weit bekanntes Ehrenmal, das von den Russen teilweise zerstört worden ist und im Laufe der Zeit weiter verfallen ist. Die Reste liegen jetzt im Wald und können von der Kapelle auf dem oberen Teil des Friedhofs erreicht werden. – An der Chaussee nach Wangerin liegt das ehemalige Pommersche Landgestüt, das von den Polen weiter betrieben wird. Einst waren hier 150 Hengste für die Zucht stationiert, die zum Decken der Stuten über ganz Pommern auf sogenannte Deckstationen verteilt wurden. Früher fanden hier jährlich Hengstschauen und Reit- und Fahrturniere statt. Nicht für die Zucht geeignete, hier aufgezogene Tiere wurden als Remonten (Jungpferde) an die Kavallerie abgegeben.

KURZINFORMATIONEN

HOTEL: Slowiański, ul. B. Bieruta 18, Tel. 23 45.

RESTAURANTS: Kosmos, ul. Browarna 6, Tel. 24 84; Café Jubilatka, ul. Kos'cielna 3, Tel. 25 65.

In der näheren Umgebung von Labes sind ferner die alten Kirchen in **Woitzel** (Wysiedle) östlich, **Grabow** (Grabowo) nördlich und **Stramehl** (Strzmiele) 6½ km nordwestlich besuchenswert. Stramehl wurde von den v. Borcke als Stadt Wulwesberg (Wolfsberg) gegründet, sank später jedoch zum Dorf herab. Die Burg war einer der Stammsitze der Borkonen. Von der Barockkirche (16. Jh.) steht nur noch die Ruine. Um das Jahr 1540 wurde dem Ritter Otto v. Bork auf Burg Stramehl eine Tochter geboren. Sie erhielt den Namen Sidonia. Ihr Vater war als Raubritter verschrien und man warf ihm vor, sich in Polen unter die Schwarmgeister des Reformators Laelius Socinius (den sogenannten „Socinianern") begeben zu haben. Durch ihren Vater verwöhnt, entwickelte sich Sidonia zu einer Aufrührerin und Hexe in der Uckermärker Heide. Wie schon geschrieben, wurde sie von Herzog Franz vor ein Gericht gestellt und am 19. 8. 1618 in Stettin als Hexe enthauptet.

Von Labes fahren wir dann in Richtung Nordosten und besuchen die 20 km entfernte ehemalige Kreisstadt Schivelbein.

SCHIVELBEIN (SWIDWIN)

Der an der Rega gelegene Ort, dessen Name auf ein Heiligtum der Göttin Siva (= Lebensspenderin) zurückgehen soll, hat 14 000 Einwohner (1939: 9700) und wird urkundlich 1280 zum erstenmal erwähnt. 1384 kaufte der Deutsche Ritterorden den Ort im Lande Schivelbein von der Familie v. Wedel und richtete in der alten Sumpfburg eine Komturei ein. Von 1455 bis 1815 gehörte die lebhafte Tuchmacher- und Ackerbürgerstadt zur Neumark und kam dann an Pommern. 1932 wurde der Kreis Schivelbein aufgelöst und mit dem Kreis Belgard zusammengeschlossen. 1945 wurde Schivelbein nur teilweise zerstört. Größter Sohn der Stadt war der Arzt und Anthropologe Rudolf Virchow (1821–1902), einer der bedeutendsten deutschen Mediziner. Daneben war Virchow Altertumsforscher in Pommern, Kleinasien und Ägypten, Volkskundler für Trachten und Geräte, Geschichtsforscher und Parlamentarier. Er war ferner Mitbegründer der altliberalen Deutschen Fortschrittspartei und Gegner Bismarcks. Im Gegensatz zu diesem erstrebte er das Aufgehen Preußens in einem deutschen Nationalstaat mit demokratischer Verfassung. Die Fülle seiner Veröffentlichungen hat ihm die Bezeichnung eines Universalgelehrten eingebracht.

Sehenswert sind das vor 1280 angelegte, wuchtige **Schloß** an der Rega, das 1292–1384 den Templern, und 1540–1808 den Johannitern gehörte, 1945 stark zerstört, inzwischen aber restauriert wurde. Es beherbergt heute ein Kulturzentrum mit Bibliothek, Museum und Theater, ein Hotel und eine Gaststätte. Bemerkenswert ist der runde Turm, das blendengeschmückte Steintor mit den Resten der Stadtmauern am Ufer der Rega und die spätgotische **Marienkirche** (14. Jh.). Der ehemalige schlanke Turmhelm wurde nach dem Kriege durch ein Spitzdach ersetzt. Im Stadtwald steht der Bismarckturm. Zum Schwimmen lädt der Buchholzsee ein.

KURZINFORMATIONEN

HOTEL: Piast, Zamek (im Schloß).

25 km weiter östlich liegt inmitten der bis zu 200 m hohen, von zahlreichen Seen und großen Wäldern bedeckten „Pommerschen Schweiz" an der Damitz, einem Nebenfluß der Persante, der 1335 erstmals urkundlich erwähnte, seit 1688 bekannte Kurort Bad Polzin.

BAD POLZIN (POLCZYN ZDRÓJ)

Das Städtchen mit 8500 Einwohnern (1939: 8000) erstreckt sich in der herrlichen, waldreichen „Pommerschen Schweiz", mit ihren tiefeingeschnittenen Gletscherseen aus der Eiszeit, die von bis zu 250 m ansteigenden Höhen umgeben sind. Das milde Klima, die Heilquellen (Jod, Natrium, Chlor, Brom), Stahl- und Moorbäder des „Moorbades des deutschen Ostens" im anmutigen Tal des Wuggerbaches, auch das „Wiesbaden" Norddeutschlands oder das „Karlsbad" des pommerschen Adels genannt, zogen zwischen 1688 und 1945 zahlreiche Besucher aus allen Teil des Deutschen Reiches an.

Unter ihnen war auch der „wilde pommersche Junker" Otto von Bismarck, der als junger Mann auf dem nahen Kniephof lebte. 1938/39 wurden 17 000 Kurgäste mit 187 000 Übernachtungen verzeichnet.

Die Heilquellen wurden 1688 durch einem Zufall von einem Grobschmied entdeckt. Ihm war aufgefallen, daß das Flüßchen Wugger plötzlich ein milchiges Aussehen hatte. Neugierig geworden, wanderte er an der Wupper entlang, bis er die Quelle gefunden hatte. Als er seinem Freund die Entdeckung zeigen wollte, fiel er ins Wasser. Am nächsten Morgen stellte er zu seiner Verblüffung fest, daß seine Augenentzündung geheilt war. Nachdem mehrere Ärzte die Heilkraft des Wassers bestätigt hatten, entstand 1689 ein Kurhaus. Erster prominenter Gast war im Jahre 1712 der Herzog Ferdinand von Kurland. Im Jahre 1800 vergrößerte der Kammerherr v. Borcke das von ihm gekaufte Badehaus und nannte es „Luisenbad". Später entstand an einer neuentdeckten Eisenquelle das Friedrich-Wilhelm-Bad und 1852 kam das Johanniter-Krankenhaus hinzu, in dem ab 1857 Moorbäder verabreicht wurden.

In dem ehemals sehr gepflegten, 48 ha großen Kurpark gibt es neben einer Mineralwasser-Trinkhalle ein Rosarium und ein Alpinarium. Sehenswert ist die vor einigen Jahren wieder aufgebaute gotisch-barocke Burg (13.–14. Jh., im 18. Jh. erneuert). Sie beherbergt heute ein Theater, eine Bibliothek, ein Hotel und ein Café. Einen Besuch lohnen ferner die gotische Pfarrkirche aus dem 14. Jh. und die Reste der ehemaligen Stadtmauern mit dem Steintor (Brama Kamienna) aus dem 19. Jh., Die sich weit hinziehenden Forsten des Kurortes mit ihren Laub- und Nadelholzbeständen, darunter der Milzenberg, bieten reiche Gelegenheit zu Spaziergängen und Ausflügen nach Fünfsee und seinen fünf Seen mit einem romantischen Talkessel, zur südwestlich der Stadt gelegenen

Wolfschlucht und der Bismarckhöhe, ins Taubenbachtal, nach **Wusterbarth** (Ostre Bardo) im Norden, wo der Dichter Bernhard Trittelvitz geboren wurde, und nach Schloß **Klockow** (Kolkowo) im Süden mit seinem herrlichen See inmitten idyllischer Waldungen. 10 km östlich von Bad Polzin liegt die kleine Landstadt **Bärwalde** (Barwice), die 4000 Einwohner (1939: 3009) zählt. Die adelige Mediatstadt gehörte den „vier Geschlechtern", (den v. Glasenapp, v. Münchow, v. Wolde und v. Zastrows) und ist Mittelpunkt der Pielburger Heide.

KURZINFORMATIONEN

INFORMATION: it-Zentrum, Hotel Zdrój, pl. Wolnos´ci 3, Tel. 1 22 76; PTTK, ul. Grunwalszka 6, Tel. 1 22 76.
AUTOSERVICE: Tankstelle, ul. Koszalin´ska, Tel. 1 21 04.
HOTEL: Zdrój, pl. Wolnósci 3, Tel. 1 22 76.
PRIVATZIMMER: Turystyczny.
JUGENDHERBERGE: ul. Wojska-Polskiego 52, Tel. 1 27 44.
RESTAURANT: Hotel Zdrój.

Von Bad Polzin wenden wir uns nach Südwesten und kehren nach Dramburg zurück. Dann geht es über das Rittergut **Zülshagen** mit seinem neogotischen Herrenhaus in Richtung Osten nach Falkenburg (16 km).

FALKENBURG (ZLOCIENIEC)

Die größte Stadt des Kreises Dramburg mit heute 12 000 Einwohnern (1939: 8620) liegt im idyllischen Tal der oberen Drage auf einer Halbinsel zwischen der Drage und der Vansow und war vor dem Kriege ein bedeutender Industriestandort und Eisenbahnknotenpunkt.

Urkundlich wird Falkenburg erstmals im Jahre 1251 in der Posener Grenzurkunde als Burgort genannt. 1312 waren hier die v. Wedel als brandenburgische Vasallen ansässig und schützten das Land gegen polnische Übergriffe. 1333 erhielt der Ort „tho Valckenborch" durch die Brüder Lüdeke und Hasse v. Wedel deutsches Stadtrecht. 1470 erwarben die Borkonen den Falkenburger Besitz. Bis 1815 gehörte Falkenburg zur brandenburgischen Neumark und kam dann zu Pommern. Vor dem Kriege war es als „Stadt der guten Tuche" (seit 1830) und des

„Feldgraus" bekannt. Daneben gab es hier Brennereien und Ziegeleien.

Sehenswert ist das Schloß, das ursprünglich aus dem 13. Jh. stammt und später mehrmals umgebaut wurde. Letzter Besitzer war der Kammerherr Kurt v. Griesheim.

Einige Kilometer westlich von Falkenburg steht das schlichte und wohlproportionierte Herrenhaus **Friedrichsdorf** (Darskowo), das der Familie v. Knebel gehört. Die Knebels waren 1572 wegen ihres Glaubens aus den Niederlanden vertrieben worden und erwarben 1806 das Gut.

Südöstlich von Falkenburg liegt am Röth-See das von einem schönen Park umgebene Herrenhaus **Dietersdorf** (Bobrowo) der Familie v. Knebel-Doeberitz.

Ausflüge führen in die südwestlich der Stadt gelegenen **Raakowberge**, die 150 m hoch sind, zum Canzigsee und dem Klestinsee im Norden und am Langensee vorbei zum schönen Zetzin-See (Siecino) mit dem weißen Schloß **Rosenhöhe** im Norden.

Dann geht es auf der R 158 in östlicher Richtung zum Rittergut **Heinrichsdorf** (Siemczyno). Zwischen 1292 und 1792 gehörte das Gut der Familie v. d. Goltz. Dann kauften es die v. Arnim, die hier bis 1895 saßen, und schließlich der Familie v. Bredow. Das heute verwahrloste Schloß wurde zwischen 1723 und 1728 von Henning v. d. Goltz errichtet.

TEMPELBURG (CZAPLINEK)

Die Kleinstadt mit heute 5600 Einwohnern (1939: 5275) liegt inmitten von Wäldern und Hügeln zwischen dem malerischen Zeppelin-See und dem ebenso schönen Dratzig-See (Jez. Drawsko) im Zentrum der ostpommerschen Seenplatte auf dem uralisch-baltischen Landrücken. Das Land Tempelburg mit der Siedlung Czaplinco (Reiherburg) gehörte ursprünglich zu Pommern und wurde Anfang des 14. Jh. von den Polen besetzt. Es hatte für sie strategische Bedeutung, denn durch das Land verlief die uralte Salzstraße von Kolberg zur Netze bei Nakel und von hier weiter nach Polen. Herzog Przemyslaw II. von Großpolen schenkte das Land 1286 dem deutschen Templerorden, die an der Landenge zwischen Dratzig- und Zeppelin-See, über die die Salzstraße führte, 1291 eine Burg mit Marktsiedlung anlegten. Als sich die Brandenburger von der Neumark in Richtung Norden ausbreiteten, zogen sich die Polen aus dem oberen Dragetal zurück. Nach der Aufhebung des Ordens im Jahre 1316 durch den Papst gelangte der Ort an die Markgrafen von Brandenburg, von dessen Nachfolgern sie dem Johanniterorden geschenkt wurde. 1334 erhielt der Ort magdeburgisches Stadtrecht, durch die Ritter Wiskinus v. Vorbeck und Hermann Rode. Zwischen 1407 und 1657 war Tempelburg von den Polen besetzt, die es dem neugeschaffenen Amt Draheim einverleibten. Um 1540 nahmen die deutschen Bewohner dieser Landschaft den lutherischen Glauben an. Nach anfänglicher Duldung wurden die Protestanten von den Polen drangsaliert und ihrer Gotteshäuser beraubt. Dann gelangte Tempelburg 1658 erneut als Pfandbesitz an Brandenburg und vor über 200 Jahren, am 7. Juli 1773, kam die Stadt durch den Vertrag von Wehlau zusammen mit der Starostei Draheim durch Erbfall an Preußen. Während ihrer ganzen Geschichte war die Stadt aber bis 1945 zu über 90% von Deutschen bewohnt. Im März 1945 fanden bei Tempelburg schwere Abwehrkämpfe gegen die sowjetischen Streitkräfte statt.

Erhalten sind die Ruine der **Tempelburg** (1250) und die kath. **Marien-Kirche (14.–15. Jh.)**, die einen hölzernen Glockenstuhl besitzt. Der 18,6 km^2 große und buchtenreiche **Dratzig-See** – die Uferlänge beträgt 76 km – ist mit 83 m der tiefste See Norddeutschlands. In eisreichen Wintern „brüllt" der See, wenn der starke Frost Spalten in die Eisdecke reißt. Unheimlich wirkt das Gewässer auch, wenn aus dem noch nicht zugefrorenen See dunkle Dampfwolken wabern.

Ein Abstecher bringt uns zur wunderschön auf einer 500 m breiten Landzunge zwischen Dratzig- und Sarebensee gelegenen Burgruine **Alt Draheim** (Stare Drawsko), welche um 1300 von den Templern zum Schutz der Salzstraße angelegt wurde. Von den Ruinen der inmitten von Buchenmischwäldern gelegenen Burg bietet sich ein herrlicher Ausblick. Daneben steht eine kleine Kirche. Auch vom nicht weit entfernten **Bullenberg** (219 m) hat man eine grandiose Weitsicht über die Pommersche Schweiz zwischen Bad Polzin und dem Dratzigsee.

Von Tempelburg kann man mit dem Paddelboot auf der Drage (Drawa) bis zur Netze oder auf der Pilow (Pilawa) bis nach Schneidemühl (Pila) fahren.

KURZINFORMATIONEN

HOTEL: Pomorski.

Von Tempelburg fahren wir nun durch eine überaus pittoreske Endmoränenlandschaft mit dichten Wäldern und vorbei an den Resten von Bunkern des von der deutschen Wehrmacht als Schutz vor den Russen errichteten Pommernwalls und dem Truppenübungsplatz **Groß-Born** (Borne) bei Linde (Sulinowo), in den 30er und 40er Jahren mit einer Größe von 20 000 ha und Unterkünfte für 100 000 Rekruten, der größte seiner Art im Deutschen Reich und heute von Russen und Polen benutzt, nach Neustettin (44 km).

NEUSTETTIN (SZCZECINEK)

Die mit 37 000 Einwohnern (1939: 19 942) größte Stadt dieser Region zählt durch ihre einzigartigen Naturschönheiten zu den schönstgelegenen Städten Pommerns. Vor dem Kriege war Neustettin ein bedeutendes Agrarzentrum, von wo Getreide, Butter, Kartoffeln und Rinder bis nach Übersee ausgeführt wurden. Daneben gab es neben einer Eisengießerei eine Maschinenfabrik und eine Brauerei. Heute sind die elektronische, holzverarbeitende und die Lebensmittelindustrie von Bedeutung. Neustettin ist ein bedeutendes Touristik- und Wassersportzentrum in der ostpommerschen Seenplatte, Ausgangspunkt für Paddelbootfahrten und gilt als „Perle Ostpommerns". Die 50 Seen der näheren Umgebung leuchten je nach Jahreszeit und Untergrund in allen Regenbogenfarben. Die Stadt wurde 1310 von dem Pommernherzog Wartislaw IV. als Grenzfeste gegen Polen an der alten Handelsstraße von Kolberg nach Posen gegründet. 1453 fand in Neustettin ein Treffen zwischen König Erich, fünf pommerschen Herzögen, Vertretern des Deutschen Ritterordens und der Hanse statt. Zwischen dem 15. und dem 18. Jh. war die Stadt an der Königstraße von Kolberg nach Posen ein wohlhabender Ort, obwohl er ab 1466 an drei Seiten von polnisch besetztem Gebiet umgeben war. 1640 gründete die Herzoginwitwe Hedwig ein Gymnasium, das als Fürstin-Hedwig-Gymnasium berühmt wurde. Nach einem kurzen Niedergang erlebte die Stadt Ende des 19. Jh. dank seiner Lage an fünf Eisenbahnlinien und als Garnisonsstandort einen neuen Aufschwung.
Feldmarschall Blücher (1742–1819), der später bei Belle-Alliance Napoléon Bonaparte besiegte, stand als Husarenleutnant in Neustettin in Garnison und Generalfeldmarschall „Papa" Wrangel (1784-1848) besuchte das Neustettiner Gymnasium. Berühmte Neustettiner waren Lothar Bucher (1817–1892), enger Mitarbeiter Bismarcks, und der Baumeister Merker (18. Jh.).

Sehenswert sind die spätgotische **Nikolaikirche** von 1579 (im Turmmuseum) und die Reste des auf einer Landzunge gelegenen **Schlosses,** das von 1622–1660 Sitz der verwitweten Herzogin Hedwig, der Gründerin des nach ihr benannten Gymnasiums von 1640. Heute dient das Schloß als Hotel.

Das langgezogene Stadtgebiet liegt dicht an den Ufern des 2,9 km^2 großen und 14 m tiefen **Streitzigsees** (Jez. Trzesiel), der von gepflegten Parkanlagen umgeben ist. Vom **Bismarckturm** hat man einen schönen Ausblick. Sehenswert ist auch das **Forstmuseum**. Abgeschlossen wird dieses wunderschöne Landschaftsbild von dem auf der anderen Seite des Sees, in dem die Mause-Insel liegt, gelegenen Klosterwald. Weitere Ausflüge führen zum nahen Vilmsee (Jez. Wielimie, 19,5 km^2), zum idyllischen Dolgensee (Jez. Dolgie) und zum malerischen Virchowsee (Jez. Wierschowo).

Südöstlich von Neustettin liegt an der Zahne das 1395 vom Deutschen Ritterorden mit Kulmer Recht begabtes Städtchen Hammerstein.

HAMMERSTEIN (CZYRNE)

Das ehemalige Saatkartoffelzentrum an der Zahne geht auf das vom Deutschen Ritterorden im 14. Jh. angelegte Wildhaus „Zum Hammersteyn" zurück, das den Übergang über die Zahne schützte.

Bald siedelten sich hier deutsche Einwanderer an, und 1395 erhielt der Ort von Hochmeister Konrad von Jungingen Kulmisches Stadtrecht. Im Krieg zwischen den preußischen Städten und dem Deutschen Ritterorden blieb Hammerstein ordenstreu. Erst 1454 wurde es von den Ordensgegnern besetzt. Doch im Sommer des nächsten Jahres kamen als Bäuerinnen verkleidet Ordenssöldner in die Stadt und vertrieben die Besatzer.

Einige Kilometer westlich liegt am Vilm-See das bis 1945 wohlhabende Ackerbürgerstädtchen **Trabehn** (Drawien). Im nahen **Persanzig** (Parsecko) fand man eine Mützenurne (750 v. Chr.) der ostgermanischen Gesichtsurnenkultur.

KURZINFORMATIONEN

HOTELS: Pomorski: PTTK-Heim; Zamek (im Schloß).

Wir verlassen Neustettin auf der R 158 (Straße Nr. 29), die uns entlang dem Südufer des wunderschönen Vilm-Sees (Jez. Wielimie) in die alte westpreußische „Drei-Seen-Stadt" Baldenburg bringt.

BALDENBURG (BIALY BOR)

Das heute 1916 Einwohner (1939: 2292) zählende Städtchen inmitten der Baldenburger Schweiz (von der man wegen ihres heidebewachsenen Sandbodens früher sagte, daß hier ein Rehbock 300 Morgen Land brauche, um sich standesgemäß zu ernähren) und am Abfall des Baltischen Höhenrückens, ist heute ein bekanntes Reitsportzentrum mit großem Gestüt.

Nachdem die Herzöge von Pommern 1310 mit der Gründung von Neustettin und die Camminer Bischöfe 1340 mit der Anlage von Bublitz in die bis dahin kaum besiedelte Gegend zwischen Radüe, Persante und Zahne vorgerückt waren, errichtete der Deutsche Ritterorden zum Schutz seiner Westgrenze jenseits der menschenleeren Schlochauer Heide auf einer Landenge zwischen dem Bölzig- und dem Labes-See ein „Waldhaus". Bald entstand hier die Stadt Baldenburg, die der Komturei Schlochau zugeordnet wurde. Die Stadt war 1945 ein Trümmerhaufen. 80% der Innenstadt waren zerstört. Nur langsam wurde sie wieder aufgebaut. Sehenswert ist die gotische Backsteinburg.

BUBLITZ (BOBOLICE)

Das Landstädtchen liegt in dem von bis zu 200 m hohen und bewaldeten Anhöhen eingeschlossenen wiesenreichen Gozetal, das von Baldenburg durch den Steinbergsee und Papenzinsee getrennt ist. Der Ort, der 1939 noch 6186 Einwohner zählte, hat heute knapp 4000 Bewohner. Bublitz wird urkundlich zuerst 1339 als in der „terra Bubulzik" gelegen, erwähnt und erhielt 1340 durch den Camminer Bischof Friedrich von Eickstädt lübisches Recht. Lange gehörte Bublitz zum Camminer Bischofsland, später zum „Fürstenthumer Kreis" und dann der Familie v. Natzmer. Zwischen 1872 und 1932 war es Kreisstadt und kam dann zum Kreis Köslin. Die Stadt wurde 1945 zu 75% zerstört und ist heute ein unbedeutendes Nest. Nur der vorgeschichtliche Burgwall lohnt einen Besuch.

Nach einer Sage soll es einst zwischen Bublitz und Rummelsburg nur eine einzige Lerche gegeben haben. Da hätten die Einwohner vereinbart, daß sie morgens in Bublitz und nachmittags in Rummelsburg singen sollte. Noch heute ist das waldreiche, von tiefen Rinnenseen wie dem Großen Klewe-See dem Linow-See und dem Großen-Pinnow See durchzogene Hochland ein Hort der Stille. Seit frühgeschichtlicher Zeit war diese bis zu 190 m hohe Region zwischen Rummelsburg und dem Tal der Gozel Grenzland zwischen Pommern und Pommerellen und später zwischen dem Deutschen Ritterorden und dem Herzogtum Pommern. Noch bis 1945 verlief hier die Grenze der Regierungsbezirke Köslin und Grenzmark Posen-Westpreußen.

10 km östlich von Baldenburg liegt an der R 158, die hier in zahlreichen Kurven in den Talkessel der Stüdnitz abfällt, einem Nebenfluß der Wipper (Wieprza), zwischen großen Wäldern und zahlreichen Seen des „buckeligen Ländchens" der Bahnknotenpunkt Rummelsburg.

RUMMELSBURG (MIASTKO)

Das Kreisstädtchen mit 10 000 Einwohnern (1939: 8500) ist eine alte, von Friedrich dem Großen besonders geförderte Tuchmacherstadt. Außerdem sind die Land- und Forstwirtschaft sowie die Lederfabrik von wirtschaftlicher Bedeutung. Die weiten Wälder mit ihrem großen Rot-, Auer- und Schwarzwildbestand sind seit langem ein beliebtes Jagdgebiet. Angler kommen ebenfalls in den 133 Seen der Umgebung, wie dem Schempen-See, dem Schmolow-See und dem Papenzin-See (Jez. Bobiecinski), auf ihre Kosten. Von den waldreichen Höhen vor dem Ort hat man den besten Blick auf die in einer Talsenke liegende Stadt, die 1945 stark zerstört wurde.

1939 lebten in Rummelsburg 8516 Menschen, heute sind es knapp 9000. Vor dem Kriege gab es hier drei Tuchfabriken sowie in der Nähe die Papierfabrik Hammermühle und die Lange´scheDamastweberei in Friedrichshuld (Bożanka). Rummelsburg wird erstmals 1478 als Dorf und 1506 als „Stedeken" im Besitz der Familie v. Massow erwähnt. Zwischen den Massows als Grundherren und der Bürgerschaft gab es häufig Streit und Prozesse wegen der ungeklärten Rechtsverhältnisse in der Mediatstadt. Ein 1616 erlassenes Urteil des Herzogs wurde bis 1721 von den Massows boykottiert. Dann sprach König Friedrich Wilhelm I. von Preußen ein Machtwort. Zwar konnte sich die Stadt nun selbst verwalten, doch erst mit der Einführung der preußischen Städteordnung im Jahre 1808 war der Streit endgültig beendet. Häufig durch Feuersbrünste (1628, 1657 und 1719) zerstört, wurde die Mediatstadt immer wieder aufgebaut.

Von 1721 bis 1806 war Rummelsburg Garnison einer Kavallerieschwadron. Zwischen 1787 und 1792 war der spätere Marschall Vorwärts als Rittmeister von Blücher Schwadronchef der Belling-Husaren. Sein Wohnhaus lag in der großen Kirchenstraße 6 und 7. In der nach 1945 wiederaufgebauten Barockkirche von 1730 wurde 1791 Caroline Amalie v. Blücher bestattet.

Der naturschöne Kreis Rummelsburg mit seinen von bis zu 100 m hohen Hügeln umgebenen 100 Seen und tiefen Kiefern- und Birkenwäldern ist reich an historischen Orten. Aus dem Gutshaus **Reinfeld** (Barnowiec), einige Kilometer südlich der Stadt holte Fürst Bismarck sein „schwarzes Mädchen" Johanna v. Puttkamer. In der Nähe besaß vor dem Kriege der Boxweltmeister Max Schmeling ein Waldgut.

In seinem Schloß **Varzin** (Warcino), 25 km nordwestlich bei Osowo (Wussow), suchte der Reichskanzler seit 1866 und bis zu seiner Übersiedlung nach Friedrichsruh bei Hamburg Erholung und empfing hier die Diplomaten auswärtiger Staaten. Unter der breiten und dichten Krone der „Kálnoky-Eiche" auf dem Richtberg beriet sich Bismarck 1884 mit dem österreichisch-ungarischen Außenminister G. S. von Kálnoky und dessen russischen Kollegen N. N. Giers über die Verlängerung des „Drei Kaiservertrages" zwischen dem Deutschen Reich, Rußland und Österreich-Ungarn von 1872. Das Bündnis wurde bei einem neuen Kaisertreffen in Skierniewice im selben Jahr besiegelt, doch konnte es den endgültigen Zerfall des Dreikaiserbündnisses in der Balkankrise 1886 nicht verhindern.

Ursprünglich gehörte Varzin der Familie v. Zitzewitz. 1736 erwarb Graf Ernst Bogislav v. Podewils den Besitz. Nachdem Auguste v. Podewils Constantin Werner Freiherr v. Blumenthal geheiratet hatte, kam Varzin an die Familie v. Blumenthal, bevor es Bismarck für einen Teil der 400 000 Taler Dotation, die ihm 1867 der preußische Landtag als Dank für den erfolgreichen Abschluß des Prager Friedens nach dem Krieg von 1866 gegen Österreich bewilligt hatte. Heute dient das Gut, das von einem gepflegten Park umgeben ist (er wurde von dem Königlichen Obermarschall Graf Friedrich Werner v. Podewils nach 1765 angelegt), als Forsthochschule. Vor dem Eingang steht ein Denkmal der polnischen Dichterin Maria Konopnicka (1842–1910). Zu dem 32 400 Morgen großen Rittergut gehörten früher sieben Dörfer. Die Varziner Papierfabrik **Hammermühle** (Kepice) bei Varzin, eine Gründung Bismarcks, war bis zum letzten Krieg das größte Industrieunternehmen Ostpommerns.

Einige Kilometer südlich von Varzin liegt seit langem das der Familie v. Zitzewitz gehörende Gut **Bessewitz** (Biesowiec). Das Herrenhaus überstand den letzten Krieg und ist z. Zt. Sitz einer polnischen Güterverwaltung.

Von Varzin fahren wir in südwestlicher Richtung über **Vellin** (Wielin) mit seinem alten Barockschloß nach **Pollnow** (Palanów), das einen schönen Badesee besitzt und vom waldreichen Pollnower Bergland umgeben ist. Die „Bergstadt" Pommerns mit 4000 Einwohnern (1939: 3629) im Tal der Grabow wird 1307 erstmals als Burgort des Grafen Peter v. Neuenburg erwähnt. 1330 erhielt die Siedlung deutsches Stadtrecht. 1353–1394 gehörte Pollnow dem Bischof von Cammin, kam dann als Pfand an die Herzöge von Pommern, gehörte 1474 bis 1773 der Familie v. Glasenapp und dann dem Feldmarschall E. v. Wrangel.

Spaziergänge führen zum Heiligen Berg, auf dem sich in vorchristlicher Zeit eine Kultstätte befand, in die bis 167 m hohen Varbelower Berge und die Sohrberge, von wo sich prächtige Ausblicke bieten. Besuchenswert sind auch die Reetzer Walkmühle (3 km) östlich und das Schloß **Krangen** (Krag) an der R 159 im Norden.

Einige Kilometer östlich von Pollnow liegt in der „Reetz" das Gut **Groß Reetz** (Rzeczyca Wielka). Im 13. Jh. gehörte „die Reetz" zum Gebiet der Svenzonen. 1380 wird ein v. Lettow als Besitzer erwähnt. 1662 baute der im Dienste Gustav Adolfs von Schweden reich gewordene Georg v. Lettow ein Herrenhaus. 1746–1826 lebte der General Carl-Ernst Ludwig v. Lettow auf Groß-Reetz.

Bis 1945 gehörte das Gut Gert v. Lettow-Vorbeck. Heute dient das 1945 ausgeplünderte, inzwischen aber wiederhergestellte Herrenhaus als Unterkunft für Landarbeiter.

Aus der Familie v. Lettow stammt übrigens der in Saarlouis geborene General Paul v. Lettow-Vorbeck (1870–1964), der 1913–1918 Kommandeur der Schutztruppe in Deutsch-Ostafrika war und bis zum November 1918 Widerstand gegen Engländer, Belgier und Portugiesen leistete.

Aus dem nahen **Zeblin** stammt der Dichter „des Frühlings" und preußische Offizier Christian Ewald von Kleist (1715–1759). Er fiel bei Kunersdorf. Sein Freund Lessing hat ihm in seiner „Minna von Barnhelm" als Major Tellheim ein unvergeßliches Denkmal gesetzt.

Von Pollnow kehren wir ins 30 km südöstlich gelegene Rummelsburg zurück.

In **Turzig** (Tursko), 15 km nördlich, liegt der Ulan und spätere Lehrer Heinrich Mallisch begraben, der Blücher bei Ligny das Leben rettete.

KURZINFORMATIONEN

Hotel: Rummelsburg: Hotel Pomorski.

In Rummelsburg verlassen wir die Hauptstraße und wenden uns auf einer Nebenstraße durch den bewaldeten und welligen Pommerschen Landrücken, vorbei an zahlreichen Seen, und durch den Forst Treten über **Georgendorf** (Lubkowo) nach Nordosten und besuchen in **Rohr** (Trzcinnow) das seit dem 13. Jh. den v. Massow gehörende Herrenhaus, das von einem schönen Park mit Springbrunnen umgeben ist. In **Groß Tuchen** (Tuchomie) haben wir das Land Bütow erreicht, das zwischen 1329 und 1466 dem Deutschen Ritterorden gehörte, dann bis 1637 zu Pommern und nach einem kurzen polnischen Intermezzo (1637–1657), in dem der polnische Klerus mit Gewalt die Gegenreformation durchführte, zu Brandenburg-Preußen und schließlich wieder zu Pommern kam. Vom 256 m hohen Schimritzberg südlich des Ortes, der höchsten Erhebung Pommerns, bieten sich herrliche Ausblicke. Nach 44 km sind wir in Bütow.

BÜTOW (BYTÓW)

Die Hauptstadt des kleinsten Landkreises Pommerns mit heute 12 500 Einwohnern (1939: 10 045) liegt inmitten schöner Wälder, Heidegebiete und Seen im idyllischen engen Tal der Bütow. Zwischen 1313 und 1317 gehörte das Land Bütow dem Herzog Wartislaw IV. von Pommern-Wolgast. Er schenkte es seinem Kanzler Behr, der hier das „castrum Bütow" anlegte. 1329 verkauften die Söhne des Kanzlers, Henning und Lippold, das Land Bütow für 800 Mark an den Hochmeister Werner v. Orseln. 1346 gründete Hochmeister Heinrich Dusemer (Tesmar) die deutsche Stadt Bütow und begabte sie mit Kulmischem Stadtrecht. Nach der Schlacht von Tannenberg besetzten die Polen 1410 die Stadt und gaben sie Herzog Bogislaw VIII. von Pommern-Stolp als Lehen. Doch schon ein Jahr später gelangte Bütow wieder an den Orden zurück, der es bis 1526 beherrschte. Zwischen 1637 und 1657 war Bütow von den Polen besetzt. In dieser Zeit wurde die vorwiegend protestantische Bevölkerung aus ihren Gotteshäusern vertrieben, die nun von der katholischen Kirche übernommen wurden. Während des Schwedisch-Polnischen Krieges (1654–1660) von den Schweden besetzt, wurde Bütow bei deren Abzug in Brand gesetzt. Als Dank für seine Hilfe gegen die Schweden erhielt der Große Kurfürst die Länder Bütow und Lauenburg vom polnischen König als Lehen, die bis 1845 einen Kreis bildeten. Einzige Bedingung: der Besitzstand der katholischen Kirche durfte nicht angerührt werden.

Während sich Preußen bis 1945 daran hielt, versuchten die Polen über den Klerus immer wieder den Anteil der Katholiken im Kreis Bütow zu erhöhen. Allerdings hatten sie damit nur geringen Erfolg. Die Mehrheit der Bevölkerung blieb protestantisch. Auch ihr Plan, die Kreise Bütow und Lauenburg nach dem Ersten Weltkrieg an sich zu reißen, scheiterte am entschiedenen Widerstand von Deutschen und Kaschuben. Nur die Dörfer Pommersch-Prondzka, Althütte und Schelewe mußte Pommern an Polen abtreten. Dagegen wurde das westpreußische Dorf Zukowken (Treuenfelde) wegen der hier durchlaufenden Bahnlinie Lauenburg-Bütow Pommern zugeschlagen. Kaum hatten die Polen 1945 die Verwaltung in Bütow übernommen, raubten sie den Protestanten die von diesen im 19. Jh. neu errichteten Gotteshäuser oder ließen sie verkommen.

Unter Friedrich dem Großen entstanden die ersten Industriebetriebe und zahlreiche Siedlungen in der Umgebung. Weithin bekannt waren die Bütower Tuche und Färbereien. 1945 wurde die Stadt zu fast 70% zerstört.

Die zeitweilige Residenz der pommerschen Herzöge wurde im Schwedisch-Polnischen Krieg gesprengt und erst im 20. Jh. restauriert. Heute beherbergt die Ordensburg ein Museum, eine Bibliothek und ein Hotel.

Im Zentrum steht die mächtige, teilweise restaurierte **Burg** des Deutschen Ritterordens, die 1397–1409 von dem Ordensbaumeister Nicolaus Fellensteyn nach dem Vorbild der Marienburg erbaut wurde. Das langgestreckte Haupthaus war ursprünglich an drei Seiten mit einer hohen Mauer verbunden, so daß ein geschützter Innenhof gebildet wurde. An den vier Ecken standen mächtige Türme. 1550 und 1623 wurden die Mauern durch Gebäude ersetzt. Rings um die Anlage lief ein Wehrgang. 1656 wurde einer der Türme von den Schweden gesprengt. Zwischen 1936 und 1940 restaurierte man die Burg und richtete hier eine Jugendherberge ein.

Sehenswert sind ferner die ev. **St.-Elisabeth-Kirche,** die 1854 nach dem Vorbild der Berliner Matthäus-Kirche gebaut wurde und den Katholiken als Hauptpfarrkirche dient, und der Turm der zerstörten kath. **St.-Katharinen-Kirche.**

AUSFLÜGE

Die wald- und seenreiche Umgebung Bütows bietet zahlreiche Ausflugsgelegenheiten.

Unsere erste Rundfahrt führt in nordwestlicher Richtung über **Borntuchen** (Borzytochom) durch den gleichnamigen Forst nach **Altkolziglow** (Kolczyglowy), wo sich in der Kirche bis 1945 die Brautkrone der Fürstin Bismarck, die hier 1847 Otto von Bismarck ihr Jawort gab, befand. Von Altkolziglow wenden wir uns nach Norden und fahren nach **Versin** (Wierszyno). Das Gut gehört seit 1380 der Familie v. Puttkamer. Das 1806 unter Franz Johann Ulrich v. Puttkamer erbaute langgestreckte Herrenhaus wurde 1945 von den Russen niedergebrannt, die schönen Parkanlagen wurden verwüstet.

Von Versin führt unsere Rundfahrt nun über **Groß-Gansen** (Galaznia Wielka) ins östlich gelegene **Nippoglense** (Niepogledzie).

Das Gut gehörte zwischen 1432 und 1505 den v. Zitzewitz, dann bis 1646 den v. Krochow und anschließend bis 1653 Georg v. Puttkamer. Als er bei einem Schiffsunglück mit sechs seiner sieben Kinder starb, heiratete seine Witwe 1654 ihren Lebensretter, den schwedischen Hauptmann Simon v. Pirch. 1733 fiel das Gut wieder an die v. Zitzewitz zurück und kam 1882 durch Erbfall an die v. Puttkamers, denen das Gut auch heute noch gehört.

Ein Abstecher lohnt sich von hier zum landschaftlich sehr schön gelegenen, bereits zum Kreis Stolp gehörenden Gut **Gaffert** (Jawory). Es gehörte zwischen 1376 und 1800 der Familie v. Pirch. Durch Heirat gelangte es an die v. Mach, die hier bis 1945 wohnten. Das unzerstörte Herrenhaus ist von einem ausgedehnten Park umgeben.

Dann geht es auf der einige Kilometer östlich verlaufenden R 158 (Lauenburg-Bütow) über das alte Tesmar'sche Gut **Gustkow** (Gostkowo) nach Bütow zurück.

Südlich und östlich von Bütow beginnt die großartige Wald- und Seenlandschaft der **Kaschubischen Schweiz**. Der Kreis Bütow ist eine Hochburg der 150 000 pomoranischen Kaschuben, die stolz ihre Eigenart gegenüber den Polen betonen. Schon im 19. Jh. erlitten die Polen mit ihrer Beeinflussung der zumeist katholischen Kaschuben durch Pfarrer, Lehrer und Politiker kläglich Schiffbruch.

Wir verlassen die Stadt auf der nach Groß Tuchen (Tuchomie) in südwestlicher Richtung führende R 158. Von hier fahren wir auf schmalen Straßen zum südlich von hier gelegenen **Schimritzberg,** der mit 256 m höchsten Erhebung Pommerns und des Bütower Hochlandes, einer reizvollen kuppigen Endmoränenlandschaft. Am Fuße des Berges erstrecken sich die romantischen Borreseen. Dann geht es weiter in südöstlicher Richtung zum idyllischen **Somniner-See** (Jez. Sominy) und dem südlich anschließenden **Kruschin-See**, der bereits zu Westpreußen gehört. In **Somnin** (Sominy) und dem nahen **Stüdnitz** (Studzienice) stehen alte Schurholzkirchen.

KURZINFORMATIONEN

Überlandverkehr: Bahn: Die Region wird durch die Bahnlinie Stettin-Danzig erschlossen.
Bus: PKS-Busse fahren auf der Strecke Stettin-Danzig und verbinden außerdem die größeren Orte mit ihrer Umgebung.
Unterkunft: Jugendherbergen: in Somnin (Sominy) und Dobrogoscz.
Sport: Reiten in Rummelsburg.

Von Bütow fahren wir auf der R 144 an mehreren Seen vorbei über die westpreußische Grenze bei Parschau (Parchowo) nach Karthaus (Kartuzy) und von hier nach Danzig (80 km). Bei **Mischischewitz** (Kreis Karthaus) liegen zahlreiche Hügelgräber aus der Bronze- und der frühen Eisenzeit, in denen ebenso wie in den nahen, 1959 bei **Wensiorri** (Kreis Karthaus) entdeckten Gräbern aus dem 1.–4. Jh. n. Chr., Goten und Gepiden bestattet worden sind.

12. Von der Oder durchs Netzeland zur Weichsel

Bis Stargard i. Pom. (Stargard Szcz.) folgen wir von Stettin der Route 3 und fahren dann auf der T 81 (R 104) in südöstlicher Richtung nach **Schöneberg** (Krapiel, 8 km), von wo eine schmale Straße zum 5 km nördlich stehenden Schloß **Pansin** (Pezino) führt. Das malerische und wasserreiche Flüßchen Krampehl hat sich tief in den Talboden eingeschnitten. Auf einer Insel zwischen Krampehl und Gestohlener Ihna erhebt sich das alte Renaissanceschloß, das dem Besucher wie aus einem Märchen entsprungen erscheint. Die erste Burg an dieser Stelle wurde im 12. Jh. von den Tempelrittern erbaut. Dann erwarben die v. Borcke den Besitz, bevor er 1680 an die v. Puttkamer überging. Bis 1945 wurden im Schloß drei aus dem 11. Jh. stammende Siegelringe aufbewahrt, die von einem Kreuzfahrer aus dem Orient mitgebracht worden sein sollen. Bemerkenswert ist auch die 1566 unter Matzke v. Borcke umgebaute Kirche aus Findlingssteinen mit ihrem prachtvollen Backsteingiebel. Besonders schön sind die Blendreihen, denen je ein nach oben offener Halbkreisbogen aufgesetzt ist und Einflüsse der Renaissance aufweist.

Zurückgekehrt zur Hauptstraße, geht es weiter in östlicher Richtung. Von dem 1269 als Dorf und 1587 als „Städtchen" erwähnten ehemaligen Sitz eines Johanniterkomturs (um 1312) und zahlreichen Leinewebern im 18. und 19. Jh., das bis 1938 mit 1302 Einwohnern kleinste Stadt Pommerns war, **Zachan** (Suchań), fahren wir zur 10 km nördlich gelegenen Burgruine mit ehemals gotländischen Bildhauerwerken und Kirche von **Saatzig** (Szadzko), dem Hauptort des gleichnamigen Landkreises. Das nahe Ackerbürgerstädtchen **Jakobshagen** (Dobrzany) wurde 1336 von der Familie v. Güntersberg gegründet und war lange Grenzfeste der Pommern gegen die brandenburgische Neumark. Trotz seiner beiden Stadttore (dem Kashagener und dem Stolzenhagener Tor) war Jakobshagen bis in unsere Tage nur ein größeres Dorf. 1939 lebten hier 1984 Menschen. Sehenswert sind die Kirche, das alte Rathaus und die Ruine des am Saatziger Sees gelegenen herzoglichen Schlosses. Nach dem großen Brand von 1781, bei dem fast der ganze Ort eingeäschert wurde, benutzten die Jacobshagener das Schloß als Steinbruch.

In der Nähe der Stadt liegt ein germanisches Gräberfeld aus der Zeit um 450 v. Chr.. Auf einem Ausflug kann man von hier die malerischen Saatziger Berge besuchen. Nach Zachan zurückgekehrt, fahren wir über **Güntersberg** (Nosowo) und **Altenwedel** (Sicko), den Stammsitzen der v. Güntersberg und der v. Wedel, durch ein wald- und sandreiches Gebiet nach dem Ackerbürgerstädtchen Reetz.

REETZ (RECZ)

Vom 11. bis 13. Jh. lag hier eine pomoranische Burg, die Ende des 13. Jh. von den Brandenburgern zerstört wurde. 1272 oder 1284 gründeten an ihrer Stelle die Zisterzienser ein Nonnenkloster. Acht Jahre später legten die Askanier die Stadt Reetz (wend. = recz = am Fluß) an. 1945 wurde die Stadt, die vor dem letzten Kriege 3648 Einwohner hatte, zu 70% zerstört. Lange gehörte Reetz als Mediatstadt der Familie v. Wedel. 1568 wurde hier Daniel Cramer, der Verfasser der pommerschen Kirchenchronik, geboren.

Mitte der 70er Jahre begannen die Polen mit dem Wiederaufbau und errichteten eine Fabrik für Schiffszubehör.

Neben der Katharinenkirche sind die Reste der Stadtmauer mit dem Arnswalder und dem Dramburger Tor erhalten. Dann geht es weiter in die 14 km südlich von Zachan gelegene alte Askanierstadt Arnswalde.

ARNSWALDE (CHOSZCZNO)

Die Stadt kam 1938 von der brandenburgischen Neumark zu Pommern. Der sich reizvoll am schönen Klückersee in der „Raakower Schweiz" erstreckende Ort mit 13 960 Einwohnern im Jahre 1939 war vor dem Kriege ein aufstrebendes Kultur- und Wirtschaftszentrum der nördlichen Neumark. 1269 bauten die Askanier in dem lange zwischen Pommern und Polen umkämpften Gebiet eine Burg, in der ihnen im selben Jahr Herzog Mestwin II. von Pommerellen huldigte. Doch schon nach 1233 hatten Zisterzienser und Johanniter in dieser Gegend deutsche Bauern angesiedelt. 1284 entstand die Stadt Arnswalde. Ab dem 14. Jh. war sie von einer starken Mauer mit 7 Vierecktürmchen, 3 Doppeltoren und 36 Wiekhäusern umgeben. Trotzdem wurde sie im 17. Jh. schwer zerstört. 1806 nahmen die Bürger den französischen General Victor gefangen, der später gegen Generalleutnant Blücher („Marschall Vorwärts") ausgetauscht wurde.

Im Februar 1945 belagerten die Russen die Stadt 16 Tage lang und schlossen sie ein. Trotzdem gelang es dem Superintendenten Gramlow am 19. Februar, 7000 Deutsche durch einen von der Wehrmacht freigekämpften „Panzerschlauch" in die Freiheit zu führen. Kurz darauf besetzte die Rote Armee den zu 85% zerstörten Ort.

Kilometerlange, gepflegte und schattige Spazierwege und Parkanlagen an den Seeufern und innerhalb der Stadt, landschaftlich reizvolle Paddeltouren boten Erholung und Ruhe.

Heute macht Arnswalde, das 1945 die am schwersten zerstörte Stadt des deutschen Ostens war, einen sehr ungepflegten Eindruck. Nach dem Kriege machten lange Zeit polnische Banden die Umgebung der Stadt unsicher. Sie versteckten sich in den schwer zugänglichen Moor- und Waldgebieten, die sich rings um die Stadt ausdehnen.

Außer dem wuchtigen Backsteindom, der aus dem 14. Jh. stammt, und der **Marienkirche** am Ring gibt es heute in Arnswalde so gut wie keine alten Bauwerke. Dominierend sind die neuzeitlichen Wohnblocks der Polen. Die alte **Stadtmauer,** einst der Stolz der Stadt, wurde fast völlig vernichtet. Rund um den alten Stadtkern mit seinen neuzeitlichen Häusern dehnen sich moderne Wohngebiete aus der Zeit, als Arnswalde ein bevorzugter Ruhesitz pensionierter Beamter war, aus.

12 km östlich von Arnswalde liegen die Burgundergräber von **Zühlsdorf** (Suliszewo), – 1354 entstand hier ein festes Haus der v. Güntersberg –, mehrere germanische Burgwälle und das gewaltige Hügelgrab von Großgut.

Unser nächstes Ziel ist die in einem Talgrunde gelegene, heute verwahrlost aussehende „Schleifmüllerstadt" Kallies.

KALLIES (KALISZ POMORSKI)

Der von drei Seen und bewaldeten Höhen umgebene Ort war vor 1945 ein Zentrum der Binnenfischerei und der Kartoffelzucht. 1939 hatte die Stadt 4016 Einwohner, 1980 waren es 3846. Kallies wird erstmals 1303 als Besitz der Markgrafen von Brandenburg erwähnt. Von 1378 bis 1731 war die Stadt ein Lehen der Familie v. Güntersberg. 1771 zerstörte ein Brand große Teile der Stadt. Seit dem 16. Jh. lebten viele Einwohner von der Tuchmacherei. 1815 kam Kallies zu Pommern und erhielt 1888 Bahnanschluß, und besaß vor dem Kriege zwei Bahnhöfe. Nachdem die Russen Kallies am 12. 2. 1945 besetzt hatten, brannten sie 75% der

Stadt nieder. Vom Schloß steht heute nur die Ruine. Der Turm der Stadtkirche wurde nach dem Brande von 1771 nach dem Vorbild der Garnisonskirche in Potsdam neu errichtet. Beachtenswert ist die Schleifmühle, in der früher dem Fremden „der Flöz abgeschliffen" wurde. Am Ortseingang konnte man auf einer neben einem Schleifstein stehenden Tafel den folgenden Vers lesen:

„Ich geh, du alter Pessimist,
daß du noch ungeschliffen bist.
Ich bin aus Menschenfreundlichkeit
dich abzuschleifen gern bereit.
Der Schleifmüller."

Die Sage vom Schleifstein geht zurück auf die Zeit, als Kallies in dem Ruf stand, die besten Schleifsteine zu besitzen. Weil sie für das Zerschneiden ihrer Tuche gutgeschliffene Messer benötigten, kamen die Tuchmacher aus den benachbarten Städten nach Kallies, um sie dort schleifen zu lassen.

10 km südwestlich von Kallies liegt unweit des 110 ha großen und 38 m tiefen Großen oder Düp-See das Städtchen **Neuwedell** (Drawno). Es ging aus einem Burgplatz hervor, der um 1300 von sieben aus Holstein stammenden Brüdern errichtet wurde. 1939 lebten hier 2711 Menschen. Ihre Burg, die im Siebenjährigen Krieg zerstört wurde, schützte Pommern vor polnischen Angriffen. In der Nähe der Stadt liegt ein schöner Badesee.

Südlich liegt am Rande der Drageheide an einem bedeutenden Übergang über die Drage das Dorf **Hochzeit** (Stare Osieczno). Einst führte der Markgrafenweg von Berlin über Hochzeit nach West- und Ostpreußen, später die Reichsstraße 1 (T 83). 1273 nahm der pommerische Herzog Mestwin II. die Länder Schlawe und Stolp von dem Markgrafen von Brandenburg zum Lehen. 1337 erhielt Hochzeit deutsches Stadtrecht. Ab 1350 saßen in Hochzeit die v. Wedel und schützten die Neumark vor den Polen.

Nun geht es nach **Märkisch-Friedland,** einem am bewaldeten Südhang des seenreichen Pommerschen Höhenzuges gelegenen Städtchen mit (bis 1945) bedeutender Holz- und Maschinenindustrie.

MÄRKISCH-FRIEDLAND (MIROSLAWIEC)

Märkisch-Friedland wurde 1303 von Heinrich und Jochen v. Wedell als Nigen (Nova Vredeland) gegründet und war lange eine wichtige Relaisstation an der Kreuzung des Markgrafenweges (Berlin-Königsberg) mit der Königstraße (Kolberg-Posen). Die ersten Siedler kamen aus dem nördlichen Pommern und aus der Neumark. Im 17. und 18. Jh. waren mehr als 50% aller Einwohner der damals der Familie v. Blankenburg gehörenden Mediatstadt Juden, die bis nach Danzig, Stettin, Berlin und Leipzig Handel trieben. 1772 zogen viele von ihnen nach Berlin, hielten jedoch weiterhin engen Kontakt zur alten Heimat. 1945 wurde die Ackerbürgerstadt zu 20% zerstört. Heute leben hier 2409 Menschen, 1939 waren es 2707. Beachtenswert sind der verwilderte Schloßpark (das Schloß brannte 1890 ab) und die Tore (Dammtor, Mühlentor, Lobitzer Tor).
Von Märkisch-Friedland fahren wir weiter nach **Deutsch Krone** (Walcz) der westlichsten Stadt der Provinz Westpreußen, die wir auf der nach Südosten führenden R 104 verlassen, um kurz hinter der Stadt nach rechts in die über Schrotz nach Schneidemühl führende Nebenstraße einzubiegen. In **Schrotz** (Skrzanusz), das unweit des 168 m hohen Berges liegt und 1438 von deutschen Bauern besiedelt wurde, steht eine große, weithin bekannte barocke Wallfahrtskirche. Eindrucksvoll ist die Westfassade mit ihren vier sich nach oben hin vierjüngenden Säulen. Im Inneren des zwischen 1687 und 1694 erbauten rosa angemalten einschiffigen und turmlosen Gotteshauses sind der Hochaltar und die Kanzel sowie eine aus Tütz stammende Pietá (15. Jh.) beachtenswert. Von Schrotz sind es 24 km bis Schneidemühl, im reizvollen Tal der Küddow. 1939 zählte Schneidemühl 45 791 Einwohner.

SCHNEIDEMÜHL (PILA)

Der wichtige Bahnknotenpunkt im Kroner Land an der Ostbahn und der Reichsstraße 1 Aachen-Berlin-Königsberg ist Hauptstadt des pommerschen Regierungsbezirks Grenzmark Posen-Westpreußen (vergrößert durch den Netzedistrikt und die neumärkischen Kreise Friedeberg und Arnswalde), und zählt heute 58 000 Einwohner (1945: 55 000).

Geschichte

Urkundlich wird der Ort Snydemole erstmals 1380 als wendisches Dorf Pyla erwähnt. Bis 1480 gehörte der überwiegend von Deutschen bewohnte Ort der Familie Opalinski und kam dann bis 1518 unter die polnische Krone. 1513 erhielt er magdeburgisches Stadtrecht. Im Jahre 1518 übernahm die Familie Gorka das heruntergewirtschaftete Städtchen, dessen Häuser damals nur aus Holz oder Lehm bestanden. Erst nachdem Schneidemühl 1772 von Friedrich dem Großen befreit worden war, ging es aufwärts. Zunächst wurde das Ackerbürgerstädtchen mit dem Kroner Land dem von Bromberg aus verwalteten westpreußischen Netzedistrikt angeschlossen. Im 17. Jh. schenkte der polnische König Johann Sigismund III. das Ackerbürgerstädtchen seiner habsburgischen Verlobten Konstantia. Der Bau der Ostbahn Berlin-Königsberg brachte 1848 den Aufschwung. 1772 kam die Stadt zu Preußen und entwickelte sich rasch zum Mittelzentrum. Ab 1825 gehörte Schneidemühl zur Provinz Posen. Hatte die Stadt 1722 nur 1392 Einwohner, so waren es 1910 bereits 26 126 (95,6% Deutsche). Mitte und Ende des 19. Jh. wurde die Stadt von einer schweren Katastrophe heimgesucht. 1834 zerstörte ein Feuer fast den ganzen Ort und 1893 brachen hier plötzlich gewaltige unterirdische Wassermassen hervor. Die Katastrophe machte als „Brunnenunglück" weltweit Schlagzeilen. Mit der Eröffnung der „Königlich Preußischen Ostbahn" im Jahre 1851 und weiterer Bahnen wurde Schneidemühl ein bedeutender Eisenbahnknotenpunkt. Bald entstand auch ein Eisenbahn-Ausbesserungswerk. Nach dem Ersten Weltkrieg kamen zahlreiche deutsche Flüchtlinge aus den polnisch besetzten Ostprovinzen des Reiches und aus dem ehemaligen Russisch-Polen nach Schneidemühl und verdoppelten die Einwohnerzahl. Als die Polen 1919 die Stadt vereinnahmen wollten, wurden sie von den Deutschen daran gehindert. Auf zwei gewaltigen Kundgebungen am 12. Mai und am 3. Juni 1919 kamen 10 000 Einwohner auf dem Markt zusammen. Der Ansprache von Oberbürgermeister Krause folgte der Treueschwur: „Wir sind deutsch und wollen deutsch bleiben!"

Das sich bald zum Kultur- und Wirtschaftszentrum der 1920 neugebildeten Provinz Grenzmark Posen-Westpreußen entwickelnde Schneidemühl, galt damals als modernste Stadt Nordostdeutschlands. Zwischen 1920 und 1939 war das hart an der damaligen deutsch-polnischen Grenze gelegene Schneidemühl Sitz der Regierung der Provinz Grenzmark Posen-Westpreußen, der nach dem Versailler Vertrag aus den Resten der Kreise Schlochau, Flatow, Deutsch-Krone und dem Netzekreis gebildet wurde. 1938 kam die Stadt mit der Grenzmark zu Pommern. 1945 wurde die Stadt von den Russen schwer zerstört. Heute ist sie unbedeutend.

Größter Sohn der Stadt ist Carl Friedrich Goerdeler (1884–1945), der von 1920–1930 Bürgermeister in Königsberg und von 1930–1937 Oberbürgermeister von Leipzig war. Er galt als führender Politiker im Widerstand gegen Hitler und sollte nach dem Gelingen des Attentats vom 20. Juli 1944 Reichskanzler werden. Er wurde von Nationalsozialisten getötet.

Stadtbesichtigung

Vom **Bahnhof** (Pila Glówna) gehen wir die Alte Bahnhofstraße (ul. Kwiatowa) nach Norden und biegen nach 200 m in die Theaterstraße (ul. Theatralna) nach rechts ein, die uns zum **Treudankhaus** mit Landesmuseum und -theater (Wojewódzki Dom Kultury) bringt. Dann führt uns unser Rundgang auf der Bülowstraße (ul. Wincentégo Pstrowskiego) zum **Landeshaus** (Oberpräsidium bzw. Regierung) am Danziger Platz (plac Wojska Polskiego), wo z. Zt. ein polnischer Woiwode residiert. Hier hing vor dem Kriege ein Bild, das Friedrich den Großen und die polnische Gräfin Skorzewska zeigte. Die Gräfin bat darauf den Preußenkönig anhand einer Landkarte, weitere polnische Gebiete zu besetzen.

Nun geht es auf der Küddow-Promenade (ul. Bulwarowa) entlang der Küddow zur ehemaligen Adolf-Hitler-Straße (ul. Boleslawa Bieruta), von der eine Brücke zur nördlichen Vorstadt und zum Königsblick (Kalin) führt. Das 1919 aus Bromberg gerettete **Denkmal Friedrichs des Großen**, das bis 1945 an der Küddowbrücke stand, wurde von den Polen zerstört. Nach Überquerung der Straße wandern wir durch eine Grünanlage weiter entlang der Küddow zur Kirchstraße (al. Piastów), wo sich bis 1945 die kath. Pfarrkirche erhob. Westlich davon stand am Neuen Markt (plac Zwyciestwa) die ev. **Stadtkirche,** die ebenfalls ein Opfer des Krieges wurde. Die nach dem Kriege verlängerte Mühlenstraße (ul. Lecia LWP) führt zum **Stadtpark** (Park Miejski).

KURZINFORMATIONEN

Hotels: Hotel Tramp, ul. Bieruta 40, Tel. 45 56; Hotel Klubowa, ul. Boleslawa Bieruta; Angler-Wanderheim in Königsblick.

Jugendherberge: ul. Boh. Stalingradu 45, Szkola Podstawowa 7, Tel. 2 35 83.

Von hier gehen wir auf der Grünstraße (ul. Dzieci Polskich) und dann der Albrechtstraße (ul. Stefan Okrzei) zur Bismarck-Straße, an der bis 1945 die **St.-Johannis-Kirche** stand. Über die Albrechtstraße und dem Damm (ul. Zygmunta) geht es zurück zum Bahnhof.

Von Schneidemühl geht unsere Reise auf der R 123 durch eine leichtgewellte Landschaft parallel zum Bromberg-Kanal (Bydgoski-Kanal) nach **Wirsitz** (Wytzsk).

Der 1326 erstmals urkundlich erwähnte Ort mit 5000 Einwohnern (1943: 2974) erhielt erst 1565 und 1720 erneut deutsches Stadtrecht. Die meisten Einwohner des lange den Grafen Bninski und später den Rydzyński gehörenden Städtchens waren Deutsche. 1772, als Wirsitz an Preußen kam, lebten hier 207 Menschen. Nachdem sie 1815 Hauptstadt des gleichnamigen Kreises im Regierungsbezirk Posen geworden war, entwickelte sich die Stadt zu einer wohlhabenden Beamtenstadt. 1910 waren von den 1660 Einwohnern 57,2% Deutsche, im Kreis 50,9%.

Von 1911–1915 war Magnus Freiherr v. Braun, der Vater des Raketenkonstrukteurs Wernher v. Braun, Landrat von Wirsitz. Zwischen 1920 und 1939 gehörte Wirsitz zu Polen, während des Zweiten Weltkrieges zum Reichsgau Danzig-Westpreußen. Einige Kilometer östlich liegt die Stadt Nakel.

NAKEL (NAKLO NOTECIA)

Die westpreußische Stadt mit heute rund 20 000 Einwohnern (1943: 11 296) gehört zum Kreis Wirsitz und ist ein bedeutender Straßen- und Eisenbahnknotenpunkt. In frühgeschichtlicher Zeit errichteten die Pomoranen an dieser Stelle eine Burg, die den strategisch wichtigen Netze-Übergang vor polnischen Angriffen schützte. Allerdings gelang es dem polnischen Herzog Boleslaw III., die Feste zwischen 1109 und 1122 viermal einzunehmen. Diese Kämpfe zwischen Polen und Pomoranen waren das auslösende Moment für die Christianisierung Pommerns durch Otto von Bamberg. Nachdem die Polen ihre Position am Nordufer der Netze konsolidiert hatten, dehnten sie ihre Eroberungszüge bis Küddow und der mittleren Brahe aus und legten die Kraina (Grenzmark) an. 1299 erhielt Nakel magdeburgisches Stadtrecht und wurde Sitz einer Kastellanei, welche die heutigen Kreise Bromberg,

Wirsitz und Flatow umfaßte. Als Friedrich der Große 1772 auch Nakel befreite, lebten hier nur 566 verarmte Menschen. Dann erlebte der Ort dank des Baus des Bromberger Kanals einen wirtschaftlichen Aufschwung. 1799 hatte Nakel bereits 1077 Einwohner. 1815 kam die zwischen 1807 und 1814 zum Großherzogtum Warschau gehörende Stadt an den preußischen Kreis Wirsitz. Nach dem Anschluß ans Bahnnetz (1851) entwickelte sich Nakel zum Eisenbahnknotenpunkt. 1910 lebten in Nakel 8787 Menschen, von denen 57,1% Deutsche waren. Trotzdem wurde die Stadt 1919 zusammen mit dem Kreis Wirsitz dem neugegründeten Polen zugeschlagen. Zwischen 1939 und 1945 gehörte Nakel zum Reichsgau Danzig-Westpreußen.

13. Zwischen Stettin und der Warthe

Südlich von Stettin liegt der 966 km^2 große Kreis Greifenhagen, in dem Mitte 1939: 58 572 Einwohner in den drei Städten Greifenhagen, Fiddichow und Bahn und 72 Landgemeinden lebten. Nach der Auflösung des Kreises Randow im Jahre 1939 wurde der Kreis Greifenhagen 522 km^2 und 24 843 Einwohnern auf 1454 km^2 bzw. 69 326 Einwohnern vergrößert. Dadurch kamen die westlich der Oder gelegenen Städte Gartz a. O. und Penkun sowie 37 Landgemeinden hinzu. Die vier Gemeinden Buchheide, Höhendorf, Mühlenbeck und Sydowsaue wurden an Stettin abgetreten.

Von Stettin fahren wir zunächst auf der R 2 und dann auf der R 104 über **Altdamm** (Dabie) und die Autobahn in Richtung Stargard. In **Höhenkrug** (Struga), wo 1173 das erste deutsche Dorf („villa theutonicorum") Hinterpommerns angelegt wurde, verlassen wir die R 2 und biegen in die nach Süden führende R 112 ein. Sie ist heute ein Teilstück der E 14, die von Swinemünde über Prag nach Triest führt und die kürzeste Verbindung zwischen Ostsee und Adria darstellt. Von Hohenkrug fahren wir durch die wellige Buchheide, den Rest des alten Madanzig-Waldes, einer riesigen Sumpf-Urwildnis zwischen Oder, Dammschen See und Madüsee, nach **Kolbatz** (Kolbacz), dessen Klosterkirche schon von weitem zu sehen ist. 1173 schenkte Wartislaw Swantiboriz, ein Verwandter des Greifenhauses, das Gebiet dem Zisterzienserorden und stiftete an der Stelle eines alten wendischen Heiligtums, in dem das Bildnis der „goldne Froh von Kolbatz" verehrt wurde, ein Kloster. Es hieß zuerst Lautertal (mera vallis), wurde dann aber nach dem nahen Ringwall Kolbatz genannt. Die ersten deutschen und dänischen Mönche kamen aus dem dänischen Kloster Esrom, das wiederum 1154 von Mönchen aus dem burgundischen Clervaux, einer Tochtergründung von Morimond, errichtet wurde. Bald riefen die Mönche Bauern aus Franken ins Land, mit denen zusammen sie die Wildnis kultivierten. Im Jahre 1210 begannen die Kolbatzer Mönche mit dem Bau einer prachtvollen Kirche. 1178 wurde das Kloster Oliva bei Danzig von Mönchen aus Kolbatz gegründet. Bis ins 16. Jh. bestanden zwischen den beiden Klöstern enge Beziehungen. Nach der Reformation im 16. Jh. fiel der Klosterbesitz an die pommerschen Herzöge.

In Kolbatz erblickte der Staatswissenschaftler Wilhelm v. Doenninges (1814–1872) das Licht der Welt. 1842 ging er in den diplomatischen Dienst Bayerns. Bis zu seinem Tode war er Gesandter in Rom. Außerdem widmete er sich der Zollpolitik und schrieb das bedeutende Werk „Das System des Freihandels und die Schutzzölle".

Die eindrucksvolle Klosterkirche mit romanischer Westfassade entstand zwischen 1210 und 1347 im typischen norddeutschen Backsteinstil mit gotländischen Einflüssen und besitzt eine herrliche Fensterrose (5 m Durchmesser) aus dem 13. Jh. 1349 umgab man das Kloster mit einer Ringmauer, von der nur noch ein Turm erhalten ist. Nach der Reformation kam das säkularisierte Kloster an den Landesherrn. Nur der Chor und das Querschiff wurden bis 1662, als die Kirche von einem Blitz getroffen wurde und abbrannte, zum Gottesdienst benutzt, die übrigen Teile dienten der Lagerung von Getreide. Unter König Friedrich Wilhelm IV. von Preußen wurde das Kloster teilweise restauriert. Nach dem Zweiten Weltkrieg setzte man auf die mittelalterlichen Reste des ehemaligen Konventshauses ein modernes Gebäude, das jetzt als Bibliothek dient. Sehenswert sind vor allem ein gotischer Speicher hinter dem Gutshaus und die Reste der mittelalterlichen Wirtschaftsgebäude.

Von Kolbatz geht unsere Reise in den Kreis Pyritz. Der 1046 km^2 große Kreis hatte 1939 48 418 Einwohner. Einzige Stadt ist der Verwaltungssitz Pyritz. Der Kreis erstreckt sich von der Ihna im Norden bis zu den Höhen des Pommerschen Landrückens im Süden (wo er an den neumärkischen Kreis Soldin grenzt). Im Westen reicht er bis zum Bahner Hochland, im Osten über die Ihna bis zum Kreis Arnswalde. Zum Kreisgebiet gehören der Plöne-See mit der Plöneniederung und der größte Teil des Madüsees. Dank seiner schweren Ton- und Schwarzerdeböden gehört der Kreis, der seit langem unter dem Namen Pyritzer Weizacker bekannt ist, zu den fruchtbarsten Gebieten der Provinz Pommern. Neben Weizen werden vor allem Zuckerrüben angebaut. Daneben ist die Schaf- und Viehzucht von Bedeutung. Besonders schön ist der Weizacker zur Zeit der Baumblüte. Von dem einstigen Wohlstand seiner vertriebenen deutschen Bauern künden noch heute zahlreiche Fachwerkhäuser mit ihren typischen „Löwin" (Lauben) und stattlichen Kirchen, von denen die in **Werben** (Wierzbno) und Brietzig (Brzezno) stehenden am schönsten sind. Die aus dem 13. Jh. stammende Tracht der Pyritzer Bauern gehörte zu den farbenprächtigsten Norddeutschlands. Während die Frauen durch ihre zahlreichen Röcke wie wandelnde Glocken aussahen und reichbestickte Tücher trugen, waren die Männer stolz auf ihre 60 und mehr Silberknöpfe am Rock. Ein Vers erinnert an die Tracht der Mädchen:

„Blag as de Kurnblaum
un rot as de Mahn
möten un're Mäkes
de Kleedröck stahn."

Der Dialekt der Weizackerbauern ist mit dem der Mark Brandenburg verwandt (Märkischer Keil). Hauptstadt des Weizackers ist die alte Stadt Pyritz, die 22 km südlich von Kolbatz liegt.

PYRITZ (PYRICE)

Vom 9.–12. Jh. war das ehemalige „pommersche Rothenburg" ein bedeutender pomoranischer Burgplatz an der Kreuzung der alten Straßen von Stettin zum Wartheübergang Zantoch bei Landsberg und von Wriezen nach Stargard und Sitz des Kastellans der Terra Pirch. 1124 taufte hier Bischof Otto von Bamberg 7000 Pomoranen. 1186 wird der Ort Pyritz erstmals erwähnt. 1250 errichteten deutsche Siedler aus Hameln eine Kirche. Fünf Jahre später gründete Herzog Barnum I. von Pommern ein Kloster der Augustinerinnen, und 1263 verlieh er der Siedlung Magdeburger Stadtrecht. Dank ihrer Lage inmitten des Weizackers und an einem uralten Handelsweg wurde die Stadt (12 000 Einwohner, 1939: 11 287) bald wohlhabend. Im 13. und 14. Jh. kamen Siedler aus Niederfranken und der Altmark. Im Jahre 1521 hielt die Pyritz Johannes Knipstro die erste protestantische Predigt in Pommern. 1634 zerstörte ein Feuer große Teile der Stadt. Im Februar und März 1945 war Pyritz heftig umkämpft und wurde schwer zerstört. Am 6. 3. besetzten die Russen den Trümmerhaufen. Die bald darauf einziehenden Polen machten das neumärkische Lippehne zur neuen Kreishauptstadt. Aus Pyritz stammte der Sprachkundler und Missionar Karl Gützlaff (1803–1851), der mehrere asiatische Sprachen beherrschte und lange in China und Thailand wirkte.

Zu den Sehenswürdigkeiten gehörten der gut erhaltene **Stadtmauerring** aus dem 13.–16. Jh. mit einst acht Türmen, 26 Wiekhäusern und zwei Toren, dem **Bahner Tor** (Brama Banska), den Resten des einst eindrucksvollen **Stettiner Tores** (Brama Szczecinska), das bis 1945 von einer achteckigen Haube gekrönt war und vier runde Türmchen besaß, und der zierliche **Eulenturm** sowie fünf Basteien. Die mächtige gotische **Mauritiuskirche,** die Hauptpfarrkirche (14.–15. Jh.), wurde 1945 zerstört, inzwischen jedoch wieder aufgebaut. Im ehemaligen **Franziskaner-Kloster** (Stadtbibliothek) fand 1521 die erste lutherische Predigt des damaligen Wandermönches und späteren Generalsuperintendenten von Wolgast, Johannes Knipstro, statt. Der **Ottobrunnen** erinnert an den Besuch des Bischofs Otto von Bamberg. An der Stelle der von den Sowjets total zerstörten Innenstadt befindet sich heute ein tristes modernes Wohnviertel.

Ausflüge

Nordöstlich von Pyritz liegt unweit des Madüsees der Ort **Werben** (Wierzbno). Die ehemalige Stadt wird 1266 erstmals urkundlich neben dem 1186 erwähnten wendischen Dorf Grindiz genannt. Um 1300 erhielt der wohl nach dem altmärkischen Werben benannte Ort, der damals dem Bistum Cammin gehörte, magdeburgisches Stadtrecht. Von 1321 bis zur Reformation war Werben im Besitz des Klosters Kolbatz. Ende des 16. Jh. verlor der Ort den Status einer Stadt. Im Zentrum erhebt sich die im 13.–14. Jh. nach dem Vorbild märkischer Kirchen aus Granitquadern errichtete eindrucksvolle Kirche. Beachtenswert ist das große barocke Deckengemälde von Johann Christian Thießen (1738), das die Ausgießung des Heiligen Geistes zeigt.

Im nahen **Brietzig** (Brzesko) steht eine der schönsten Bauernkirchen Pommerns. Das einschiffige Gotteshaus wurde im 13. Jh. im romanisch-gotischen Stil aus Granitquadern errichtet. Der Turm stammt aus dem 19. Jh. Das hölzerne Gewölbe ist im Stil des Barock reich verziert und wurde von Michel Pahl Mühlenbursch 1697 geschaffen. Der geschnitzte Altar stammt von 1613. Im Zentrum des von dem Arnswalder Michael Haentz gefertigten Altars steht eine 1,48 m hohe Marienfigur. Rechts und links sind die 12 Apostel zu sehen.

Südöstlich von Pyritz liegt das Rittergut **Kremzow** (Krepcowo), Stammburg der pommerschen v. Wedel, die sich hier im 13. Jh. niederließen. Das heute verwahrloste Herrenhaus entstand im 18.–19. Jh.

Östlich von Pyritz befindet sich das Rittergut **Megow** (Mechowo). Im 14. Jh. saßen hier die v. Schoening, dann die v. Krüssow. 1807 erbte Peter Friedrich Sigismund v. Schoening, Landesdirektor von Pommern, den Besitz. Letzter Besitzer war die Familie v. Heyden-Linden. In **Neugrape** (Nowe Chrapowo) wurde der Dichter Richard Voss

(1851–1918) geboren. Bekannt wurde sein Roman „Zwei Menschen".

Wir verlassen Pyritz in südöstlicher Richtung und biegen bei **Podejuch** (Posdjuchy), das 1939 rund 10 000 Einwohner hatte, nach links in die über die Oder führende Autobahn Berlin-Stettin ein. Kurz hinter dem Fluß verlassen wir bei **Retzowsfelde** (Radziszewo) die Autobahn und fahren auf der nach Süden führenden Landstraße weiter. Der kleine Ort **Sydowsaue** (Zydowce) wurde 1747, wie zahlreiche weitere Dörfer dieser Gegend, in der unter Friedrich dem Großen entwässerten Sumpfwildnis beiderseits der mittleren Oder angelegt. Bis 1945 war Sydowsaue Sitz einer 1902 gegründeten Kunstseidenfabrik. Nach 10 km haben wir Greifenhagen erreicht, das im Urstromtal der Oder liegt.

GREIFENHAGEN (GRYFINO)

„Gryphenhagen" wurde 1254 unter Herzog Barnim I. von deutschen Siedlern mit magdeburgischem Recht gegründet. Dank ihrer günstigen Lage am westlichen Oderarm Reglitz entwickelte sich die spätere Kreisstadt (16 000 Einwohner, 1939: 9858) zu einem wohlhabenden Fischer- und Schifferort.

Vor dem Kriege war Greifenhagen ein bedeutender Vieh- und Getreidehandelsplatz. Außerdem gab es hier Sägewerke, Maschinenfabriken und eine Filzpantoffelfabrik. Aus den umliegenden Orten des Odertals wurden Gemüse und Keilkartoffeln aus Nipperwiese (Ognica) nach Stettin verfrachtet. Über die Oderbrücke führt die Reichstraße 113, die Vorpommern durch Mittelpommern mit Posen und Schlesien verbindet.

Sehenswert sind die dreischiffige **Nikolaikirche** (13.–14. Jh.) mit ihrem mächtigen, seit 1941 von einer achteckigen barocken Laterne gekrönten viereckigen Turm (mit Kanzel aus dem Jahre 1605), die **Neue Kirche** und das **Bahner Tor** oder **St. Jürgens-Tor** (Brama Banic).

Von Greifenhagen fahren wir entlang dem Fluß ins 1939: 2495 Einwohner zählende Fachwerksstädtchen **Fiddichow** (Widuchowa), das früher wegen der in der Umgebung angebauten „Malta-Kartoffeln" bekannt war. Der Ort, der 1159 als Castrum Viduchowa erwähnt wird und 1347 von Herzog Barnim III. deutsches Stadtrecht erhielt, dehnt sich terrassenförmig am Steilufer der Oder aus. Auf „Himmelsleitern" genannten Gassen gelangt man zur St. Nikolaikirche, einem Granitquaderbau mit schönem Altar und Kanzel von 1725.

In Fiddichow biegen wir nach Südosten in die Straße nach **Kehrberg** (Krzywinek) ein. Dann geht es in östlicher Richtung über **Marienthal** (Baniewice) nach **Bahn** (Banie), dem alten Zentrum des welligen Landes Bahn, das 1234 von dem pommerschen Herzog Barnim I. dem Templerorden geschenkt wurde. Im selben Jahr entstand die Stadt Bahn als zweitälteste deutsche Stadtgründung Pommerns. Sie lag an den einst bedeutenden Handelsstraßen Stettin-Soldin-Landsberg-Posen und Schwedt-Stargard („Lotstieg"). Vor dem Krieg lebten hier 2884 Einwohner, in dem heutigen Dorf weniger. Als der Templerorden 1312 aufgehoben wurde, kam das Land Bahn an den Johanniterorden, bei dem es bis zur Reformation blieb. Die ehemalige Ackerbürgerstadt wurde 1945 schwer zerstört und ist heute eine unbedeutende Landgemeinde mit 6400 Einwohnern (1939: 2884). Beachtenswert ist die große Granitquaderkirche St. Maria Magdalena. 1498 wurde hier ein Passionsspiel aufgeführt, das mit dem Totschlag der drei Hauptdarsteller endete und einen Vierten auf die Folter brachte, weil es unter ihnen zu Streitigkeiten über die Rollenbesetzungen gekommen war.

Schöne Spaziergänge führen von Bahn an den gleichnamigen See, durch das Thuetal und Buchenwälder zum Schloß **Wildenbruch,** einem eindrucksvollen zweiflügeligen Bau, dessen Inneres nach 1945 zerstört wurde und heute als Getreidespeicher dient. Früher war es königliches Hofkammergut. An die alte Bedeutung der im 13. Jh. von den Templern errichteten Burg, die 1312 an den Johanniterorden und 1680–1788 zur Markgrafschaft Schwedt gehörte, erinnert nur noch der Bergfried.

Nach diesem Abstecher kehren wir auf kleinen Straßen durch das Bahner Hochland und die Buchheide über **Liebenow** (Ludnanowo), **Langenhagen** (Dolgie), **Klein Schönfeld** (Chwarstnica) und **Garden** (Gardno) nach **Retzowsfelde** (Radziszewo) und von dort via **Altdamm** (Dabie) nach Stettin zurück.

KURZINFORMATIONEN

Hotel: Greifenhagen: ** Regalica, ul. Sprzymierzonych 9, Tel. 20 54.

RESTAURANTS:

Pyritz: Ela, ul. Bogustawa 29, Tel. 7 71, tgl. 10–23 Uhr; Restaurant, ul. Europa (Bahner Str.) 14. **Greifenhagen:** Gryfena, ul. Chrobrego 32, Tel. 22 82.

14. Durch die Neumark nach Westpreußen

Führt man von der deutschen Reichshauptstadt Berlin auf der R 1 über die im Frühjahr 1945 heftig umkämpften Seelower Höhen nach Osten, so sieht man nach Durchquerung des unter Friedrich dem Großen trockengelegten **Oderbruchs** die in einer hügeligen und waldreichen Umgebung gelegene 750jährige preußische Festungsstadt Küstrin,die in Brandenburg liegt. Von diesem an der Mündung der Warthe in die Oder gelegenen Ort führte einst eine der wichtigsten Straßen in die östlichen Provinzen des Deutschen Reiches.

Seit 1945 ist der Übergang für den Fremdenverkehr gesperrt. Reisende müssen heute über Frankfurt/Oder in die polnischen deutschen Ostgebiete einreisen. Besitzt man ein Touristenvisum der Ost-Berliner Behörde, so kann man statt auf der Autobahn Berlin-Frankfurt/Oder auf der R 1 bis **Gorgast** im Oderbruch und dann auf der Straße Nr. 11 in südlicher Richtung über die alte Bischofsstadt **Lebus** zum 10 km weiter südlich gelegenen **Frankfurt/Oder** fahren.

Nach Überschreiten der Grenze biegen wir in der Dammvorstadt von Frankfurt/Oder (Slubice) in die parallel zur Oder nach Norden führende Straße ein und gelangen nach 35 km zum Wartheübergang bei Küstrin.

KÜSTRIN (KOSTRZYN)

Die alte neumärkische Soldatenstadt, Geburtsort des Großadmirals Alfred v. Tirpitz (1849–1930), des Schöpfers der deutschen Hochseeflotte, war bis 1945 ein wichtiger Industriestandort mit einer der größten Kartoffelmehlfabriken des Reiches sowie Zucker-, Maschinen-, Wagen- und Stanzfabriken und Verkehrsknotenpunkt der Ostbahn (Berlin-Königsberg) und der Linien Stettin-Breslau, Stettin-Cottbus-Dresden und der Hauptverkehrsstraße Berlin-Königsberg.

Küstrin wurde um 1300 vom Johanniterorden mit magdeburgischem Recht begabt. Im 16. Jh. kam die Stadt an Brandenburg. Mit diesem Besitzwechsel kam der Aufschwung. Sie wurde Markgrafen- und Hauptstadt der Neumark. Hier verbrachte der Große Kurfürst einen Teil seiner Kindheit. Im 16. Jh. war Küstrin Residenz des Kurfürsten Hans

v. Küstrin, der selbständig in der Neumark regierte. 1945 wurde Küstrin zu 90% zerstört. Die Wehrmacht hatte den wichtigen Flußübergang vom 31. 1. bis zum 31. 3. verteidigt, mußte dann jedoch der Übermacht weichen. Erhalten blieben nur der Vorort Küstrin-Kietz (auf dem Westufer der Oder) und Teile der Festung.

Sehenswert sind die alte **Festungszitadelle** und das Festungsglacis. In der Bastion „Prinz Philip" gibt es sehenswerte Kasematten. Beachtung verdient auch die spätmittelalterliche Pfarrkirche **St. Maria,** die nach der Zerstörung durch die Russen (1758) neun Jahre später durch einen Neubau ersetzt wurde. Das **Markgrafenschloß** in der zwischen Oder und Warthe gelegenen Altstadt, das aus dem 14. Jh. stammt, wurde im 16. und 18. Jh. umgebaut.

Hier saß Friedrich der Große 1730 als Kronprinz in Gefangenschaft. Bis 1945 konnte man im Schloß das Friedrichzimmer und das Kriegsmuseum der Kurmark besichtigen. Friedrichs Freund und Mitwisser, Leutnant von Katte, wurde auf dem Schloßwall (Kattewall) enthauptet. Auf den Ruf „Mon cher Katte, je vous demande mille pardons!" des Kronprinzen, sagte Katte als letzte Worte: „Point de pardon, mon prince, je meurs avec mille plaisirs pour vous!"

AUSFLÜGE

Einen Ausflug lohnt das 15 km von Küstrin gelegene Städtchen **Sonnenburg** (Slonsk) am Südende des durch Deiche und Schöpfwerke interessanten Warthebruchs. Im Mittelalter gehörte Sonnenburg dem Johanniterorden. Herrenmeister Graf Moritz von Nassau ließ 1661–1668 durch den Niederländer Cornelis Ryckwaert das Schloß im Renaissancestil umbauen. Es blieb bis 1945 Sitz der Johanniter. Als das Schloß 1974 völlig abbrannte, gingen die letzten der 1945 nicht geplünderten Kunstschätze verloren. Neben dem Schloß steht die stattliche spätgotische Kirche des Johanniterordens mit ihrem herrlichen Sterngewölbe und reichem Interieur.

Bei **Zorndorf** (Sarbinowo), 8 km nördlich von Küstrin, errangen Friedrich der Große und General v. Seydlitz am 25. 8. 1758 mit 36 000 Soldaten im Siebenjährigen Krieg einen Sieg über 40 000 Russen unter Fermor und warfen diese aus der Neumark hinaus. Besuchenswert ist auch die 11 km nördlich von Küstrin gelegene historische Stadt **Göritz.** Von den Höhen des Oder- und Warthebruchs hat man herrliche Ausblicke. Von Küstrin geht es nun durch den Warthebruch nach **Vietz**

(Witnica). Nördlich des Ortes, der 1262 urkundlich erstmals erwähnt wird, jedoch erst 1935 Stadtrechte erhielt und im 18. Jh. ein Eisenhüttenwerk mit zwei Hochöfen besaß (zusammen mit dem Hammerwerk in Zanzhausen nördlich von Landsberg belieferte es die preußische Armee), dehnen sich die endlosen Mischwälder der Massinger Heide mit schöngelegenen Waldseen aus. Vor dem Kriege war Vietz ein beliebtes Ausflugsziel. Vom Kirchenwald bietet sich ein ausgezeichneter Fernblick auf das 12 km breite Warthetal mit seinen Siedlungen aus der Zeit Friedrich des Großen. Der große Preußenkönig hatte zwischen 1767 und 1782 den von mehreren Flußarmen durchzogenen Warthebruch unter der Leitung von Franz Balthasar Schönberg von Brenckendorff (1723–1780) urbar gemacht und „mit 15 000 Deutschen peupliert". Ortsnamen wie Yorktown, Hampshire, Saratoga, Ceylon, Beaulieu, Jamaika, Stuttgart, Korsika, Pensylvanien, Sumatra und Neu-Dresden bei Schützensorge (Klopotowo) auf dem Südufer der Warthe unweit von Vietz erinnern u. a. an die Begeisterung der Siedler für den amerikanischen Unabhängigkeitskampf und die Traumziele mancher Bauern.

46 km östlich von Küstrin liegt am Südrand des Baltischen Höhenrückens im fruchtbaren Warthebruch die seit dem 19. Jh. bedeutende Industrie- und Binnenhafenstadt **Landsberg an der Warthe** (Gorzow Wielkopolski). Landsberg wurde 1257 als Neu Landsberg von dem brandenburgischen Markgrafen Johann I. als Grenzfestung gegründet. Sie wurde bald ein blühendes Getreidehandels- und Tuchmacherzentrum und größte Stadt der Neumark. Im 17. und 18. Jh. wurde sie nach Kriegszerstörungen immer wieder aufgebaut.

Einen neuen Aufschwung brachte die 1772 erfolgte Eröffnung des Bromberger Kanals und der Ostbahn (1857). Auch kulturell entwickelte sich die Stadt, neben einem Schauspielhaus entstand hier ein Gymnasium. 1920 wurde hier das bis dahin in Bromberg bestehende Kaiser-Wilhelm-Institut für Landwirtschaft als Preußische Landwirtschaftliche Versuchs- und Forschungsanstalt neu gegründet. 1972 wurde Landsberg Sitz eines Bischofs und 1975 Woiwodschaftssitz. Heute leben hier 100 000 Menschen. Bis 1945 bestand hier eine der größten Jutespinnereien Deutschlands. Daneben gab es in Landsberg vor dem Zusammenbruch Maschinenfabriken, eine Eisengießerei und eine Kalkbrennerei.

Über der nach dem Kriege wiederaufgebauten Stadt erhebt sich der mächtige Turm der dreischiffigen gotischen ev. **Marienkirche** (13.–16. Jh.) mit ihrem sehr schönen spätgotischen Skulpturenschmuck.

Sehens-wert sind ferner die 1768 erbaute **Konkordienkirche** nördlich vom Paradeplatz. Hier war der Philosoph Schleiermacher 1794–1796 Prediger, an den hinter der Kirche eine Bronzebüste erinnert. Aus dem Mittelalter sind ferner Reste der aus dem 14. Jh. stammenden **Stadtmauern**, darunter vier Bastionen, erhalten. An der Warschauer Straße (ul. Warszawa) Nr. 35 befindet sich ein kleines **Heimatmuseum**. Sehenswert ist ferner das neoklassizistische **Zeughaus**.

Landsberg ist der Mittelpunkt einer prächtigen Wald-, Hügel- und Seenlandschaft und wurde früher wegen seiner schönen, 95 ha umfassenden Parks, darunter dem Klose- und dem Quilitzpark, die „Parkstadt der Ostmark" genannt. An den Parkgürtel schließen sich herrliche Buchen- und Eichenwälder, weite Kiefern- und Mischwälder an, in die große sattgrüne Wiesenflächen eingestreut sind und aus denen Seen wie dunkle Augen verträumt hervorlugen. Große Wälder erstrecken sich auch zwischen Landsberg und Königswalde im Süden.

Unweit von Landsberg liegt das gräflich schwerinsche Schloß **Tamsel,** das im 18. Jh. der attraktiven Eleonore von Wreech gehörte. Friedrich der Große besuchte sie als junger Mann häufig an diesem von ihm „Oase in der Wüste" genannten Ort. Schöner Park. Bei dem ehemaligen Obstbauzentrum **Zantoch** (Santok), 19 km östlich, lag noch vor 700 Jahren einer der wenigen Übergange durch den Warthe-Netze-Bruch. Auf der „Schanze" auf dem Südufer der Warthe entdeckte man 1931/32 nicht weniger als 12 nacheinander entstandene Burganlagen. Im 7. und 8. Jh. befand sich hier ein Stützpunkt der Wikinger. Ab dem 10. Jh. schützte die Burg Pommern gegen die von Süden anrückenden Polen. Bis 1296 war Zantoch kirchlicher Mittelpunkt des unteren Warthegebietes.

Unsere Route führt nun weiter in die einst hübsche Stadt Friedeberg.

FRIEDEBERG (STRZELCE KRAJENSKIE)

Der Ort war vor dem Kriege ein lebhaftes Industriezentrum mit Sägewerken, Maschinenfabriken, Molkereien und Brauereien. 1939 lebten hier 5918 Menschen. Das Friedeberger Land wurde schon im 13. Jh. von Deutschen besiedelt. In den alten Kirchdörfern der Umgebung stehen noch zahlreiche aus Granitquadern errichtete Kirchen dieser ersten Siedler. Im Jahre 1260 baute der brandenburgische Markgraf Konrad an strategisch günstiger Stelle zwischen zwei Seen zum Schutze der alten hier durchführenden Handelsstraße (des späteren Markgrafenweges) die Burg Friedeberg. 1272 zerstörten die Polen die Burg, doch wurde sie gleich wieder aufgebaut. Außerdem gründete der Markgraf jetzt eine stark befestigte Stadt. Die ersten Siedler kamen aus dem Harz und von der unteren Saale, wo eine Familie v. Friedeberg große Ländereien besaß. Zwischen 1368 und 1792 war das Friedeberger Land als „Polnischer Winkel" Grenzland.

Sehenswert sind der stattliche Backsteinbau der **Marienkirche** (14. Jh.), die gut erhaltenen 8 m hohen **Ringmauern** aus Feldsteinen mit dem **Driesener Tor** (Brama Drezdenko) und dem **Alten Mühlentor** (Brama Mlyńska) und der **St. Georgspark** mit prachtvollen Bäumen.

Sehr schön ist der Blick auf den **Netzebruch**, empfehlenswert ein Ausflug ins Zansetal. Das flache Netzetal ist im Frühling meistens überschwemmt, so daß man die Netze auch als „Nil" bezeichnet. Die Netze entspringt in der Posener Seenplatte und biegt bei Nakel nach Westen ab, wo sie das Bett des Thorn-Eberswalder Urstromtals benutzt. Durch die zahlreichen vom Pommerschen Landrücken herabfließenden Flüsse wie die Küddow und die Drage wird die bis Usch (Ujście) „Träge Netze" zur „Lebhaften Netze". Hinter Kreuz nannte man sie ab 1920 „Freie Netze", weil dieser Teil nicht von Polen besetzt worden war. Zwischen der Netze und der Warthe erstreckt sich die größte Binnendünenlandschaft des Deutschen Reiches. Die ganze Gegend zwischen dem Oderknie bei Oderberg und dem Weichselknie bei Fordon war früher eine riesige Bruchlandschaft von 250 m Länge. Auch heute noch gibt es hier große Moore und Auwälder.

In vorgeschichtlicher Zeit bildete diese Landschaft die Grenze zwischen Ostgermanen und Illyrern, dann zwischen Burgunden, Goten und Wandalen und später zwischen Pomoranen und Polanen. Um die Furten und die hier erbauten Kastelle von Zantoch, Driesen, Filehne, Scharnikau, Usch und Nakel tobten früher heftige Kämpfe. Die Wildnis dazwischen war so dicht, daß Otto von Bamberg sieben Tage brauchte, um sie zu überqueren. Noch im frühen 13. Jh. war das Netzetal fast unbewohnt. Mit der Einwanderung deutscher Siedler, die vom Deutschen Ritterorden und vom Zisterzienserorden ins Land gerufen wurden, entstanden die ersten Städte, darunter Friedeberg, Woldenberg, Reetz, Kallies, Arnswalde, Deutsch-Krone, Tütz und Bromberg. Ab dem 16. Jh. wurden auch die Moore und Heidegebiete urbar gemacht und es entstanden zahlreiche Schulzen- und Hauländerdörfer. Viele Bauern kamen aus den Niederlanden. Als das Netzeland 1772 an Preußen kam, wurde die Netze reguliert und der Bromberger Kanal gebaut.

Das von prächtigen Wäldern und Seen umgebene **Woldenberg** (Dobiegniew) nördlich von Friedeberg wurde 1305 als Woldingborg von den Brandenburgern gegründet. 1939 lebten in dem am schönen Hermsdorfer See gelegenen Ackerbürgerstädtchen mit seiner gotischen Pfarrkirche (15. Jh.) 5334 Menschen. In **Mehrenthin** (Mierzecin) südöstlich von Woldenberg steht die Ruine des im 19. Jh. an der Stelle einer 1337 erstmals erwähnten Burg der Familie v. Waldow. 19 km südlich von Woldenberg liegt zwischen Alter und Fauler Netze die Stadt Driesen.

DRIESEN (DREZDENKO)

Der an einem wichtigen Netzeübergang und einer schon in vorgeschichtlicher Zeit genutzten Furt gelegene Ort ist die älteste (1092 als castrum Drżn) geschichtlich erwähnte städtische Siedlung der Neumark und war lange zwischen Pommern und Polen umkämpft. 1251 gehörte Driesen zu Pommern. 1260 fiel es an Brandenburg, zu dem es bis 1938 gehörte. Im 13. und 14. Jh. versuchten die Polen mehrmals, die Burg zu erobern. 1296 gelang es ihnen auch, doch wurden sie von den Brandenburgern bald wieder vertrieben. 1309 erhielt die Siedlung deutsches Stadtrecht und 1317 wurde die Burg den Rittern v. d. Osten zum Lehen gegeben. 1602–1605 legte Kurfürst Joachim Friedrich östlich der alten Burg eine Festung an, die er mit einem breiten Wassergraben umgab. Im 18. Jh. entstanden keramische Industrieanlagen. Bis zum 19. Jh. war auch der Tuchhandel von großer Bedeutung. Als der russische Markt verlorenging, baute man u. a. eine Eisengießerei, Sägewerke, Zündholz- und Steingutfabriken.

Von Driesen aus kolonisierte Franz Balthasar Schönberg von Brenkendorff (1723–1780) im Auftrage Friedrichs des Großen den Netzebruch und gründete die Driesener Neustadt. Die Namen der unter seiner Regie angelegten Dörfer (Neu Ulm, Neu Anspach, Neu Mecklenburg) weisen auf die Heimatorte der Siedler hin. Bis 1945 stand in Driesen ein Denkmal des „Vaters des Netzebruchs". Nach dem Bau der Ostbahn stieg die Zahl der Einwohner bis 1905 auf 6359 Personen an. Schwer geschädigt wurde die Stadt durch die Abtrennung der Provinz Posen von Preußen nach dem Ersten Weltkrieg. Denn die dortigen Absatzgebiete blieben den Driesenern nun verschlossen. Ein Ergebnis war das Sinken der Einwohnerzahl auf 5674 Seelen (1939).

Sehenswert sind die Ruinen der **Burg Driesen**, die Bastionen der **Festung** (die hier zwischen 1603 und 1763 bestand), mit dem **Treppmacherschen**

Haus, die **Sternwarte** des Astronomen Henke und die **Fachwerkkirche**. Im Norden der Stadt erstreckt sich ein 50 000 ha großer Wald mit seltenen Pflanzen und Vögeln, viel Wild und schönen Seen wie dem Großen und dem Kleinen Lubowsee (Jez. Lubiewskie).
10 km östlich von Driesen, zwischen der Netze und der westlich des Ortes einmündenden Drage (Drawa), liegt das Städtchen **Kreuz** (Krzyz), früher ein bedeutender Eisenbahnknotenpunkt am Schnittpunkt der Linien Berlin-Königsberg und Stettin-Posen. 1939 lebten hier 4956 Menschen.
10 km weiter östlich wird der ehemalige Fremdenverkehrsort **Filehne** (Wielen) mit seinem alten Schloß erreicht. Das bis 1945 hier stehende Denkmal des Ordensritters ist heute verschwunden. In der Nähe lag früher das Pädagogium Ostrau, eine der bedeutendsten Schulen Ostdeutschlands.
Zur Reichsstraße 1 zurückgekehrt, fahren wir weiter in östlicher Richtung in das 2113 Einwohner (1939: 2939) zählende Städtchen Schloppe, das am Flüßchen Desselfließ liegt.

SCHLOPPE (CZLOPA)

Die Stadt wird 1245 urkundlich als Dorf und 1350 als Stadt erwähnt. Doch war der Platz am Schnittpunkt von zwei alten Heer- und Handelswegen schon in vorgeschichtlicher Zeit besiedelt und besaß eine pomoranische Burg. Während der polnischen Zeit wurden die zumeist protestantischen Bewohner vom katholischen Klerus verfolgt. 1618 nahmen ihnen die Katholiken auch die Kirche weg. Auch das ihnen gestattete Bethaus wurde den Protestanten 1719 wieder abgenommen. Viele Bürger flüchteten während dieser finsteren Zeit der polnischen Gegenreformation ins tolerante Preußen, wo „jeder nach seiner Fasson selig werden" durfte. Erst 1772, als die Stadt vom polnischen Joch befreit wurde, konnten die zurückgebliebenen Schlopper aufatmen. Bis 1945 standen in Schloppe eine bemerkenswerte schindelbedeckte kath. Holzblockkirche (1660) und eine ev. Fachwerkkirche, die im Februar 1945 von den Sowjets abgebrannt wurden. Heute ist das Ortszentrum eine Wüstenei, doch lockt die malerische Umgebung zu Ausflügen.
Eine schöne Wanderung führt durch das schluchtenreiche Desselfließtal zum Plötzenfließ und zum Bahrenortsee.
10 km nordöstlich von Schloppe liegt an der Bahnlinie Stargard-Schneidemühl das zwischen 1920 und 1939 zur Grenzmark Posen-Westpreußen gehörende, damals als Sommerfrische beliebte Tütz.

TÜTZ (TUCZNO)

Der romantisch an drei Seen und zwischen dichten Wäldern und Hügeln gelegene Ort mit damals 2700 Einwohnern war 1920–1926 Sitz der Apostolischen Administratur für die Grenzmark. Er wurde 1331 von der Familie v. Wedel gegründet und war von der Reformation bis 1596 eine rein evangelische Stadt. Doch dann trat der Grundherr von Tütz Christoph v. Wedel zum katholischen Glauben über und zwang seine Untertanen zum Konvertieren. Die Protestanten versuchten sich gegen diese Zwangsbekehrung zu wehren. Nach elfjährigen Ringen wurden der evangelische Bürgermeister Ulrich und der Ratsherr Hautschke gehängt. Die übrigen standhaften Protestanten wurden ins Ghetto der „Viertelstadt" verwiesen, das dem evangelischen Zweig der Familie v. Wedel gehörte. Erst ab 1772 durften die Tützer Protestanten wieder ungestört in ihrem Ritus beten. Vor der Katastrophe von 1945 besaß Tütz viele attraktive Bauwerke. Leider hat der Ort 1945 schwer gelitten: 90% des Städtchens wurden zumeist durch „Siegesfeuer" der Roten Armee und polnischer Banden zerstört.

Rekonstruiert wurden die massive kath. **Pfarrkirche** (16. Jh.) mit ihrem zierlichen barocken Helm und das etwas außerhalb gelegene **Renaissanceschloß** der Familie v. Wedel, das 1947 abgebrannt war. Zwischen 1920–1926 diente es der Apostolischen Administratur der „Freien Prälatur Schneidemühl" als Sitz. Heute befindet sich hier ein Ferienheim.

20 km südöstlich von Schloppee liegt inmitten herrlicher Wälder und Seen, liegt **Schönlanke** (Trzcianka), Hauptort des 1920 aus den Resten der Posener Kreise Czarnikau, Filehne und Kolmar neugebildeten Netzekreises mit 1939 rund 9400 Einwohnern. Dank ihrer Lage an der Ostbahn entwickelte sich die Kreisstadt zu einem wohlhabenden Mittelzentrum mit Tuchmachereien (200 Webstühlen), Sägewerken, Zigaretten- und Zigarrenfabriken. Urkundlich wird der Ort erst 1565 als Dorf der polnischen Magnatenfamilie Poniatrowski erwähnt. Die Bewohner der ganzen Region waren seit dem 16. Jh. fast ausschließlich Deutsche, die das Wald-, Sand- und Sumpfland kultivierten. Obwohl schon 1679 als „Städtchen" bezeichnet, erhielt es erst 1731 deutsches Stadtrecht. Aber erst, nachdem Schönlanke 1772 zu Preußen gekommen war, erlebte das Städtchen dank der Trockenlegung des Netzebruchs und des im 19. Jh. erfolgten Baus der Ostbahn einen wirtschaftlichen Aufschwung. Vor 1945 besaß Schönlanke einen sehr gepflegten Stadtpark.

Südlich von Schönlanke liegt im Netzebruch das wald- und seenreiche Naturschutzgebiet **Hammer** (Kuznica Czarnkowska), ein früher bei den Schneidemühlern beliebtes Ausflugsziel. In dem am Südufer der Netze gelegenen Städtchen **Czarnikau** (Czarnków) wurden im November 1943 zwei Dutzend historische Maschinen der Deutschen Luftfahrtsammlung aus Berlin in Lagerhallen ausgelagert. Nach dem Kriege brachten die Polen sie über Posen und Breslau nach Krakau, wo sie bis 1986 in einem Hangar verrotteten. Dann willigten die Polen in ihre Restaurierung durch deutsche Fachleute ein.

32 km nordöstlich von Schloppe liegt in einer malerischen, bis 120 m hohen Hügellandschaft die westpreußische Kreis- und heutige Industriestadt Deutsch-Krone.

DEUTSCH KRONE (WALCZ)

Die ehemalige Beamten- und Schulstadt zwischen Wäldern und Seen am alten Postweg Berlin-Königsberg mit heute 23 000 Einwohnern (1939: 14 941) war zwischen 1920 und 1939 der zweitgrößte Ort der Provinz Grenzmark Posen-Westpreußen. Neben einer Eisengießerei gab es hier eine Maschinenfabrik, Mühlen, eine Brauerei und Ziegeleien.

1249 gründeten die deutschen Tempelritter in dem in den polnisch-pomoranischen Kämpfen verwüsteten Kroner Land neben dem wendischen Fischerdorf Walcz das Dorf Cron. Im Jahre 1303 erhielten die Ritter Ulrich und Rudolf Liebenthal vom askanischen Markgrafen, die das Kroner Land 1298 besetzten, den Auftrag, die Stadt Arneskrone-Krone (nach dem Wappentier der Askanier) oder „Theutzsche Krone" mit magdeburgischem Recht zu gründen. Bis 1368 gehörte die bald Deutsch Krone (im Unterschied zu Krone a. d. Brahe oder Polnisch-Krone) genannte Stadt zu Brandenburg. Dann trat der Wittelsbacher Markgraf Otto der Faule die Stadt mit dem umliegenden Kroner Land an den König von Polen ab. Doch die Adelsfamilien Blankenburg, Goltz und Wedel sorgten dafür, daß die deutschen Bauern vor der Willkür der Polen geschützt wurden. 1618 begannen die Jesuiten nach der Gründung einer „Residenz", der 1665 das Kolleg „Athenäum" folgte, den Bau einer katholischen Schule mit der „Bekehrung" der deutschen Einwohner zum „rechten", d. h. katholischen Glauben. Sie arbeiteten dabei mit allen Mitteln, darunter auch Betrug und der Drohung mit Existenzvernichtung. So mancher deutsche Protestant, der vor die Frage gestellt wurde, mit seiner Familie den Hungertod zu erleiden oder

„zum rechten Glauben" überzutreten, wählte in seiner Verzweiflung den zweiten Weg. Erst nach der Befreiung der Stadt durch Friedrich den Großen im Jahre 1772 konnten die Protestanten wieder aufatmen. Nachdem Deutsch Krone preußisch geworden war, entwickelte sie sich bald zu einer wohlhabenden Stadt.

Im Nordischen Krieg hatten die Bewohner der 1590 um eine Neustadt erweiterten Siedlung schwer zu leiden. Zählte es 1772 nur 1155 Einwohner, so stieg ihre Zahl bis 1839 auf 3057 und bis 1910 auf 7649 Personen an. Neben einem Lehrerseminar wurde eine Höhere Technische Staatslehranstalt für Hoch- und Tiefbau gegründet. Seit 1815 gehörte der Kreis Deutsch Krone zum westpreußischen Regierungsbezirk Marienwerder. Als 1920 der größte Teil Westpreußens von den Polen besetzt wurde, schlug man den zu 98,3% von Deutschen bewohnten zweitgrößten preußischen Landkreis Deutsch Krone zur neuen Provinz Grenzmark und kam 1938 mit dieser zu Pommern. Anfang 1945 kam es am nahen Pommernwall zu erbitterten Kämpfen zwischen der Wehrmacht und den russisch-polnischen Streitkräften, welche die zu 25% zerstörte Stadt am 12. Februar einnahmen.

In der Altstadt und am 7 km langen Stadtsee gibt es schöne schattige Promenadenwege wie den **Poetenstieg**, der nach Christian Ewald von Kleist benannt wurde, welcher ebenso wie Hermann Löns (von 1873 bis 1883) in Deutsch Krone das aus der Jesuitenschule hervorgegangene Gymnasium besuchte. In der westlichen Umgebung erstrecken sich ausgedehnte Buchen- und Mischwälder. Die endlosen tiefen Wälder und Heidegebiete, zwischen denen über 220, von Schilf und Rohrwäldern gesäumte Seen liegen, wurden von Hermann Löns besungen: „Für einen Abend am Radaunensee gäbe ich den Rhein mit seinen goldenen Wogen." In jüngster Zeit spürte man im Forst Schönthal (Raciborski) sogar ein Rudel von acht Wölfen auf.

KURZINFORMATIONEN

Hotel: Dom Wedkarza; Widok.
Jugendherberge: ul. Zdobywców Walu Pomorskiego 76, Tel. 48.
Camping: in Stranz (Stranczno, 6 km südwestlich an der Straße nach Schloppe/Czlopa).

Am **Radaunensee** (Jez. Raduń), einem 6,5 km langen und 230 ha großen Binnensee, wurde ein Wassersportzentrum errichtet. Unweit der Stadt lagen bis 1945 die bekannten Fischbrutanstalten **Schönthal** (Plytnica).

Von Deutsch Krone fahren wir auf der T 83 weiter in nordöstlicher Richtung nach Jastrow, einer kleinen Stadt im Nordosten des Kroner Landes, inmitten von Hügeln, Seen und schönen Eichen- und Buchenwäldern an der Zahne.

JASTROW (JASTRÓWIE)

Das Städtchen mit 1939 5891 Einwohnern (heute 7100) wird 1363 erstmals als Dorf erwähnt und erhielt 1560 deutsches Stadtrecht. Bald ließen sich hier deutsche Bauern und Handwerker nieder. Als der katholische Geistliche 1587 zum protestantischen Glauben übertrat, entwickelte sich Jastrow zum evangelischen Zentrum, das sich auch trotz stärkster Bedrohung durch die katholische Gegenreformation hielt. Der Flecken erhielt 1602 magdeburgisches Stadtrecht. Im 18. Jh. veranstalteten die Polen mehrere Pogrome gegen die mehrheitlich deutschen Bewohner. Der Rektor und Prediger Benjamin Willich wurde unter Torturen ermordet. Als die Stadt 1772 zu Preußen kam, entwickelte sie sich zum Tuchmacherzentrum und Marktort für das Umland. Außerdem war es Relaisstation an der Kreuzung der Poststraße Berlin-Königsberg und der Straße Flatow-Tempelburg. Bekannt waren auch die Jastrower Pferdemärkte. Unter Friedrich dem Großen ließen sich mehrere schottische Familien in Jastrow nieder. Im 19. und 20. Jh. entstanden Schuhfabriken, Walkmühlen, ein Eisenhammer und andere Industriebetriebe. Ausflüge führen zu den herrlichem Stadtsee mit Waldseebad, den Thulauer Bergen und in die großen Wald-, Heide- und Moorgebieten der näheren Umgebung mit ihren zahlreichen Vogelarten.

Südlich von Jastrow liegt zwischen zwei Seen inmitten des flachwelligen Flatower Landes die Stadt Flatow.

FLATOW (ZLOTÓW)

Das alte westpreußische Kreisstädtchen, das 1920 mit dem Westen des gleichnamigen Kreises an Pommern kam, zählt heute 12 000 Einwohner (1939: 8000). Vor dem Kriege besaß es Brauereien und Tuchmachereien und war ein Zentrum des Getreidehandels. Der Ort entstand 1370 an der

Stelle einer alten wendischen Burg, die Pommern gegen Raubzüge der Polen schützte, und einer Fischereisiedlung und wurde mit magdeburgischem Stadtrecht begabt. Das Flatower Land, das ursprünglich als „Kraina" (Grenzland) zu Pommern und dann zum Ordensstaat gehörte, wurde im September 1772 nach mehr als 400jähriger Besatzung durch die Polen mit Preußen wiedervereint. Die 1400 Bewohner (davon mehr als 50% Deutsche sowie Juden und Polen) begrüßten die preußischen Truppen als Befreier. Bis zum Ersten Weltkrieg erlebte das Flatower Land, das ab 1815 einen selbständigen Kreis im westpreußischen Regierungsbezirk Marienwerder bildete, eine Zeit des Wohlstands. Im Jahre 1920 jedoch mußte der Ostteil des Kreises Flatow (611 km^2) mit 30 541 Einwohnern (70,6% Deutsche) ohne Abstimmung an Polen abgetreten werden. Der Restkreis wurde der neuen Provinz Grenzmark Posen-Westpreußen zugeteilt. Bald hatten die Bewohner des bei Deutschland gebliebenen Kreisteils diesem wieder zu einem landwirtschaftlichen Überschußgebiet gemacht, während das zwangsweise an Polen abgetretene Kreisgebiet stagnierte. Bis 1931 waren die meisten Deutschen aus der Gegend um Zempelburg enteignet und vertrieben worden. Polnische Nationalisten, die von den katholischen Geistlichen unterstützt wurden, versuchten nach 1920, die knapp 12% Polen im Kreis Flatow gegen das Deutsche Reich aufzuhetzen. Doch gelang ihnen das nur in wenigen Fällen, denn der Minderheit ging es in Deutschland gut. Besonders polnisch-nationalistisch gebärdete sich der Pfarrer Doman'ski aus Buschdorf, der früher ein glühender Verehrer Wilhelms II. gewesen war. 1903 wurde Doman´ski Vorsitzender des „Bundes der Polen" und zu einem der schlimmsten Hetzer gegen alles Deutsche. Beachtenswert ist die von Schinkel erbaute **ev. Kirche** auf dem großen Markt.

Am Stadtsee erhebt sich die 1664 erbaute kath. **Pfarrkirche Assumptionis B. Mariae V.** mit prächtiger Barockausstattung. Das im 18. Jh. erbaute **Schloß** wurde teilweise von Schinkel errichtet. Es war Mittelpunkt der Herrschaft Flatow-Krojanke, die damals einem Zweig der Hohenzollern gehörte. Prinz Friedrich Leopold v. Preußen, der 1919 die Herrschaft Flatow-Krojanke besaß, konnte mit Unterstützung seiner Schwester Ludwike Margarete, die einen Bruder des englischen Königs Edward VIII. geheiratet hatte, seinen Besitz vor dem Zugriff der Polen retten.

Auf dem nahen Gut **Gresouse** lebte 1774–1780 Rittmeister (später Feldmarschall) Leberecht von Blücher als Pächter.

Bei den nahen Orten **Kujan** und **Ruden** (Rudna) lag zwischen 1920 und 1939 die Grenze zu Polen. Bei **Schmirtenau** (Smiardowa Krojeńskie), einige Kilometer südlich von **Krojanke** (Krajeńka), einer 1420 gegründeten Stadt, liegt auf dem „Hexenberg" das größte ostgermanische Gräberfeld aus der Bronzezeit (1800 v. Chr.) in Westpreußen.

Einige Kilometer östlich von Jastrow steht an der alten Königsstraße die idyllische **Flederborner Mühle** (Szwecja), wo 1945 am Pommernwall schwere Kämpfe stattfanden. 7 km nördlich liegt inmitten großer Wälder an der Straße 160 nach Neustettin das ruhige Städtchen **Ratzebuhr** (Okonek), das 1550 in einem Sanderdgebiet als pommersches Amtsdorf durch Herzog Barnim XI. gegründet wurde, 1754 die Stadtrechte erhielt und heute 2200 Einwohner (1939: 2940) zählt. Bis zu den napoleonischen Kriegen war Ratzebuhr ein bedeutendes Tuchmacherzentrum. In der französischen Besatzungszeit verarmt, wanderten 33 Tuchmacherfamilien nach Russisch-Polen aus, wo ihnen die Zaren „goldene Berge" versprochen hatten. 200 Jahre später erhob Friedrich der Große den Ort zur Immediatstadt und gründete eine bald florierende Tuchmacherindustrie. Das vor 1945 wohlhabende Städtchen mit Sägewerken, Kalksteinfabrik und Großgärtnerei wurde 1945 zu 30% zerstört. Nördlich des Ortes erhebt sich der Tetzlaffsberg (191 m) mit dem noch heute existierenden Bismarckturm von 1912. 8 km weiter liegt das große Dorf **Lottin,** das lange den v. Hertzberg gehörte und 1939 1591 Einwohner hatte. Vom 24 km nordöstlichen **Barkenfelde** (Barkowo) gelangt man zu der 10 km südlich im malerischen Dobrinkatal gelegenen Stadt Preußisch-Friedland.

PREUSSISCH-FRIEDLAND (DEBRZNO)

Die Stadt wurde 1354 von dem Hochmeister Winrich von Kniprode als Schutz vor polnischen Überfällen auf das Deutschordensland gegründet und mit Kulmer Recht begabt. Zwischen 1466 und 1772 stand die fast ausschließlich von deutschen Bürgern bewohnte Stadt unter dem „Schutz" der polnische Krone. Im 17. Jh. gab es hier eine bedeutende Tuchmacherindustrie und eine Brauerei. Nach ihrer Befreiung war die Stadt bis 1945 ein landwirtschaftliches Zentrum. Auf dem Marktplatz stehen mehrere typisch deutsche Patrizierhäuser mit Giebeln und Beschlägen. Sehenswert ist auch die gut erhaltene Stadtmauer. 19 km nordöstlich liegt an der alten „Via Marchionis" und eingebettet zwischen drei Seen die Kreisstadt Schlochau.

SCHLOCHAU (CZLUCHÓW)

Die Stadt hatte 1939 über 6300 Einwohner. Ursprünglich befand sich hier ein um das Jahr 1200 von Pomoranen gegründetes Dorf. Die ersten Bewohner waren vor den Polen aus dem Netzebruch geflohen.

Der Deutsche Ritterorden, der 1312 den Ort von dem Grafen Nikolaus von Ponitz kaufte, baute 1325–1336 auf einer Halbinsel des Schlochauer Sees die stärkste Burg nach der Marienburg mit einem 46 m hohen sechseckigen Turm. Sie wurde Sitz eines Komturs und Konvents. Das Schlochauer Land wurde damals im Westen durch die 105 km lange Küddow begrenzt, die seit alten Zeiten die Grenze zwischen Pommern und Pommerellen bildete. Im Süden wurde das Schlochauer Land von der Dobrinka gegen die im 14. Jh. von den Polen eroberte pommersche Kraina begrenzt. Bis ins 15. Jh. ließen sich in der Umgebung der Burg zahlreiche deutsche Bauern in Zehntdörfern nieder. 1348 verlieh Hochmeister Heinrich von Dusemer (Tesmar) dem Ort Schlochau das Kulmische Stadtrecht. 1410 ließen der Schlochauer Komtur Arnold von Boden und viele deutsche Ritter aus der Umgebung ihr Leben auf dem Schlachtfeld von Tannenberg. Zwischen 1466 und 1772, als das Schlochauer Gebiet unter der Herrschaft der polnischen Krone stand, stagnierten Schlochau und die umliegenden Dörfer. 1772 lebten hier nur 812 Menschen. Erst mit ihrer Befreiung durch Friedrich den Großen setzte ein neuer Aufschwung ein, der bis 1945 anhielt. Bis zum Ersten Weltkrieg gehörte Schlochau zu Westpreußen. Nach dem Versailler Frieden verlor der 2139 km^2 große Kreis – ohne Volksbefragung – ein Fünftel seines Umfangs. Der Rest kam 1920 zur Grenzmark und 1938 zu Pommern. Von der alten Ordensburg, die einst aus einem Hochschloß und drei Vorburgen bestand, ist nur noch der 46 m hohe Turm erhalten. Die ev. Kirche von 1826–1828, die an der Stelle der ehemaligen Schloßkirche steht, dient heute als Kulturzentrum.

Das nahegelegene Naturreservat **Pagdanzig** (Pakotulsko), das den Groß-Ziethener See und einen ausgedehnten Wald umfaßt, besitzt die größte Kormorankolonie Europas. Auf dem 22 ha großen Gelände leben über 1000 dieser Vögel. Außerdem nisten hier Reiher. 22 km südlich von Schlochau liegt in der Kraina (die bis zum 13. Jh. zu Pommerellen gehörte) die Stadt **Kamin in Westpreußen** (Kamień Krajenski). Mitte des 14. Jh. siedelten sich hier die ersten Deutschen an. 1359 erhielt der Ort durch den Deutschen Orden kulmisches Stadtrecht.

10 km weiter südlich liegt die Stadt **Zempelburg** (Sepolno Kr.), die schon im 14. Jh. mit magdeburgischem Recht begabt wurde. Im Mittelalter war Zempelburg eine Tuchmachersiedlung. 1919 kam die Stadt trotz ihrer überwältigenden deutschen Mehrheit mit dem Ostteil des Kreises Flatow an Polen. Lebten hier 1919 noch 70,6% Deutsche, so war ihre Zahl bis 1931 auf 37,7% gesunken. Die übrigen wurden durch Enteignung oder Boykottierung vertrieben oder ermordet.

Nach weiteren 13 km sind wir in der kleinen, 1384 erstmals erwähnten Stadt **Vandsburg** (Wiecbork). Bis 1945 war Vandsburg Sitz des Deutschen Evangelischen Gemeinschafts-Diakonieverbandes.

11 km hinter Schlochau begann zwischen 1920–1939 bei **Niesewanz** (Niezywieć) der „polnische" bzw. Weichselkorridor, der durch das Versailler Diktat an Polen gekommene Teil Westpreußens. Nach weiteren 3 km von Schlochau haben wir die Stadt Konitz erreicht.

KONITZ (CHOJNICE)

Konitz wurde 1323 vom Deutschen Ritterorden als Waffenplatz gegründet. Mitte des 14. Jh. bauten die Augustiner hier eine Kirche, die heute als Pfarrkirche dient. Im 14. Jh. entwickelte sich Konitz zu einem Zentrum der Tuchmacherei. Zwischen 1440 und 1450 gehörte Konitz dem Preußischen Bund an, trat jedoch wieder aus, als sich der Bund gegen den Orden wandte. Am 18. 9. 1454 erlitten die Polen vor Konitz eine vernichtende Niederlage. Erst 1466 mußte sich Konitz nach langer Verteidigung ergeben. Damit war der Krieg entschieden, da durch Konitz die letzte Verbindung zum Reich führte. 1599 und 1616 vertrieben die Katholiken die Protestanten aus ihren Kirchen. Erst als Konitz im 18. Jh. wieder zu Preußen kam, blühte die Stadt auf und gehörte bald zu den wohlhabendsten Westpreußens. Konitz ist der Geburtsort von Johann E. Gotzkowski (1710–1775), der 1761 die Berliner Porzellanmanufaktur gründete. Rings um die Stadt dehnt sich die **Koschneiderei** aus, eine bis 1945 von katholischen deutschen Siedlern aus Niedersachsen bewohnte Landschaft.

Bei **Müskendorf** (Charzykowy), 8 km nördlich von Konitz, erstreckt sich am Müskendorfer See (Jez. Charzykowskie) ein herrliches Erholungs- und Wassersportgebiet. Mit Paddelbooten kann man von hier auf der Brahe (Brda) durch dichte Wälder bis Bromberg fahren.

Von Konitz setzen wir unsere Reise über H**eiderode** (Czersk) und **Hochstüblau** (Zblewo) und durch den Nordteil der 3000 km^2 großen, mit riesigen Kiefernwäldern bestandenen **Tucheler Heide** (Bory Tucholskie) fort, wo im September 1939 eine Kavallerieattacke einer polnischen Einheit gegen deutsche Panzer stattfand, in Richtung Osten. Von **Czersk** führt eine kleine Straße zum linkerhand gelegenen bedeutenden Hügelgräberfeld von **Odri** (Odry). Die 1915 entdeckten vorgeschichtlichen Grabhügel sind von Steinkreisen umgeben. Die hiergemachten Funde aus dem 1.–3. Jh. n. Chr. belegen, daß hier Goten und Gepiden begraben wurden.

Nach weiteren 40 km von Czersk erreichen wir

PREUSSISCH-STARGARD (STAROGARD GDAŃSKI)

Die einstige Handels- und heute Industriestadt an der Ferse (früher Sitz der weltberühmten Branntweinbrennerei Winkelhausen) mit 34 000 Einwohnern liegt inmitten großer Waldungen. Vor 1945 führte durch den Ort die Bahnlinie Berlin-Königsberg. Ursprünglich stand hier an einer alten Handelsstraße eine pommerellische Burg, die 1174 von Fürst Grimislaw den Johannitern geschenkt wurde. 1309 gründete der Deutsche Ritterorden an dieser Stelle die Stadt, die 1348 von Hochmeister Dusemer (Tesmar) Kulmisches Stadtrecht erhielt. Besuchenswert sind die dreischiffige gotische **Johanniskirche** (früher St. Marien) mit schönen Pfeilergiebeln, das **Rathaus** (19. Jh.), die ev. Pfarrkirche (1805–1807) mit ihrem 14 m hohen Turm von 1872 und die heute als Lagerhaus dienende **Synagoge**, die Reste der **Stadtmauern** (14.–15. Jh.) mit einem Wehrturm sowie das staatliche **Gestüt** mit einer berühmten Zucht englischer Halbblutpferde. 18 km nordöstlich von Preußisch-Stargard gelangen wir an die E 16, die Danzig mit Warschau verbindet.

Wissenswertes von A–Z

ANGELN UND FISCHEN

In den zahlreichen Binnengewässern und der Ostsee gibt es einen reichen Fischbestand. Angelgenehmigungen erhält man bei allen Rathäusern (Westpommern) oder in Orbis-Büros und it-Zentren (Ostpommern).

ANTIQUITÄTEN siehe Einkauf und Souvenirs

APOTHEKEN

Medikamente sind in beiden Teilen Pommerns Mangelware. Die örtlichen Apotheken haben ein sehr beschränktes Sortiment.

ÄRZTLICHE BETREUUNG

... in Ostpommern: Im Krankheitsfall kann man das Gebietsambulatorium im Aufenthaltsort aufsuchen, wo man ärztliche Hilfe erhält bzw. zum Facharzt oder ins Krankenhaus überwiesen wird. In Notfällen hilft der Rettungsdienst (Tel. 9 99). In Notfällen wird kostenlose Erste Hilfe geleistet. Ein Haus- bzw. Hotelbesuch des Arztes kostet 2000 Zloty, beim Facharzt zwischen 1000 und 2000 Zloty. Wichtig: unbedingt eine Quittung ausstellen lassen. Man erhält dann die aufgewandten Kosten von der heimischen Krankenkasse zurück.

AUSKUNFT

In der Bundesrepublik Deutschland: Polorbis, Hohenzollernplatz 99, 5000 Köln 1, Tel. 02 21/ 52 00 25, und Glockengießerwall 3, 2000 Hamburg 1, Tel. 0 40/33 76 86/8.

... Österreich: Polorbis, Schwedenplatz 3, 1010 Wien 1, Tel. 63 08 10.

In der VR Polen besitzt das staatliche Reisebüro Orbis, Zentrale: ul. Bracka 16, Warschau, Tel. 26 02 71, in den größeren Städten und

Touristenzentren Zweigstellen. Orbis besorgt Tickets, Theaterkarten, wechselt Devisen.

Weitere Tourismus-Organisationen sind: PTTK (Büro für Auslandstouristik), ul. Swietokrzyska 36, Warschau, Tel. 20 82 41; Juventur (Büro für Jugendreisen), ul. Gdan´ska 27, Warschau, Tel. 33 00 41; Almatur Studentenreisen, ul. Kopernika 15, Warschau, Tel. 26 84 04; PZM (Polnischer Motorverband, Abteilung Auslandstouristik), ul. Jerozolimskie 63, Warschau, Tel. 29 45 50. In jedem größeren touristisch interessanten Ort gibt es außerdem Büros von „it" (informacja Turystczna).

BANKEN siehe Geld und Geldwechsel

BOTSCHAFTEN siehe Diplomatische Vertretungen

CAMPING

... in Ostpommern

In Ostpommern gibt es zahlreiche Campingplätze, die in drei Kategorien eingeteilt sind. Die Gebühren in der ersten Kategorie (sie können vom Pflichtumtausch bezahlt werden) betragen pro Person ca. 6 DM; ein Zeltplatz bis zu vier Personen kostet etwa 5 DM, ein Platz für Wohnwagen inklusive Stromanschluß etwa 11 DM; die Parkgebühr beträgt etwa 5 DM. Die meisten Büros auf Campingplätzen sind von 8 bis 17 Uhr geöffnet. Die Campingsaison reicht vom 15. Juni bis zum 30. September. Auskunft: in den it-Zentren, Orbis-Büros oder bei der polnischen Campingförderation, Warschau, ul. Królewska 27, Tel. 26 80 89. In den RUCH-Kiosken kann man Campingkarten der VR Polen kaufen.

DEVISENBESTIMMUNGEN siehe Geld und Geldwechsel

DIPLOMATISCHE VERTRETUNGEN

Botschaften und Konsulate der Republik Polen.

... Bundesrepublik Deutschland: Leyboldtstraße 74, 5000 Köln 51, Tel. 02 21/38 02 61. Sprechzeiten: Mo-Fr 9–16.30 Uhr. Konsulat: Mo,

Di, Do, Fr 9–12 Uhr, Tel. 38 70 13. Visa auch bei Polorbis (s. Auskunft). – Militärmission und Konsulat, Lassenstraße 19–21, Berlin 33, Tel. 0 30/8 26 20 46. Sprechzeiten: Mo, Di, Do, Fr 9–13 Uhr.

... **Bundesrepublik Österreich**: Hietzinger Hauptstraße 42 c, 1130 Wien, Tel. 82 32 72.

... **Schweiz**: Elfenstraße 20, Bern, Tel. 0 31/44 04 52.

DOLMETSCHER

Benötigt man einen Übersetzer, so wende man sich an die Botschaft seines Landes oder an das staatliche Reisebüro Orbis.

EINKÄUFE UND SOUVENIRS

Das Land ist bekannt für sein kunstgewerbliches Angebot (Holzschnitzereien, Keramik, Teppiche) und für den an der Ostseeküste gefundenen Bernstein. In den Geschäften der Kunst-gewerbezentrale CEPELIA erhält man u. a. Keramiken, Holzschnit-zereien, Stoffe und Stickereien. Schmuck gibt es in „Jubiter"-Läden. In den DESA-Läden kann man gegen Devisen Kunstwerke kaufen. Die Rechnung und die Genehmigung des Denkmalkonservators müssen an der Grenze vorgelegt werden. Die Ausfuhr vor 1945 gedruckter Bücher und hergestellter Kunstwerke ist verboten.

EINREISE-, AUFENTHALTS- UND AUSREISEBESTIMMUNGEN

... für Ostpommern: Bürger der Bundesrepublik Deutschland, Österreichs und der Schweiz benötigen kein Visum mehr.

ERSTE HILFE siehe Ärztliche Betreuung.

FEIERTAGE UND FESTE

... Ostpommern: 1. Januar (Neujahr), Ostermontag, 1. Mai (Tag der Arbeit), 9. Mai (Nationalfeiertag), Allerheiligen, 25. und 26. Dezember (Weihnachten).

FOTOGRAFIEREN

Filme sollte man in genügender Zahl aus dem Westen mitbringen, da es in beiden Teilen Pommerns außerhalb der großen Städte oft keine oder nur wenige Filme schlechter Qualität gibt. Das Fotografieren von Militär-, Industrie- und Verkehrsanlagen ist streng verboten. Dazu gehören auch Bahnhöfe, Flughäfen, Häfen und Brücken, sowie im Grenzgebiet.

FREMDENFÜHRER

Die Reisebüros vermitteln Fremdenführer.

GELD UND GELDWECHSEL

... für Ostpommern: Die polnische Währungseinheit ist der Zloty (Zl) zu 100 Groschen (Groszy). Banknoten gibt es zu 10, 20, 50, 100, 500, 1000, 2000 und 5000 Zloty; Münzen zu 10, 20, 50 Groschen sowie 1, 2, 5, 10, 20, 50, 200 Zloty. Die Ein- und Ausfuhr polnischer Währung ist verboten. Devisen aus Hartwährungsländern (d. h. dem Westen) dürfen dagegen in unbeschränkter Höhe mitgebracht werden. Alles eingeführte Geld muß man an der Grenze deklarieren.

GESUNDHEITSVORSORGE

Weil in Pommern Medikamente aller Art Mangelware sind, sollte man sich damit bereits vor Reiseantritt eindecken. Neben Tabletten gegen Kopfschmerzen und anderen Beschwerden sind Mittel gegen Mücken und sonstiges Ungeziefer (Wanzen, Flöhe) empfehlenswert.

GEWICHTE UND MASSE

Es gilt das metrische System.

GRENZÜBERTRITT siehe Einreise.

HOTELS siehe Unterkunft.

INFORMATION siehe Auskunft.

JUGENDHERBERGEN siehe Unterkunft.

KARTEN UND STADTPLÄNE

... für Westpommern: Im Buchhandel sind Übersichtskarten von dem Gebiet der ehemaligen DDR im Maßstab von 1:600 000 oder 1:750 000 erhältlich. Daneben gibt es Bezirkskarten von Rostock, Stralsund und Neubrandenburg, die Vorpommern und das östliche Mittelpommern abdecken.

... für Ostpommern: Neben einer Übersichtskarte empfiehlt sich die Mitnahme von Woiwodschaftskarten (im Maßstab 1:500 000). Die besten Autokarten sind RV-Karten „Polska" (1:1 000 000), die „Mapa Samochodowa Polski" (1:1 000 000) sowie die Touristische Landkarte „Polen" (1:750 000), die man bei Polorbis erhält. Beim Institut für Angewandte Geodäsie (Berlin) oder beim Buchhandel sind eine Übersichtskarte von Pommern (Maßstab 1:300 000) mit den alten Kreisgrenzen und deutschen Ortsnamen sowie Meßtischblätter (1:25 000 und 1:100 000) von allen Kreisen erhältlich. Ihre Mitnahme auf eine Pommernreise wird jedoch von den polnischen Behörden verboten.

KLEIDUNG siehe Reisezeit und Ausrüstung.

KULTURELLE EREIGNISSE siehe Veranstaltungen.

KUREN UND KURORTE

... in Westpommern: Kurbäder sind u. a. Binz (Rügen) und Heringsdorf auf Usedom.

... in Ostpommern: Bad Polzin und Kolberg sind seit langem bekannte Kurorte. Bei Orbis kann man preisgünstige Pauschalkuren (Mindestaufenthalt 10 Tage) buchen.

LANDKARTEN siehe Karten.

NETZSPANNUNG siehe Stromspannung.

NOTRUFE

.. in Westpommern: Polizei: 1 10; Unfallrettung: 1 15.

.. in Ostpommern: Polizei: 9 97; Feuerwehr: 9 98; Rettungsdienst: 9 99.

ÖFFNUNGSZEITEN

... Westpommern: Ladengeschäfte sind im allgemeinen von Mo–Fr bis 18 Uhr geöffnet, am Samstag nur bis mittags. Die Banken sind Mo–Fr von 8–11.30 Uhr, Museen tgl. (außer Mo oder Di) 10–17 Uhr geöffnet.

... Ostpommern: Lebensmittelläden sind im allgemeinen Mo–Fr 6–19 bzw. 8.30–20 Uhr, Sa bis 13 Uhr geöffnet, Kaufhäuser von 11–19 oder von 10–18 Uhr (Ladenkette DT „Dentrum").

Banken haben Schalterstunden (Mo–Fr) von 8 oder 9–12 Uhr, z. T. auch 13–17 Uhr. Behörden sind Mo–Fr von 8–15 Uhr, Postämter Mo–Fr von 8–20 Uhr geöffnet. In großen Städten ist ein Postamt durchgehend geöffnet (in Warschau: ul. Swietokrzyska 31/33). Jeder zweite und dritte Samstag im Monat ist normalerweise arbeitsfrei. Nur die wichtigen Versorgungsbetriebe unterhalten dann eine Art Notdienst. Museen sind im allgemeinen Mo und nach Feiertagen geschlossen. An einem der Wochentage ist der Eintritt frei.

PANNENHILFE

... in Westpommern: Der Straßenhilfsdienst (Anschriften und Telefonnummern u. a. bei Tankstellen oder über den Kundendienst der Post zu erfahren) ist von 0–24 Uhr erreichbar.

... in Ostpommern: Der Polnische Motorclub (Polski Zwiazek Motorowy) unterhält einen Pannendienst. PZM-Büros gibt es in den größeren Städten (Adressen siehe dort).

POLIZEI siehe Notruf.

POST, TELEFON, TELEGRAMM, TELEX

... in Ostpommern: Briefmarken erhält man außer in Postämtern auch in Ruch-Kiosken. Die Laufzeit von Postsendungen ins westliche Europa dauert zwischen 12 und 14 Tagen. **Porto:** Nach Westeuropa: Postkarte

15 Zl., Brief 25 Zl., Luftpostzuschalg 4 Zl., Inland 10 Zl. **Briefkästen** Beachten Sie die verschieden angestrichenen Briefkästen: Grün gilt fü Ortspost, Rot für Fernpost (Landweg) und Blau für Luftpost **Telefonieren:** Fernmeldeämter sind in den Städten bis 24 Uhr geöffnet Ein Normalgespräch im Inland (3 Minuten) kostet bei einer Entfernung über 100 km 108 Zl. Eilgespräche kosten dreimal, Blitzgespräche fünfmal so viel. In der Zeit von 16–6 Uhr zahlt man bei Gesprächen von öffentlichen Telefonen die halbe Gebühr. Ein Lokalgespräch kostet 2 Zl. Eine Minute kostet nach West-Deutschland 200 Zl. Zwischen Anmeldung und Gespräch können jedoch Stunden liegen. Im Selbstwählferndienst (nur im Inland möglich) sind Telefongespräche etwas billiger. Tel**egramme:** Die Gebühr für ein Wort ist unterschiedlich und beträgt für West-Deutschland 86 Zl., **Inland:** 2 Zl. (Mindestgebühr: 30 Zl.). **Telex:** Auskunft bei den Postämtern.

RECHTSHILFE

Bei einer Festnahme verlange man die Kontaktaufnahme mit der diplomatischen Vertretung seines Landes.

REISEZEIT

Die beste Reisezeit liegt zwischen Juni und September. Doch sollte man auch im Sommer Regenkleidung und einige warme Sachen mitnehmen.

SPERRGEBIETE

Da das Betreten von Sperrzonen streng verboten ist und die Streitkräfte schnell scharf schießen, ist die Beachtung von Sperrschildern lebenswichtig.

SPORT

An Küsten und auf den Binnengewässern wird naturgemäß der Wassersport groß geschrieben. In einigen Fremdenverkehrsorten kann man Segel-, Paddel- oder Ruderboote ausleihen.

Die schönsten Ostseestrände liegen nördlich von Stettin, bei Cammin und östlich von Kolberg.

Zu den schönsten Urlaubssportarten gehört das Reiten. In mehreren Reiterpensionen, wie in Baldenburg (Biely Bor) kann man den Urlaub verbringen.

Wer das Wandern vorzieht, kommt in den zahlreichen Wäldern voll auf seine Kosten. Auskunft über Sportanlagen und -clubs erhält man von den lokalen Fremdenverkehrsbüros.

SPRACHEN

Während in Westpommern Hoch- und Niederdeutsch gesprochen wird, ist in Ostpommern Polnisch Verkehrssprache. In den größeren Orten kommt man aber auch mit Englisch, Deutsch oder Französisch voran.

STROMSPANNUNG

In der Regel 220 Volt Wechselstrom. Die im Westen verwendeten Schuko-Stecker passen meist nicht.

STRASSENVERHÄLTNISSE

Die Hauptstraßen sind zumeist zufriedenstellend. Auf Nebenstraßen und besonders in ländlichen Gegenden muß man besonders auf Menschen und Tiere achten, die wegen des geringen Autoverkehrs oft achtlos über die Straße oder sogar mitten auf ihr gehen.

TANKSTELLEN

... in Westpommern: Die Zahl der Tankstellen ist begrenzt. Man sollte deshalb immer voll tanken.

... in Ostpommern.: Etwa alle 20–30 km steht eine CPN-Tankstelle. Im Sommer die meisten Mo–Fr von 6–22 Uhr, an Sonn- und Feiertagen von 7–17 Uhr geöffnet. Einige Tankstellen haben einen 24-Stunden-Service. Benzin erhält man offiziell nur gegen Benzingutscheine.

TIERE

Hunde und Katzen können mit einem tierärztlichen Gesundheitszeugnis eingeführt werden.

TOILETTEN

Öffentliche Toiletten gibt es vor allem auf den Bahnhöfen. Im polnisch besetzten Gebiet entsprechen sie oft nicht unserem Sauberkeitssinn, wie auch polnische Zeitungen 1986 zugeben mußten.

TRINKGELD

... in Westpommern: In Hotel- und Restaurantrechnungen ist das Bedienungsgeld enthalten. Doch freuen sich die Angestellten über eine kleine Anerkennung.

... in Ostpommern: In Hotel- und Restaurantrechnungen sind 10–15% Bedienungsgeld bereits enthalten. Taxifahrer und Friseure bekommen ca. 10%. Allgemein gilt, daß ein gutes Trinkgeld vieles möglich macht.

TRINKWASSER

Gewöhnlich kann man Trinkwasser ohne Bedenken zu sich nehmen.

UMWELT

Während Westpommern im Gegensatz zu anderen Gegenden der ehemaligen DDR außer in den stark frequentierten Fremdenverkehrsorten Rügens und Usedoms nur wenig von der Umweltverschmutzung beeinträchtigt wird, steht Ostpommern an einigen Stellen (Stettin, Kolberg) vor einer Umweltkatastrophe. Die Republik Polen weist die höchste Umwelt-verschmutzung Europas auf. Sowohl die Luft als auch das Wasser, der Boden, die Wälder und Lebensmittel sind davon betroffen. Aber auch die Baudenkmäler werden von Staub, saurem Regen und Abgasen angegriffen. Es gibt in Polen keine nennenswerten umwelt-schonenden Maßnahmen.

Die Luftverschmutzung ist besonders stark in den Industriegebieten, wo die Abgase, besonders Schwefeldioxid, ungefiltert ausströmen. Besonders große Umweltsünder sind neben den Kohlekraftwerken die mit schlechtem Benzin betriebenen Kraftfahrzeuge. Viele Betriebe schalten Entstaubungsanlagen und Kläranlagen ab, um die ökonomischen Ergebnisse nicht zu gefährden. Dazu kommt der typisch polnische Schlendrian.

Schlimm sieht es auch mit den Gewässern und der Trinkwasserversorgung aus: 80% aller Abwässer fließen ungeklärt ins Meer und in die Flüsse. Nicht einmal jede zweite Stadt hat eine Kläranlage. Viele Gewässer, darunter besonders die Danziger Bucht, die Oder und die Weichsel sind biologisch tot. Das Schwimmen bei Danzig und anderen Küstenorten ist gesundheitsschädlich.

UNTERKUNFT

... in Westpommern: Individualreisende können in einer Reihe von Hotels übernachten. Die Übernachtung mit Frühstück kostet zwischen 30 und 140 DM. In kleineren Städten gibt es auch preiswertere Hotelzimmer. Allerdings sollte man wegen der geringen Kapazitäten sein Hotelzimmer rechtzeitig bei einem Reisebüro buchen.

... in Ostpommern: Man kann in Hotels, Pensionen, Jugendherbergen, Wanderheimen oder Privatzimmern übernachten. Da die Zahl der Hotels nicht sehr zahlreich ist, sollte man vor der Reise bei Reisebüros oder bei Polorbis in Köln, Hohenzollernring 99, buchen. Die **Hotels** sind offiziell eingeteilt in: Luxushotels (****), erstklassige Hotels (***), recht komfortable Hotels (***), Hotels mit durchschnittlichem Komfort (**) und einfache Hotels (*). Neben Orbis-Hotels, die den höchsten Standard haben und zwischen 30 (Einzelzimmer) und 40 Dollar (Doppelzimmer) kosten, gibt es kommunale Hotels und an den Fernstraßen Hotels. **Privatzimmer** werden durch die örtlichen Reisebüros oder durch das Büro Zakwaterownania in Warschau vermittelt. Die Hotelreservierung erfolgt durch Polorbis in Köln oder Hamburg bzw. Wien oder durch die Orbis-Vertragsbüros.

Preiswert sind die Domy Turysty genannten T**ouristenheime** von PTTK in den Städten und die Bootshäuser an den Seen.

Die Jugendherbergsorganisation PTSM verfügt über zahlreiche **Jugendherbergen** (Schroniska Mlodziezowe). Eine Liste der Jugendherbergen kann man von der Studentenorganisation Almatur in Warschau anfordern. Almatur besitzt außerdem zahlreiche Hotels, die im Juli und August geöffnet sind. Information über Zeltplätze s. u. Camping.

VERANSTALTUNGEN

Musikfestivals werden in Köslin und Cammin veranstaltet.

ZEITDIFFERENZ

In Ostpommern wird in der Übergangszeit vom Winter zum Frühling die mitteleuropäische Zeit (MEZ) auf Lokalzeit umgestellt, indem man die Uhrzeiger um eine Stunde vorrückt. Ende September kehrt man zur MEZ zurück.

ZOLLBESTIMMUNGEN

... für Ostpommern: Reisende über 18 Jahren dürfen zollfrei einführen: 250 Zigaretten oder 50 Zigarren oder 250 g Tabak, 2 l Wein und 2 l Spirituosen, eine angemessene Menge Kosmetika und Medikamente zum persönlichen Gebrauch, Geschenke bis zu 6000 Zl. (offizieller Marktwert in Polen). Auch alle Dinge des persönlichen Bedarfs, zwei Fotoapparate, eine Kamera (bis 16 mm) und je zehn Filme darf man zollfrei einführen.

Ausgeführt werden dürfen Waren bis zum Wert von 2000 Zl. Frei konvertierbare ausländische Währungen können (mit Deklaration) unbeschränkt ein und bis zur Höhe des eingeführten Betrages, abzüglich der umgetauschten Beträge (Umtauschquittung aufbewahren), wieder ausgeführt werden. Die Ausfuhr von Kunstgegenständen und Antiquitäten unterliegt besonderen Bestimmungen. Die Hinweise des Formblattes zur Währungsdeklaration sind unbedingt zu beachten.

.. Geld oder Paß gestohlen werden?

Zunächst die diplomatische Vertretung, dann die Polizei benachrichtigen. Den Polizeibericht benötigt man für die Versicherung. In besonderen Härtefällen streckt das Konsulat die Rückreisekosten vor.

... die Traveller-Schecks verlorengehen?

Sofort die Bank benachrichtigen, die sie normalerweise einlöst und die Schecks sperren lassen. Dazu sind folgende Angaben nötig:

- Personalien und Paßnummer,
- wann und bei welcher Bank wurden die Reiseschecks gekauft?
- Nummer, Anzahl und Beträge der abhandengekommenen Schecks
- wann und wo wurden die Schecks gestohlen?

Notieren Sie diese Daten vor der Reise und bewahren Sie die Liste gesondert auf. Lassen Sie sich zumindest einen Teilbetrag von der Bank sofort auszahlen.

... man verhaftet wird?

Das Konsulat und Angehörige benachrichten. Vom Konsulat wird ein deutschsprachiger Rechtsanwalt vermittelt. Bei Rauschgiftdelikten wird einem allerdings kaum aus der Klemme geholfen.

... man einen Unfall hat oder krank wird?

Bei einem Verkehrsunfall mit Personenschaden sofort die Polizei benachrichten. Bei Verletzungen oder Unfall: Ambulanz oder Notarzt anrufen.

... man geneppt wird?

Polizei oder Fremdenverkehrsbüro benachrichtigen.

Kleiner Sprachführer Deutsch – Polnisch

GRAMMATIK

Im Polnischen gibt es keine Artikel. Die Geschlechter erkennt man an der Bedeutung oder der Endung. Männlich (m) sind die meisten Substantive, die mit einem Konsonanten enden, Bsp.: chleb = Brot; weiblich (f) Wörter auf - a oder - i, Bsp.: kawa = Kaffee; sächlich (n) Wörter, die auf – e oder – o enden wie drzewo = Baum. Der Plural wird bei männlichen Wörtern durch ein angehängtes – by (chleby = Brote); bei weiblichen durch – e (panie = Frauen); bei sächlichen Wörtern durch a (drzewa = Bäume) kenntlich gemacht.

Verben: das Hilfszeitwort sein (być) wird wie folgt dekliniert: jestem (ich bin), jesteś (du bist), jest (er, sie, es ist), pan (pani), jest (Sie sind), jesteśmy (wir sind), jestes´cie (ihr seid), sa (Sie sind).

Fragen werden im Polnischen zumeist mit ob (czy) eingeleitet.

AUSSPRACHE

Vokale

a – kurzes a wie in Mann

e – halboffenes e nach i auslautend

i – kurzes wie in Minute

o – kurzes offenes o wie in Sonne

u – (polnisch u oder ó) kurzes u wie in Union

eu – Doppelvokal mit dem Hauptton auf e

Dazu kommen noch einige Zwischentöne bei a, e, i, o.

Konsonanten

Die Konsonanten b, d, f, g, j, l, m, n werden wie im Deutschen ausgesprochen, die Konsonanten k, p, t ohne Behauchung.

dz – wie ds mit stimmhaften s

ć – Laut zwischen ts und tsch

cz – wie in Tschako

dż – wie dsch in Dschungel

dż – wie dzi (vor Vokalen), sonst wie dsj

l – wie englisches w oder ganz kurz u

ń – wie ni

r – wie Zungenspitzen-r

ś – vor Vokalen si, vor Konsonanten etwa wie sch

sz – wie sch in Schuh

w – wie w in Wald

z – wie stimmhaftes s in Reisen

ż – stimmhaftes Gegenstück zu s´

z – wie j in Journal

ALLGEMEINES

Herr (Anrede) – pan
Frau (Anrede) – pani
Vater – ojciec
Mutter – matka
Kind – dziecko
Junge – chlopiec
Mädchen – dziewczyna
Tochter – córka
Sohn – syn

Bruder – brat
Schwester – siostra
Ehemann – meżczyna
Ehefrau – kobieta
Freund – przyjacie
ich – ja
du – ty
ja – tak
nein – nie

Sprechen Sie deutsch? – Czy zna pan(i) niemiecki?
Sprechen Sie polnisch? – Czy zna pan(i) polski?
Verstehen Sie mich? – Czy pan(i) mnie rozumie?
Ich verstehe nicht. – Nie rozumiem.
Schreiben Sie das bitte auf! – Prosze to napisać!
Wie heißt das auf Polnisch? – Jak to sie nazywapo polsku?
Bitte, wiederholen Sie! – prosze to powtórzyc´!
Warum? – Dlaczego?
Was ist das? – Co te jest?

HÖFLICHKEITSFORMEN

Guten Tag – Dzień dobry
Wie geht es Ihnen? – Jak sie panu (pani) powodzi?
Danke, gut! – Dziekuje, dobrze!
Bitte, kommen Sie herein! – Witamy serdecznie!
Wie heißen Sie? – Przepraszam,jak godność(pana(i)
Mein Name ist ... – Jestem ...
Gibt es hier ...? – Czy to jest ...?
Geben Sie mir, bitte Wasser – Prosze mi przynieśćwoda do picia.
Ich möchte ..., wünsche ... – chcialbym (-labym f)
Danke! – Dziekuje!
Keine Ursache, macht nichts! – Nie ma za co!
Bitte! – Prosze!
Entschuldigung!
Entschuldigen Sie! – Prosze wybaczyć!
Es tut mir leid, Verzeihung! – Przepraszam!
Deutschland – Niemcy
Auf Wiedersehen! – Do widzenia!
Zeitung – gazeta

WOCHENTAGE, TAGES- UND JAHRESZEITEN

Montag – poniedzialek
Dienstag – wtorek
Mittwoch – środa
Donnerstag – czwartek
Freitag – piatek
Samstag – sobota
Sonntag – niedziela
Minute – minuta
Stunde – godzina
Tag – dzień
Woche – tydzień

Monat – miesiac
Jahr – rok
Zeit – pora
heute – dzisiaj
gestern – wczoraj
vorgestern – przedwczoraj
morgen – jutro
übermorgen – pojutrze
morgens – rankiem, rano
frühmorgens – jutro rano
mittags – poludnie

gegen Mittag – dziś w poludnie
nachmittags – po poludniu
abends – wieczorem
nachts – W nocy
Um Mitternacht – O pólnocy
Heute morgen – Dziś rano
Heute abend – Dziś wieczorem
Heute nacht – Dziś w nocy
Voriges Jahr – w ubieglym roku
Nächstes Jahr – w nastepnym roku
Sommer – lato
Winter – zima

Wie spät ist es? – Klóra godzina?
Es ist 1 Uhr – jest pierwsza (godzina)
Es ist ein Viertel nach 5 – Kwadraus po piatej
Es ist halb 7 – Jest pól sió dmej
Es ist 10 (Minuten) vor 8. – Za dziesieć (minut) ósma.

Januar – st yczeń
Februar – luty
März – marzec
April – kwiecień
Mai – maj
Juni – czerwiec
Juli – lipiec
August – sierpeiń
September – wrzesień
Oktober – pazdziernik
November – listopad
Dezember – grudzień

ADJEKTIVE UND ADVERBIEN

gut – dobry
schön, hübsch – ladny
bequem, gut – wygodny
schlecht – zly, lichy
warm – cieply
heiß – goracy
kalt – zimny
groß – wielki
klein – maly
lang – dlugi
kurz – krótki
früh – wczesny
spät – pozny
müde – znieczony
krank – chory
billig – tany
teuer – drogi
leicht – lekki
schwer – cieżki
viel – wiele
wenig – malo
hoch – wysoki
niedrig – niski
oben – na górze
unten – na dole
alt – stary

neu – nowy	gefährlich – niebezoieczny
schnell – szg bki	dies – to
langsam – powolny	dort – tam
sauer – kwaśny	Wann? – kiedy?
süß – slodki	Wo? – gdzie?
sauber – czgsty	Wie? – jak?
schmutzig – brudny	Was? – co?

ZAHLEN

0 – zero	19 – dziewietnasćie
1 – jeden (m), jedna (f)	20 – dwadziesćia
2 – dwa (m), dwie (f)	21 – dcwadziesćia jeden
3 – trzy	30 – trzydziesći
4 – cztery	40 – czterdziesći
5 – pieć	50 – piećdziesiat
6 – sześć	60 – sześćdziesiat
7 – siedem	70 – siedemdziesiat
8 – osiem	80 – osiemdziesiat
9 – dziewieć	90 – dziewiećdziesiat
10 – dziesieć	100 – sto
11 – jedenasćie	101 – sto jeden
12 – dwanasćie	200 – dwiesćie
13 – trzynasćie	300 – trysta
14 – czternasćie	400 – czterysta
15 – pietnasćie	500 – piećset
16 – szesnasćie	1000 – tysiac
17 – siedemnasćie	2000 – dwa tysiac
18 – osiemnasćie	5000 – pieć tysiac

FARBEN

weiß – bialy	braun – brazowy
rosa – różowy	gelb – żolty
hellblau – niebieski jasny	rot – czerwony

grün – zielony
grau – szary
orange – pomarańczowy
blau – niebieski
dunkelgrün – zielony ciemny
schwarz – czarny

RICHTUNGSANGABEN

Osten – wschód
Westen – zachód
Norden – pólnoc
Süden – poludnie
geradeaus – prosto
nach links – w lewo
nach rechts – w prawo
hier – tu
weit – daleki
nahe – bliski

IM RESTAURANT

Rechnung – rachunek
Serviette – serwetka
Teller – talerz
Tasse – filiżanka
Glas – szlanka
Flasche – butelka
Löffel – lyżka
Gabel – widelec
Messer – nóż
Kaffee – kawa
Tee – herbata
Wasser – Woda
Bier – piwo
Limonade – lemonjada
Saft – sok
Restaurant – restauracje
Frühstück – śniadanie
Speisekarte – spis potraw
essen – jedzeuie
trinken – wypieć

Bringen Sie mir bitte
das Frühstück. – Prosze mi przynieść śniadanie.
Mittagessen – obiad
Bringen Sie mir bitte
das Mittagessen. – Prosze mi przynieść obiad.
Abendessen – kolacja
Bringen Sie mir bitte
das Abendessen. – Prosze mi przynieść kolacja.
Kellner, Kellnerin – Kelner

Was wünschen Sie? – C zego państ wo sobie życza?
Ich habe großen Hunger. – Jestem bardzo glodny (-na).
Ich möchte etwas trinken. – chcial (a) bym sie czegos´ napic.

Saft (Zitronen-) – cykata	Schweinefleisch – s´winina
Saft (Orangen-) – orażada	Huhn – kura, kurcze
Milch – mleko	Ente – kaczka
Eier – jalka	Gemüse – jarzgny
Spiegeleier – jaja sadzone	Salat – salat
Ei (gekocht weich) – jajka na miekko	Kartoffeln – ziemniaki
Ei (gekocht hart) – jajka na twardo	Nudeln – kluski
Brot – chleb	Suppe – zupa
Toast – grzanka	Salz – sól
Butter – maslo	Pfeffer – pieprz
Marmelade – dżem	Zucker – cukier
Käse – ser	Obst – owoce
Wurst – kielbasa	Apfel – jablka
Fisch – ryba	Orange – pomarańcza
Fleisch – mieso	Zitrone – cytrgna
Rindfleisch – wolowina	Eiscreme – lody

UNTERKUNFT

Hotel – hotel
Zimmer – pokój
Ich möchte ein Einzelzimmer – chcial (a) bym pokój pojedynćzy
... mit Bad – pokój z lazienka
... ein Doppelzimmer – pokój na dwie osoby
Was kostet das? – I le kosztuje?
Alles inbegriffen? – Z obsluga?
Kann ich das Zimmer sehen? – czy moge ten pokój zobaczgć
Es ist zu klein – on jest za maly
Es ist zu teuer – on jest za drogi

Haben Sie ... ? – czy ma pan (i) ... ?
... ein billigeres Zimmer? – ... tanśzy pokój?
Die Lampe brennt nicht. – Ta lampa nie pali sie.
Fenster – okno
Tür – drzwi
Badezimmer – lazienka
baden – (wy) kapac (sie)
Dusche – natrysk
Ich möchte baden/duschen. – chcial (a) bym wziać
– goraca kapiel (prysznic).
Toilette – ubikacja
Toilettenpapier – papier klozetowy
fließend Wasser – bieżaca woda
Handtuch – recznik
Seife – kawalek mydla
Ist Post für mich da? – Czy jest poczta dia mnie?
Haben Sie Briefmarken? – Czy ma pan znaczki pocztowe?
Bitte, wecken Sie mich – Prosze mnie obudziec
um ... Uhr. – o ... godzinie.
Ich fahre morgen früh ab. – wyjeżdżam dziś jutro rano.
Die Rechnung, bitte. – Prosze, rachunek.
Bitte, reinigen Sie das. – czy móglby pan.

Kamm – grzebień
Bett – lózko
Bettdecke – koldra
Laken – prżescieradlo
Kissen – poduszka
Stuhl – krzeslo
Tisch – stól
Stockwerk – pietro
Licht – światlo

Schlüssel – klucz
Gepäck – bagaż
schlafen – spać
Träger – nosiciel
Kleidung – odziez
Schuhe – bucik
Reinigung – pralnia chemiczna
waschen – myć
Wäscherei – pralnia

FÜR NOTFÄLLE

Mir geht es nicht gut. – Zle sie czuje.
Wo finde ich einen Arzt? – Gdzie moge tu uszydkać pomoc lekarska?
Apotheke – anteka
Krankenhaus – szpital
Arzt – lekarz
Fieber – goraczka
Kopfschmerzen – ból glowy
Magen – zoladek
Medizin – medycyna
Tabletten – tabletka
Schmerzen – zeba
Polizeistation – posterunek milieji
Wo ist das Meldeamt? – Gdzie jest biuro meldunkowe?
... die Botschaft? – ... ambasada?

REISE

Schiff – okret, statek
Boot – czólno, lódka
Kabine – kabina
Hafen – port, przystáń
Bahnhof – stacja kolejowa
Zug – pociag
Schlafwagen – wagon sypialuy
Träger – numerowy, tragarz
Fahrkarte – bilet
Busstation – stacja autobus

Bus – autobus
Taxi – taksówka
Auto – samochód
Benzin – benzyna
Öl – olej
Werkstätte – pracownia
Motor – silnik
Straße – ulica
Fahrrad – rower
Halt! – Stój!

Ich möchte ein Taxi. – chcial (a) bym taksówka.
Wo ist ... ? – Gdzie znajduje sie ... ?
Nach ... bitte! – Prosze, do ... !
Wieviele Kilometer sind es – Ile Kilometrów do ... ?

EINKAUF

Wieviel kostet das? – Ile kosztuje?

zu teuer – drogi

Das gefällt mir (nicht). – To mi sie (nie) podoba.

Laden – sklep, magazyn

Buchhandlung	– Ksiegarnia	Papier	– papier
kaufen	– kunować	Puppe	– lalka
Buch	– Ksiażka	Rasierklingen	– ostrzy
Bleistift	– olówek	Sandalen	– sandaly
Bild (Malerei)	– obraz	Streichhölzer	– zapalki
Dose	– puszka	Silber	– srebo
Hemd	– koszula	Schirm	– parasol
Kugelschreiber	– dlugopis	Tuch	– sukno
Ohrring	– kolczyk	Briefumschläge	– koperty

BANK UND GELDWECHSEL

Bank – bank

Ich möchte einen Scheck einlösen. – Może mi pan (i) zrealizoważ ten czek po dróz´ny.

GEOGRAPHISCHE BEZEICHNUNGEN

See	– jezioro	Meer	– morze
Höhle	– pieczara	Land	– lad
Berg	– góra	Quelle	– żródlo
Kanal	– kanal	Fluß	– rzeka
Brücke	– most	Dorf	– wieś
Gebirge	– góry	Stadt	– miasto
Hügel	– pagórek	Grenze	– granica

POST UND TELEGRAPHENAMT

Postamt – Poczta
Telegraphenamt – urzad telegraficzny
Briefmarken – znaczki pocztowe
Telegramm – blankiet telegraficzny
Brief – list
Luftpost – poczta lotnicza

TIERE UND PFLANZEN

Hund – pies
Katze – kot
Pferd – kón
Rind – bydle
Blume – kwiat
Baum – drezewo

WEITERE ALLGEMEINE BEGRIFFE

Musik – muzyka
Büro – biuro
Feiertag – świeto
Fest – świeto, wroczystość
Friseur – fryzjer
Geld – pieniadze
Haus – dom
Kino – kino
Mond – ksieżyc
Sonne – slońce

AUTOREN-VITA

Johannes Schultz-Tesmar, geboren 1938 in Oliva (Freie Stadt Danzig) stammt väterlicherseits aus einer alten Danziger Patrizierfamilie und mütterlicherseits aus einer uradeligen pommersch-preußischen Familie. Der Autor ist seit seiner Jugend ins Reisen vernarrt. Schon als Schüler heuerte er während der Ferien als Steward auf Frachtern an und unternahm ausgedehnte Reisen nach Nord-, Mittel- und Südamerika, in die Karibik und nach Afrika. Nach einem ebenfalls während der Ferien absolvierten Kurs der Seemannsschule und dem Abitur in Hamburg trat er eine Lehre als Schiffsmakler an. Anschließend sattelte Schultz-Tesmar um und volontierte bei einer Tageszeitung im Rheingau.

Danach folgten mehrere Jahre auf „Wanderschaft" rund um den Erdball. Längere Zeit hielt sich der Autor in Australien, Tahiti, Neuseeland und auf Bali auf. Von dort unternahm er zahlreiche Reisen durch die Südsee und in die Antarktis. Nach Europa zurückgekehrt, arbeitete er einige Jahre als Redakteur bei verschiedenen deutschen Tageszeitungen. Dann folgte abermals eine längere Reiseperiode, in welcher der Autor Asien zwischen Bosporus und Japan erkundete.

Polen und die von diesem verwalteten deutschen Ostgebiete kennt er von mehreren Reisen in den vergangenen 15 Jahren.

Heute lebt Schultz-Tesmar als freier Reisejournalist, Lektor, Buchautor und Reiseleiter abwechselnd in Hamburg, Sydney (Australien) und Chiang Mai (Thailand), dem Heimatort seiner am 20. 8. 1988 an Krebs verstorbenen Frau.

Bisherige Veröffentlichungen: zwei Reiseführer über Australien, ein Südsee- und Antarktis-Handbuch sowie Reiseführer über Kopenhagen, Ägypten, Burma, Neuseeland, Schottland, Hongkong, Taiwan, Bali, Schlesien. Philippinen und Thailand.

Zwei Bücher (Australien und Neuseeland) wurden ins Englische übersetzt. Außerdem schrieb der Autor für den in Singapur erschienenen APA Guide „Romantic Germany" mehrere Kapitel.

Ortsnamenkonkordanz

(polnisch-deutsch)

Bagicz – Bodenhagen
Banie – Bahn
Barcino – Bartin
Bardy – Bartin
Barkowo – Barkenfelde
Barnowiec – Reinfeld b. Barnow
Barwice – Bärwalde
Barzowice – Barzwitz
Baszewice – Batzwitz
Biał a – Behle
Biał a Ińska – Ball
Biał oboki – Belbuck
Biał ogard – Belgard
Biał ogarda – Belgard
Biał owas – Balfanz
Biał y Bór – Baldenburg
Biał y Zdrój – Balster
Bierzwnik – Marienwalde
Bińcze – Bärenwalde
Binowo – Binow
Biskupnica – Bischofwalde
Bł ękwit – Blankwitt
Bł otno – Jakobsdorf
Bobolice – Bublitz
Bobrowniki – Bewersdorf
Bodzęcin – Basenthin
Boleszewo – Rötzenhagen
Bonin – Bonin
Borkowo Wielkie – Gr. Borkenhagen
Borne – Groß Born
Borzytuchom – Borntuchen
Bożanka – Friedrichshuld
Bożepole Wielkie – Groß Boschpol
Brda – Brahe
Breń – Bernsee
Broczyna – Brotzen
Brokęcino— Bahrenbusch
Brzesko – Brietzig
Brzezie – Eickfier
Brzeźinica Krajeńska – Briesenitz
Buczek – Buchholz
Buczek Mał y – Klein Butzig
Buczek Wielki – Groß Butzig
Budzistowo – Altstadt
Buk (Kamieński) – Böck
Buk (Sczeciński) – Böck
Bukowina – Buckowin
Bukowo Morskie – See Buckow
Bytów – Bütow

Cecenowo – Zezenow
Cerkwica – Zirkwitz
Charbrowo – Degendorf
Charnowo – Arnshagen
Cheł m Drezdenecki – Holm
Chł opowo – Schwachenwalde
Chł opy – Bauerhufen
Chocielewko – Mackensen
Chociwel – Freienwalde
Choszczno – Arnswalde
Ciecholub – Techlipp
Ciećmierz – Zitzmar
Cieszyn – Tessin
Cisowo – Zizow
Cybulino – Zeblin
Czaplinek – Tempelburg
Czarne – Hammerstein
Czarnogł owy – Zarnglaff
Czarnówko – Klein Zarnow
Czernice – Königsdorf

Czernin – Zernin
Człopa – Schloppe
Człuchów – Schlochau

Dąbie – Altdamm
Dąbie – Eichenberg
Dąbkowice – Damkerort
Dąbrowa – Damerow
Dąbrowa Człuchowska – Damerau
Dąbrowica – Dummerfitz
Dalewo – Dahlow
Damnica – Hebrondamnitz
Danków – Tankow
Dargosław – Dargislaff
Darłowo – Rügenwalde
Darskowo – Friedrichsdorf
Dębce – Eichwerder
Dębica – Damnitz
Dębnica Kaszubska – Rathsdamnitz
Dębogóra – Eichberg
Debrzno – Preußisch Friedland
Dębsko (Pomorskie) – Denzig
Długie – Langenhagen
Długołęka – Langkafel
Dobiegniew – Woldenberg
Dobiesław – Abtshagen
Dobieszewo – Dübzow
Dobieszewo (Słupskie) – Gr. Dübsow
Dobra – Daber
Dobra (Szczecińska) – Daber
Dobropole – Dobberphul
Dobrzany – Jacobshagen
Dołgie – Dolgen
Domasławice – Damshagen
Dominikowo – Mienken
Drawa – Drage
Drawno – Neuwedell
Drawsko Pomorskie – Dramburg
Dretyń – Treten
Drezdenko – Driesen
Drzewiany – Drawehn
Duninowo – Dünnow
Dzierzążno Wielkie – Groß Drensen
Dziki – Dieck
Dzisna – Dischenhagen
Dziwna – Dievenow
Dziwnów – Dievenow

Folsztyn – Follstein

Garczegórze – Garzigar
Gardna Wielka – Groß Garde
Gardno – Garden
Gąski – Funkenhagen
Gawroniec – Gersdorf
Gieczynek – Hansfelde
Ględowo – Lichtenhagen
Główczyce – Glowitz
Głubczyn – Steinau
Golczewo – Gülzow
Goleniów – Gollnow
Gorawino – Gervin
Góra Chełmska – Gollen
Górecko – Alt Gurkowschbruch
Górki – Gurkow
Górzyca – Görke
Gościm – Gottschimm
Gościno – Groß Jestin
Gosław – Gützlaffshagen
Gostkowo – Gustkow
Gostomia – Arnsfelde
Gostyń – Groß Justin
Grabno – Wintershagen
Grabowa – Grabow
Grabowo – Grabow
Granowo – Granow
Gryfice – Greifenberg
Gryfino – Greifenhagen

Grzędzice (Stargardzkie) – Seefeld
Grzmiąca – Gramenz
Gurda – Küddow

Herbutowo – Ehrbardorf

Ina – Ihna
Ińsko – Nörenberg
Iwięcino – Eventin

Jagniątkowo – Groß Weckow
Jamno – Jamund
Jankowo (Pomorskie) – Janikow
Janowice – Groß Jannewitz
Jarchlino – Jarchlin
Jarosławiec – Jershöft
Jarosławki – Neuendorf
Jarszewko – Jassow
Jasień – Jassen
Jasienica – Jasenitz
Jastrowie – Jastrow
Jędrzewjewo – Putzig
Jemielno – Gemel

Kalisz Pomorski – Kallies
Kamieniec – Schöningen
Kamień Pomorski – Cammin
Kanał Piastowski – Kaiserfahrt
Karlino – Körlin
Karnice (Gryfickie) – Karnitz
Karścino – Kerstin
Karsibór – Kaseburg
Karsina – Karzin
Karwin – Hammer
Karzniczka – Deutsch Karstnitz
Kępa – Kamp
Kiczarowo – Kitzerow
Kiełpin – Kölpin
Klępczewo – Klemzow
Klęskowo – Hökendorf
Kłodzino – Klötzin
Kłopotowo – Klaptow
Klucz – Klütz
Kluczewo – Klützow
Kluki – Klucken
Koczała – Flötenstein
Kołbacz – Kolbatz
Kołbaskowo – Kolbitzow
Kołczewo – Kolzow
Kołczygłowy – Alt Kolziglow
Kołobrzeg – Kolberg
Kołowo – Kolow
Konarzewo – Kniephof
Koniewo – Kunow
Kopaniewo – Koppenow
Kopice – Köpitz
Korytowo – Kürtow
Koszalin – Köslin
Koszyce – Koschütz
Kozielice – Köselitz
Krąg – Krangen
Krajenka – Krojanke
Krąpiel – Schöneberg
Kraśnik Koszaliński – Kratzig
Krępa Kaszubska – Krampe
Krępcewo – Kremzow
Krępice – Hammermühle
Krępsk – Kramsk
Krosino – Krössinsee
Krupy – Grupenhagen
Krzemieniewo – Krummensee
Krzywin – Kehrberg
Krzyż – Kreuz
Kujan – Kujan
Kulice – Külz
Kunowo – Kunow a. d. Straße
Kuźnica Czarnkowska – Hammer
Kwasowo – Quatzow

Ł abędzie – Labenz
Ł ącko – Lanzig
Ł agiewniki – Elvershagen
Ł ąkie – Lanken
Ł asin (Koszaliński) – Lassehne
Laski Wał eckie – Latzig
Laskowo – Groß Latzkow
Ł eba – Leba
Lębork – Lauenburg
Ł ęczyca (Pomorska) – Lenz
Lędyczek – Landeck
Ł ęgi Noteckie – Netzebruch
Ł ęgowo – Vorbruch
Ł ękno – Bast
Lekowo – Leckow
Letnin – Lettnin
Lewno – Lauen
Licheń – Lichtenow
Linie – Leine
Linówko – Klein Lienichen
Lipie – Arnhausen
Lipinki – Jägersburg
Lipka – Linde
Ł obez – Labes
Ł osośnica – Lasbeck
Ł ozice – Loist
Lubczyna – Lübzin
Lubiana (Pyrzycka) – Alt Libbehne
Lubiatowo – Lübtow
Lubieszewo – Lübsow
Lubin – Lebbin
Lubowidz – Luggewiese
Ł ugowina – Grünhoff
Ł upawa – Lupow
Malechowo – Malchow
Mał kocin – Mulkenthin
Marcinkowice – Marzdorf
Marianowo – Marienfließ
Martew – Marthe
Maszewo – Massow
Mechowo – Dorphagen
Mechowo (Ł obeskie) – Zimmerhausen
Mechowo (Pyrzyckie) – Megow
Miastko – Rummelsburg
Międzyzdroje – Misdroy
Mielęcin (Wał eckie) – Mellentin
Mielenko Drawskie – Klein Mellen
Mielno Koszalińskie – Großmöllen
Mielno Stargardzkie – Groß Mellen
Mierzęcin – Mehrenthin
Mierzyn – Möringen
Mikorowo – Mickrow
Mirosł awiec – Märkisch Friedland
Morzyca – Blumberg
Mosty – Speck
Możdżanowo – Mützenow
Mrzeżyno – Deep
Mydlita – Buchwalde

Nastazin – Hermelsdorf
Nieborowo – Isinger
Niedalino – Nedlin
Niedysz – Neides
Niemica – Nemitz
Niemierze – Nehmer
Nieradzin – Horst
Niezabyszewo – Damsdorf
Nizina Pyrzycka – Weizacker
Noteć – Netze
Nowa Wieś Lęborska – Neuendorf
Nowęcin – Neuhof
Nowe Drezdenko – Vordamm
Nowe Dwory – Neuhöfen
Nowe Warpno – Neuwarp
Nowielin – Naulin
Nowogard – Naugard

Obliwice – Obliwitz

Obryta – Groß Schönfeld
Odra – Oder
Ognica – Nipperwiese
Okonek – Ratzebuhr
Olszanowo – Elsenau
Oparzno – Wopersnow
Osiek Drawski – Wutzig
Osieki Koszalińskie – Wusseken
Osieki (Lęborskie) – Osseken
Osówka – Espenhagen
Osowo – Wussow
Ostre Bardo – Wusterbarth
Ostrowąsy – Wusterhanse
Ostrowice – Wusterwitz
Ostrowiec Sławieński – Wusterwitz

Parsęta – Persante
Parsów – Wartenberg
Parsowo – Parsow
Pęczerzyno – Panzerion
Pęzino – Pansin
Piaseczno – Neuendorf
Piecnik – Petznick
Piezcz – Peest
Pietrzykowo – Groß Peterkau
Piła – Schneidemühl
Piotrowice Kołobrzeskie – Peterfitz
Płonia – Plöne
Płoty – Plathe
Poczernin – Pützerlin
Podgóki – Deutsch Puddiger
Podjuchy – Podejuch
Podlesie – Friedrichswalde
Polanów – Pollnow
*Połczyn Zdró*tolzin, Bad
Police – Pölitz
Polnica – Pollnitz
Pomień – Pammin
Pomietów – Pumptow
Pomysk Wielki – Groß Pomeisk
Ponikła – Ponickel
Popielewice – Groß Poplow
Potulice – Pottlitz
Przeborowo – Friedrichsdorf
Przechlewo – Prechlau
Przelewice (Pyrzyckie) – Prillwi
Przemocze – Priemhausen
Przybiernów – Pribbernow
Przyłęg – Altenfließ
Przytocko – Pritzig
Przywodzie – Fürstensee
Pyrzyce – Pyritz

Radacz – Raddatz
Radawnica – Radawnitz
Radęcin – Regenthin
Radew – Radüe
Radolin – Radolin
Radowo Wielkie – Groß Raddow
Raduń – Radduhn
Rakowo – Raakow
Rarwino – Rarwin
Recz – Reetz
Redęcin – Reddentin
Redło – Pflugrade
Redostowo – Retztow
Rega – Rega
Rekowo – Reckow
Resko – Regenwalde
Roby – Robe
Rokosowo – Rogzow
Roszczyce – Roschütz
Rowokół – Revekol
Rowy – Rowe
Rudki – Hoffstädt
Rumsko – Rumbske
Rurka – Röhrchen

Rusinowo – Ruschendorf
Rybokarty – Ribbekardt
Rzeczenica – Stegers
Rzeczyca Wielka – Groß Reetz
Rzędziny – Nassenheide
Rzęskowo – Rensekow
Rzyszczewo – Ristow

Sadlno – Zedlin
Sądów – Sandow
Salino – Saulin
Samlino – Zemlin
Sąpolno – Sampohl
Sarbia – Zarben
Sarbinowo – Sorenbohm
Sarbsk – Sarbske
Sępolno Wielkie – Groß Karzenburg
Siadł o Górne – Hohenzahden
Sianów – Zanow
Sibin – Zebbin
Sicko – Altenwedel
Siemczyno – Heinrichsdorf
Siemierzycka – Schimmritzberg
Sierakowo Sł upskie – Zirchow
Sierżno – Zerrin
Siwkowice – Schmelzdorf
Skórka – Schönfeld
Skrzatusz – Schrotz
Sł awęcin – Schlagenthin
Sł awianowo – Steinmark
Sł awno – Schlawe
Sł awsko – Alt Schlawe
Sł onowice – Schlönwitz
Sł osinko – Reinfeld-Hammer
Sł upsk – Stolp
Smardzko – Simmatzig
Smęcino – Schmenzin
Śmiardowo Krajeńskie – Schmirtenau
Śmiechów – Schulzenhagen
Śmierdnica – Mühlenbeck
Smoł dzino – Schmolsin
Sokolniki – Falkenberg
Somino – Sommin
Sośniczanka – Herzberg
Sowno – Hinzendorf
Stanomino – Standemin
Stara Studnica – Alt Stüdnitz
Stara Wiśniewka – Lugetal
Stare Chrapowo – Alt Grape
Stare Dębno – Damen
Stare Drawsko – Alt Draheim
Stare Gronowo – Grunau
Stare Kurowo – Altkarbe
Stare Ludzicko – Lutzig
Stare Osieczno – Hochzeit
Stargard Szczeciński – Stargard
Starogard (Ł obeski) – Stargordt
Stary Jarosł aw – Alt Järshagen
Stary Kraków – Alt Krakow
Starzno – Starsen
Stepnica – Stepenitz
Stolec – Stolzenburg
Strachocin – Zartzig
Strachomino – Strachmin
Stróżewo – Strohsdorf
Struga – Hohenkrug
Strzeczona – Stretzin
Strzekęcino – Streckenthin
Strzelce Krajeńskie – Friedeberg
Strzelino – Groß Strellin
Strzeżenice – Streitz
Strzmiele – Stramehl
Stuchowo – Stuchow
Studzienice – Stüdnitz
Sucha Koszalińska – Zuchen
Suchań – Zachan
Suchanówko – Schwanenbeck
Sulino – Goldbeck

Suliszewo (Choszczeńskie) – Zühlsdorf
Świątki – Marienthron
Świdwin – Schivelbein
Świelino – Schwellin
Świelubie – Zwilipp
Świerzno – Schwirsen
Świerzno – Groß Schwirsen
Świeszewo – Schwessow
Święta – Schwente
Święte – Schwendt
Świętoszewo – Schwanteshagen
Świna – Swine
Świnoujście – Swinemünde
Swobnica – Wildenbruch
Swoł owo – Schwolow
Sypniewo – Zippnow
Szadzko – Saatzig
Szczecin – Stettin
Szczecinek – Neustettin
Szczecin-Glinki – Stolzenhagen
Szczecin-Grabowo – Grabow
Szczecin-Gumience – Scheune
Szczecin-Pomorzany – Pommerensdorf
Szczecin-Skolwin – Odermünde
Szczecin-Żelechowa – Züllchow
Szczeczin-Ustowo – Güstow
Szwecja – Freudenfier
Tarnówka – Tarnowke
Tatynia – Hagen
Tetyń – Beyersdorf
Tolcz – Tolz
Toporczyk – Langhof
Trzcianka – Schönlanke
Trzcinno – Rohr
Trzebianowo – Trebenow
Trzebiatów – Treptow a. d. Rega
Trzebicz – Trebitsch
Trzebielino – Treblin
Trzebieszewo Kamieńskie – Tribsow
Trzebież – Ziegenort
Trzęsacz – Hoff
Trzygł ów – Trieglaff
Tuchomie – Groß Tuchen
Tuczno – Tütz
Tychowo – Groß Tychow

Ugoszcz – Bernsdorf
Unieradz – Neurese
Ustka – Stolpmünde
Ustronie Morskie – Henkenhage

Wał cz – Deutsch Krone
Wał dowo – Waldow
Wanieorowo – Vahnerow
Wapnica – Ravenstein
Warcino – Varzin
Wardyń – Wardin
Warnice – Warnitz
Warszyn – Warsin
Wartkowo – Wartekow
Węgorzyno – Wangerin
Weł tyń – Woltin
Widuchowa – Fiddichow
Wielboki – Deütsch Fuhlbeck
Wieleń (poł nocny) – Deutsch Filehne
Wielgowo – Augustwalde
Wielin – Vellin
Wieprza – Wipper
Wierszyno – Versin
Wierzbno – Werben
Wierzchowo – Virchow
Wierzchowo – Wurchow
Wierzchowo (Czł uchowskie) – Firchau
Wierzchucino – Wierschutzin
Wieszyno – Vessin
Wilkowice – Wilhelmine

Wódka – Woedtke
Wojęcino – Wojenthin
Wojtaszyce – Voigtshagen
Wolin – Wollin
Woł owe Lasy – Eichfier
Wrzosowo – Fritzow
Wrzosowo – Fritzow
Wysiedle – Woitzel
Wyszkowo – Wischower Kirche
Wyszomierz – Wismar
Wytowno – Weitenhagen

Zaborsko – Sabes
Żabów – Sabow
Zakrzewo – Buschdorf
Zamęcin – Sammenthin
Zatom – Zatten
Zdroje – Finkenwalde
Żelewo – Seelow
Zielin – Sellin
Ziemomyśl – Schönwerder
Zł ocieniec – Falkenburg
Zł otów – Flatow
Żoł win – Friedebergschbruch
Żukowo – Suckow
Żukowo (Sł awieńskie) – Suckoow
Żydowce – Sydowsau
Żydowo – Sydow

Finderegister

REISEFÜHRER
STETTIN
Dr. K.-P. Cnotka (Hg.)
RAUTENBERG
Mit Farb-Bild-Teil und Stadtplan

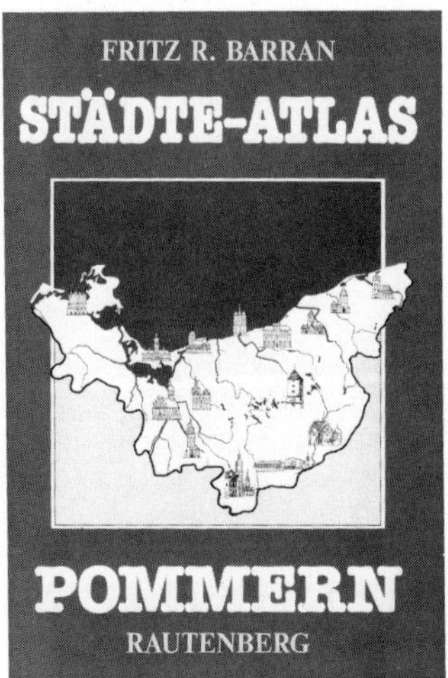
FRITZ R. BARRAN
STÄDTE-ATLAS
POMMERN
RAUTENBERG